儒家传统与现代市场经济

马 涛 著

中国财经出版传媒集团
经济科学出版社
Economic Science Press

图书在版编目（CIP）数据

儒家传统与现代市场经济/马涛著. —北京：经济科学出版社，2020.8
ISBN 978－7－5218－1844－4

Ⅰ.①儒… Ⅱ.①马… Ⅲ.①儒家－传统文化－研究②市场经济学－研究 Ⅳ.①B222.05②F014.3

中国版本图书馆CIP数据核字（2020）第175312号

责任编辑：李晓杰
责任校对：靳玉环
责任印制：李 鹏 范 艳

儒家传统与现代市场经济
马 涛 著
经济科学出版社出版、发行 新华书店经销
社址：北京市海淀区阜成路甲28号 邮编：100142
总编部电话：010－88191217 发行部电话：010－88191522
网址：www.esp.com.cn
电子邮箱：esp@esp.com.cn
天猫网店：经济科学出版社旗舰店
网址：http://jjkxcbs.tmall.com
北京季蜂印刷有限公司印装
787×1092 16开 17.75印张 340000字
2021年2月第1版 2021年2月第1次印刷
ISBN 978－7－5218－1844－4 定价：68.00元
（图书出现印装问题，本社负责调换。电话：010－88191510）
（版权所有 侵权必究 打击盗版 举报热线：010－88191661
QQ：2242791300 营销中心电话：010－88191537
电子邮箱：dbts@esp.com.cn）

序

　　马涛博士研究中国哲学史有数年，已取得相当成就，并有专著出版，在同行中有了一定的知名度。1995年获得哲学博士学位后，本来可以成为名牌大学教师，但他却希望改攻经济思想史。我本来不认识他，他为了改行来找我。经过几次交谈，知道他很有敬业精神，在学术研究上确有发展前途，而且中国哲学史和中国经济思想史又存在某些相通之处，故给予了必要的支持。后经复旦大学经济学博士后流动站研究同意，吸收他为经济学院的博士后，并由我作为他的指导教师。他在博士后流动站的研究成果就是现在呈现在读者面前的本书。

　　马涛在博士后流动站期间，对研究课题的选题和论文结构、观点等曾多次和我进行了讨论。因为学科的差别和知识结构的不同，在讨论中随时有分歧产生。但他很虚心，尽量采纳我的观点，我也对有些不同观点持宽容的态度。总的来说，在他的成果中已经包容了我的一些基本思路和提法，自然仍有许多是他自己的见解。我们是"和而不同"，并不强求统一。

　　写论文并不能单靠观点，写成一部有分量的专著必须有丰厚的材料，这就需要进行潜心的探求，决不是急功近利者所能完成的。本书的史料非常充实，有不少史料我原来并不知道，因此在指导本课题时也学到了不少东西，做到了教学相长。本书又是跨学科研究的产物，只有中国经济思想史知识的学者是写不出这样的专著的。

　　作者在本书中提出的观点，对研究儒家思想与现代市场经济的关系很有参考价值。儒家思想是一个很庞大的体系，而且并不是铁板一块。因为自儒家思想在中国取得统治地位后，不同的甚至互相对立的治国思想和主张都归宗于儒家的大旗之下。所以，根本不能笼统地说儒家思想对发展市场经济是否有利的问题，而只能说哪些儒家思想有利于市场经济的发展，哪些则不利。本书就是从这一原则出发，选择有利于市场经济发展的儒家思想，而不是全面讨论儒家思想的作用。从这一原则出发，说儒家思想有利于市场经济发展的一面，应是一个不成问题的问题。

儒家思想和现代市场经济还存在着另一层关系。有些儒家思想有维护旧制度的作用，阻碍着新制度的形成。但是当新制度终于取代旧制度而取得统治地位后，新制度仍然可以利用儒家思想，为巩固和发展新制度服务。现代的所谓"儒商"就是儒家精神和企业经营的结合，已经有许多成功的例子。本书对此作了充分的论证。

作者在研究本课题时，发现了前人对马克斯·韦伯存在着一个误解。韦伯认为西方的新教伦理推动了西方资本主义的发展。他的观点只是说明资本主义为什么首先在西方产生，而并没有说在儒家思想影响下的东亚地区现代资本主义制度确立以后，仍然同儒家思想是根本不相容的。用东亚地区资本主义的发展来批驳韦伯并不符合韦伯的原意。学术研究必须坚持实事求是的原则，本书作者的这一发现体现了这种精神。

马涛博士是一个有创造性的学者，相信他会写出更多有分量的经济学著作。是为序。

叶世昌
2000年元旦后于复旦大学宿舍

目　　录

导言：文化传统与经济发展模式 ··· 1
　　一、研究背景与意义 ··· 2
　　二、研究方法与内容 ··· 3

上篇　儒家传统与古代商品经济的发展

第一章　儒家的自由经济思想 ·· 9
　　第一节　"大一统"的国家思想 ······································ 9
　　第二节　鼓励自由竞争的政策主张 ·································· 13
　　第三节　儒家"藏富于民"的富民思想 ······························· 25

第二章　儒家自由经济思想与古代商品经济的发展 ······················ 32
　　第一节　儒家自由经济思想与封建时代前期商品经济的发展 ············ 32
　　第二节　儒家自由经济思想与封建时代后期商品经济的发展 ············ 46

第三章　儒家伦理与中国传统商业伦理的形成 ·························· 58
　　第一节　儒家伦理 ·· 58
　　第二节　古代商业伦理的形成 ····································· 63
　　第三节　近现代儒家商业伦理的延续 ······························· 71

第四章　儒家重商思想与晋商激励机制的经济学分析 ···················· 79
　　第一节　先秦儒家的重商思想及影响 ······························· 79
　　第二节　唐宋之后儒家重商思想再度兴起 ··························· 85
　　第三节　晋商激励机制的经济学分析 ······························· 89

第五章　传统儒商到现代儒商 ·················· 97

第一节　儒商的界定 ························· 97
第二节　传统儒商的特点 ····················· 101
第三节　现代儒商 ··························· 109
第四节　儒商的现代价值 ····················· 116

下篇　儒家传统与东亚现代市场经济

第六章　20世纪中后期东亚经济的崛起 ············ 127

第一节　东亚经济的起飞 ····················· 127
第二节　东亚经济崛起的"世纪之谜" ··········· 131

第七章　儒学与东亚民族精神 ····················· 141

第一节　东亚地区与儒学的渊源 ··············· 141
第二节　儒学与东亚民族精神 ················· 153

第八章　儒学与"东亚模式" ····················· 162

第一节　"国家导向"的发展模式 ··············· 162
第二节　家族主义的经营模式 ················· 171
第三节　自由经营与"藏富于民" ··············· 177
第四节　"高产乃为善"的经营理念 ············· 182
第五节　"教育先行"的发展战略 ··············· 186
第六节　勤俭储蓄的资金积累 ················· 192

第九章　儒学与东方管理模式 ····················· 194

第一节　"以人为本" ························ 194
第二节　"和为贵" ·························· 198
第三节　"内在控制" ························ 203
第四节　东方管理模式的总结与创新 ··········· 210

第十章　"亚洲价值观"与"东亚模式" ············ 219

第一节　"亚洲价值观"和"东亚模式"的争论 ···· 220

第二节　亚洲金融危机及其成因 ·················· 228
　　第三节　"东亚模式"及其未来 ·················· 232

第十一章　儒家人文精神与中国道路 ·················· 241

　　第一节　韦伯理论理解中的一个误区 ·················· 242
　　第二节　儒家传统：中国道路发展的内在文化驱动力 ·················· 249
　　第三节　"和谐社会"：中国道路的追求 ·················· 255

参考文献 ·················· 266
后记 ·················· 274
再版后记 ·················· 275

导言：文化传统与经济发展模式

德国著名学者卡尔·雅斯贝尔斯（1881~1969年）指出，以公元前500年为中心，从公元前800年到公元前200年是人类文化的一个"轴心时代"：即"要是历史有一个轴心的话，我们必须依靠经验在世俗的历史中来寻找，把它看成一种对所有人都重要的情况，包括基督教徒在内。它必须给西方人、亚洲人以及其他人都带来信念。……在公元前800年到公元前200年所发生的精神过程，似乎建立了这样一个轴心。让我们把这个时期称之为'轴心时代'。在这个时代充满了不平常的事件。在中国诞生了孔子和老子，中国哲学的各种派别的兴起，这是墨子、庄子以及无数其他人的时代。在印度，这是优波尼沙和佛陀的时代；如在中国一样，所有哲学派别，包括怀疑主义、唯物主义、诡辩派和虚无主义都得到了发展。在伊朗，袄教提出它挑战式的论点，认为宇宙的过程属于善与恶之间的斗争；在巴勒斯坦，先知们奋起：以利亚、以赛亚、耶利米、第二以赛亚。希腊产生了荷马，哲学家如巴门尼德、赫拉克利特、柏拉图"①。在这一时代里，世界各地都曾出现过一些对人类精神影响甚巨的思想家，完成了人类历史上的"哲学的突破"，实现了每一民族、时代文化的"祛魅"与解放："人类一直靠'轴心时代'所产生的思考和创造的一切而生存，每一次新的飞跃都回顾到这一时期，并被它重新点燃。自那以后，情况就是这样，轴心期潜力的苏醒和对轴心期潜力的回顾，或者说复兴，总是提供了精神的动力"②。在这一人类文化的轴心时代，出现了诸如中国的孔子和老子、印度的佛陀、希腊的荷马、柏拉图等与巴勒斯坦的先知，并由此奠定了东西方文化的两大文明传统。

中国的历史发展道路不是凭空来的，人类轴心时代所开启的东西方两大文明传统影响了之后东西方发展道路的不同，比较东西方两大文明传统对东西方发展道路的影响是一个十分有意义且富有挑战性的研究课题。以儒学为代表的文化传统构成了中华文化的主流，探讨儒家文化传统与中国发展道路之间的内在关联是

---

① 卡尔·雅斯贝尔斯：《人的历史》，引自《现代西方史学流派文选》，上海人民出版社1992年版，第38页。
② 卡尔·雅斯贝尔斯：《历史的起源与目标》，华夏出版社1989年版，第14页。

本书讨论的主题。

一、研究背景与意义

最早深入探讨东西方文化传统与东西方经济发展模式的是德国著名社会学家和经济学家马克斯·韦伯。早在半个世纪以前，韦伯最先阐发了现代市场经济的产生和发展需要一种"文化力"的配合与启动的思想。韦伯的深刻之处，在于他触及了一个发人深省的命题：在任何一项事业的背后，必然存在着一种无形的精神力量的驱动；在一定的条件下，这种精神力量决定着该项事业的成败。韦伯的学术贡献也就在于他对这一问题进行了深入的研究和独到的说明。韦伯在一生的学术研究中所要分析和解决的一个问题：为什么现代理性资本主义首先在16～17世纪的西欧得以兴起，而不在当时的其他地方？韦伯认为，西欧理性资本主义的产生是以表现在欧洲宗教改革后新教伦理中的"资本主义精神"为支撑的，这种精神促进了西欧理性资本主义的发展。因此，资本主义的产生与新教伦理之间有着一种内在的亲和关系。在他看来，经济发展的动力需要精神，而精神往往体现在一种信仰或一种宗教文化上。西欧之所以能产生理性资本主义，经济很快发展起来，主要原因在于西欧居住着大批新教徒。新教徒勤劳、勇敢、积聚资本、敢于冒险，并擅长生产经营。在美国游历和讲学期间，他对北美新教徒在发展资本主义经济以及在美国社会经济组织中表现出的积极进取精神留下了深刻的印象，深切感受到资本主义精神对资本主义发展的巨大推动和支持作用。据韦伯分析，新教伦理与旧教（天主教）不同，同东方的宗教伦理也不同。旧教认为，人都是有罪的，因此，人应赎罪。怎样赎罪？要靠苦行和修身，把财富奉献给教会。这种精神不能促成资本的积聚，也不能推动经济的发展。新教伦理则不同，新教认为人是有罪的，人怎样弥补自己的罪过呢？结论是要靠勤奋工作，才能尽到仆人的责任。由于人被认为是上帝的仆人，因此除了要注重个人道德修养之外，还要勤奋、节俭和提高自己的能力，要努力积累财富，扩大经营规模，从而做更多的事情，为上帝效力而尽"天职"，追求世俗事业的成功。于是，新教创造了一种既拼命扩大财富，又极度禁欲、节俭和积累资本的文化价值取向。也正是这种精神推动了西欧经济的发展，使现代理性资本主义得以在当时并不富有和强大的西欧产生并发展起来。与此同时，韦伯在20世纪初（公元1916年）还发表了他的有关中国宗教和经济伦理的著作《中国的宗教：儒教和道教》，韦伯提出在中国传统社会中虽不乏有利于资本主义产生的因素，但中国之所以没有发展出西方式理性资本主义的根本原因，在于缺乏一种像西方新教教义那样的精神心态。韦伯上述理论提出后，一直影响着中西方的学者。人们在理解韦伯的这一论点时，往往还加以演绎，认为儒家文化不仅是中国未能发展出西方理性资本主义的成因，也是影响近代中国乃至东亚受儒教文化影响地区向现代化发展的障碍。但随着20世纪70年代东亚地区儒家文化圈经济的腾飞和中国改革开放经济的快速崛起，一些中外学者开始重新思考儒家文化与东亚地区和中国经济成功的关系，并对韦伯的理论提出质疑。本书的研究就是在这一背景下对儒家文化传统与中国现代市场经济关系思考的深化。

中国今天正在从事建立并完善社会主义市场经济体制的变革，选择一条适合中国国情的发展道路，这必然面临着一个以儒家传统文化为主干的中华文化传统和现代市场经济关系的对接问题。这一文化传统对于现代市场经济的关系如何，是人们一直关注并有争议的一个课题。因此，研究儒家传统文化中存在的有利于现代市场经济体制确立和发展的文化因素并完成其现代的转化，使之在当代中国的现代化过程中发挥积极的作用，应是一件十分富有意义的工作。本书的意义是探讨儒家传统文化中存在哪些有利于市场经济体制建立和发展的思想因素并完成现代的转化，为目前所从事的社会主义市场经济体制的变革提供一份可供借鉴和利用的历史文化资源。本书的研究结论否定了那种认为以儒家文化为主干的中华文化传统是实现工业现代化障碍的民族文化虚无主义的论调，但也不认同历史观上的文化决定论者。儒家文化思想中所包含的人文精神在经过现代的转化以后，完全可以成为建设和发展社会主义市场经济的一种内在精神驱动力，成为中国道路发展的文化支撑力。

二、研究方法与内容

本书研究方法借鉴新制度经济学的制度分析。新制度经济学将新古典的边际分析与旧制度学派的制度分析相融汇，以强有力的证据向人们表明制度至关重要，土地、劳动和资本这些生产要素有了制度才能得以发挥功能，制度对经济行为影响的分析应居于经济学的核心地位。新制度经济学理论强调产权、国家和意识形态"三位一体"，提出国家在经济增长中起关键性作用，经济增长过程中国家的基本功能表现为通过不断地界定和明晰产权来引导社会意识形态，在产权、国家和意识形态三者间建立良性互动，进而有效地推动制度创新，促进经济增长。制度构成的基本要素分为非正式约束、正式约束和实施机制三个部分，非正式约束可称为内在制度，内容包括价值观念、伦理规范、商业习俗和意识形态等因素，是人们在长期交往中无意识形成的，具有持久的生命力，是构成文化传统的重要部分。意识形态可定义为关于世界的一系列信念，并在非正式约束中处于核心地位，它在经济发展中的重要作用不仅表现为价值观念、伦理规范和风俗习性，还影响着经济发展的模式。意识形态能促使交易双方决策过程简化，节省交易费用。意识形态还构成了正式制度安排（正式约束）的"理论基础"，影响或决定产权制度的安排。从历史上看，正是由于不同的意识形态才产生了东西方不同的社会结构和产权结构，最终导致了东西方社会发展道路的分流。新制度经济学还强调制度的配套使用，提出制度规范是植根在一定的文化土壤上的，因此强调在制度引进时一定要考虑相应的制度约束即文化传统，否则，制度引进很难奏效。新制度经济学派在分析经济增长时强调将分析重点放在三个变量上：（1）对经济活动产生动力的产权；（2）界定和实施产权的单位——国家；（3）决定个人观念转化为行为的道德和伦理的信仰体系——意识形态。以意识形态为核心的文化传统在历史发展中起着根本性的作用，其影响也弥漫在所有的制度安排中。

本书研究的内容是探讨文化传统与经济模式之间的关系，重点聚焦儒家文化传统与现代市场经济的关系。本书贯穿的一个中心，是文化传统对不同市场经济模式体制的影响。在现代市场经济中，人们很难说美国的汽车制造技术与日本的汽车制造技术有什么根本性的差别，这些国家之所以形成了不同类型的市场经济，是因为这些国家的人们具有不同的文化传统，并且在这种不同的文化传统中形成了不同的社会心理和意识形态。在这种不同的社会心理和意识形态影响下，产生了不同的经济行为，从而造成不同的政府与企业之间的关系、企业之间的关系、企业与个人的关系。不同的社会心理和意识形态还会产生不同的政治观念，造成不同的社会和政治运动，从而决定了不同的政治体系和经济政策。在不同的政治体系和经济政策下，政府当然会对市场经济施加不同的影响。纵观当今世界市场经济的几种主要发展模式，可以发现不同类型的市场经济模式都是不同文化传统的产物，都深深烙有不同文化传统的印记。例如，在不同的市场经济模式中，个人的经济行为、个人之间的关系、个人与企业的关系以及企业与政府的关系都是很不相同的。在日本的经济发展模式中，企业十分重视与员工建立长期稳定的关系。日本企业的经理与普通员工在收入上的差距相对美国企业要小，对企业经理激励较多的是职务的提升而不是货币收入的增加，企业也不轻易解雇员工。日本政府干预经济的领域则要比美国多，对经济的管制通常也比美国严。日本的市场经济模式可归入"政府指导下的市场经济"（或"东亚模式"），美国的市场经济模式可归入"自由的市场经济"，中国的市场经济模式则可以概括为"中国特色的社会主义市场经济"。当然，做这种划分是相对而言，称日本的市场经济为"政府指导下的市场经济"并不意味着在日本的市场经济中，个人和企业就没有做出独立自主经济决策的自由。在任何一个市场经济中，个人和企业都能自由地做出有关自己经济活动的决策，只不过在美国的市场经济中，个人的这种自由要相对大一些，自由的领域也要相对宽广些。反过来说，把美国的市场经济称为"自由的市场经济",也绝不意味着美国的市场经济中就没有国家干预。实际上,在美国的市场经济中同样有国家对经济活动一定程度的干预,美国的大企业也在提倡员工的"团队精神",只不过这些集体协调在美国的经济模式中范围要窄得多,规模也要小得多,程度也要轻得多。而这些特征在日本的市场经济模式中则要大得多、强得多,成了"东亚模式"的突出特征。

总之,市场经济的不同类型是市场经济在不同文化环境下运行的产物。不同文化环境之所以能造成不同类型的市场经济模式,因为在现代市场经济中具有共同的技术基础,不同的文化环境以不同的方式来降低协调费用,市场经济本身就是一种协调费用比较低的经济体制,就其本质上说,它是通过个人之间的交换活动来协调他们的经济活动。在市场经济中,协调不同个人经济活动的方式可以靠权威的指令,也可以靠人们相互之间的自主协调或官僚机构的行政管理,采用哪一种协调方式取决于哪一种协调费用最低。不同的文化环境是造成美国与日本市场经济模式之间差别的主要因素。

本书结构分为上下两篇。上篇"儒家传统与古代商品经济的发展",重点围绕儒家的自由经济思想对中国古代商品经济发展的影响进行讨论。通过对历史的考察可以发现:在中国古代儒家自由经济思想相对活跃的时期,也正是商品经济相对繁荣的时期。在中国封建社会发展的前期阶段,儒家自由经济思想相对活跃于战国至秦汉和盛唐两个时期;在中国封建社会发展的后期阶段,儒家自由经济思想相对活跃于两宋和明清之际;这些时期,也正是中国古代商品经济发展的繁荣时期。同时还探讨了中国传统商业伦理的形成以及传统儒商向现代儒商发展演变的历程,彰显了古代向现代的过渡。下篇"儒家传统与东亚现代市场经济"则围绕儒家文化传统对东亚的影响以及与"东亚模式"和"中国道路"之间的内在关联进行了分析。全书除"导言"外由十一章组成,分别讨论了儒家的自由经济思想、儒家自由经济思想与古代商品经济的发展、儒家伦理与中国传统商业伦理的形成、儒家重商意识与晋商激励机制的经济学分析、传统儒商到现代儒商、20世纪中后期东亚经济的崛起、儒学与东亚民族精神、儒学与"东亚模式"、儒学与东方管理模式、"亚洲价值观"与"东亚模式"、儒家文化传统与中国道路。

本书的结论是任何文化传统都是历史的产物,文化传统决定了一国的文化特征,也决定该国采用哪种市场经济模式最有效率。美国之所以是当代"自由市场经济"的代表,原因之一是美国社会受近代英国的自由移民影响较大。在最近几百年的历史中,英国一直有着较强的基督教个人主义倾向。18世纪和19世纪的英国更是自由主义经济政策的典范。最初英国移民们到北美来追求个人的独立发展,占据和垦殖"无主的"荒地,独立并自由地经营个人所有的农场。他们不仅将英国的经济自由主义带进了美国,而且将它发展到了极致。美国的"自由市场经济"就是英国的自由移民的这种历史文化传统的产物。在东亚，由于深受儒家思想的影响，形成了服从权威、忠实于上级和团队的历史文化传统。如日本人在依靠市场之外的权威来协调集体行为的习惯中，就已清楚地显露出他们的这一历史文化传统。每当一国面临几种可选择的发展方案时，历史形成的文化传统通过社会政治力量，总会迫使它选择最接近自己历史文化传统的发展道路。这也就形成了一国的文化传统与它的市场经济类型之间的内在联系。

上篇　儒家传统与古代商品经济的发展

　　首先要对"儒家传统"做一简要的界定说明。历史上的"儒家传统"是一个十分庞大的思想文化体系，包含各种各样的学术流派和观点。如自儒家的创始人孔子之后，儒家内部既有重视内省修身的"内圣"流派（如孟子和程朱陆王诸人），也有重视外在事功的"外王"流派（如荀子、叶适、丘浚和明清之际的许多实学思想家）。就儒家文化传统中所包含的经济思想来说，是庞大繁复的。如就经济管理来言，有强调国家干预的，也有主张自由放任的。既存在"重本抑末""重义轻利""黜奢崇俭"① 这三大中国传统经济思想的教条，又存在强调工商并重、义利两全、鼓励"藏富于民"、自由竞争的自由经济思想的论点与政策主张。再从历史的演变来看，儒家文化不是一个僵固不变的体系，随着社会历史的发展与进步，也在不断地吸纳新的内容，改变自身，发展演变。因而，本篇所讲的"儒家传统"不是对儒家文化传统的全面判断和评价，而仅是对儒家文化传统中主张自由放任、鼓励民间经济发展和自由竞争等这些有利于市场经济制度建立和发展的思想文化因素作些整理和研讨。也就是说本篇在这里所讲的"儒家传统"并非指儒家之"全部"，而是指儒家文化中存在的有利于自由经济发展的那一部分思想因素。

---

① "重本抑末"（或称"重农抑商"）最早是先秦法家（商鞅）的政策主张。秦汉以后随着儒法的合流，也为一些儒家学者所继用。但二者之间仍有很大的不同：先秦法家讲"重本抑末"，关注的是私营商业对国家利益的竞争和侵蚀，所采取的是对私营商业的惩罚性措施。这一主张的宗旨是要抑制富商大贾势力的膨胀，是要以官营商业的发展来取代私营商业，所谓"抑商"仅是抑私商而已。而秦汉以后的儒家虽也讲"重农抑商"，则主要是从关心"士农工商"产业结构和四民利益平衡的方面考虑，所采取的是一种强调产业结构合理和利益分留的补偿措施。他们虽然在社会分工理论上把商列为末业，但并非盲目地排斥它，而是把它放置在农业这一社会存在与发展的基础上来讨论其本末轻重的产业关系。有些儒者讲"抑末退本"，则是要封建国家退出商业阵地，把商业放给私人去经营，反对国家经商，去与民争"末利"〔参见吴慧：《中国古代商业史》（第 1 册），中国商业出版社 1983 年版，第 403 页〕。故同样的口号却有着极不相同的内容。"重义轻利"更是对儒家的误解。以孔孟为代表的儒家主张以义统利、义利两全，"见利思义"（《论语·宪问》），"见得思义"（《论语·子张》），反对"不义而富且贵"（《论语·述而》），这不能简单地用"重义轻利"来加以概括的。并且，它不仅不是现代化的阻力，而恰是现代化所要提倡的一种商道伦理精神。至于"黜奢崇俭"、勤俭持家，更是中国世代儒商的优良传统，也是促进现代市场经济发展的一种精神因素。

第一章　儒家的自由经济思想

先秦时期，在国民经济管理的政策上，就存在两种不同的观念：一是以法家为代表所强调的国家干预，他们主张对经济生活国家干预和控制得越严越好。与此相反，先秦以孔孟为代表的儒家学者，则倡导一种自由经济论，主张把经济的发展看作私人的事情，因而认为国家对经济管理的要义在于顺应经济发展的自然，采取鼓励民间经济发展的"富民"政策，对民间所从事的经济活动，不主张过多干预，强调允许老百姓具有一定的"恒产"，政府保护其产权，鼓励竞争，给其自利的经济活动创造一个良好的条件。秦汉以后，随着儒法合流，儒家内部一些在朝为官甚至成为宰辅的朝廷大员们，出于国家财政的需要，多继承的是法家强调国家干预的经济思想。而学者型的儒家人物如汉代的司马迁、宋代的李觏和叶适、明代的丘浚、明末清初的黄宗羲和唐甄等人，多继承的是孔孟自由放任的经济思想。这就造成了在儒家内部，既有强调国家干预的，又有主张自由放任的矛盾复杂形态。但后者代表了儒家的本原和主流。他们主张"自由放任"，也仅是就其主要思想倾向而言。

第一节　"大一统"的国家思想

儒家在经济管理上主张"大一统"，孔子就是这一思想的重要开启者。"大一统"的国家思想不仅是我国自古以来建立统一中央集权的理论基础，而且也在维护国家的统一上发挥着重要的作用，同时也是顺应民心的产物，反映了人民的意愿。

一、孔子"大一统"思想的内涵

孔子所处的春秋时代，是我国历史上社会大变革、大动荡的时代。人民"民参其力，二入于公，而衣食其一"（《左传·昭公三年》），承受着诸侯贵族的盘剥,"宫室日更,淫乐不违"(《左传·昭公二十年》),十分不利于经济的发展。孔子生活的鲁国也是如此,据《左传》记载,公元前563年季孙、孟孙、叔孙三家"三分公室而各有其一"(《左传·襄公十年》),将国家分裂。二十五年后又"四分公室"(《左传·昭公五年》)。面对"礼坏乐崩"之乱局,孔子忧患地指出:"天下有道,则礼乐征伐自天子出;天下无道,则礼乐征伐自诸侯出。……天下有道,则政不在大夫。天下有道,则庶人不议"(《论语·季氏》)。这段话是孔子"大一统"思想的集中表述。孔子认为维护一个稳定的中央政府的权威有利于社会的稳定和经济的发展,因而对季、孙、叔三家的分裂行为给予谴责。

早在西周时期,"大一统"的观念就已初步形成。如《诗经·小雅·北山》"普天之下,莫非王土;率土之滨,莫非王臣"。对此孔子明确宣称说:"天无二日,土无二王,家无二主,尊无二上,示民有君臣之别也"(《礼记·曾子问》)。孔子推崇"天下一统"观念,"天下一统"也是孔子追求的社会理想。正因为如此,他对"大一统"的西周社会充满了向往:"周之德,其可谓至德也已矣"(《论语·泰伯》)。孔子甚至把自己作为周文化的继承者,"郁郁乎文哉,吾从周",认为自己承担的使命就是恢复周代一统的天下:"文王既没,文不在兹乎"(《论语·子罕》),"如有用我者,吾其为东周乎"(《论语·阳货》),并坚信三年就会有所成就:"苟有用我者,期月而已也,三年有成"(《论语·子路》)。《周礼》主张国家管理天子应"掌邦国及万民之约法",强调一个理想的国家政治应该只有中央政府(天子)才能颁布和掌握法约的权利,地方官员只能依据法约规定行使管理的政事。孔子从拨乱反正的立场出发,强调要"约之以礼,亦可以弗畔矣夫"(《论语·雍也》),"以约失之者鲜矣"(《论语·里仁》),告诫管理者要"君子和而不同""周而不比""群而不党",服从中央权威,做到"君使臣以礼,臣使君以忠"(《论语·八佾》)的上下和谐,把"忠"推及到"礼"。这是孔子对《周礼》的发展。孔子对周礼的发展,还反映在他不是简单地因袭旧制,而是强调要有所损益,继承发扬优秀的思想,抛弃过时的思想:"殷因于夏礼,所损益可知也;周因于殷礼,所损益可知也;其或继周者,虽百世可知也"(《论语·为政》),"行夏之时,乘殷之辂处,服周之冕,乐则韶舞"(《论语·卫灵公》),强调任何礼乐制度都要与时俱进,有所发展和进步。

孔子为"大一统"的政治理想奋斗了一生。其一生中有十四年时间在"周游列国",宣传"大一统"的主张。但当时的形势下各诸侯国不接受他的主张甚至还有人嘲讽他"是知其不可而为之者"(《论语·宪问》),孔子对此不屑一顾,坚定地说:"莫我知也夫"(《论语·宪问》),"若以述先王,好古法而为咎者,则非丘之罪也"(《孔子家语·困势》)。孔子维护"大一统"还表现在他反对季氏"八佾舞于庭"和晋国赵鞅"铸刑鼎"以及动用武力"堕三都"等事件上。季孙氏在"三分公室"后掌握了鲁国实权。例如依照古制,天子、诸侯、大夫祭祀祖庙,舞蹈奏乐都有严格规定,季孙氏以大夫身份使用八佾的天子礼乐,明显是与中央分庭抗礼的分裂行为,孔子对此表示反对和愤怒,"八佾舞于庭,是可忍也,孰不可忍也"(《论语·八佾》)。公元前513年晋国赵鞅和荀寅领兵修筑汝滨城,铸刑鼎,把范宣子擅自制定的刑法铸在鼎上。在孔子看来这是严重破坏国家统一立法的僭越行为,长期下去,中央的立法权威将不复存在,他给予痛斥,坚决反对:"晋其亡乎!失其度也"(《左传·昭公二十九年》)。据《公羊传》记载,孔子担任鲁国司寇的时候,为维护国家"家不藏甲,邑五百雉之城"的法制,曾先后使用武力摧毁了叔孙氏、季孙氏非法修筑的城邑,树立了国家的权威。孔子从维护"大一统"出发,用修《春秋》史书褒贬的笔法来维护"礼乐征伐自天子出"的权威。如在《春秋》中处处以"王正月""王二月""王三月"等记事,《春秋·公羊传》对此发挥微言大义说:"何言乎王正月,大一统也。""王"即是周王,以周代历法记述各国历史,表明孔子是尊周代历法为正统的。又如在春秋初期,楚国国君首先称王,随后吴、越等国国君也相继称王。《春秋·僖公二十一年》记载:"秋,宋公、楚子、陈侯、蔡侯、郑伯、许男、曹伯会于孟,执宋公以伐宋。"此时楚国等国君虽已自称王,但孔子仍按照西周分封的旧爵位来称呼各诸侯国君,从爵位上维护了周王的权威。正如司马迁在《史记·孔子世家》中所说:"吴楚之君自称王,而《春秋》贬之曰子。"强调孔子修《春秋》之目的就是为了"退诸侯,讨大夫,以达王事而已矣"(《史记·太史公自序》)。孟子也有评论说:"世衰道微,邪说暴行又作。臣弑其君者有之,子弑其父者有之。孔子惧,作《春秋》。""孔子成《春秋》,而乱臣贼子惧"(《孟子·滕文公下》)。这都体现了孔子师徒维护"大一统"局面的用心,在孔子看来,"王"惟有"周王"。

二、孔子实现"大一统"的路径与影响

怎样去实行"大一统"?孔子提出的路径是:"谨权量,审法度,修废官";"兴灭国,继绝世,举逸民""齐一变,至于鲁;鲁一变,至于道"(《论语·雍也》)。其大意是说,实行"大一统",首先要重新审视并恢复国家各种法律制度,恢复国家机关的正常运作,使国家政令畅通,提拔被遗落的人才,恢复人民对国家的信心,还要用先进的文化来建立王道政治。具体言之,孔子认为齐代表春秋、据乱世,鲁为西周小康、升平世,理想社会应是唐虞大同、太平世。"大一统"就是从据乱世的社会,发展至小康、升平世,再由小康、升平世发展至大

同、太平世，开创一个"四方之政行焉""天下之民归心焉"的大一统国家的局面。孔子主张用先进的文明取代落后的文明（即"夷夏之辩"），实现天下统一，也就是孟子所说的："吾闻用夏变夷者，未闻变于夷者也"（《孟子·滕文公上》）。正是出于这一主张，他对被时人讥评为"未仁"的管仲给予了高度的评价："无管仲，则君不君，臣不臣，皆为夷狄也。""管仲相桓公，霸诸侯，一匡天下，民到于今受其赐。微管仲，吾其被发左衽矣"（《论语·宪问》）。管仲"相桓公，霸诸侯，一匡天下"之举，是"尊周室、攘夷狄，皆所以正天下也"（朱熹《四书章句集注》）。管仲能用先进文明变革落后文明，有助于国家的统一，这就是一种"仁"，所以孔子高度称赞他。实现"大一统"的目的是为了"爱人"（《论语·颜渊》），让人民过上美好的生活，使"近者悦，远者来"（《论语·子路》）。《礼记·礼运》记载孔子的言论说："大道之行也，天下为公，选贤与能，讲信修睦。故人不独亲其亲，不独子其子，使老有所终，壮有所用，幼有所长，矜寡孤独废疾者皆有所养，男有分，女有归。货恶其弃于地也，不必藏于己；力恶其不出于身也，不必为己。是故谋闭而不兴，盗窃乱贼而不作，故外户而不闭，是谓大同。""大同"社会就是孔子"大一统"思想的最高层次和精神动力。

孔子的"大一统"主张被后世的儒家学者接受并发扬。如孟子面对诸侯不睦，"争地以战，杀人盈野，争城以战，杀人盈城"（《孟子·离娄下》）；"世衰道微，邪说暴行有作，臣弑其君者有之，子弑其父者有之"的现实时，在回答梁襄王"天下恶乎定"时就高举"大一统"旗帜，认为天下应"定于一"（《孟子·梁惠王上》）。战国末期的荀子提出了"四海之内若一家，通达之属莫不从服"的思想，认为"天下不一，诸侯反"（《荀子·王制》），强调要"一天下""一制度""齐一天下"（《荀子·儒效》）。荀子的学生韩非，继承了荀子的思想，以建立"事在四方，要在中央，圣人执要，四方来效"（《韩非子·扬权》）的"大一统"国家为己任。韩非的思想影响了秦始皇，秦始皇践行了这一思想，建立了中国历史上空前的大一统政权——秦王朝。谭嗣同说："二千年来之政，秦政也"（《仁学》）。秦政，就是中央高度集权的国家政治体制。吕不韦也强调"一则治，两则乱"（《吕氏春秋·执一》）。孔孟等儒家学者之所以强调"大一统"的重要意义，在于他们经历过春秋战国和汉初的割据分裂时代，认识到了国家分裂不利于经济的发展，使人民遭受痛苦。董仲舒进一步强调实施"大一统"的中央集权管理，采用儒家的"大一统"思想作为国家统一的意识形态，"身以心为本，国以君为主"（《春秋繁露·通国身》）；"《春秋》大一统者，天地之常经，古今之通谊也。今师异道，人异论，百家殊方，指意不同，是以上无以持一统"（《汉书·董仲舒传》）。他向汉武帝提出"罢黜百家，独尊儒术"，可使"统纪可一而法度可明"(《汉书·董仲舒传》)。汉武帝采纳了董仲舒的主张,西汉王朝走向了统一强盛之路。司马迁父子在总结这一历史时正确指出了《春秋》"大一统"思想的影响:"拨乱世,反之正,莫近于《春秋》"(《史记·太史公自序》)。"《春秋》之义行,则天下乱臣贼子惧"(《史记·孔子世家》),强调"强本干,弱枝干",防止诸侯"专挟邪辟之计,谋为叛逆,仍父子再亡国,各不终其身,为天下笑"(《史记·淮南衡山列传》)。汉之后,"大一统"思想成为我国两千多年来的主导思想。如在唐代,柳宗元从理论上阐释了"天下会于一"(《柳河东集·封建论》)是历史的进步。清初顾炎武在讲到孔学真义时指出:"夫子之文章,莫大乎《春秋》,《春秋》之义,尊天王,攘戎翟,诛乱臣贼子"(《日知录》卷6)。维新变法的领袖康有为也认为:"中国只可一统,万无分立之理,更无分为联邦之理也"①,声明自己爱大中国,爱统一。儒家维护中央集权的统一管理的思想,对中国历史的发展有着深远的影响。二千余年来,中国虽然经历了许多次的改朝换代、政权更迭、地方割据、外敌入侵,但维护国家的统一一直是历史发展的主流。

第二节 鼓励自由竞争的政策主张

对于儒家鼓励自由竞争的政策主张,限于篇幅,仅就不同时代选取其中代表性的人物作些评论。

一、先秦儒家的自由经济思想

先秦儒家的自由经济思想可以孔孟为代表。孔子心目中的经济制度,是一种自由的经济。在这种经济体制中,政府对经济的干预活动应减至最小,任凭人民在经济活动中自由而充分地发挥其聪明才智。他有一句名言:"天何言哉? 四时行焉,百物生焉,天何言哉"(《论语·阳货》)。这是他心目中政府在经济活动中作用的写照。孔子是主张无为而治的,反对政府对经济生活的过分干预,还可以他下面的话为证:"无为而治者,其舜也与!夫何为哉?恭己正南面而已矣"(《论语·卫灵公》)。这表明孔子要政府尽量减小对经济的干预,而要求给予人民自我充分发展的机会。他还认为,政府的主要任务在于"足食""足兵"而已。由于政府缩小了工作范围,机构也就不必过分庞大,所以他又主张

---

① 《康有为政论集》(下册),中华书局1998年版,第693页。

"薄税敛"(《论语·先进》)。

孔子所强调的"惠而不费"(《论语·尧曰》),也反映了他自由经济的思想。孔子认为"小人喻于利",追求富贵是每个人都有的欲望,因此主张人民从事各种社会经济活动时,必须使他们能够得到一定的经济利益,这也就是他所说的"惠则足以使人"(《论语·阳货》)。然而怎样才能使老百姓获得足以调动他们积极性的物质利益呢?孔子提出的指导原则就是"惠而不费"。其具体含义是一方面要使老百姓获得足以调动他们积极性的物质利益,另一方面对统治者来说又没有为此而花费什么成本。被管理者觉得自己受了"惠",从而提高了从事经济活动的积极性,能够为社会提供更多的劳动产品和工作成果,而管理者却又没有为此付出很多成本。这实际上是以尽可能少的成本获得尽可能多的收益的经济学原则。而怎样才能做到这一点呢?孔子设计的方案是"因民之所利而利之,斯不亦惠而不费乎"(《论语·尧曰》),也就是让老百姓自由地去从事自认为有利的经济活动,并从中得到好处,而政府不必进行干预。这实际上就是一种自由经济制度的模式了。

孔子还有一套近乎经济发展的策略。如"子适卫,冉有仆。子曰:庶矣哉!冉有曰:既庶矣,又何加焉!曰:富之。曰:既富矣,又何加焉?曰:教之"(《论语·子路》)。这表明孔子已认识到经济发展可分为"庶、富、教"三个阶段。著名经济学家库兹涅茨在研究先进国家经济发展规律时认为,从长期历史看,就所有工业化国家而言,其进入近代经济成长的纪元,具有四项特点:一是加速人口增长;二是资本增长,其增长率比人口增长率大,以至每人所用资本增加;三是劳动生产率的提高,这是由于资本增加之故,经由生产力的提高,每人所得消费也随之增加;四是结构的改变。显然可见,孔子的"庶、富、教"的经济发展的三部曲与库氏所揭示的先进国家经济发展过程中所显示出来的特点有相近之处。库氏这前两项特点,和孔子策略中前两个阶段"庶、富"相近。且因教育可以提高生产力,以至也可视孔子策略中的第三阶段与库氏所说的第三项特点相近。

孟子继承了孔子的自由经济思想,又有所发挥。这表现在他倡导法乎自然,重视个人产权、利益与维护竞争上。

孟子讲过:"莫非命也,顺受其正"(《孟子·尽心上》)。这里的"命",应视作天道,即是自然的法则。孟子这句话的意思是强调发乎自然,顺应自然的法则。孟子讲述过一个"揠苗助长"的故事:"宋人有悯其苗之不长而揠之者,芒芒然归,谓其人曰:今日病矣,予助苗长矣。其子趋而往视之,苗则槁矣。天下之不助苗长者寡矣。……助之长者,非徒无益,而又害之也"(《孟子·公孙丑上》)。这一寓言的本意在于强调做事要顺乎自然法则,既不宜抑制成长,也不可以外力助长之。它在经济政策上的启示，就是政府要顺从经济运行的自然法则，而不可违背经济运行的客观规律，强加干预。否则，结果只能适得其反。

孟子还有类似于现代产权的思想。何谓"产权"？产权的定义很多，但被罗马法、普通法、马克思和恩格斯以及现代的法律和经济研究基本上公认的产权定义是：产权不是指人与物之间的关系，而是指由物的存在及关于它们的使用所引起的人们之间相互认可的行为关系。产权安排确定了每个人对于物的行为规范，每个人都必须遵守与其他人之间的关系，或承担不遵守这种关系的成本。"所以，就一座房屋而言，如果一个人所获得的那组产权中包括不许在房屋的附近设置加油站和化工厂的权力，则该房屋对他的价值相对来说就会更大一些。因此，被一个决策者持有的对资源的那一组不同的产权是进入该决策者的效用函数的"[①]。现代产权的概念并不限于"私有权"。孟子对产权有如下的论述："有恒产者有恒心，无恒产者无恒心"（《孟子·离娄上》），强调的就是稳定的财产制度对人的长期预期作用。他还说过："夫仁政，必自经界始"（《孟子·离娄上》），强调的是产权在经济制度中的基础作用。孟子的"井田"不论农民是否具有私有权，都不影响孟子有类似现代产权思想的论断。他还明确地肯定产权与工作动力甚至伦理道德间的关系。

在孟子的经济思想中，也十分重视个人的利益。他认为个人构成了国家的基础："人有恒言，皆曰天下国家，天下之本在国，国之本在家，家之本在身"（《孟子·离娄上》）。在孟子看来，个人才是天下国家社会的根本。孟子还倡导"自爱"："拱把之桐梓，人苟欲生之，皆知所以养之者，至于身而不知所以养之者，岂爱身不若桐梓哉？弗思甚也"（《孟子·告子上》）。这种强调"以身为本"的"自爱"思想，与西方古典经济学中强调"自利"的思想在理论上是相通的。

自由经济强调市场竞争，反对垄断。孟子也有着相同的见解，如他反对市场的垄断，并对之深恶痛绝："古之为市者，以其所有易其所无者，有司治之耳。有贱丈夫焉，必求龙（垄）断而登之，以左右望而罔市利，故从而征之。征商自此贱丈夫始矣"（《孟子·公孙丑下》）。孟子是肯定商人在社会经济生活中的地位和作用的，反对法家所倡导的"重农抑商"论，主张对商人免征赋税，"关市讥而不征"（《孟子·梁惠王下》）这里的"讥"为检查，意为海关只检验货物而不收税，以鼓励其从事自由贸易活动，活跃自由竞争的市场。他反对垄断，是因为投机商垄断市场，囤积居奇，哄抬价格，牟取暴利，不但会使正当的商人失去正常经营的机会，而且也会迫使农民贫穷破产，而由垄断、罔市利起家的商人，

[①] E. 富鲁普顿和 S. 佩杰维奇：《产权与经济理论：近期文献概览》，载于《经济社会体制比较》1992 年第 1 期。

势必以其余财用于兼并土地。这既不符合孟子所提倡的"以其所有，易其所无""通功易事"等商业正当经营的原则的，也不符合孟子所主张的"使民有恒产"，防止因兼并而失掉恒产的宗旨。故孟子对垄断大加反对。正如他在《孟子·公孙丑下》中所说的，他不但反对垄断商业，而且也以此为喻来反对垄断富贵，对"独于富贵之中有私垄断焉"很不以为然。

孟子的经济发展策略较孔子也更为贤明，它包括土地制度、农家规划、资源保护与赋税改革。关于土地制度，孟子最为重视，他曾大声疾呼："夫仁政必自经界始"，主张恢复井田或建立井田制度，其方式是："方里而井，井九百亩，其中为公田，八家皆私百亩，同养公田。公事毕，然后敢治私事"（《孟子·滕文公上》）。这种井田不仅是经济性的，也具有社会性，即"死徙无出乡，乡田同井，出入相友，守望相助，疾病相扶持，则百姓亲睦"（《孟子·滕文公上》）。井田制度与农家规划也有关，如孟子说："五亩之宅，树墙下以桑，匹妇蚕之，则老者足以衣帛矣；五母鸡，二母彘，无失其时，老者足以无失肉矣。百亩之田，匹夫耕之，八口之家，可以无饥矣"（《孟子·尽心上》）。孟子的资源保护策略也是为农业社会所设计的，所以"不违农时，谷不可胜食也；数罟不入洿池，鱼鳖不可胜食也；斧斤以时入山林，材木不可胜用也"（《孟子·梁惠王上》）。在赋税改革上，孟子主张"薄税敛"，行什一之税，理由是"夏后氏五十而贡，殷人七十而助，周人百亩而彻，其实皆什一也"，并认为"莫善于助"（《孟子·滕文公上》），提倡劳役地租。从现代经济学的观点来看，这是因为劳役地租无损农民所得，只是增加了工作时数，因农村多有隐蔽性失业，故其机会成本也极低，对农民也较为有利的缘故。

二、秦汉之际儒家的自由经济思想

秦汉之际儒家的自由经济思想可以陆贾和司马迁为代表。

陆贾是汉初的一位重要的思想家，著作有《新语》。陆贾继承先秦儒家的自由经济思想，在政治上主张仁义治国，经济政策上主张"无为而治"，提倡经济自由。如在《新语·无为》篇中，陆贾对他主张的自由经济思想作了正反两方面的论述，"道莫大于无为，行莫大于谨敬"，例如古时"昔虞舜治天下，弹五弦之琴，歌《南风》之诗，寂若无治国之意，漠若无忧民之心，然天下治"。古圣贤们都是通过实行放任无为的经济政策来实现治理的。秦始皇则是赋役繁苛，结果适得其反，导致了亡国的命运。他主张政府应实行与民休息的政策，不要过多地干预百姓的日常经济活动，"无为而治"。在《新语·至德》篇中，陆贾还对"无为而治"的理想境界作了如下的描述："是以君子之为治也，块然若无事，寂然若无声,官府若无吏,亭落若无民,闾里不讼于巷,老幼不愁于庭。近者无所议,远者无所听,邮驿无夜行之卒,乡间无夜名之征,犬不夜吠,鸟不夜鸣,老者息于堂,丁壮者耕耘于田。"显然,陆贾所提倡的"无为"实质上就是经济自由主义的政策,核心是不扰民,与民休息,放任民间自由地从事经济活动。在《新语》一书中,陆贾还提出了重农、崇俭和轻徭薄赋等一系列经济主张,重农、崇俭和轻徭薄赋的目的是更好地恢复和发展汉初的经济。

司马迁是我国古代一位伟大的史学家,同时也是一位伟大的经济思想家。其经济思想的成就和特点,是承继了孔孟的自由经济思想,又发扬光大,其成就远过于前人,对其后自由经济思想的发展,也影响巨大。

对于司马迁的思想属儒还是属道,自班氏父子对司马迁提出"先黄老而后六经"属道的论断后,此说影响甚大,成为流行的传统观点。赵靖教授主编的《中国经济思想通史》即采此说。赵靖教授认为司马迁"以西汉前期流行的黄老之学作为思想指导,综合先秦至汉初的其他学派的学说,融会贯通,形成自己的'一家之言'的思想体系"①。此说可商榷。明人陈仁锡已指出其非:"史迁可谓知圣人之道矣,班氏谓其先黄老而后六经,非也。观其作《史记》,于孔子则立'世家',于黄老则立'传';至论孔子,则曰'可谓至圣矣',论老氏,但'隐君子'。非知足以知圣人而能是乎?"(《陈评史记》卷十七)此论甚是。我们从司马迁在《孔子世家》篇末对孔子的赞语中,也不难窥见其对孔子的崇敬之情:"太史公曰:《诗》有云:'高山仰止,景行行止。'虽不能至,然心向往之。余读孔氏书,想见其为人。适鲁,观仲尼庙堂车服礼器,诸生以时习礼其家,余低回留之不能去云。天下君王至于贤人众矣,当时则荣,没则已焉。孔子布衣,传十余世,学者宗之。自天子王侯,中国言六艺者折中于夫子,可谓至圣矣。"又如他在《太史公自序》中褒彰孔子的学说具有拨乱反正、作为天下统纪和社会伦理准则的价值:"周室既衰,诸侯恣行。仲尼悼礼废乐崩,追修经术,以达王道,匡乱世反之正,见其文词,为天下制仪法,垂六艺之统纪于后世。作《孔子世家》"。而谈到老子时,仅有"李耳无为自化,清净自正;韩非揣事情,循势理。作《老子韩非列传》",仅以寥寥数语点出了老子与韩非学说的特点而已。从作传体裁上来说,将孔子列为"世家",而将老子与韩非合列为一传。依《史记》体例,"世家"犹言世禄之家,以称王侯,与记载帝王事迹的"本纪",记载各方面代表人物的"列传"对言。而孔子并无王侯之位,"特一布衣",司马迁破例将之列为"世家",给予殊荣,这等于尊奉孔子为学术文化的宗师,"是以圣人为教化之主"(《史记·孔子世家》索隐唐人司马贞语)。司马迁所尊奉者为

---

① 赵靖主编:《中国经济思想通史》(第1册),北京大学出版社1991年版,第617页。

谁，由此已经是明白无疑的了。清人王应奎也曾指出：《史记》列孔子为世家，"所以存不朽之统也"，即其"著书本旨，无处不以孔子为归"。所以他认为"汉四百年间，尊孔子者无如子长，……子长之功岂在董子下哉！"（《柳南诗文钞》卷四《司马迁论》）这实际上是把司马迁推到了可与董仲舒并列为尊儒术的功臣的地位。故近人龚自珍也称司马迁为"汉大儒司马氏"（《龚自珍全集·陆彦若所著书序》）。梁启超也认为"太史公最通经学，最尊孔子"（《饮冰室全集·专集》第十五册《读书分月课程》），是"汉代独一无二之大儒矣"（《饮冰室全集·专集》第三册《论中国学术思想变迁之大势》）。今人陈其泰对这一问题有详细辨析①。实际上，司马迁对道家的经济思想是多有批判的，如他写道："老子曰：'至治之极，邻国相望，鸡狗之声相闻，民各甘其食，美其服，安其俗，乐其业，至老死不相往来'。必用此为务，挽近世涂民耳目，则几无行矣"（《史记·货殖列传》）。司马迁肯定人的求富欲望、强调经济发展，因此他批判了老子的"小国寡民"和"寡欲"的思想，认为如果按老子的经济思想去治理国家，那就等于把老百姓的耳目全部遮塞起来，是万万行不通的。那么，为什么班固及时下流行的观点会造成对司马迁如此的误解呢？根据是《太史公自序·论六家要旨》中对儒、墨、名、法、阴阳家都有所批评，也有所肯定，而唯独对道家持一种肯定的态度。这种看法并不完全正确，上述司马迁对老子的批评即是一个反证。另外，《太史公自序·论六家要旨》更多地代表了司马谈的观点。司马迁和司马谈在对待儒、道的态度上是有所不同的，清人王鸣盛早已指出了这点，如他认为《论六家要旨》论孔不如老者只代表司马谈的学术观点，"而迁意则尊儒，父子尚异，犹刘向好《谷梁》而子歆明《左氏》也。"并举司马迁称引董仲舒之言，正是"阴阴以上承孔子，其意可见"（《十七史商榷》卷六"司马氏父子异尚"条）。此论断甚具卓识。南开大学教授来新夏先生还以丰富确凿的事实，论证了司马迁基本上是以儒家思想为指导编撰《史记》的。笔者拙文《司马迁与儒家》对此亦有详细的辨析。②

司马迁的自由经济思想集中表现在他主张的经济政策是"善者因之，其次利道（导）之，其次教诲之，其次整齐之，最下者与之争"（《史记·货殖列传》）。这里的"因"是顺应、听任的意思。"善者因之"就是说封建国家最好的经济政策是顺应经济发展的自然，任市场上私人进行生产、贸易等活动，而不必加以干预和抑制。显然，这一思想与孔子的"因民之所利而利之"是同义的，其思想上的承继关系也十分明显。孔子认为这样的政策是"善"的，认为它对国家具有

---

① 陈其泰：《司马迁与孔子：两位文化巨人的学术关联》，载于《孔子研究》1991 年第 4 期。
② 来新夏：《儒家思想与〈史记〉》，引自《儒家思想与未来社会》，上海人民出版社 1991 年版；笔者拙文载于《朱子学刊》1998 年第 1 辑，读者可参看。

"惠而不费"的好处。司马迁将这一"善者因之"的政策作为他全部经济学说的基础,也成了中国古代经济思想史上主张经济放任主义的集中体现。"利导之"就是主张在顺应、听任私人进行经济活动的前提下,由国家在某些方面进行一定的引导,以鼓励人们从事这方面的经济活动。司马迁认为这种"利导之"的方法是次于"因之"方法的。"教诲之"是指封建国家用教化的方法诱导人们从事某些方面的经济活动,或劝诫人们勿从事某些方面的经济活动,这是一种又次于"利导之"的方法。"整齐之"如"抑兼并"则是指由封建国家采取行政的手段、法律手段来干预人们的经济活动,对私人的经济活动加以限制和强制。"与之争"则是指封建国家直接经营工商业,并借以获利。对后两种政策,司马迁是坚决反对的。在司马迁看来,从事盈利性的生产贸易活动是私人的事,国家政权及官吏从事这些活动是与民争利,是最坏的经济政策。政府对经济活动的过分干预,是不必要的。

司马迁的自由经济思想,有其人性论的根据。他认为人的本性都是"好利"的,"夫神农以前,吾不知已。至若《诗》《书》所述,虞夏以来,耳目欲极声色之好,口欲穷刍豢之味,身安逸乐,而心夸矜势能之荣使,俗之渐民久矣。虽户说以眇论,终不能化"(《史记·货殖列传》)。这些都是"不召而自来,不求而民出之"的自然生成的本能。故人们便都自然而然地"各劝其业,乐其事,若水之趋下,日夜无休时";"天下熙熙,皆为利来;天下攘攘,皆为利往"。因此,为政者的最上策就顺应人性之自然,许民求利,所谓"随俗而诱之"。这一思想与一千八百多年以后的亚当·斯密的"自利论"不谋而合。即他们都认为谋利是人类一切经济行为的出发点,每个人都知道应当采取什么最有效的办法来获得最大的利益,都知道应当怎样充分利用自己的主客观条件以取得最大的效用。这都是不学而能、不召而自来的,好像背后有一只看不见的手在推着市场自己走向最有利的资源配置途径,一切都是自然而然的:"夫山西饶材、竹、谷、纑、旄、玉石……皆中国人民所喜好,谣俗被服饮食奉生送死之具也。故待农而食之,虞而出之,工而成之,商而通之。此宁有政教发征期会哉?人各任其能,竭其力,以得所欲。……岂非道之所符,而自然之验邪"(《史记·货殖列传》)。既然求利是人的本性,人们都在孜孜求利,谁也"不余力而让财",所以,伴随谋利思想俱来的,就是自由竞争。司马迁肯定自由竞争:"求富之道,莫之夺予,而巧者有余,拙者不足""富无经业,则货无常主,能者辐凑,不肖者瓦解"(《史记·货殖列传》)。妨碍自由竞争的力量,主要来自西汉中叶汉武帝实行的官营工商业的垄断制度。这一垄断制度简单地说就是把某些产销两旺、获利最丰的工商业收归官营,并完全由国家垄断,禁止私人经营。这样一来,私营工商业自由发展的道路被彻底堵塞了。所以它是商品经济发展的一个直接扼杀力量。这一制度在西汉中期是由于桑弘羊的建议而被汉武帝接受并付诸实施的,"由桑弘羊负责推行的禁榷制度,在中国的商品经济发展史上是一件划时代的大事,因为它给商品经济一个致命的打击,从此把商品经济正常发展的道路完全堵塞了。又由于它在财政上是成功的,给后世历代王朝解决财政困难树立了一个成功的样板,故一直为历代王朝所踵行,并不断地变本加厉,以扩大禁榷的范围和规模"。而这一点也正是西汉武帝时期商品经济被窒息的重要原因:"有利的工商业收归官营后,私营企业固然是被扼杀了;但是官营企业并没有成功……事实上也不可能成功"①。司马迁对桑弘羊所推行的禁榷制度是坚决反对的。

自由经济注意市场调节或价格机能。司马迁也有相应的论述,如他在《货殖列传》中引用计然的话说:"论其有余不足,则知贵贱,贵上极则反贱,贱下极则反贵",这就揭示了市场供需法则的运作规律。其意思是说,在某一市场上,只要比较某物的供给量与需求量,就可以知道其价格是上升还是下降。若是供不应求,价格相应上升,但若价格上升的超过均衡价格很多,则将导致供给量增加,需求量减少,以致卖者之间竞售,迫使价格下降;另外,若价格下降到低于均衡价格很多,则将导致供给量减少,需求量增加,以致买者之间竞购,又迫使价格上升。据亚当·斯密的看法,这种市场机能配合着"自我利益最大化",就像一只"看不见的手",将社会经济导向最适状态。司马迁对此也有十分精彩的相似描述,如:"故物贱之征贵,贵之征贱,各勤其业,乐其事,若水之趋下,日夜无休时。不召而自来,不求而民出之,岂非道之所符,而自然之验邪"(《史记·货殖列传》)。

司马迁还提出平均利润率的思想。如"封者食租税,岁率户二百,千户之君则二十万,朝觐聘享出其中;庶民农工商贾,率亦岁万息二千。户百万之家,则二十万,更徭租赋出其中"(《史记·货殖列传》)。这意思是说,千户封君与百万(钱)之家,税率收入一年均为二十万钱,就"庶民农工商贾"言,"率亦岁万息二千",意为利润率均为百分之二十。司马迁在《货殖列传》中还进一步列举了几十种行业,一百万钱资本每年均可赚二十万钱,其中还包括有"子贷金钱千贯(百万)"的放款业。如此列举,司马迁还意犹未尽,他进而概况说:"佗杂业不中什二,则非吾财也"。就是说,所有的行业利润率均可达到百分之二十,否则的话,是不值得经营的,也就无人投资或从事。司马迁的这一分析,已经接触到了平均利润率的问题。实际上,他已开始用平均利润率来衡量各行业的利润大小,以判断经营某行业是否合算。

---

① 傅筑夫:《中国古代经济史概论》,中国社会科学出版社1981年版,第217页、第218页。

三、唐前期儒家自由经济思想

唐代是中国古代最开放的朝代，不论什么民族、什么国家的人都可以来大唐游学、经商、置产、通婚、传教、杂居以至仕宦为吏，这种开放性政策大大促进了商品经济和工商业的发展，使得唐前期的经济远超前代。唐前期商品经济和工商业的发展必然会在经济思想上有所反映，经济思想上自由主义的政策主张也会影响工商经济政策的实施，促进商品经济的繁荣。崔融（公元653~706年）是唐前期经济自由主义经济思想的代表性人物。崔融历仕唐高宗、武周及中宗三朝，前后任宫门丞、太子侍读、凤阁舍人、国子司业等职。崔融的自由主义经济思想集中反映在武周长安三年（公元703年）负责财政的朝臣要求"税关市"（即对坐商及过关商旅普遍征税），时任凤阁舍人的崔融上《谏税关市疏》表示反对。他认为农业和工商业都是历久传习的职业，唐代国内和国外贸易已十分繁盛，国内贸易方面运河修建，使南北水运相联，陆路贸易也十分发达，这时若在"江津河口，置铺纳税"（《唐会要》卷八十六），势必阻碍商贸交通，加上官吏索贿，一定会使"万商废业则人不聊生"（《旧唐书·崔融传》）。他认为"税市则民散，税关则暴兴。暴兴则起异图，民散则怀不轨"（《唐会要》卷八十六），对国民经济发展和人民生活都会产生不利影响。从儒家经济自由主义的思想出发，提出商人与农夫一样都具有积累财富的权利："欲道化其本，不欲扰其末"（《全唐文》卷二一九），政府应实施轻徭薄赋保护商人利益的宽商政策。现在负责财政的朝臣要求"税关市"是一种增加商人税负的掠夺行为，是毫无根据的"任情"之法，只会贻笑当世，垂弊后人。他认为征关市之税，不仅会使工商业者不能安于其业，而且也会影响社会的稳定，"久且为乱"（《旧唐书·崔融传》）。崔融指出，从历史上看，关市之税秦汉以来就不曾实行，秦皇"不用"，汉武"勿取"，"魏、晋眇小，齐、隋龌龊，亦所不行斯道者也"（《旧唐书·崔融传》）。唐朝处于太平盛世，"广轮一万余里，城堡清夷，亭堠静谧"（《旧唐书·崔融传》），并无大量增加财政收入的需求，加之人们积久相安，"变法为难"，强行开征这种千年未行的关市之税，必然引起民间纷扰。他强调士农工商都是社会分工的必需组成部分，国家应继续实施轻徭薄赋的税收政策，藏富于民。崔融还力赞唐初实行的经济自由政策促进了经济贸易的繁荣，"天下诸津，舟船所聚，旁通巴汉，前指闽越。七泽十薮，三江五湖，控引河洛，兼包淮海。弘舸巨舰，千轴万艘，交贸往还，昧旦永日"（《旧唐书·崔融传》）。轻徭薄赋的税收政策使商品流通畅行无阻，促进了商业的繁荣和经济的发展，于国于民都是有利的。崔融对商业自由贸易的这种肯定态度，是唐前期工商业发达繁荣的现实在经济思想上的反映，经济自由主义思想反过来也促进了经济和商业贸易的进一步发展。

四、宋代儒家的自由经济思想

宋代儒家的自由经济思想可以李觏、叶适等为代表。北宋思想家李觏首先从人性上为经济自由辩护，他强调说："利可言乎？曰：人非利不生，曷为不可言。欲者人之情，曷为不可言"。强调言利是人之常情，不许言利则是"贼人之生，反人之情"（《李觏集》卷二十九）。因此，他主张经商自由，反对政府经营垄断。如他在《富国策》中强调："今日之宜，亦莫如一切通商，官勿买卖，听其自为，而籍茶山之租，科商人之税"；"今日之宜，莫如通商，商通则公利不减而盐物滞也"（《李觏集》卷十六）。李觏反对政府对茶、盐等禁榷品实行国家专卖，主张完全交给商人自由经营，鼓励市场竞争，政府只通过租税获利即可。这是一种典型的自由经济思想。叶适对国家干预主义进行了较为深入地批判，否定了汉代以来强调国家干预经济的轻重论。轻重论是由《管子》一书提出的，这一理论的特点在于强调政府要以各种手段来控制国民经济，加强中央政府干预经济的能力，以达到"予之在君，夺之在君，贫之在君，富之在君"（《管子·国蓄》）的效果。叶适批判这一理论是假冒管仲之名的人所编造的"变诈""谬妄"之说，是有损于管仲这个历史人物形象的，"使之蒙垢万世"（《习学纪言序目·管子》）。他批判封建国家把富人大贾看作争夺轻重之权的主要对手而加以抑制、打击的政策是错误的。他还进一步指责，轻重论强调国家对经济的干预给后世国民经济管理政策带来了很坏的影响。对历史上信奉这一学说，强调国家干预的官僚和学者，他都一一加以批评和否定。如对汉代的桑弘羊和唐代的刘晏，他都有所批评。对王安石，他更持一种否定的态度。他认为王安石的市易、青苗等新法，其目的是与民争利，把百姓之利变成"国利"，是"小人执理财之权""聚敛而已矣"，最终造成了"民之受病，国之受谤""其法行而天下终以大弊"（《叶适集·财计上》）的严重危害。

和司马迁一样，叶适也认为求财、好利是人的天性，"就利远害"是"众人之同心"（《习学记言序目·尚书》），民间百姓为了追求财利而"朝营暮逐，各竞其力，各私其求，虽危而终不惧"（《叶适集·留耕堂记》）。因此，叶适主张封建国家在国民经济管理中，就应该适应求财、好利的普遍天性而许民自理财，放手让私人去从事各种经济活动以"自利"（《叶适集·财计上》），进行财富的增殖活动。政府不仅不能加以阻碍和打击，而且还必须为私人的求利增殖活动提供各种便利、创造条件和加以保护。叶适认为，允许私人从事经济活动以"自利"的结果，不仅可以富民，而且还可以促进国民经济的发展。这样，叶适就从人性好利的观点论证了许民自理财这一自由经济的合理性。

强调许民自理财，政策上就必然会得出重视商人、鼓励商业发展的结论。从历史的发展看，叶适是最早否定重农抑商、提倡工商为本的代表性人物。在宋代，随着商品经济的发展，世人对商人经商行为的价值判断已经发生了变化。例如宋代已出现不再以经商为耻，有的"士"也投身到经商的潮流中来。例如"行朝士子，多鬻酒醋为生。故谚曰，若要富，守在行在卖酒醋"（张知甫：《张氏可书》）。外地士子也往往借到京师参加科考的机会顺便携带些家乡特产做些买卖生意："天下待补进士，都到京赴试，各乡奇巧土物，都担戴来京都货卖，买物回程，都城万物，皆可为信"（佚名：《西湖老人繁盛录》）。许多"士"甚至弃儒从商，例如章望之，"浮游江、淮间，犯艰苦，汲汲以营衣食，不自悔，人劝之仕，不应也"（脱脱：《宋史·章望之传》）。时人已开始为"士"经商辩护，例如："古有四民，曰士、曰农、曰工、曰商。士勤于学业，则可以即爵禄。农勤于田亩，则可以聚稼穑。工勤于技巧，则可以易衣食。商勤于贸易，则可以积财货。此四者，皆百姓之本业"（陈耆卿：《嘉定赤城志》）。叶适也公开为商人地位的提升呐喊，批判传统的农本商末论说："夫四民交致其用，而后治化兴，抑末厚本，非正论也"（《习学记言序目》）。

叶适还从历史发展的角度阐述了自由经济的必然性。他认为在西周时代，"天下号为齐民"（《叶适集·财计上》），社会上没有出现贫富贵贱的分化，与这种历史条件相适应的国家对经济的管理是"开阖、敛散、轻重之权一出于上"，即是由国家控制整个社会的经济活动。而随着历史的发展，私有经济出现了，贫富分化也出现了，"天下之民不齐久矣"，在这种新的历史条件下，国家对经济的管理也就要随之发生变化，政府对私人经济的活动不应再控制和干预了，而是实行自由主义的经济，许民自理财，鼓励私人进行各种求利的活动，"富人大贾分而有之"（《叶适集·财计上》）。这表明了叶适是主张把自由经济的理论作为国家对经济管理的指导思想和政策依据的。这种自由经济思想，是孔孟、司马迁自由经济思想在宋代的发展和延续。

五、明代儒家的自由经济思想

丘濬是明代儒家自由经济思想的代表性人物，其自由经济思想主要表现在他的"自为论"的理论中。丘濬认为，人类的生存和发展，必须以物质财富为基础，"人之所以为人，资财以生，不可一日无焉者也"（《大学衍义补·总论理财之道上》）。他认为追求财富、好利是人的本性："财者，人之所同欲也"（《大学衍义补·总论朝廷之政》）。并且，人们的求利活动是没有限度的："人心好利，无有纪报"（《大学衍义补·总论理财之道上》）。因此，国家在经济管理上，就要顺应人的这一求利本性，使人们自由地进行获得财富的活动，"使富者安其富，贫者不至于贫，各安其分，止其所，得矣"（《大学衍义补·市籴之令》），而不要过多地加以控制和干预。他把自己的这一自由经济思想概括为"听民自为"或"听民自便"（《大学衍义补·制民之产》），并以此作为管理国家经济的总纲。

丘濬自由经济思想的一个突出贡献，是他把整个国家、整个社会看作个人的总和，"天下之大，由乎一人之积"（《大学衍义补·总论理财之道上》）。这样，就从理论上论证了个人利益的总和就等于整个国家、整个社会的利益，私人追求财利也就同整个社会的利益、社会的发展统一起来了。这一理论也就可以推论出允许私人的求利活动不仅对求利者个人有好处，而且对整个社会也是有利的。如丘濬强调说，放手私人从事经济活动，使"人人各得其分，人人各遂其愿"，满足了私人追求和获得积累财富的欲望和追求，也就使整个社会达到了最佳的状态，"而天下平矣"。这和18世纪英国著名经济学家亚当·斯密所提出的个人追求自己的私利，同时也促进了社会整体利益的发展的思想是完全相通的，但在时间上要比亚当·斯密早300年之久。

丘濬自由经济思想的另一表现，是鼓励民间工商业的发展。丘浚的基本主张是"民自为市"（《大学衍义补·市籴之令》），主张采取自由放任的政策，给私营工商业以充分的自由，反对国家直接经营和控制工商业。这一思想早在孔子那里已见端倪。例如臧文仲的侍妾"织蒲"，孔子就认为是"不仁"，理由是贵族人家织蒲，如果出售，就势必参与市场竞争，与民争利；如果自用，也会减少织蒲百姓出售产品的机会。春秋时期的鲁相公仪休"食茹而美，拔其圆葵而弃之；见其家织布好，而疾出其家妇，燔其机"，因为他认为贵族人家这样做会影响百姓同样产品的销路，造成"农士工女"难以"雠（售）其货"（《史记·循吏列传》）的局面。这段材料可以作为孔子批评臧文仲"妾织蒲"一事的注解。司马迁也持相同的见解，如他反对"与之争"，就是指反对国家直接进行工商业的经济活动与民争利。丘濬继承了这些思想。他反对官营商业和鼓励民营商业的理由，是认为官营商业不仅不能调节商品的供求和保持物价的稳定，相反，只能给正常的市场活动带来诸多的弊端："堂堂朝廷而为商贾贸易之事，且曰欲商贾无所牟利。噫，商贾且不可牟利，乃以万乘之尊而牟商贾之利，可乎？"（《大学衍义补·市籴之令》），除粮食外，他反对政府对商业活动的插手干预："后世则争商贾之利、利民庶之有矣，岂古人立法之初意哉？臣愚就二者观之，籴之事犹可为，盖以米粟民食所需，虽收于官亦是为民。若夫市贾之事，乘时贵贱以为敛散，则是以人君而为商贾之为矣，虽曰摧抑商贾居货待价之谋，然贫吾民也，富亦吾民也，彼之所有，孰非吾之所有哉？况物货居之既多，则虽甚乏其价自然不至甚贵也哉。""官与民为市，物必以其良，价必有定数，又有私心诡计百出其间，而欲行之有利而无弊，难矣"（《大学衍义补·市籴之令》）。他相信通过私人之间的自由竞争，就可以使商品的价格、数量和质量都得到合理的调节，从而达到一种均衡的最优状态："民自为市，则物之良恶，钱之多少，易以通融，准折取舍"（《大学衍义补·山泽之利上》）。在丘濬看来，民间贸易活动的自由进行，市场上商品的供求机制、竞争机制就会对商品的价格自发地进行调节，使"其价自然不至甚贵"，因而政府也就无需过分干预来平抑物价。这一思想表明，丘濬已认识到市场具有自发调节的作用，与亚当·斯密所提出的"看不见的手"的理论相通。

正是根据这一市场调节的思想，他和司马迁一样，反对政府垄断市场设立专卖制度的政策。他尖锐地抨击历史上诸如桑弘羊的"平准"、王安石的"市易"等官营商业的措施，认为这是"争商贾之利""可丑之甚也""呜呼，天地生物以养人，君为之禁，使人不得擅其私而公共之可也，乃立官以专之、严法以禁之、尽利以取之，固非天地生物之意，亦岂上天立君之意哉？彼齐之为国，壤地狭而用度广，因其地负山海而税其近利，昔人固已议其巧为之法，阴夺民利，况有四海之大者，租赋遍天下，其所以资国用者利亦多端，岂颛颛在于一盐哉？昭帝时，贤良文学之士谓文帝无盐铁之利而民富，当今有之而民困乏，可见国之富贫在乎上之奢俭，而不系于盐之有无也。臣按：官不可与民为市，非但卖盐一事也。大抵立法以便民为本，苟民自便，何必官为？韩愈所谓求利未得，敛怨已多，主国计者宜以斯言为戒"（《大学衍义补·山泽之利上》）。他对当时由政府垄断食盐产销的"榷盐"制度表示强烈的反对。他明确提出食盐等自然资源是"天地生物"，是不能由少数人"擅其利"而加以垄断的，而应使国人"公共之"。他指责官府实行的榷盐制度既违背了"天地生物之意"，失去了"上天立君之意"，在实际的经济生活中也是行不通的。因为从事食盐的生产和流通易于获利，官府可以"资盐以为利"，民间百姓"见利之所在"，也必然要"趣赴"的，所以官府的垄断经营和严刑峻法都是很难奏效的。垄断的结果只能使价高质劣，造成人们消费量的减少，而适得其反，禁不胜禁。他的改革主张是，在国家的监督与管理下，食盐的生产和销售听任私人经营。对其他商品，也听任"民自为市"，放任私人自由经营，充分发挥市场调节的机制和作用，以促使市场的繁荣。

第三节 儒家"藏富于民"的富民思想

在中国古代经济思想史上，与强调国家干预和自由放任相应，在富国与富民的关系上，也有两种截然相反的观点。一种观点是主张富国第一，政府对经济活动应加强干预，实行官营禁榷。此说突出了国家财政的意义。它在历史上的代表人物在先秦多是一些法家人物，秦汉以后则多为官至宰辅的朝廷大员，如桑弘羊、刘晏等人。另一种观点则相反，主张富民第一，反对政府强权专卖和"与民争利"，肯定老百姓追求物质利益的合理性。它在历史上的代表人物多是一些儒家主张自由经济论者，如有先秦的孔子、孟子、荀子，秦汉以后则有李觏、叶适、邱浚和黄宗羲等人。

一、先秦儒家的富民思想

儒家的创始人孔子是富民思想的最早倡导者。他认为从个人的角度来看，人都是喜欢富而不喜欢贫的。从管理国家的角度看，人民的富或贫，对国家的治乱更是有着很大的关系。他明确地说："富与贵，是人之所欲也"；"贫与贱，是人之所恶也。"（《论语·里仁》）这里的"人"指一切人，包括"君子"与"小人"，贵族与庶民。他承认人民是最关心自己的利益的："小人怀土""小人怀惠""小人喻于利"（《论语·里仁》）。他曾表白自己也是求富与贵的："富而可求也，虽执鞭之士，吾亦为之"（《论语·述而》）。因此他主张"政之急者，莫大乎使民富且寿也"（《孔子家语·贤君》），认为统治者应"博施于民而能济众"（《论语·雍也》），即施惠于民，给人民以实际的物质利益，使民"足食"（《论语·颜渊》），"富之"（《论语·子路》）。孔子是率先喊出"富民"口号的学者。为了实现他的富民主张，孔子还提出了"因民之所利而利之"（《论语·尧曰》）的主张，其内容是对人民实行较宽惠的经济政策，它包括有"使民以时"（《论语·学而》）、"废山泽之禁"（《孔子家语·五仪解第七》）、"关讥市廛皆不收赋"（《孔子家语》卷一）等有利于发展农副业生产和商品流通的措施。孔子提出这些政策措施，是有针对性的。因为自西周以来，土地及山泽等自然资源和财富，均被各级贵族所占有和垄断。孔子的富民政策，就是要因顺民情，打破这种垄断。在财政方针上，孔子反对厚敛于民，主张"敛从其薄"（《左传》鲁哀公十一年），抨击"苛政猛于虎"（《礼记·檀弓记》）。他还指责自己的学生冉求"季氏富于周公，而求也为之聚敛而附益之"（《论语·先进》），号召弟子们"鸣鼓而攻之"。鲁大夫臧文仲设置六关，对过往商人征税，孔子大加批评，认为是"不仁"的表现。他反对厚敛于民，是因为他认为苛政暴敛只能使民穷财尽，导致财源枯竭，从根本上危机到国家赖以生存的物质基础。因此他主张轻徭薄赋，取民有制，以利于人民的富足。人民富足了，国家也就有了充裕的财源。这就是儒家著名的"百姓足，君孰与不足；百姓不足，君孰与足"（《论语·颜渊》）的财政思想。孔子富民思想的基本精神，就是要求民富先于国富，把国富建立在民富的基础上。任何一个统治者如果反其道而行之，结局只能是"四海困穷，天禄永终"（《论语·尧曰》）。孔子的这一民富先于国富的基本思想，成了儒家学派的基本观念，在中国传统的封建社会里，有着极为深远的影响。

战国时期，儒家学派的后继者主要是孟轲与荀况，他们分别开创了儒家"内圣"与"外王"的两大派系。但在富民思想上，他们基本上是一致的，并对孔子的富民思想有着进一步的阐述。如孟子继承孔子的思想，希望建立一个稳定、和谐而富裕的社会，并称自己的这一政治理想为"王道"。他认为自己的"王道"是以富民为基础的："圣人治天下，使有菽粟如水火。菽粟如水火，而民焉有不仁者乎"（《孟子·尽心上》）。反之，人民若是"乐岁终身苦，凶年不免于死亡，此唯救死而恐不赡，奚暇治礼义哉"（《孟子·梁惠王上》）。因此，必须使普天下的百姓能够具有一定的物质经济基础，能够维持一家数口的衣食温饱，做到"仰足以事父母，俯足以畜妻子""养生送死无憾"，才是"王道之始"。他认为不仅治国要富民，而且实现统一天下的王业，也要靠富民。他说："得天下有道，得其民，斯得天下矣。得其民有道，得其心，斯得民矣。得其心有道，所欲与之聚之，所恶勿施尔也"（《孟子·离娄上》）。得天下要先得其民，得其民先要得其心，得其心的关键又在于要满足人民的需要，保证人民的基本物质生活，即所谓"老者衣帛食肉，黎民不饥不寒，然而不王者，未之有也"（《孟子·梁惠王》）。富民的方法，孟子提出有："易其田畴，薄其税敛，民可使富也"（《孟子·尽心上》），即包括发展生产和减轻赋税两个方面。为了发展生产，孟子提出要先调整生产关系，如制民之产，兴井田，就是允许私人具有一定的私有财产，而国家也保护私人的财产所有权。其具体实施方案是使每户农民拥有百亩田、五亩宅，给农民发展生产所需要的最基本的物质条件，以维持其基本的物质生活："百亩之田匹夫耕之，八口之家足以无饥矣。""五亩之宅，树墙下以桑，匹妇蚕之，则老者足以衣帛矣"（《孟子·梁惠王上》）。当时的百亩约合现代的三十一亩多。一个拥有三十亩耕地和一小块宅地的农户，正是一个典型的个体农户。一个农户不仅要耕织，还要养鸡、养猪、养狗。他认为一户人家应养"五母鸡，二母彘""鸡豚狗彘之畜，无失其时""老者足以无失肉矣"（《孟子·尽心上》）。这就足以解决其生活问题。这是封建社会中男耕女织、耕织结合的典型自给自足的个体小农经济。此外，他还提出了"泽梁无禁"（《孟子·梁惠王下》），主张开放被贵族垄断的山泽资源，以有利于人民谋财取富。关于薄赋敛，他提出的具体办法有："市廛而不征，法而不廛""关讥而不征""耕者助而不税""廛无夫里之布"（《孟子·公孙丑上》），即商舍不征税，也不征货物税、房地税和无职业者的人头税，而只征单一的农业税。这一主张有利于城市商业的繁荣和发展。在农业税税率方面，孟子把西周时代通用的什一税率看作最好的税率，要求恢复这一税率。显然这在当时是一种减税的主张。他批评那种超过什一的税率是"大桀""小桀"（《孟子·告子下》），抨击那种企图依靠增加百姓负担来"充府库"以富国的政策和人是"富桀"，是"民贼"，诅咒他们"丧无日矣"（《孟子·离娄上》）。这说明孟子是坚决反对那种为了增加国家的财政收入而加重百姓负担竭泽而渔的做法。孟子认为，实行了他的这些富民政策，就可以做到家给人足、国治民安，进而完成王天下的伟业。

荀子专门写有《富国篇》，进一步从理论上阐发了富国必先富民的道理及其意义。首先，荀子是把富民与富国统一起来加以考察的，并且把富民看作富国的基础。先秦时期以商鞅为代表的秦晋法家，较多地从国家政权的角度考虑富国的问题，主张增加赋税来充实国库，力图把剩余产品集中在国家政权手中，以增加军粮储备，保证战备的需要，所以提出了将百姓生产的剩余产品尽量收为国有的"上藏"主张。荀子反对这种仅从国家政权角度考虑富国问题的观点，而把眼光扩大到整个国家的范围，把富国的概念解释为"兼足天下"。正因为他是从整个国家的角度来理解富国的问题的，因而他对富国与富民关系的认知达到了一个新的水平。他说："足国之道，节用裕民""裕民则民富"。这里的"足国"即富国，"裕民"即富民。可见，荀子也是把富民看作富国的基础和主要内容。他曾强调，统治者能否得到人民的拥护，归根结底，取决于人民得到实利的多少。人民得利越多，统治者的统治也就越稳固。如荀子有曰："仁人在上，百姓贵之如帝，亲之如父母，为之出死断亡而愉者，无它故焉。其所是焉诚美，其所得焉诚大，其所利焉诚多"（《荀子·富国》）。因此，统治者必须"以政裕民"，把富民作为自己的基本国策。荀子还极力论证，如果离开了富民而谈论富国，就只能是"巧取豪夺"，搜刮民财以富国库，这不但达不到富国的目的，而且只会在经济上使国家"空虚穷乏"，在政治上激化矛盾，引起社会的动乱。这样的富国，其实是"求富而丧其国"。因此，是否实行富民的政策，是关系国家存亡的大事。他说："王者富民，霸者富士，仅存之国富大夫，亡国富筐箧、实府库"。富士、富大夫、富国库都不足取，只有富民才能实现王业。否则"筐箧已富，府库已实，而百姓贫，……则倾覆灭亡可立而待也"。因此，他告诫统治者决不要与民争利，为单纯追求财政收入而搜刮民财。他指出这样做的结果，无异于是自绝坟墓。其次，荀子还深入地论述了只有富民，才能促进社会生产的发展、经济的增长，最终达到使国家富强的目的。如他说："裕民则民富，民富则田肥以易，田肥以易则出实百倍"。否则，"不知节用裕民则民贫，民贫则田瘠以秽，田瘠以秽则出实不半"。这里的"节用裕民"是指统治者因节用而减省赋税徭役，使剩余产品更多地留在老百姓的手里，让人民富足；"民富则田肥以易"则是指"民"在有了剩余作为再生产的积累,因而可以收到"田肥以易"和"出实百倍"的效果。显然,"裕民"被荀子看作促进生产的重要措施。荀子认为,百姓富裕了,就可以增加生产投入,从而提高土地肥力,精耕细作,促进生产,提高产量,增加财富的产出。反之,百姓贫困,生产投入少,土地不能很好经营,产量就会减少,生产的发展也就会受到影响。可见,荀子已明显地意识到让老百姓手里有更多的剩余产品,才有利于社会生产的发展和经济的增长。这是他高于先秦其他思想家的地方。

二、秦汉之后儒家的富民思想

自汉代以来,先秦儒家的富民思想仍是儒家各派学者的共同主张。例如汉代的贾谊(公元前 200 年~公元前 168 年,是荀子的再传弟子,其思想虽综合各家,但仍以儒家为主)在总结历朝兴衰的历史教训的基础上,指出了富民对于治国的重要意义:"民不足而可治者,自古及今未之尝闻"(《贾谊集·论积粟疏》)。他提出了"富安天下"(《新书·数宁》)的口号,认为治国应该"以富乐民为功,以贫苦民为罪"(《新书·大政上》)。汉武帝时,董仲舒继承发展先秦儒学,创"天人感应"之说,假天意为富民立论。他说:"天虽不言,其欲赡足之意可见。古之圣人见天意之厚于人也,故南面而君天下,必以兼利之"(《春秋繁露·诸侯》)。他把人民的求富之心,说成天意所在,故人君应顺合天意,以富民为急,而反对与民争利。为此他要求取消盐铁官营,使"盐铁皆归于民"(《汉书·食货志》)。汉武帝对匈奴的大规模用兵,导致了国库耗虚,财政十分困难。桑弘羊适应为国家敛财的需要,承继先秦齐法家管子的富国思想,主张利归国家,对人民的经济生活全面管控。与桑弘羊相对立,贤良文学之士在盐铁会议上与桑弘羊进行了激烈的论争,他们坚持儒家民富先于国富的观点,主张"王者不畜聚,下藏于民"(《盐铁论·禁耕》),"富民者,先厚其业而后求其赡"(《盐铁论·末论》),"民用给则国富"(《盐铁论·禁耕》),抨击官营"盐铁、酒榷、均输,与民争利"(《盐铁论·本议》),要求"罢利官"(《盐铁论·能言》),把"工商市井之利""一归于民"(《盐铁论·相刺》)。他们从富民的立场出发,要求统治者实行节用薄敛的政策,以促进民富:"赋敛省而农不失时,则百姓足"(《盐铁论·执务》),"寡功节用,则民自富"(《盐铁论·水》)。汉武帝死后,随着桑弘羊的被杀,富民思想一度是儒家经济思想的主流。

北宋以后到明清之际,随着商品经济的发展,儒家的富民思想除主张民富先于国富外,还表现为对敛财富国者持批评否定的态度。如丘濬批评历史上的"汉之告缗、算舟车之令,唐之借商、税间架之法,宋之经总制钱之类"的敛财征税办法，都是"罔民取利之具"（《大学衍义补·贡赋之常》），它损害了人民百姓的利益："过取乎民，则难乎其为民"，是只"知利国之利，而不知利民之为大利"。这样做的结果，只能进一步加深政权的危机，"非但民不可以为生，而国亦不可以为国矣！"他强调民富先于国富、国富必须以民富为基础："民用足，则国用有余矣""民之富，即君之富也""民贫，则君安能独富哉"。所以他主张："古者藏富于民，民财既理，则人君之用度无不足者。是故善于治国者，必先理民之财，而为国理财者次之"（《大学衍义补·总论理财之道》）。类似的主张在其他思想家那里也能找出许多。如方孝孺指出："天下何患乎无财，能养民而富安之，不求富国而国自富矣"（《逊志斋集》卷十四《送陈达庄序》）。唐甄也强调："立国之道无它，惟在于富，自古未有国贫而可以为国者。夫富在编户，不在府库。若编户空虚，虽府库之财积如丘山，实为贫国矣"（《潜书·存言》）。关于富民的方法，仍不外乎是传统的薄税和重农。丘浚的可贵，在于他提出了限制封建国家征税权的主张。他建议在征收赋税方面必须制定一套"经常之法，以为养民足国之定制"（《大学衍义补·总论理财之道下》），即"税由法定"，国家必须依此定制征税，决不可以在法外巧立名目，任意征收和夺取私人的财富。他还指出征调赋税的限度要以不"妨碍"私人从事经济活动，有利于私人生产者有"生生之具"（《大学衍义补·制民之产》），并能够"有余"来扩大再生产为原则。如他说："国家经制之义，在乎征敛有六艺，储蓄有其具，费用有其经而已"（《大学衍义补·经制之义下》）。

这一时期的富民思想还表现在为富人公开辩护。在宋代，由于工商业的繁荣，社会上诞生了一大批富民，同时也出现了以"抑兼并"名义对富人"劫富济贫"的现象。主张对富人"抑兼并"的代表性人物有王安石，其理由是："大农富工豪贾之家，往往能广其宫室，高其楼观，以与通邑大都之有力者，争无穷之侈。夫民之富溢矣"（王安石：《抚州通判厅见山阁记》）。叶适则对王安石进行批驳，"今天下之民不齐久矣，开阖、敛散、轻重之权不一出于上，而富人大贾分而有之，不知其几千百年也，而遽夺之可乎？夺之可也，嫉其自利而欲为国利可乎？呜呼！居今之世，周公固不行是法矣"（《水心别集》卷二）。在叶适看来，财富的分化是由市场竞争形成的，不是政府能随意左右的，这是千百年来的惯例。叶适公开为富人辩护："小民之无田者，假田于富人。得田而无以为耕，借资于富人。岁时有急，求于富人。其甚者庸作奴婢，归于富人。游手末作，俳优伎艺，传食于富人，而又上有官输，杂出无数，吏常有非时之责，无以应上命。常取具于富人。然则富人者，州县之本，上下之所赖也"（《水心别集·民事下》）。在叶适看来，富人是国家的支柱，"今俗吏欲抑兼并，破富人以扶贫弱者，意则善矣"，但他认为这样的政策是不可行的，因为富人为天子养小民，又供上用，虽厚取赢以自封殖，计其勤劳亦略相当矣。"人主既未能自养小民，而吏先以破坏富人为事，徒使其客主相怨，有不安之心，此非善为治者也"。所以，"俗吏抑兼并富人之意可损"，俗吏"劫富济贫"不可行（水心别集·民事下）。丘浚也为富人辩护"富家巨室，小民之所依赖，国家所以富藏于民者也"（《大学衍义补·蕃民之生》）。吕坤也强调："富民者，贫民依以为命者也"（《去伪斋文集》卷一）。为了保护富人的利益，顾炎武主张要使"贫者渐富，而富者不致于贫"（《菰中随笔》卷二上），即一方面要使贫者变富，另一方面又要保护富者的利益。如王夫之指出："大贾富民者，国之司命也"（《黄书》大正第六），"国无富人，民不足以殖"（《读通鉴论》卷二），他认为损富济贫，"犹割肥人之肉，置瘠人之身，瘠者不能受之以肥，而肥者毙矣"（《宋论》卷十二）。因此，主张国家要给富民以保障，惩处侵害富民利益的官吏："惩墨吏，纾富民，而后国可得而息也"（《黄书》大正第六）。唐甄进一步把贪官污吏的贪暴看作实现富民的最大障碍："盗不尽人，寇不尽世，而民之毒于贪吏者，无所逃于天地之间"（《潜书·富民》），即认为官吏的贪暴比盗贼的害民还要严重得多。在商品经济进一步发展的情况下，这种为富人辩护的观点，反映了大贾富民在社会经济生活中的地位已日趋重要的社会现实。

第二章 儒家自由经济思想与古代商品经济的发展

商品经济是市场经济的早期形态,市场经济是商品经济发展到一定阶段的产物,是发达商品经济的表现形式。自由经济思想是有利于商品经济的发展的。这些思想若能付诸实施,必将促进中国古代商品经济的发展。事实也确是如此。自由经济思想在中国封建时代前期活跃于战国至秦汉和唐前期,封建时代后期活跃于两宋和明中期到清前期。与此相应,中国古代商品经济的发展也经历了四次发展高潮:第一次是从战国开始到西汉初发展到高峰;第二次是唐前期;第三次是两宋;第四次是明中期到清前期。每一次经济发展高潮的出现,都与儒家自由经济思想的活跃及影响有关。

第一节 儒家自由经济思想与封建时代前期商品经济的发展

战国—西汉初和唐前期是中国封建时代前期儒家自由经济思想活跃的时期,同时也是封建时代前期商品经济十分活跃的时期。

一、战国至西汉初经济自由主义思想对经济政策的影响

从战国到汉初,是自由经济思想最为活跃的时期,也是对执政者经济政策影响最强的时期。而这一时期,也是中国古代商品经济相对繁荣的时期。在春秋时期已出现了独立的大富商,如越大夫范蠡、孔子的弟子子贡等。孔子对子贡的经商能力是高度赞扬的:"赐不受命,而货殖焉,亿则屡中"(《论语·先进》)。《史记·仲尼弟子列传》亦载:"子贡好废举,与时转货资……家累千金"。私营工业已崛起,"工商食官"的局面已有所打破,私营工商业者已在城市内列肆出售其产品,此即《论语·子张篇》所云的:"百工居肆,以成其事"。战国时期,商品经济又有了进一步的发展。一些"多钱善贾"如白圭就利用"人弃我取,

人取我弃"的办法发了大财。一些城市已突破了过去只是政治统治中心和军事城堡的单一作用，发展成为商品交换的集散地。例如当时齐国的首都临淄，人口已达到七万户，"临淄之途，车毂击，人肩摩；连衽成帷，举袂成幕，挥汗成雨。家敦而富，志高而扬"（《战国策·齐策一》），反映出商品经济的繁荣，临淄已是商业高度发达的都市。到战国晚期，赵奢概括当时的城市规模说：西周及春秋时，"城虽大，无过三百丈者！人虽众，无过三千家者。……今千丈之城，万家之邑相望也"（《战国策·赵策》）。即使是实行农战政策的秦国，也对商业予以相当的重视："秦文、孝、缪（公）居雍、隙陇、蜀之货物而多贾；孝公徙栎邑，栎邑北却戎翟，东通三晋，亦多大贾；武、昭治咸阳……地小人众，故其民益玩巧而事末也。"甚至始皇帝本人奖誉商人，"巴蜀寡妇清……家亦多赀，秦始皇以为贞妇而客之，为筑女怀清台"（《史记·货殖列传》）。但秦统一天下后，又改重商为抑商。

　　西汉初期，儒生陆贾的自由经济思想对汉初的经济政策实施产生了重要影响。西汉政权建立后，汉高祖刘邦和朝廷大臣对如何避免亡秦覆辙、稳定和巩固自己的政权十分关心，但当权者多是出身于社会下层、文化低下、不重视知识和历史经验对治理国家、巩固政权的重要性。如汉高祖本人就对知识分子抱有很深的偏见，他常说："为天下安用腐儒？"（《史记·黥布列传》）。当陆贾向他称说《诗》《书》时，他很不以为然，骂陆贾说："乃公居马上而得之，安事《诗》《书》！"陆贾回答："居马上得之，宁可以马上治之乎？且汤、武逆取而顺守之，文武并用，长久之术也。昔者，吴王夫差，智伯极武而亡。秦任刑法不变，卒灭赵氏。乡使秦已并天下，行仁义，法先王，陛下安得而有之？"刘邦闻后有所开悟，"高帝不怿而有惭色，乃谓陆生曰：'试为我著秦所以失天下，吾所以得之者何，及古成败之国'"的历史经验，《新语》一书就是陆贾遵照刘邦的上述要求撰写的，书名也是刘邦敲定的："乃粗述存亡之微，凡著十二篇。每奏一篇，高帝未尝不称善，左右呼万岁，号其书曰《新语》"（《史记·郦生、陆贾列传》）。另据《汉书·高帝纪》，当天下平定之后，刘邦命"萧何次律令，韩信申军法，张仓定章程，叔孙通制礼仪，陆贾造《新语》。"同时颁布诏书，"诸侯在关中者，复之十二岁，其归者半之。民前或相聚保山泽，不书名数，今天下已定，令各归其县，复故爵田宅，……民以饥饿自卖为人奴婢者，皆免为庶人。"诏书的基本精神，是使逃避战乱的人各归故土家园，释放因战争饥荒沦为奴婢的百姓。同时优待从军吏卒，给爵免役，优先分配田宅，让他们能安心归田从事农业生产。史载楚汉战争结束后，刘邦还"约法省禁，轻田租，什五而税一，量吏禄，度官用，以赋于民"（《汉书·高帝纪》），尽量减轻人民负担。这些措施初步奠定了汉代经济政策的基础，形成了汉初"与民休息"的治国方针。汉初"无为而治"的经济政策中窦太后也发挥有重要作用,"窦太后好黄帝、老子言,景帝及诸窦不得不读老子尊其术"。(《汉书·外戚传》)这说明"无为而治""与民休息"、重农、崇俭及轻徭薄赋的自由主义的经济政策主张已被汉高祖所接受,并对汉初经济政策的制定发挥了重要影响。"无为而治"用现代经济学语言表述就是减少政府对经济活动的不必要干预,重农就是大力发展农业这一基础性产业,崇俭就是设法增加储蓄扩大资本积累,轻徭薄赋就是减税,提高人民的税后收入,藏富于民,促进民间消费和投资的增加,促进经济的发展。陆贾的经济政策主张对汉初经济的恢复和发展所发挥的积极作用是十分明显的。

西汉初期实施的"与民休息"的经济政策,有力地促进了汉初商品经济的发展。刘邦之后的汉文帝继续执行了这一与民休息的经济政策,"复弛商贾之律"。对内,大力压缩财政开支,政府精简到极致,自己带头节衣缩食,不修宫室,压缩皇室开支。《史记·孝文本纪》载:"孝文帝从代来,即位二十三年,宫室苑囿狗马服御无所增益,有不便,辄弛以利民。尝欲作露台,召匠计之,直百金。上曰:'百金,中民十家之产,吾奉先帝宫室,常恐羞之,何以台为!'上常衣绨衣,所幸慎夫人,令衣不得曳地,帏帐不得文绣,以示敦朴,为天下先。治霸陵,皆以瓦器,不得以金银铜锡为饰,不治坟,欲为省,毋烦民。"对外,他压缩军队和官员开销,主张和平,反对用兵,以避免不必要的财政开支,为汉初经济的恢复发展提供了有利的外部条件。朝中曾有人建议用兵,"征讨逆党,以一封疆",文帝坚决反对,理由是:"且兵凶器,虽克所愿,动亦耗病,谓百姓远方何?又先帝知劳民不可烦,故不以为意。朕岂自谓能?"对内,他主张要使"百姓无内外之徭,得息肩于田亩,天下殷富,粟至十余钱,鸣鸡吠狗,烟火万里,可谓和乐者乎"(《史记·律书》)。这里的"无烦民"就是政府不去干扰民间的经济活动,听民自利;"百姓无内外之徭"就是轻徭薄赋,减少百姓的税赋负担。例如在汉初高祖时代,土地税是1/15:"上于是约法省禁,轻田租,什五而税一"(《汉书·食货志》)。汉文帝则进一步将税率减半,从1/15下调到1/30:"诏曰:'农,天下之大本也,民所恃以生也,而民或不务本而事末。故生不遂。朕忧其然,故今兹亲率群臣农以劝之。其赐天下民今年田租之半'"(《汉书·文帝纪》),并一直维持到西汉末年。人头税也进行了调整,减为1/3,每年只需缴纳40钱,丁男每3年服役1次:"至孝文皇帝,闵中国未安,偃武行文,则断狱数百,民赋四十,丁男三年而一事"(《汉书·贾捐之传》)。仅仅30余年,满目苍痍的汉初经济就出现了全面恢复的"文景之治"。对于"文景之治"的景象,《史记·孝文本纪》有如下记载:"孝文皇帝临天下,通关梁,不异远方。除诽谤,去肉刑,赏赐长老,收恤孤独,以育群生。减嗜欲,不受献,不私其利也。罪人不孥,不诛无罪。除刑,出美人,重绝人之世。"

经过"文景之治"的休养生息，汉初的经济全面复兴，天下大定，户口数也大量增加。《汉书·功臣表》载：文景之时，流民归乡，户口繁息，封国的户数比原来大都增加了 1～3 倍。社会经济也逐渐由恢复走向了繁荣。对此，《史记·货殖列传》有所描述："汉兴，海内为一，开关梁，弛山泽之禁，是以富商大贾周流天下，交易之物莫不通，得其所欲"，因而出现了各式各样的大小商人。"商贾大者，积贮倍息；小者，坐列贩卖"（《汉书·食货志》），不但在经济上积聚了大量的财富，在政治上也取得了相当的地位。他们的势力"大者倾郡，中者倾县，下者倾乡里"（《史记·货殖列传》），甚至"封里君皆首仰给"。特别是一些大盐铁商、贩运商和子钱家。他们往往役使数千人，在山林川泽"逐鱼盐商贾之利"，铸的钱竟流通遍天下。晁错曾形容当时的大商人是"衣必文采，食必粱肉；……因其富厚，交通王侯，力过吏势；以力相倾，千里游敖，冠盖相望，乘坚策肥，履丝曳缟"（《汉书·食货志》），由此可见民间资本势力之发达。《史记·平准书》对这一时期商品经济发展也有生动的描述："汉兴七十余年之间，国家无事，非遇水旱之灾，民则人给众足，都鄙廪庾皆满，而府库余货财。京师之钱累巨万，贯朽而不可校。太仓之粟陈陈相因，充溢露积于外，至腐败不可食。众庶街巷有马，阡陌之间成群，而乘字牝者傧而不得聚会。守闾阎者食粱肉，为吏者长子孙，居官者以为姓号。故人人自爱而重犯法，先行义而后绌耻辱焉。当时之时，网疏而民富，……"这里的"网疏而民富"颇为传神地反映了当时自由放任、政府不干预经济活动、经济快速增长、人民生活富足的景象。

二、战国至西汉初商品经济的发展

这一时期商品经济的发展，可从商品生产的发展、货币经济的活跃、商业资本的形成，工业规模的宏大与技术进步几个方面表现出来。

战国时期商品生产的发展主要表现在原来的非商品生产变成了商品生产和商品生产又促进了商业发展这两个方面。前者如农民的剩余生产物，各地特有的自然物产，陆续成为商品，参与了市场的交易，并被商人贩运到需要它们的各个地区，而具有这些土特产的人将之卖出，积累了大量的货币资产，富到了"皆与千户侯等"的地步。司马迁记战国时的商品贸易说："陆地牧马二百蹄，牛蹄角千，千足羊，泽中千足彘，水居千石鱼陂，山居千章之材。安邑千树枣，燕秦千树栗，蜀汉江陵千树橘，淮北常山已南、河济之间千树荻，陈夏千亩漆，齐鲁千亩桑麻，渭川千亩竹，及名国万家之城，带郭千亩亩锺之田，若千亩卮茜，千畦姜韭，此其人皆与千户侯等，然是富给之资也"（《史记·货殖列传》）。随着商品经济和商业的发展，在战国时期出现了一些财拥巨万的"富商大贾""多钱善贾"(《韩非子·五蠹》)。这些商人从列肆贩卖、囤积居奇,到"周流天下"。其中除大商人外,还出现了不少手工业者,他们经营的业务,从采矿、冶炼、铸钱、煮盐到农林牧副渔等等。随着水陆交通的发展,商业促进了地区之间的经济联系,商品交流的范围也日益扩大,各地重要的商业产品在各诸侯国流通,有的还流通到海外。这一时期的商人还总结出了一套精辟的经营理论,如:"白圭,周人也。当魏文侯时,李克(悝)务尽地力,而白圭乐观时变,故人弃我取,人取我与。夫岁孰取谷,予之丝漆;茧出取帛絮,予之食。……能薄饮食,忍嗜欲,节衣服,与用事僮仆同苦乐,趋时若猛兽鸷鸟之发,故曰:吾治生产,犹伊尹、吕尚之谋,孙武用兵,商鞅行法是也。是故其智不足与权变,勇不足以取予,强不能有所守,虽欲学吾术,终不能告之矣。盖天下言治生祖白圭"(《史记·货殖列传》)。这说明战国时期随着商业活动的发展和商业的繁荣,商人们已经总结出了体系性的经营理论,强调经营者要尽量发挥自己的聪明才智,敏捷果断地把握各种机会,尽可能追求自己的最大利润。商业的发达又导致了商业都市的兴起,随着商人往来的频繁和商业运输的发达,一些居于交通运输要道和商货聚散的枢纽地点的城市逐渐兴盛起来,这也是从战国年间开始出现的一个重大历史变化。商品经济的繁荣也促进了市场的繁荣。不但郡、县有市,而且在下一级的行政单位乡、亭、里也都有市。另外,各地的郡、县城市以及《货殖列传》所说的大都会包括长安和五都(洛阳、邯郸、临淄、宛、成都),它们虽是行政治所,也已成为工商业的经济中心和商业中心。这里的许多工商业并不只是供应城内居民的需要,而是地方性的甚至全国性的货物集散中心。郡县城市、大都会都有市的设置,市就是专门进行交易的地方,长安有东市和西市,或以为东市有三,西市有六,合为九市。也有人认为城内有东市、西市,其他六个市散布在城外。① 这说明商业发达,已需要在城外进行贸易了。洛阳也有三市,曰金市、马市、羊市,从名称上看可能是市场有分工。汉代一般城市只有一个市场,市场四周有围墙,四门定时开启,进行交易。市内有手工业作坊,有市肆(商贾分类陈列商品之所),有邸舍(货物仓库),还有商人居处。有管理市的官吏,收取商品税,管制物价,规定商品的质量,检查度量衡等等。这一时期的商业已经不是地方性的小商业,而是以全国性市场为对象的大规模商业了,并形成了区域性的市场,出现了专门从事长途贩运的大商人,其势力可与王侯分庭抗礼。

　　这一时期商业发展的结果是货币的大量流通。商品生产与商品流通的扩大必然为货币的流通创造了条件,货币经济有了迅速的发展。货币经济的活跃表现为这一时期货币的流通量逐渐增大。当时的货币主要是金属货币,流通的范围比较

---

① 参见杨宽:《中国古代都城制度史研究》,上海古籍出版社1993年版,第225页。

广泛，如铜币中的环型币和铲型币流通在韩、赵、魏及周、齐、秦地区，刀币的流通区域以齐国为主，通行于燕、赵两国。铜币的流通量很大，这从考古发掘中有大量古铜货币出土可得到证实。如在河北沧县肖家楼战国遗址一次就发掘出明刀钱 10399 枚，出土时叠置坑中，捆扎成束，排列整齐；阳高县天桥村一次发现布币总重量 102 千克，计 13000 枚①；在战国墓中还往往发现几千几百个刀币，说明在战国时代铜币的流行已相当广泛了。

自古以来被人们所喜爱的黄金此时也已更多的用作流通手段，并逐渐取得了"上币"的地位。如大量出产黄金的楚国，其方形的金币——爰金的使用已极为广泛。楚最盛时，南起湘沅、北至河南中部、西至鄂西、东抵海、东北近山东南部，都是楚爰金的流行地区。为了便于黄金的兑换，城市里还设有专门的"鬻金者之所"。战国时的文献中如《战国策》《墨子》《商君书》《韩非子》等都有许多关于黄金作为货币的记载，这些记载都充分说明了当时黄金的货币属性。在当时，黄金不仅充分发挥着货币的职能，更多的是用于大宗的价值支付和贮藏手段。如在战国时，家产的计算也已使用黄金，例如孟尝君"家富累万金"（《史记·孟尝君列传》），宛孔氏"家致富数千金"，以及所谓"千金之家比一都之君，巨万者乃与王者同乐"（《史记·货殖列传》）等的记载，在战国秦汉时的文献中俯拾即是，不可胜举。

黄金除用作流通手段外，国君赏赐臣下、官僚相互送礼贿赂等，也常使用黄金，动辄千斤、万镒。如："楚狂接舆躬耕以食，……楚王使使者赍金百镒造门曰：大王使臣奉金百镒，愿请先生治河南。"（《韩诗外传卷二》）"秦王大悦，乃遣车十乘，黄金百镒，以迎孟尝君"（《史记·孟尝君列传》）。这是大宗馈赠中使用黄金的事例。又如张仪对楚王盛誉周郑美女，"南后郑袖闻之大恐，令人谓张子曰：妾闻将军之晋国，偶有金千斤，进之左右，以供刍秣"（《战国策·楚策》）。这是贿赂中使用黄金的事例。再如："令既具未布，恐民之不信已，乃立三丈之木于国都市南门，募民有能徙置北门者，予十斤。民怪之，莫敢徙。复曰：能徙者予五十金。有一人徙之，辄予五十金，以明不欺"（《史记·商君列传》）。这都是赏赐中使用黄金的事例。

战国时期，群雄对峙，列国之间，纵横捭阖，彼此经常进行挑拨离间、拉拢勾结等阴谋活动，用重金收买是达到目的的一个重要手段。为此目的而支付的黄金，动辄成千上万。如："威王八年（公元前 349 年），楚大发兵加齐。齐王使淳于髡之赵请救兵，……乃赍赠黄金千溢，白璧十双，车马百驷。……赵王与之精兵十万，……楚闻之，夜引兵而去"（《史记·滑稽列传》），"廉颇坚壁以待

---

① 中国社会科学院考古研究所编：《新中国的考古发现和研究》，文物出版社 1984 年 5 月版，第 320 页、第 318 页。

秦，秦数挑战，赵兵不出。赵王数以为让，而秦相应侯又使人行千金于赵为反间"（《史记·白起王翦列传》）。在战国秦汉时期的文献中，诸如此类的用金记载非常多。从日常的交易到大宗的价值支付和贮藏，黄金都已成为流通的货币。在这样早的时代，就有如此高度发展起来的货币经济，在同时期世界其他文明国家的历史上都是罕见的。

正是在这样的历史背景下，秦始皇统一中国后，适应商品经济发展的需要，进一步将货币制度用国家法令的形式统一起来。法令明确规定黄金与官铸铜钱为正式的法定货币："秦兼天下，币为二等；黄金以溢为名，上币；铜钱质如周钱，文曰'半两'，重如其文。而珠玉龟贝银锡之属为器饰宝藏，不为币……"（《汉书·食货志下》）。这就把久以存在的事实用法律的形式固定了下来，为商品经济的进一步发展创造了条件。这样，从春秋战国到秦汉，货币经济一直在发展，不仅流通中的货币主要是金属货币，而且黄金的地位日趋重要，到了西汉时期，达到了高峰。"经过秦朝的币制改革之后，到西汉年间，金属货币特别是贵金属货币的统治地位已经完全确立，全国上下，一切商业往来，一切价值的授受支付，一切财富的积累储藏等，主要都是使用黄金，而使用黄金的数量，常常是惊人的庞大，动辄是百斤、千金乃至万金，甚至是数十万斤，不但各种自然物货币早已退出流通，即使与黄金并行的铜钱，相形之下亦黯然失色，成为中国历史上唯一一段实际上的金本位时期。""中国从公元前四百多年的战国时期，到公元初的西汉末年，货币经济已经有了相当高度的发展，金属货币特别是贵金属货币成为主要货币，并且有了一个统一的货币制度"[①]。所有这一切，都是这一时期商品经济发展的结果，同时也说明这一时期商品经济的发展已达到了一个相当高的程度。

随着货币经济的发展，春秋时期商业资本也达到了相当的规模。列国中有许多有钱有势的大商人，他们手中积累了大量的商业资本。如孔子的学生子贡，就是春秋时期著名的大商人，"子贡好废举，与时转货赀。……常相鲁、卫，家累千金，卒终于齐"（《史记·仲尼弟子列传》）。"子赣（子贡）既学于仲尼，……七十子之徒，赐最为饶益。……子贡结驷联骑，束帛之币以聘享诸侯。所至，国君无不分庭与之抗礼。夫使孔子名布扬于天下者，子贡先后之也"（《史记·货殖列传》）。在子贡前，还有越国的大夫范蠡，即后世商人奉为祖师的陶朱公。范蠡在帮助越王勾践复国后功成退隐，定居于济水之滨的陶（今山东省菏泽市定陶区）。这一地方是当时南北水运交通的枢纽，成为长江流域、淮河流域和部分黄河流域三大经济区之间的商货集散中心。范蠡在离开越国漫游了三江五湖之后，便看出

[①] 傅筑夫：《中国经济史论丛〈下〉》，生活·读书·新知三联书店1980年版，第516页、第522页。

了这是一个经商致富的理想地点。"之陶为朱公。朱公以为陶天下之中,诸侯四通,货物所交易也。乃治产积居,与时逐而不责于人。……十九年之中三致千金"(《史记·货殖列传》)。范蠡是中国历史上最早出现的大商业家之一。在当时,"言富者皆称陶朱公"。到了战国时期,商品经济又有了大量的发展。伴随着这种发展,出现了更多的"富商大贾"。其中除了专营贩运的大商人外,还有许多是亦工亦农的企业家,即以其商业资本直接控制着工矿业的生产。他们经营的业务从采矿、冶炼、铸造、煮盐,到农、林、畜牧等,无所不有。这些"富商大贾"的兴起过程,也就是商业资本的发展过程。战国时期,社会上已经流行这样的谚语:"长袖善舞,多钱善贾",《韩非子·五蠹》的解释是:"此言多资之易为工也"。这是从春秋末年开始到战国年间显著出现的一项重大变化。司马迁敏锐地观察到了这一变化,并在《史记·货殖列传》中对这一专业性的商人阶级兴起的具体过程作了真实的描述。他以举例方式列举了各个行业部门中的代表性人物,并简要地介绍了他们各自成功的途径和富有概况。除上面提到的白圭靠囤积居奇获得暴利外,这一时期获得成功的大商人还有许多,如"猗顿用盐起。而邯郸郭纵以铁冶成业,与王者埒富。""蜀卓氏之先,赵人也,用铁冶富。秦破赵,迁卓氏.……致之临邛,大喜,即铁山鼓铸,运筹策,倾滇蜀之民,富至僮千人,田池射猎之乐,拟于人君。""宛孔氏之先,梁人也,用铁冶为业。秦伐魏,迁孔氏南阳。大鼓铸,规陂池,连车骑,游诸侯,因通商贾之利,……家致富数千金。""鲁人,曹邴氏,以铁冶起,富至巨万。……贳贷行贾遍郡国。"周人师史"转毂以百数,贾郡国,无所不至。……故师史能致七千万。"像这样的"富商大贾"在当时还可以举出很多。到了汉初,商业的发展和商业资本的积累已远远超过了战国,成为中国古代商业最发达的一个时期。"汉兴,海内为一,开关梁,弛山泽之禁,是以富商大贾周流天下,交易之物莫不通,得其所欲。"这些人都是"公擅山川铜铁鱼盐市井之入,运其筹策,上争王者之利,下锢齐民之业"(《史记·货殖列传》)。汉代这样的"富商大贾"众多,说明汉代商业资本的积累已非常大。

商业资本的大量积累,又给高利贷资本的活跃创造了条件。西汉初年的高利贷活动十分猖獗,不但有许多专业的称贷家或"子钱家",而且任何一个富商大贾无不兼营高利贷,此外还有不少封建王侯和达官显宦也加入到了高利贷的行列之中。如"子贷金钱千贯,……此亦比千乘之家";"鲁人俗俭啬,而曹邴氏尤甚,以铁冶起,富至巨万。……贳贷贾遍郡国。"又如:"吴楚七国兵起时,长安中列侯封君行从军旅,赍贷子钱,子钱家以为侯邑国在关东,关东成败未决,莫肯与。唯无盐氏出捐千金贷,其息什之。三月,吴楚平,一岁之中,则吴盐氏之息什倍,用此富埒关中"(《史记·货殖列传》)。司马迁列举出这些大发其财的暴发户，目的并不在于仅仅是叙述各人的发家史，而是要通过具体的人和事来揭示从春秋后期到汉初一直发生着的一个重大历史变化：营利精神笼罩了整个社会，成为支配每一个人的思想观念。司马迁对此有很生动的描述，他说："故'天下熙熙，皆为利来；天下攘攘，皆为利往。'夫千乘之家，万家之侯，百室之君，尚犹患贫，而况匹夫编户之民乎？"他从"贤人深谋于廊庙，议论朝政"，到"壮士"之攻城陷阵，不避汤火说起，再到间巷少年攻剽抢劫、偷坟掘墓，作奸犯科，不避刀锯之诛，以及"赵女郑姬"之"设形容，揳鸣琴"（《史记·货殖列传》）等种种行为中，看出追求物质利益在当时已经成为一种社会的普遍现象和流行的价值观念。

这一时期还出现许多规模宏大的工矿企业，生产技术也达到了相当高的水平。这可以从考古发现中得到证明。这里仅列举湖北大冶铜绿山古矿井遗址为例，说明春秋战国时期工矿的规模与技术进步：

"古矿冶遗址……南北长约二公里，东西宽约一公里。在柯锡太村，保存有大小不同数座炼炉。在螺蛳塘边上，出土了十余个饼状铜锭，并发现古矿井与架，出土木料上千方。在上述范围内堆积大量古代矿渣，约有四十吨左右，有的地方厚达数米，说明规模大、时间长。

矿井结构：12 线老窿，位于铜绿山露天采矿场北端，发掘点离地表 40 余米，仅发掘 50 平方米。在这个范围内出现八个竖井和一个斜井。……井筒的支护结构，完全采用'密集法搭口式接头'。其中最有特点的建筑是斜井，它采用'间接法桦口式接'，用框形支架沿着矿层的倾斜角度，由浅入深，节节伸延，构成斜井井架。

24 线老窿：在采矿场南端，发掘点离地表井口 50 米，发掘面积 120 平方米，包括五个竖井，一条斜巷和十条平巷。从其结构与 12 线老窿相比，采掘和支护技术都有显著进步。"[①]

这证明春秋战国时期古矿井在矿井结构、支护和采掘上都已达到了很大的规模。从经济方面看，开凿这样多的竖井和斜井，没有大量的资本、繁多的设备和众多的工匠，是不可能的。从其矿渣遗留之多，也可想见其产量之大。事实上，从事冶铁的生产，不论是冶炼或铸造，都不可能是由小生产者来进行的。即使仅有一座高炉，形制和构造也都是非常复杂和巨大的，没有大量的资本无从进行。据《盐铁论·复古》所说的"采铁石、鼓铸、煮盐，一家聚众或至千余人"来看，其企业规模应是很大的。

汉代的冶铁工业，在冶炼技术上也已达到了相当高的水平。由其生产技术的

[①] 铜绿山考古发掘队：《湖北铜绿山春秋战国古矿井遗址发掘简报》，载于《文物》1975 年第 2 期。

复杂和生产设备的繁多来看，没有一个相当巨大的生产规模与之相适应，也是无法进行的。从考古发掘所获资料来看，汉代的冶炼技术造诣很高，其高炉不但形式多样，而且结构复杂，在炉料的选用配置和高炉的建造技术上，都表现出了高度的成就，证明两千年前的汉代冶炼工人已经掌握了很高的技术。如就炼铁炉来说：

"古荥冶铁遗址中发现的炼铁炉是迄今已知汉代炼铁炉中最大的。重达二十余吨的大积铁反映了当时的冶炼效能。两座炉基用耐火土加小卵石夯筑，厚近四米；炉子不同部位选用了不同要求的耐火材料；基础坑处理为凸子形。这些是在长期冶炼中不断改进竖炉性能以达到大规模生产的经验总结。为了提高生产效率，需要扩大炉子容积，但由于鼓风设施限制，炉腔加大后风量不足，于是在实践中创造了椭圆形炉腔，这样就较易在扩大炉腔面积后满足鼓风的要求。在熔铸过程中也可能有意识地使用了热风技术。以上说明，早在汉代，我国劳动人民就用自己的智慧发展了冶炼的独特道路，使我国的冶铁业走在当时世界的前列。"①

每座高炉的日产量，据考古工作者和冶铁工作者的推算，以古荥一号炉为例，日产量当达 1 吨以上。我们知道英国在 18 世纪工业革命发生以后到 19 世纪初，高炉使用皮橐鼓风，木炭熔炼，日产量最大不超过 3 吨。而我国在 2000 年前，高炉的日产量即达 1 吨以上，说明冶铁工业规模的宏大。

以上这些材料充分证明，从春秋末年到西汉初期约 400 年的时间里，商品经济的发展是相当迅速的，所达到的水平也是相当高的，它对社会经济所产生的影响也是非常深远和巨大的。同时也说明，自由经济思想和政策主张是当时促进商品经济活跃和发展的一种精神动力。但汉武帝上台以后，未能继承这一自由经营和"藏富于民"的经济思想，为了解决因屡屡对外用兵而造成的经费短缺、财政亏空的矛盾，开始实施国家干预和直接参与经济活动的政策，如增加税目，提高税率，滥发货币，实行盐、铁、酒国营专卖等，使春秋战国以来十分迅猛的商品经济的发展势头受到了扼制，或者说打断了这一发展趋势。傅筑夫先生认为，"从战国到西汉，一直在发展之中的商品经济……到了西汉中叶时便突然中断，抑商政策就是造成这一中断的主要的和直接的扼杀力量"②。汉武帝晚年也意识到了这一点，征和四年（公元前 89 年）桑弘羊等人提议继续扩大财政支出、建立以轮台为中心的军事基地，武帝拒绝了，并下发《轮台诏书》，详细反思了之前经济政策的得失，表示自己"深陈既往之悔"，并指出"当今务在禁苛暴，止擅赋，力本农，修马复令，以补缺，毋乏武备而已"，又封丞相车千秋为富民侯，"以明休息，思养民也"（《汉书·西域传》）。

---

① 郑州市博物馆：《郑州古荥镇汉代冶铁遗址发掘简报》，载于《文物》1978 年第 2 期。
② 参见傅筑夫：《中国古代经济史概论》，中国社会科学出版社 1981 年版，第 208 页。

三、盛唐经济自由主义思想与商品经济的繁荣

以"安史之乱"（756 年）为界，唐王朝可分前后期。唐前期也是唐盛期，政府为了恢复经济，一度对商业活动采取了放任政策，开关弛禁，不仅不征过往商税，甚至连稽查制度也予以废止。这一放任政策的导向，在唐初皇帝的几个诏令中也有所反映，例如"武德九年（626 年），诏：关梁之设，襟要斯在，义止惩奸，无取苛暴。近世拘刻，禁御滋章，因山川之重阻，聚珍奇而不出，遂使商旅寝废，行李稽留，上失博爱之恩，下蓄无聊之怨，非所以绥百姓，怀来万邦也"（《唐会要》卷八十六），表明政府要利商、宽商的政策导向。随着这一放任政策的实施，唐前期的儒家自由主义经济思想也开始活跃，思想家们对商业在社会经济中的地位和作用都给予充分肯定。大多数思想家不但不主张抑商，反而主张鼓励商业的发展，他们对传统的抑商政策公开表达了不满，崔融就是这一经济政策思想的代表性人物。唐前期儒家经济自由主义思想和商品经济繁荣的相互促进，成就了"贞观之治"（627～649 年）的盛世，也造就了唐前期商品经济的发展达到了历史的高峰。

唐盛期商品经济的繁荣首先反映在商业贸易的活跃上。唐前期重农但不轻商，看不到类似汉代高祖和武帝那些抑商的法令政策。更有甚者，连皇家人员也在经商牟利，如高祖第十四子霍王元轨营商为利，长乐王幼良与羌胡互市收利（见《唐会要·禄封杂事》），太平公主也有"市易、造作器物"（《旧唐书·武承嗣传》）事迹。朝廷守边重臣和出使大员更是如此，如安禄山这位身兼三重节度使的地方大员也"潜遣贾胡行诸道，岁输财数百万"（《旧唐书·安禄山传》），唐使出使回纥者也"多私赍缯絮，蕃中市马回易以规利"（《旧唐书·赵憬传》）。在唐代，朝中贵族权要达官贵人经商者不在少数。

盛唐时期从事贸易的商人多种多样，有盐商、船商、江湖贾客、海上商人、番客、胡贾、估客、贾客、茶商、粮商以及陆运商贩等，他们的买卖往往不限于一地一市，而是水陆兼程，只要有利可图，无远弗届。唐诗中就有许多反映这些商人经营生活的诗篇，如张籍的《贾客乐》一诗就反映了唐前期长江商贸往来的盛况："金陵向西贾客多，船中生长乐风波，欲发移船近江口，船头祭神各烧酒。停杯共说远行期，入蜀经蛮远别离。金多众中为上客，夜夜算缗眠独迟。……年年逐利西复东，姓名不在县籍中。农夫税多长辛苦，弃业宁为贩宝翁"（《张司业诗集》卷一）。商船不仅聚集于长江各埠，且在运河、汴河各流域均有往来。王建的《寄汴州令狐相公》诗云："天涯同此路，人语各殊方，草市迎江货，津桥税海商。"（《才调集》卷一）汴州是内地，也有海商出没，可见商人足迹遍及

全国。王建的《江南三台词》四首之一云:"扬州桥边小妇,长安市里商人,三年不得消息,各自拜鬼求神"(《才调集》卷一)。小妇在扬州,商人在长安,各自相思,三年不见,这说明当时全国性大商人已行遍全国各大都市,经商足迹遍布全国各地。

就生意遍布全国的大商人而言,这些富商大贾除了买贱卖贵、投机取巧、囤积居奇之外,还与官府勾结,依靠特殊关系获取巨额利润。如唐武后时有富商倪氏,于御史台理其私债,御史中丞来俊臣受倪氏贿赂,任意断出义仓米数千石以充之(《旧唐书·薛纳传》)。唐代官吏与商人勾结,比比皆是,如开元十八年(730年)十一月敕"比来,富商大贾,多与官吏往还,递相凭嘱,求居下等,自今已后,不得更然"(《册府元龟·邦计庄部》)。在这些"富商大贾"中也出现了其名可与司马迁《货殖列传》中的猗顿、白圭相并列者,如:"西京怀德坊南门之东,有富商邹凤炽,肩高背曲,有似骆驼,时人号为邹骆驼。其家巨富,金宝不可胜计。常与朝贵游,邸店园宅,遍满海内,四方物尽为所收,虽古之猗、白,不是过也。其家男女婢仆,锦衣玉食,服用器物,皆一时惊异。尝因嫁女,邀请朝士往临礼席,宾客数千,夜拟供账,备极华丽。及女郎将出,侍婢围绕,罗绮珠翠,垂钗曳履,尤艳丽者至数百人,众皆愕然,不知孰是新妇矣。又尝谒见高宗,请市终南山中树,估绢一匹,自云'山树虽尽,臣绢未竭'。事虽不行,终为天下所诵"(《太平广记·邹凤炽》)。又如:"长安富民王元宝、杨崇义、郭万金等,国中巨豪也,各以延纳四方多士,竞于供送,朝之名僚,往往出于门下。每科场文士集于此数家,时人目之为豪友"(《开元天宝遗事》)。

盛唐商品经济的繁荣还反映在大都市商业的兴盛上。在盛唐,商业经济最发达的城市除政治与商业中心的长安与洛阳外,首推扬州。

扬州唐代称江都,是唐代商业最繁华的城市,其商业发达程度已超过政治中心的长安和洛阳。扬州能成为商业贸易最发达的城市得益于其优越的地理位置,它坐落于长江三角洲贯通南北大运河的中心,南接吴越太湖平原,北处淮南邻接中原大平原,有众多发达城市围绕四周,所有来自南方运往都城的商品都要经过这里。随着朝廷越来越依赖东南地区来满足自身的基本需求,这种大规模的商业贸易便成为帝国的经济命脉。扬州又是隋炀帝穷奢极侈、竭全国民力财力精心建设之地,网罗水陆珍奇,集天下佳丽,龙舟行幸,奢华无极。扬州交通便利,不仅是当时的水陆运输中心,也是唐代漕运中心,还是盐铁管理集中地,也是盐、茶、木材、宝石、药品和包括铜器、丝绸和织锦等在内的手工业品主要的水上转运中心。扬州的盐商是当时国内最富有的商人。唐代财赋所出,江淮居多。韩愈曾有"当今赋出于天下,江南居十九"(《韩昌黎集·送陆歙州诗序》)之说。江淮之财赋北运,也聚集于扬州。扬州之繁华,宋洪迈《容斋随笔·唐扬州之盛》

引张祜诗云："十里长街市井连，月明桥上看神仙。人生只合扬州死，禅智山光好墓田。"引王建诗云："夜市千灯照碧云，高楼红袖客纷纷。如今不似时平日，犹自笙歌彻晓闻！"，杜牧有《遣怀》诗云："落魄江湖载酒行，楚腰纤细掌中轻。十年一觉扬州梦，赢得青楼薄倖名"（《才调集》卷四）。扬州在隋炀帝时已有"我梦江南好"，引起游幸之兴。唐人更是倾倒，有"腰缠十万贯，骑鹤上扬州"之谚。杜牧有云："扬州胜地也，每重城向夕，倡楼之上，常有绛纱灯万数，辉罗耀列空中。九里三十步街中，珠翠填咽，邈若仙境"（《太平广记》卷二百七三引《唐阙史》）。由此可见扬州繁华之盛。

扬州的繁华也与扬州手工业的发达有关。唐代扬州手工业发达，其若干制品为全国之冠，如铜镜、毡帽、木器家具、蔗糖业、糕点、酒食，远近闻名。扬州的商业与手工业紧密结合，生产与销售合一，又有商业资本涉入手工业中，商人开设作坊、工场，进行亦商亦工的牟利营业。如"广陵有贾人以柏木造床，凡什器百余事。制作甚精，其费已二十万。载之建康，卖以求利"（《稽神录》卷三）。扬州的金融业也较发达，有类似钱庄、银行之业务，如柜坊、质库、飞钱、便换等，其中飞钱是一种汇票或汇兑券，是纸币的前身，亦可以说是最早的纸币（兑换信用券），也是唐代商品货币经济发展的一个标志，比之欧洲最早信贷业（银行业）出现于意大利的佛罗伦萨、威尼斯等城市要早六七百年。

盛唐的繁荣也反映在国际贸易上。唐前期对外开拓，极重视对外贸易关系。唐前期与西域、南海诸国贸易发达，经济、文化往来频繁，贡使商贾不绝于途。唐代对欧洲交通陆路路线，在中国出发点在西北敦煌，目的地为欧洲之地中海。这一方向的贸易通道有北路、中路和南路三条：北路沿天山南麓西行，或昆仑山北麓西行，进抵疏勒，逾葱岭中部地方以达中亚西亚，入里海东部山岭诸地，以达地中海；中路经波斯入罗马至地中海；南路则经印度入地中海。西北边境上外国商人多以牛马易丝绸，集成骆驼队，经沙漠贩卖至中亚、西洋及欧洲各国，所经河西、新疆、中亚商路一般统称为"丝绸之路"。亦有自北方突厥、回纥、高加索顿河诸地贩运皮毛至中国，再易中国丝绸运往西方贩卖，故丝绸之路亦称丝绸皮毛贸易之路。此路货物贸易汉代以来已存在，至唐时更加发达。商人有来自中亚、西亚、波斯、阿拉伯，有新疆各少数民族，也有域外汉人。唐代国际贸易北方陆路之外还有南方水道，水道贸易要盛于陆路。南方的交州（治所在今越南河内市区）是海舶商贾的贸易场所，广州（番禺）后来居上，成为唐代南方国际贸易中心。中国海舶大多自广州开航，而阿拉伯、波斯、罗马、印度商人商船自波斯湾渡印度洋，经马来半岛至广州。广州外国商人列肆开店，有阿拉伯人、波斯人、罗马人、印度人和犹太人，也有非洲人、马来人。聚居之处称蕃坊，以阿拉伯人最多。广州有怀圣寺至今犹存，此寺是唐代阿拉伯商人所建。南方水道，航行多经锡兰起航，经苏门答腊、爪哇至中国广州，另一段由锡兰经印度洋海岸至波斯湾，或由阿拉伯海岸至红海湾口亚丁。外国货物到达广州后大多北运，北上商业路线是先经大庾岭，沿赣江而下，入长江，到扬州，再沿运河至黄河、洛水到达洛阳，再由洛阳入潼关至长安。唐时在交州和广州设有市舶使，或由朝廷派宦官充任或由节度使兼领，此即所谓"中使""外使"之意，为唐代肥缺。市舶使在海舶到后验货抽取"舶脚"（船舶商税）及先抽买一部分货物以为宫供外，余则听任自由交易，通行无阻。中国海船自南粤、南海起航，远通南洋、阿拉伯、西非、远至欧洲的航线，在汉武帝时就已开启，唐时经南海航路与各国通商及使者往来增多。盛时西北陆路与南方水路两方面的国际贸易均甚发达。当代的考古发掘中，在两河流域及埃及的开罗附近发现了唐代的青白瓷器，新疆等地发现了七世纪商人的窖藏，其中有波斯和阿拉伯银币、金币和金条。八世纪恒罗斯之战中大食（阿拉伯）人从中国战俘中获得造纸法，输入撒马尔罕，从此中国造纸技术由中亚传入阿拉伯国家。中国的绫锦纺织技术在唐代传入阿拉伯国家，中国的陶瓷烧制技术、制硝和炼丹术也在唐代传入阿拉伯。

唐代对日本贸易多由扬州出长江，或由明州（今宁波）出海航行至日本，或由楚州（今淮安）出淮河口，沿山东半岛至朝鲜，再到日本。隋及唐早期皆由北线即山东登、莱出海，循朝鲜半岛至日本，盛唐以后多改航南线，即由扬州或楚州直接东渡日本。武后长安二年（702年）日本第七次遣唐使即由南线航行，自日本南岛出发，横渡东海，至中国扬州。楚州和明州唐时亦是通日本的港口。唐与日本使节往还所携带货物较多，大至贡聘、赏赐与贸易兼行。中日之间也允许私人商船往来，所运货物，唐船运去的有丝绸、经卷、佛像、文具、诗文集、药品、香料等，回船所运日本货物有沙金、水银、锡、锦绢等。日本与唐代的关系也十分密切，此时有很多的日本遣唐使、学问僧和留学生入唐，对中日文化交流贡献良多。

盛唐的繁荣还反映了当时的许多经济作物已经商业化，除茶的生产商业化外，唐代诗文中咏牡丹诗也反映了花卉的商业化。白居易诗云："帝城春欲暮，喧喧车马度，共道牡丹时，相随买花去。贵贱无常价，酬值看花数。灼灼百朵红，戋戋五束素。……家家习为俗，人人迷不悟。有一田舍翁，偶来买花处，低头独长叹，此叹无人谕，一丛深色花，十户中人赋！"（《白居易集·买花》）。诗文在描述花卉商业化，同时也揭露了花农承担的沉重税赋。

盛唐时期有许多外国人生活在中国，与汉代相比，唐代中国城市中的外国人规模大且居住持久。北方的长安已成为一个国际性的大都市，外国居住人口主要由突厥人、回鹘人和粟特人组成，也有阿拉伯、波斯和印度人。从长安向西的沿途城市中都有大规模的外国人社区，如地处河西走廊的敦煌、凉州等城镇，外国人的数量已超过中国人。广州（番禺）居民中很大一部分由印度人、波斯人、阿拉伯人、爪哇人和马来人组成。例如葡萄酒店铺普遍由粟特人或操吐火罗语的商人经营的，在唐代的诗歌和艺术中，胡姬已成了一个普遍的主题，有着强烈的异国风情。中亚音乐在长安城中也流行起来。扬州这一唐帝国的商业和金融中心在唐末战乱时外国商人遭受了惨重的洗劫："（田）神功至扬州，大掠居人资产，鞭笞发掘略尽，商胡大食，波斯等商旅死者数千人"（《旧唐书·邓景山传》）。随着商业化程度的加深，"官方认可的经纪人（以前仅限于地产中介，负责记录和税收业务），成为每个市场的主要代理人，他们协调行商坐贾的活动。很多富有的商人雇佣长期经纪人，他们有时像雇主的仆人，负责处理广泛的金融事务。随着对商业经纪人的需求增长，他们有时能够积累大量属于自己的财富。虽然大多数商业上的新变化要到宋朝才全部完成，但它们首先出现在晚唐"。①

第二节　儒家自由经济思想与封建时代后期商品经济的发展

中国封建时代后期的两宋和明中叶至清初，既是儒家自由经济思想十分活跃的又一时期，也是中国古代商品经济十分活跃和繁荣的历史时期。

一、宋明时期儒家自由经济思想的活跃

两宋时期儒家的自由经济思想可以李觏、叶适等人为代表。这一时期自由经济思想的特点是从人性上为经济自由辩护，强调言利是人之常情，主张经商自由，反对政府经营垄断，并对国家干预主义进行了较为深刻的批判，否定了汉代以来桑弘羊等人所主张的国家干预经济的轻重论。对王安石通过国家干预进行的变法政策，他们多持一种否定、批判的态度。如叶适就认为王安石的市易、青苗等新法，其目的是与民争利，把百姓之利变成"国利"，是"小人执理财之权"，"聚敛而已矣""其法行而天下终以大弊"（《叶适集·财计上》）。明代自由经济思想的特点是发展成为"自为论"，丘濬是其代表性人物。丘濬认为，人类的生存和发展必须以物质财富为基础，追求财富、好利是人的本性。国家在经济管理上就要顺应人的这一求利本性，听任私人去进行获取财富的各种活动，而不要加以控制或干预。丘濬还把整个国家、整个社会看作是个人的总和，从理论上论证了个人利益的总和就等于国家、社会的利益，私人追求财利也就同整个社会的利益、社会的发展联系统一起来了。这一观点与西方古典经济学之父亚当·斯密的

---

① 陆威仪著，张晓东、冯世明译：《世界性的帝国唐朝》，中信出版社 2016 年版，第 104~105 页。

自利追求最终效果是利他的观点十分相近。从这一理论出发也就可以推论出允许私人的求利活动不仅对求利者个人有好处，而且对整个社会也是有利的。宋明时期自由主义思想的另一特点是为工商业者的辩护。从历史的发展看，在宋代随着商品经济的发展，士人对商人经商行为的价值判断已发生了明显的变化，并开始为士人经商辩护了。叶适是公开为商人地位提升进行呐喊的辩护者："夫四民交致其用，而后治化兴，抑末厚本，非正论也"（《习学记言序目》）。明代的丘濬鼓励民间工商业的发展，主张给私营工商业以充分的自由。他认为官营商业不仅不能调节商品的供求和保持物价的稳定，相反只能给正常的市场经济活动带来诸多的弊端。他相信通过私人之间的自由竞争，就可以使商品的价格、数量和质量都得到合理的调节。基于这一认识，他反对桑弘羊的"平准"和王安石的"市易"等官营商业的措施，对当时由政府垄断食盐产销的"榷盐"制度表示了强烈的不满。他认为食盐的生产和销售应听任私人经营。

在经济自由主义思想活跃的影响下，商品经济又迎来了一个相对发达的高峰时期，特别是市场经济有了突破性的发展。

二、两宋时期商品经济的活跃

两宋时期在商税上实行"恤商"政策，宽待商人，鼓励商业。如太祖诏令："榜商税则例于务门，无得擅改更增损及创收"（马端临：《文献通考》卷十四）。太宗还诏令："自今除商旅货币外，其贩夫贩妇细碎交易，并不得收其算。"并严禁官吏勒索、刁难，规定官吏如果"留滞（商人）三日，加一等，罪止徒二年。因而乞取财物，赃轻者，徒一年"（均见徐松辑：《宋会要辑稿.食货》十七之一〇、一三）。宋人陈亮也坦承："（本朝）于文法之内，未尝折困天下之富商"（陈亮：《龙川集》卷一）。在商品专卖的限制上也有所放宽。民户只要有资本，就可以开办解库（典当行），政府从不刁难。"工商之家不得预于仕"的禁令在宋代也被突破，"国家开贡举之门，广搜罗之路……如工商、杂类人等，有奇才异行，卓然不群者，亦许解送"，说明商人也获得了从政的机会和权利。商人的子弟也可以入学参加科举了，"凡今农工商贾之家，未有不舍其旧而为士者也"（苏辙：《栾城集》卷二一）。士农工商的界限已荡然无存。国家制定商法的过程中，有时还邀请商人参与修法，征求其意见。如北宋太宗时期，陈恕为三司使，他在制定茶法的过程中就邀请了茶商数十人协商讨论。茶商的意见是商人利益归商，政府的意见是国家专营，最后朝廷采用的是折中方案，"公私皆济"（参见魏泰：《东轩笔记》）。因而，在如此宽松优越的经商条件下，形成了全民经商的社会风气，"人家有钱本，多是停塌（即仓储业）、解质（即放贷业），舟船往来兴贩（即长途贩运），岂肯闲著买金在家顿放"（徐梦莘：《三朝北盟会编》卷二九）。"富商大贾"以惊人的速度积累起巨额财富。从宰相到地方官以及税收人员，都利用职权经商："今官大者，往往交赂遗，营资产，以负贪污之毁；官小者，贩鬻乞丐，无所不为"（王安石：《王文公文集》卷一）。甚至衙门的房屋也被商民租用来经商，如南陵县的一市民，"就邑治大门之内开酒店"（洪迈：《夷坚志·支乙志》卷一）；台州州衙"仪门之两庑"也出租给了商户"僦为贾久矣"（《叶适集·水心文集》卷十七）。由于经营商业所需技术不如手工业技术高，但其利润大，因而加速了地主、官僚、大商人、高利贷者一体化的形成。《通制条格》卷二七载："亡宋时，民户人家有钱，官司听从开解。自归附之后，有势之家方敢开解库，无势之家，不敢开库，盖因怕惧官司科扰，致阻民家生理"。这说明入元之后，经商环境已经远不如宋代了。

两宋时期，对外贸易也蓬勃发展，并成为当时世界上的贸易大国。熙宁五年（1072年）政府在泉州设置了市舶司，标志着泉州正式成为对外通商的口岸。市舶司是宋代管理海外贸易的职能管理部门，商船进出港口，都要到市舶司来登记注册，领取通行证，同时有权征收关税（税率十分之一）和优先购买国家需要的商品，相当于今天的海关和外贸局。宋代的外贸路线主要有两条：一条是从泉州或广州出发到达南亚次大陆和东南亚各国，或者经由印度洋直至阿拉伯各国，甚至远到埃及、索马里和坦桑尼亚；另一条是从登州、密州和明州出发，前往高丽和日本。宋代对于外来的商贸船只都给予期待表示欢迎，当有船遭遇飓风漂到了海滩，如若船主不在，地方政府有责任保护船只的财货，如"七年，令舶船遇风至诸州界，亟报所隶，送近地舶司榷赋分买"（《宋史·食货志下八》）。如果船主遇难，政府有帮助其亲人认领交接的责任。

商品经济的日趋活跃，促进了城乡市场的不断扩大，商业城市不断发展，表现在城市的变化上，就是坊市制度的瓦解。唐前期坊与市相互分割，四面有围墙环绕，坊市门早晚按规定时间开启，夜里关闭，禁止出入。只有市是可以安置商铺进行交易的处所。但随着市场的繁荣，城中的市已经不能满足需要，于是一些店铺侵街打墙，到市外活动，一些坊内也出现了商铺，进行商业交易，同时在沿河、桥头、城门口等地也形成了新的街市，有的地方市场还到城墙外面发展，这就打破了传统的坊市制度，代之而起的是开放型的街市制，住宅区与商业区连成一片，商家纷纷沿街设店摆摊，隋唐以来形成的坊制已完全崩溃，夜市不禁。同时城市布局和数量都超过了前代。如10万户以上的城市，唐代只有10多个，北宋时已增加到40多个。[①] 南宋时期的大小商业城市已遍布全国各地，其规模也十

---

① 董书城：《中国商品经济史》，安徽教育出版社1990年版，第207页。

分巨大。如当时的商业中心汴梁和临安,人口已多达百万。市场的种类繁多,以酒楼为中心的是街市,以娱乐场所为中心的是瓦市,以寺庙为中心的是庙市。商业内部的分工更加细密,配套的行业也相当完备。如在唐代行业组织最多只有220行,而南宋临安竟有440行。两宋与大商业配套的行业如塌房、柜房、交引铺、便钱务等都已相当完备。塌房,唐以前叫邸店、邸舍或邸阁,是城市里安寓客商、代客存放货物、为客商提供洽谈交易的货栈。塌房在唐代有很大发展,入宋更为繁荣。如临安城北白洋池有塌房数十所,每所为屋千余间,小者亦数间。小的城市也有这种行业。柜房也叫僦柜,是唐以来代客保管金银财物的行业。交引铺是宋代出现的一种经营"交引"买卖和为持有"交引"的商人作保的行业。便钱务,是北宋初官府设置的办理汇兑业务的场所。两宋商业经济的发达的另一个足以说明问题的统计数据是:北宋熙宁十年(1077)的国家财政收入中农业税和工商税的比例已达三七开:农业税占三成,工商税占七成①。还有人计算浙江省北宋时期城市税收情况,指出当时11个州城的商税额占全部州的总额的51.99%,而有些州城的税额占到全州的六成以上,甚至达到七八成,说明州城是最大的工商业中心。州以下是县治城市和市镇,为数众多,浙江有县66个,比唐代增加6个,有镇56个,其中有的镇比县还要繁荣,如熙宁十年,秀洲华亭县青龙镇商税占到全州的24.26%,远远超过了其他各县。② 有人统计,南宋时期城市人口的比例高达22%,是中国城市化历史的最高峰,之后逐渐下降,清代只有7%③。这都是史无前例的。

商品经济的繁荣还表现在城市经济的繁荣上,以北宋的汴梁城和南宋的杭州城为例。

据宋人孟元老《东京梦华录》,北宋汴梁城外城方圆40余里,城壕阔十余丈,城门十五个。内外皆植杨柳,粉墙朱户,街巷纵横。城内河道纵横,交通便利,牙道各植愉柳成阴。城内货物运输主要靠河道,穿城河有四,南曰蔡河,中曰汴河,东北有五丈河,西北有金水河。蔡河来自中牟,货物由西南戴楼门入京,缭绕城内,从东南穿陈州门出。汴河自西京洛口分水入城,东去至泗州入淮,东南漕粮及东南方物主要自此河进入京城。五丈河来自济郓,搬运京东路(山东)粮米入京城,皆由此水路入城。宋时汴梁城商品经济十分发达,工商业皆散集在诸河沿岸及桥边,熙熙攘攘,十分繁盛。宋代画家张择端所画《清明上河图》留存至今,其所绘汴梁城的生活面貌与孟元老的《东京梦华录》所记十分吻合。《东京梦华录》所记汴梁城内宣德楼前,官府宫宇和街市店铺杂然纷呈,十分

---

① 贾大泉:《宋代赋税结构初探》,载于《社会科学研究》1981年第3期。
② 陈国灿等:《浙江古代城镇史研究》,安徽大学出版社2000年版,第100~103页。
③ 赵冈:《中国城市发展史论集》,新星出版社2006年版,第79页、第84页。

稠密,朱雀门外街巷极其繁华:"东去大街,麦秸巷、状元楼,余皆妓馆……西通新门瓦子以南杀猪巷,亦妓馆。以南,东西两教坊,余皆居民或茶坊。街心市井,至夜由盛"。酒楼极繁华:"凡京师酒店,门首皆缚彩楼欢门……向晚灯烛荧煌,上下相照,浓妆妓女数百,聚于主廊槏面上,以待酒客呼唤……北去杨楼,以北穿马行街,东西两巷,谓大小货行,皆工作伎巧所居。……大抵诸酒肆瓦市,不以风雨寒暑,白昼通夜,骈阗如此"。工商业买卖,除分散在各街巷店肆内交易外,还有大规模庙会。以相国寺庙会为例,"每月五次开放,万姓交易。……珍禽奇兽,无所不有。"寺内各有主持僧官,每遇斋会,凡饮食茶果,动用器皿,虽三五百份,莫不咄嗟而办。从相国寺的庙会的规模不难看出汴梁城商品经济的繁荣。关于开封户口,据宋太宗淳化二年(990年)的说法:"东京养甲兵数十万,居人百万家"①。

　　杭州在秦代为钱塘县,南宋偏安,建都杭州,并升杭州为临安府。杭州的繁荣远超北宋时的汴梁。南宋端平二年(1235年)耐得翁著《都城纪胜》(又名《古杭梦游录》),内分市井、诸行、酒肆、食店、茶坊、四司六局、瓦舍众伎、社会、园苑、舟船、铺席、坊院、闲人、三教外地、共十四门,记载临安的街坊、店铺、塌坊、学校、寺观、名园、教坊、杂戏等。此书虽然卷帙不大,但对当时南宋都城临安的市民阶层的生活与工商盛况的叙述十分具体,《四库提要》称其"可以见南渡以后土俗民风之大略",为研究这一时期杭州的时俗民风提供了重要资料。《都城纪胜》序曰:"自高宗皇帝驻跸于杭,而杭山水明秀,民物康阜,视京师(指汴梁)其过十倍矣。虽市肆与京师相侔,然中兴已百余年,列圣相承,太平日久,前后经营至矣,其与中兴时又过十数倍也。"对于城中的工商业,"市井条"载:"自大内和宁门外,新路南北,早间珠玉珍异及花果时新、海鲜、野味、奇器,天下所无者,悉集于此。以至朝天门、清河坊、中瓦前、灞头、官巷口、棚心、众安桥,食物店铺,人烟浩穰。其夜市,除大内前外,诸处亦然,惟中瓦前最胜。扑卖奇巧器皿、白色物件,与日间无异。其余坊巷市井,买卖关扑,酒楼歌馆,直至四鼓后方静。而五鼓朝马将动,其有趁卖早市者,复起开张。无论四时皆然,如遇元宵尤盛。排门和买,居民作观玩,幕次不可胜纪。""铺席条"载:"自间楼北,至官巷、南御街,两行多是上户金银钞引交易铺,仅百余家,门列金银及现钱,谓之看垛钱。此钱备入纳算请钞引,并诸作匠炉韛,纷纷无数。自融和坊北至市南坊,谓之珠子市头,如遇买卖,动以万数。间有府第富室质库十数处,皆不以贯万收质。其他如名家彩帛铺,堆上细匹段,而锦绮縑素,皆诸处所无者。又如厢王家绒线铺(自东京流寓),今于御街开张,

---

① 郑寿彭:《宋代开封府研究》中华丛书,台北"国立编译馆"1980年版,第316页。

数铺亦不下万计。"南宋咸淳十年（1274年）杭州人口，据钱塘吴自牧《梦梁录》卷十《米铺》载："杭州人烟稠密，城内外不下数十万户，百十万口。每日街市食米，除府第、官舍、富室及诸司有该俸外，细民所食，每日城内外不下一二千余石。皆需之铺家。"杭州的繁华，时人柳永有词赞曰："东南形胜，江吴都会，钱塘自古繁华。烟柳画桥，风帘翠幕，参差十万人家"。《梦梁录》卷十九《塌房》对柳永"参差十万人家"的解释是："此元丰以前语也。自高庙车驾由建康幸杭，驻跸几近二百余年，户口蕃息近百万余家。杭城之外，城南西北各数十里，人烟生聚，民物阜蕃，市井坊陌，铺席骈盛，数日经行不尽，各可比外路一州郡。足见行都繁盛矣"。当时城内外"近百万余家"，每家以二人计，则宋末杭州人口应有二百万，是当时世界上人口最多的大都市。而这时欧洲的大城市，一般还不到十万人。

与此同时，也形成了新的经济中心——市镇兴起。在唐代已出现的草市、墟市（即在民间集市的基础上发展成为集中进行交易、建立商店、市肆等设施的所在）到了宋代就更为发达，不少原来的临时市场演变成为新的经济中心，成为有工商业者定居的新城市，国家也将之设镇管理，在体制上属于县以下的组织。据现代学者的研究估计，宋时设税场务管理和未设税场务管理的市镇已有五千多个①。

两宋商业的繁荣还表现在商业经营管理水平和组织技术水平较以前都有较大的提高。商人经营中已有了广告意识，如在《清明上河图》里会发现画家捕捉到的广告就有几十个。商标也出现了，如翻开《东京梦华录》或《清明上河图》，其中作者和画家记录的各类招牌可谓琳琅满目。在服务性行业中，还出现了综合性的经营项目。如《梦梁录》记载，茶馆已兼教音乐，叫作"挂牌儿"，以使茶客多付茶金。从业的服务技术已相当熟练，如商业经营管理核算的水平有明显的提高。特别是珠算的产生，提高了核算的效率，促进了商业本身的发展。簿记账的应用也始于宋代，当时叫作"四柱帐"或"四柱清册"，账内分旧管、新受、开除、实在四项。旧管为前期结转余额，新受为本期收入，开除为本期支出，实在为本期末余额。商业本身的发展，使商业资本积累增加。宋代商税总额，仁宗后每年达800万贯。按当时的二五商税率来逆推算营业额，当在3.2亿贯以上。

两宋商业繁荣的另一标志，是纸币的发行和信用的发达。宋代已有了纸币的雏形"交子"。交子产生的直接原因是四川使用铁钱，体重值小，流通不便，这与商品经济的发展和商品交换的频繁有直接的关系。宋元以后，中国货币经济又有了新的发展，交子、会子等各类纸币相继出现。政府也设立了多种官营的金融

---

① 赵冈：《中国城市发展史论集》，新星出版社2006年版，第172页。

机构，包括交引库、榷货务、便钱务、交子务、市易务、抵当所等。交引库的功能是"专印造茶、盐钞引"（吴自牧：《梦粱录》），负责印制、发行各类交引，是宋朝有价证券的发行机构。榷货务的功能是"掌鹾（盐）、茗（茶）、香、矾钞引政令，以通商贾"（脱脱：《宋史·职官志》），即向商民发行及收兑各类有价证券，在发生通货膨胀时榷货务可通过向市场投放有价证券来回笼货币，实施货币的调节功能。便钱务为汇兑机构，向商人提供异地汇兑服务。如"开宝三年（970年），置便钱务，令商人入钱者诣务陈牒，即日辇致左藏库，给以券，仍勒诸州候商人赍券至，即如数给之，自是无复留滞"（李焘：《续资治通鉴长编》卷八五）。市易务主要功能是接受城市商人的抵押贷款申请，提供经商资本，年息二分，类似于今天的商业银行的放款功能。抵当所成立于北宋神宗朝的熙宁变法，后新法被废，但抵当所作为国营的存贷机构被保留了下来，主营业务是"以官钱召人抵当出息"，即向市民提供抵押贷款，年利率大致为20%。南宋末，政府出于公共救济的目的，还曾下令抵当所向贫民开放免息贷款。此外，还有大量民间开设的解库、私人开办的兑便铺以及交引铺等。

金融信用的发达表现在诸如今天所讲信托、信托机构、商业中介、税务代理、商业信用等在宋代都已出现。宋人廉布的笔记《清尊录》载："凡富人以钱委人，权其子而取其半，谓之'行钱'。富人视行钱如部曲"。说明北宋时京师的富人往往将资金交给"行钱"的专业人士去放贷，"行钱"可自主决定利率、选择客户，所得息钱则与出本的富人对分，"行钱"类似于今天的基金经理。宋代出现的信托机构叫作"检校库"，由官方设立，意在代为清点、管理遗孤财产、户绝财产、无主货物、有纠纷的财务、官府收缴的赃物、人户存入的财物等，最主要的功能是代管遗孤财产，发给遗孤作为生活费，等遗孤长大成人，再归还他们。之外，政府的国子监、军器监也会将本部门的公款委托检校库放贷生息，如熙宁五年（1072年）十一月二十七日，"诏给国子监钱二万贯，送检校库出息，以供公用"（徐松辑：《宋会要辑稿·职官》二七之六四）。宋代的检校库已接近于今天的信托投资基金了。

两宋时期商业的繁荣和发展，使得"富商大贾"的政治地位上升。两宋时期商人势力有很大的增长，已能通过各种关系，楔入政府内部，使商业政策朝着有利于商人利益的方向变动。北宋宰相王旦曾讲："京师资产百万者至多，十万以上，比比皆是"①。正是得益于兴起的城市商品经济，宋代产生了一大批富裕的大商人，北宋"都城之内，大商富贾，坐列贩卖，积贮倍息，乘上之令，操其奇利，不知稼穑之艰难，而梁肉常余，乘坚策肥，履丝曳彩，差具、屋室过于侯

---

① 董书城：《中国商品经济史》，安徽教育出版社1990年版，第208页。

王"（张方平：《食货论》）。这些大商人多投资于对外贸易、房地产业、矿冶业与放贷业。在南宋临安城，"其寄寓人，多为江商海贾，穹桅巨舶，安行于烟涛渺莽之中，四方百货，不趾而集，自此成家立业者众矣"（吴自牧：《梦粱录》）。对外贸易的路线，一为陆路榷场贸易，主要是宋辽、宋金间贸易；一为海上贸易，主要是南方广州、泉州等港口的市舶贸易。房地产租赁，在大一些的城市如建康府，一日收到的房租就有二三十贯，"房廊之家，少者日掠钱三二十千，及开解库、店业之家，家计有数十万缗者，营运本钱动是万数"（周应合：《景定建康志》卷四一）。所以，"富家巨室竞造房廊，赁金日增"（赵彦卫：《云麓漫钞》）。如冶铁业，在徐州利国监"商贾所聚，其民富乐，凡三十六冶，冶户皆大家，藏镪巨万"（《苏轼集》卷五二）。放贷业主要是开设当铺，宋时叫作"质库""解库"，用现代的说法就是抵押贷款，贷款人"以物质钱"，到期后加付利息还清贷款，赎回抵押物，利率大约为2%～4%（月息），"今若以中制论之，质库月息二分至四分"（袁采：《袁氏世范》）。宋代的城市借贷业也十分发达，北宋时"大贾之室，敛散金钱，以逐什一之利，出纳百货，以收倍称之息，则其居必卜于市区"（秦观：《淮海集》卷十三）。南宋时临安"有府第富豪之家质库，城内外不下数十处，收解以千万计"（吴自牧：《梦粱录》）。与此相应，社会上也出现了为富人辩护的声音。苏辙就是代表性人物之一，他认为："州县之间，随其大小皆有富民，此理势之所必至。所谓'物之不齐，物之情也'"（苏辙：《栾城集》卷八）。

三、明中期至清初商品经济发展的活跃

在明代，真正体现社会进步的和经济发展的不是农业，而是工商业的发展。明初实行保护商业的政策，规定商税率为1/10或1/30不等，政府为商人储存货物还设立"塌房"。明代中后期，由于明政府对商业活动较少干预，各地商人的活动相对自由。张居正推行的"一条鞭"法的财税改革，改征收实物为银两，确定了以货币为税的原则，也有助于明中后期商品经济的发展。政府减少征收实物，是因为货币已经可以从市场上购买实物了，而政府征银反过来又有助于商品经济的发展。随着贸易的活跃，江南的许多地方已经进入了商业社会。明初，朱元璋对于最晚归顺的原张士诚统治的长江下游苏（州）松（江）嘉（兴）湖（州）施加重税，以示惩罚："初，太祖定天下官、民田赋，凡官田亩税五升三合五勺，民田赋二升，重租田八升五合五勺，没官田一斗二升。惟苏、松、嘉、湖，怒其为张士诚守，乃籍诸豪族及富民田以为官田，按私租薄为税额。而司农卿杨宪又以浙西地膏腴，增其赋，亩加二倍。故浙西官、民田视他方倍蓰，亩税

有二三石者"(《明史·食货志》)。明中期后在苏州的农业重税区，人们已经放弃了对土地的依赖，转身便成了城市人口，依靠服务业、加工业生产。明中叶之后，官营手工业内部推行了匠役的改革，允许工匠以银代役，劳役制的官府手工业开始向商品经济转化，也是商品经济发展的必然结果。特别是棉花的种植和棉布生产的推广，更推动了商品经济的发展。由于商品经济的需要，白银作为货币的地位日渐重要，使用也更为广泛，到了明中后期，白银已取得了主要货币的地位。商业资本也有了较大的发展。明初全国有包括北京、南京在内的33座大中城市，明中叶后增至57座。《松窗梦语》卷四对南京（金陵）的繁华有如下记述："北跨中原，瓜连数省，五方辐辏，万国灌输……南北商贾，往来争赴。"又云："自金陵而下，控故吴之墟，东引松常，中为姑苏，其民利鱼稻之饶，极人工之巧，服饰器具，足以炫人耳目，而志于富侈者，争趋效之"。由乡村变为工商业市镇的数量更多，如归安县的双林、菱湖，乌程县的南浔、乌青等镇，均为丝业产地；又如嘉定县的新泾，金匮县的安镇，松江的枫泾、朱泾等镇，均为绵业产地。有的市镇，康衢数里，烟火万家，富饶不亚于郡邑。如浙江桐乡县的濮院镇，明万历中以丝绸业兴起，至乾隆间已是"万家烟火"的纱绸中心；炉头镇原为炉头村，乾隆年间成为"以冶铁为业"的市镇，其"釜甑鼎萧之制，大江南北皆仰赖矣"（嘉庆《桐乡县志·市镇》）。江苏吴江县盛泽镇，明嘉靖时才是一百多户"以绫绸为业"的小市，到乾隆年间便成为"居民百倍于昔，绫绸之聚亦且百倍，四方大贾辇金至者无虚日"（乾隆《吴江县志·市镇》）。商业资本在这些城镇的吞吐量都很大，富商巨贾收购松江棉布，"白银动以数万计"，每匹以最高价二钱计算，一次能购数十万匹。据宋应星在《天工开物》中估计，万历年间，徽商的资本总额达3000万两，每年获利900万，比国库税收多一倍。这样的巨额商人资本，在世界上也是不多见的。对于明代中后期商品经济的发展，顾炎武有云："国家厚泽深仁，重熙累洽，至于弘治（1488~1505年）盖綦隆矣。于是家给人足，居则有室，佃则有田，薪则有山，艺则有圃。催科不扰，盗贼不生，婚媾依时，间阎安堵。妇人纺绩，男子桑蓬，臧获服劳，比邻敦睦。一时之三代也。……寻至正德末嘉靖初则稍异矣。商贾既多，土田不重。操资交接，起落不常。能者方成，拙者乃毁。东家已富，西家已贫。高下失均，锱铢共竞，互相凌夺，各自张皇。……迨至嘉靖末（1566年）隆庆（1567年）间则尤异矣。末富居多，本富益少，富者愈富，贫者愈贫。起者独雄，落者辟易，赀爰有厉，产自无恒，诛求刻核，奸富变乱，巨猾侵牟"（《天下郡国利病书》卷三十二《歙县风土论》）。顾炎武虽表露了他对商品经济导致了民风蜕变的担忧，也间接印证了明中后期商品经济的发展。

沿江沿海地区，商品经济显得格外活跃，像沈万三那样的富商大贾比比皆是。沈万三有财神之称："万三湖州人。事吴贾人陆某，甚见信用。陆富甲江左，一日叹曰：老积而不散，以酿祸也。遂尽与沈家，为道士。沈拥其资，交通诸蕃，富遂敌国。尝为太祖犒军，兼筑都城三之一。太祖忌而欲诛之。以马后谏，仅谪戍云南"（《彤史拾遗记》）。关于各地方商业活动的情形，明清人的著述中也多有记载。如：

"平阳、泽、潞豪商大贾甲天下，非数十万不称富，其居宝之法善也。其人以行止相高，其合伙百商者名曰伙计，一人出本，众伙共而商之，虽不誓而无私藏。……且富者蓄藏不于家，而尽散之为伙计。估人产者但数其大小伙计若干，则数十百产可屈指矣"（沈思孝：《晋录》；王士性：《广志绎》）。

"富室之称雄者，江南则推新安（即徽州，意指徽商），江北则推山右（即晋商）。新安大贾，鱼盐为业，藏镪有至百万者，其他二三十万则中贾耳。山右或盐、或丝、或转贩、或窖粟，其富甚于新安"（谢肇淛：《五杂俎》卷四）。

"明人张瀚有云：贾人之趋厚利者，不西入川则南走粤。以其利或当五，或当十，或至倍蓰无算也"（《螺庵杂志》）。

这些记载，虽然都是一鳞半爪，但已可充分反映出地方商业的活动情形。这其中徽州商人最有代表性。明代的徽州商人活跃于全国各地，各大都市均有徽商，各行业也均有徽商经营。《松窗梦语》卷四："自安太至宣徽，其民，多仰机利，舍本逐末，唱櫂转毂，以游万货之所都，而握其奇盈，休歙尤夥，故贾人几遍天下。良贾近市利数倍，次倍之，最下无能逐什一之利"。明汤宾尹《睡庵集》卷二十三："徽俗多行贾，矜富壮，子弟裘马庐食，辐辏四方之美好以为奇快，歙为甚。歙人民巷所居，动成大都会，甲于四方，岩镇为甚。岩镇大姓以十数，衣冠游从，照耀市巷，潘氏为甚"。归友光也有云："今新安多大族，而其在山谷之间，无平原旷野可为耕田，故虽士大夫之家，皆以畜贾游于四方。倚顿之盐，乌倮之畜，竹木之饶，珠玑、犀象、玳瑁、果布之珍，下至卖浆、贩脂之业，天下都会所在，连屋列肆，乘坚策肥，被衣縠，拥赵女，鸣琴踥躧，多新安之人也"（《震川先生集》卷十三《白庵程翁八十寿序》）。徽州多商贾的原因，是当地土地贫瘠，人多地少，只能远走他乡为商贾，也是时势所迫。顾炎武《天下郡国利病书》卷三十二《江南》中曾引述明代《安徽地志》有云："徽郡系界山谷，山田依原麓曰瘠确，所产至薄……徽人多商贾，盖其势然也"。徽商能够做大，也与其"守信""勤俭"的文化传统有关。顾炎武云："新都（新安），勤俭甲天下。贾人娶妇数月，则出外或数十年，至有父子邂逅而不相认识者。大贾辄数十万，则有副手而助耳目数人。其人皆铢两不私，故能以身得幸于大贾而无疑。他日计子母息，大羡，副者始分身而自为贾。故大贾非一人一手足之力也。……青衿士子在家闲，走长途而赴京试，则短褐至骭，芒鞋跣足，以一伞自携,而各舆马之费。问之则皆千万金家也。徽人四民咸朴茂,其起家以资雄闾里,非数十百万不称,富也有自来矣"(《肇域志·江南十一·徽州府》)。

明代商业的发展又促进了商人地位的提高。明后期开始出现了士商渗透,出现了商人士大夫化的倾向。从秦汉实行输粟拜爵以来,为商人博取爵位提供了出路,但此种捐纳往往为社会所不齿,经常遭到文人的抵制。明后期的情况则已大非往昔,士大夫拥有比列朝更为优惠的特权,一入黉门终身不当差,犯法不轻易用刑,死罪也可能特赦,所以商人们纷纷捐纳买官衔或功名。不仅如此,更重要的是,不少商人或商人子弟奋于货殖而登科第者也日益增多。未得功名的商人,或是"喜文结士大夫以为干进之阶",或以财货吸引"士大夫多与之游",附庸风雅更是商人们的时尚。商人步入官场和学坛在明代小说中也多有反映。

明中后期的商品经济中,雇佣劳动也有所发展。明中叶以后,随着商品经济的发展,商业资本进一步活跃,出现了诸如徽商、晋商等商业集团。他们抽出手中资金的一部分投入生产领域,直接进行手工业生产,以赚取更大的利润。随着封建人身依附关系的不断减轻,许多破产农民到处流浪,有的流入他乡,受雇于人。手工业的班匠制度进一步松弛后,许多工匠由于以银代役而有了更多的人身自由和自由时间,于是在江南经济发达地区的纺织业中,雇佣关系也有所发展。例如苏州和杭州是明代丝织业的中心,政府在两地设置织染局,管理丝织业生产和经营活动。织染局在履行管理职能时,置办起许多织染器械,役使大批工匠进行织染,直接参与生产活动。这些工匠隶籍织染局,与市场又有密切联系。由于苏州"家杼柚而户纂组",家家户户从事丝织业生产,民营机户不在少数。富裕起来的机户添置织机,扩大生产规模,成为所谓的"大户"。那些破产的机户则只能凭借自己的技术受雇于人,计工取值,养家糊口,成为所谓的"小户"。明人张瀚《松窗梦语》卷六《异闻纪》关于其先祖张毅庵的记载颇能说明问题。张毅庵生活在明成化年间(1465~1468年),他说祖上"家道中微,以酤酒为业,成化末年,值水灾,所酿酒尽败,乃购机一张,织诸色纻帛,备极精工。每一下机,人争鬻之,计获利五分之一。积两旬复增一机,后增至二十余。商贾所货者,常满户外,尚不能应,自是家业大饶。后四祖继业,各富至数万金。"张瀚是明嘉靖十四年进士,其所云为嘉靖以前事。这说明明中期后商人资本已渗入手工业中,其中不乏资本积累较为快速者。施复的发家史又是一例,施复是明嘉靖年间人(1522~1566年),他在吴江县盛泽镇上,"家中开张绸机。每年养几筐蚕儿,妻络夫织",由于"蚕种拣得好,……缫下丝来,细员匀紧,洁净光莹,……织下的绸拿上市去,人看时光彩润泽,都增价竞买,比往常每匹平添许多银子。……几年间,就增上三四张绸机,家中颇为饶裕。""周夜营运,不上十年,就长有数千金家事。又买了左近一所大房子居住,开起三四十张绸机"（冯梦龙：《醒世恒言》卷十八《施润泽滩阙遇友》）。这些都是从一般机户发展起来的"大户"。由这两条材料可以看到丝织业中由小商品生产者发展出最初的手工业资本家的情况。他们最初都是只拥有一张绸机、亲自纺织的小生产者，由于他们的产品"备极精工"或"光彩润泽"，因而受人们喜爱，"增价竞买"。他们在和其他小生产者竞争中获得胜利，由一张绸机扩大到二十余张、三四十张之多。随着绸机的增多，他们也就必须雇佣更多人才能进行生产。而那种在竞争中失败破产的小生产者就会变成他们的雇工，随着生产的不断扩大，他们逐渐"家业大饶""有数千金家事"，就是由雇佣劳动而积累起来的。

到了明末，苏、杭一带丝织业中的雇佣关系又有了进一步的发展，隆庆万历年间（1567~1619年），"大户张机为生，小户趁织为活"，在苏州已是司空见惯的事情，有的小户被大户固定雇佣，常年在大户家里劳作，计工受值，更有许多小户没有固定雇主，每天早晨几百人聚集在玄妙观口，"听大户呼织，日取分金，为饔飧计。大户一日之机不织则束手，小户一日不就人织，则腹枵。两者相资为生久矣"（蒋以化：《西台漫记》卷四《纪葛贤》）。这种"机户出资，机工出力，相依为命"的关系，就是一种雇佣劳动关系。这些"工匠各有专能""浮食奇民，朝不谋夕。得业则生，失业则死。""无主者，黎明立桥以待，……什百为群，延颈以待。若机户工作减，则此辈衣食无所矣"（《万历实录》卷三六一）。又如："东城之民多习机业，机户名隶官籍。佣工之人，计日受值，各有常主。其物常主者，黎明立桥以待唤。缎工立花桥，纱工立广化寺桥。又有以车纺丝者曰车匠，立濂溪坊。什百为群，粥后如散"（沈德潜等：《元和县志》卷十）。这一切都说明明中晚期已经出现了雇佣劳动并有所发展，有人称之为"资本主义的萌芽"。但对资本主义萌芽出现的时间上，学术界充满了争论，大体说来有"战国说""两汉说""唐代说""宋代说""元末说""明代说"及"清代说"，但这些说法都有一个如何界定资本主义出现萌芽的标准问题。如果资本主义是以商品经济较快发展、并达到商品生产者凭商品生产赚取剩余价值并转化为追求利润最大化来界定，那么中国先秦战国时期就已具备此条件；如以劳动力成为商品的迹象，即社会上出现商品生产条件下雇佣劳动来界定，中国先秦战国时期也已具备这一条件。明清江南地区出现的商品经济的活跃，是商业资本的活跃，与西方工业革命以来的工业资本主义不同。

第三章　儒家伦理与中国传统商业伦理的形成

商业伦理是任何商业组织在从事盈利活动时应遵循的伦理准则，它包括价值观和从事商业活动的行为方式。不同国家和地区的商业伦理都要受到其传统文化的影响。儒家思想对中国传统商品经济发展的影响，也自然表现在儒家伦理对中国传统商业伦理的影响上。

第一节　儒家伦理

一、儒家伦理的基本内涵

儒家伦理的基本内容可简括为"以人为本"的仁爱观、"以德为先"的义利观和"以和为贵"的和合观。它对中国古代商业伦理的影响就表现为商人在从事经商活动中遵从并推崇以义制利的信义观、勤奋敬业的职业观和修身正己、同舟共济的和谐观，并自觉以这些价值观作为自己经商的理念。

儒家创始人孔子明确提出"仁"即"爱人"（《论语·颜渊》），"爱人"的具体内容包括"爱亲"，并推至"泛爱众"："弟子入则孝，出则弟，谨而信，泛爱众而亲仁"（《论语·学而》）。就是说，"仁"不仅要爱亲，而且要"泛爱众"，行"仁"德于天下："子张问仁于孔子，孔子曰：能行五者于天下，为仁矣。请问之，曰：恭、宽、信、敏、惠。恭则不侮，宽则得众，信则人任焉，敏则有功，惠则足以使人"（《论语·阳货》）。"恭、宽、信、敏、惠"这些"仁"的德目，体现了"爱人"的具体要求。孔子对"仁"的解释就是"爱人"，主张在人与人的交往中要以自己的愿望、欲求去理解别人的愿望和欲求，在满足自己愿望和要求的时候也满足他人的欲望和要求。同样，我不喜欢不愿意别人所加于我的一切，我也绝不能去强加于别人。"爱人"的核心就是尊重人，推己及人。

孔子主张"仁爱之道"应推广至一切文化落后的地区和民族："樊迟问仁。子曰：居处恭，执事敬，与人忠，虽之夷狄，不可弃也"（《论语·子路》），反映了孔子对其仁德进步性的自尊和自信。从仁者"爱人"的主张出发，孔子还提出了"博施于民而能济众""养民也惠"的政策主张，将爱民、养民、利民、富民、教民、安民、博施于民的政策作为调整统治者和被统治者之间关系的原则。他的"养民也惠"的"惠"就包括了"富之""教之"（《论语·子路》）的内容，包括了"敛从其薄""因民之所利而利之"（《论语·尧曰》）的政策主张。当他听到学生冉求替季氏聚敛民财后极为愤怒，发出了"鸣鼓而攻之"（《论语·先进》）的斥责。在孔子的心目中，为民办事、使民富裕是执政者最重要的职责。当子贡问孔子，如果有人"博施于民而能济众"可以算是"仁"吧，孔子答道岂只是"仁"，而是"圣"了！（《论语·雍也》）

孔子提出"忠恕"可作为实现"爱人"的途径，即"仁之方"："子曰：'参乎！吾道一以贯之。'曾子曰：'唯。'子出，门人问曰：'何谓也？'曾子曰：'夫子之道，忠恕而已矣'"（《论语·里仁》）。曾参在回答孔子的"吾道一以贯之"时明确以"忠恕之道"作答。"忠恕"是孔子提出的新概念，也是对春秋以来"仁"思想的发展。"忠""恕"既相通又有别，分别从积极和消极两方面展开"爱人"的原则，是"仁者爱人"原则的引申和发展。所谓"忠"，就是从积极的方面来说，要做到"已欲立而立人，已欲达而达人"（《论语·雍也》），意为自己站得住也要使别人也站得住，自己事事行得通也要使别人事事也行得通，就是"居处恭，执事敬，与人忠"（《论语·子路》）；所谓"恕"，是从消极方面说，要"己所不欲，勿施于人"（《论语·卫灵公》），自己不愿意的，也不要强加给别人。《论语》中提到"忠"字的有15篇，共17处，含义十分丰富，如"主忠信"（《论语·学而》），"与人忠"（《论语·子路》），"为人谋而不忠乎？"（《论语·学而》），"忠焉，能勿诲乎？"（《论语·宪问》）这里所说的"忠"都含有真心诚意、积极为人的意思。把"忠"与"信"联系在一起，是因为"与人忠"同"交友信"是不可分割的，没有真心，也就谈不上真正的友谊和信用。所以，"为人谋而不忠乎？与朋友交而不信乎？"（《论语·学而》），"忠信"自然成了道德修养的重要内容。"恕"还包含有"宽恕""容人"的内容，即孔子所提倡的"以直报怨，以德报德"（《论语·宪问》）、"不念旧恶，怨是用希"（《论语·公冶长》）。儒家"忠恕之道"的核心是强调在处理人际关系和利益时要学会换位思考、推己及人，对他人情感和利益有所惠顾，达到人与人之间的相互尊重和宽容。孔子认为，行"仁爱之道"能使社会的人际关系和谐，人际关系和谐正是儒家主张推行"仁政"要实现的管理目标。孔子的"仁爱观"标志着对人类道德生活的一种自觉，孔子"仁学"思想后经孟、荀的发展，成为儒家伦理思想的基石。

"以德为先"源于儒家"修身、齐家、治国、平天下"思想。孔子认为"德者本也",强调把"德"放在家国治理的本位,"以德为先"的具体内容表现在处理伦理规范(义)与物质利益(利)关系上要坚持"义以为上"(《论语·阳货》),"义然后取"(《论语·宪问》),把物质利益的追求约束在伦理规范允许的范围内。义利之辨的实质,归根到底是如何处理个人利益与整体利益即私与公的关系。孔子明确说过,"富与贵,是人之所欲也,不以其道得之,不处也。贫与贱,是人之所恶也,不以其道得之,不去也"(《论语·里仁》)。在义利发生冲突时,自然要"先义后利""以义为重",鄙视"先利后义""见利忘义"的行为。晋商把儒家义利关系在商业经营上的体现概括得十分全面:"善商者处财货之场而修高明之行,是故虽利而不污。善士者引先王之经而绝货利之径,是故必名而有成。故利以义制,名以清修,各守其业。"(李梦阳:《空同集》卷四十六上)在去世时给后世子孙留的遗训里也不忘告诫子孙要用儒家的"义"去指导商业经营行为,要"以义制利"。晋商"顶身股"的激励措施就有"义"的成分存在。如果没有相互信任,很难将家业交予别人管理经营。"义"的另一表现是讲"诚信",即诚实不欺,讲求信用:"子以四教:文、行、忠、信"(《论语·述而》),强调"人而信,不知其可也"(《论语·为政》),强调"民无信不立"(《论语·颜渊》)。孟子又将"信"深化为"诚":"诚者,天之道也;思诚者,人之道也"。《中庸》更是将"诚"提升到了宇宙本体的高度,"唯天下之诚,为能经纶天下之大经,立天下之大本,知天下之化育"。儒家先贤都强调诚信是社会的基础,是无形资产。"诚"是个体的内在感受,是一种自我认同的方式。一个人守住了自己的"诚"才能引起他人的移情和信任。在商业活动中,这种对真诚的体验及其外在的证明是必不可少的。"信"在伦理规范上由对信任的主观感受和客观参照组成,在正常的商业经营中,必须信任他人从而也赢得他人的信任。晋商推崇关公的"义薄云天",认为关公的价值取向和行为方式就是儒家信义和忠诚的代名词。义利之辨作为儒家的道德价值观规定了人们的价值取向或行为方针,指导着人们选择何种行为规范和追求什么样的理想人格,对古代商业伦理的形成发挥了重要的影响。

"以和为贵"也是儒家的伦理价值观。孔子主张"礼之用,和为贵"(《论语·学而》),孟子主张"天时不如地利,地利不如人和"(《孟子·公孙丑下》)。儒家"以和为贵"的伦理价值观包括"泛爱众""和而不同"与"天人合一"三个层面。"泛爱众"是"和为贵"的核心,强调通过"泛爱众"建立起和谐融通的人际关系和社会秩序;"和而不同"是"和为贵"处理人际关系的准则,提倡求同存异,相辅相成,共谋发展;"天人合一"是"和为贵"向外在自然的扩张和延伸，主张人类在从事生产经营活动时要保护好自然生态。随着人类社会物质文明的高度发展和全球化的加剧，儒家"和为贵"的伦理价值观越来越得到世界的认同。"以和为贵"对中国古代商业伦理的影响还表现在明清时期大量商业会馆的出现，这些会馆是商人集中处理经商问题、调停矛盾、资助同乡的集合地，是商人"和为贵"价值观的重要体现。

二、儒家的商业伦理观念

儒家伦理在商业伦理方面就表现为"仁者爱人"，树立以人为本的价值观，强调商业经营中要关心人、重视人、凝聚人、尊重人才、留住人才和培育人才。"以德为先"强调经营管理者"要正人先正己""躬自厚而薄责于人"，遇事率先垂范，工作伦理上"敬事而信"（《论语·学而》）。具体言之，就是干一行爱一行，兢兢业业，勤勤恳恳，以严肃认真的态度做好自己的本职工作。孔子多次谈到"敬"，如"事思敬"（《论语·季氏》）、"执事敬"（《论语·子路》）。北宋程颐论述"敬"："所谓敬者，主一之谓敬；所谓一者，无适（心不外向）之谓一"（《二程遗书》卷十五），强调敬业是职业商人的工作态度。"以和为贵"强调商业经营中要"取之于人"又"服务于人"，从事商业活动的行为方式要遵从"仁、智、诚、信"等美德。"仁"不仅是一种关心他人的情怀，而且还体现了对和谐的追求，是一种人际交往中换位思考、处理好人际关系的能力，所以说，"君子无终食之间违仁，造次必于是，颠沛必于是"（《论语·里仁》）。孔子认为作为一种完善的理想人格，除了"仁"之外，还要有"智"与"勇"，把"智、仁、勇"三者统一了起来。他说："知者不惑，仁者不忧，勇者不惧"（《论语·子罕》）。"知"即"知人"（《论语·颜渊》），认识人与人之间的伦理关系，实质是"知礼"，有了这种认识，有利于实行"仁"："知者利仁"（《论语·里仁》）；反之，"未知，焉得仁"（《论语·公冶长》）。就是说，有智慧的人不仅对事物有正确认识，而且也包括能够做出正确的道德行为。"勇"即果敢，有勇必为，反之，"见义不为，无勇也"（《论语·为政》）。所以，"仁者必有勇"（《论语·宪问》），"勇"也是"仁者"的一种必备的品德。孔子把这三种品德称为"君子道者三"，认为要达到这种境界是不容易的。"智、仁、勇"三者间的关系是怎样的？归纳孔子的论述，可得以下认识：首先，"仁"是核心，孔子不仅强调"仁者安仁，知者利仁"（《论语·里仁》），把聪明智慧从属于仁，服务于仁，同时还指出，"仁者必有勇，勇者不必有仁"（《论语·宪问》）。认定凡是仁德的人，必定是勇敢的；而勇敢的人未必是仁德的。"智、勇"，在孔子那里不仅是人之品德的要素，而且也被归属于才能的范畴。这样，"智、仁、勇"的统一，包含着德才兼备的内涵。儒家主张"仁政""德治"，自然要把"仁德"放在第一位。其次，"智"是作为仁人、勇士的一个前提条件。孔子十分注重学习和思考，不仅自己"志于学"（《论语·为政》），而且还要求弟子们"敏而好学"（《论语·公冶长》），"学而不厌"（《论语·述而》），认为无知的人是不能成为仁德之人的。最后，孔子把"勇"视作实现其道德理想的必要手段，提倡积极有为是孔子思想的一个重要特点。为了实现他的仁政理想，孔子强调"言必信，行必果"（《论语·子路》），"当仁，不让于师"（《论语·卫灵公》），反对那种"饱食终日，无所用心"（《论语·阳货》）的消极态度，并把"仁义"与"勇为"联系在一起，要求"志士仁人，无求生以害仁，有杀身以成仁"（《论语·卫灵公》），批评"见义不为，无勇也"（《论语·为政》）。

孔子提倡节俭，把节俭视为仁者应具备的美德。如对于礼仪，孔子的观点是："礼，与其奢也，宁俭"（《论语·八佾》），理由是"奢则不孙，俭则固。与其不孙也，宁固"（《论语·述而》）。意思是说，对于一般的礼仪，与其奢侈铺张，宁可朴素节俭。奢侈豪华，会让一个人显得倨傲不逊；节俭，会让一个人显得孤陋固执；他主张与其显得倨傲不逊，宁可显得孤陋固执，也不要傲慢而不谦虚。因为倨傲不逊，不是一种好的人生态度。孔子提倡节俭，不只是一种生活态度，还是一种精神境界。每个人都希望自己过上丰衣足食、从容体面的生活，这无可非议；但如果只追求物质享受，没有精神追求，那就不可取了。孔子赞美颜回："贤哉，回也！一箪食，一瓢饮，在陋巷，人不堪其忧，回也不改其乐。贤哉，回也！"（《论语·雍也》）肯定了颜回的精神境界。当颜回死后，他甚至呼天号地："天丧予，天丧予"（《论语·先进》），认为是老天要他的命。他认定"士志于道，而耻恶衣恶食者，未足与议也"（《论语·里仁》）。孔子提倡节俭，还因为节俭可以让人心境平静，"君子忧道不忧贫"（《论语·卫灵公》），一个人如果只在意于物质享受的追求，无异于行尸走肉。相反，如果人内心充实，即便是吃粗粮喝冷水，弯着胳膊做枕头，也自有乐趣，不会惶惶然、戚戚然、茫茫然。孔子也要求国家"节用而爱人"，审慎使用财富，爱惜百姓人力。

提倡节俭是孔子一贯的思想，阅读《论语》会产生很强烈的这种感受。如两个弟子对话，说孔子"温良恭俭让"（《论语·学而》），又提到了"俭"这一重要的美德；同时孔子训诫学生要"君子食无求饱，居无求安"（《论语·学而》）。"子贡曰：'贫而无谄，富而无骄，何如'？子曰：'可也。未若贫而乐，富而好礼者也'"（《论语·学而》）。又如："子曰：麻冕，礼也；今也纯，俭，吾从众"（《论语·子罕》）。其大意是：孔子说礼帽用麻料来做，是礼制的要求，如今用丝料做，是节俭的方式，我遵从大众。过去人们用麻编织孝帽，花费大，后来人们节俭了，改用丝织，对此，孔子表示赞许。节俭能养德，奢侈则败德，无论古今中外都如此。因此,在可能的条件下,尽量节俭为好。鲁国建造新的府库,孔子弟子闵子骞曰:"仍旧贯,如之何?何必改作?"子曰:"夫人不言,言必有中"(《论语·先进》)。闵子骞对于建造新的府库提出批评,其出发点是反对浪费,意思是继续用旧的能怎么样,何必建造新的。孔子对弟子的这种观点表示赞美,孔子说,闵子骞除非不说话,一说话就说到本质上。只要有机会,孔子就会赞美节俭的人。在卫国时他曾经高度赞美卫国公子荆:"善居室。始有,曰苟合矣,富有,曰苟美矣。"(《论语·子路》)大意是:公子荆这个人很善于处理家务,刚刚有点财产,就说差不多够用了;稍微再有一点,就说差不多齐全完备了;再丰富一点,就说差不多完美了。公子荆是卫国公子,很有贤名。吴国著名贤人季札曾经把他列为卫国的君子。从孔子评价看,此人的美德是节俭知足,不奢侈贪婪。孔子生活的年代,是春秋与战国的过渡期,社会秩序混乱,奢靡之风大盛。卫国公子荆的这种生活态度就显得特别可贵,孔子赞美他的用心是提倡一种节约清简的生活方式。

第二节 古代商业伦理的形成

一、先秦儒家商业伦理的体现

儒家伦理在先秦时期的工商人士身上已得到了很好的体现,并成为他们经商的精神动力。《史记·货殖列传》记载战国初年的大商人白圭的经商之道说:"(白圭)能薄饮食,忍嗜欲,节衣服,与用事僮仆同苦乐,趋时若猛兽挚鸟之发。故曰:'吾治生产,犹伊尹、吕尚之谋,孙吴用兵,商鞅行法是也。是故其智不足与权变,勇不足以决断,仁不能以取予,强不能有所守,虽欲学吾术,终不告之矣'"。白圭在这番话中,举出了"仁、智、勇、强"四个德目。而其"能薄饮食……趋时若猛兽挚鸟之发"的行为,又可以归纳为"勤俭"两字。

白圭言行中所体现出的这几个德目,都属于儒家伦理的内容,都是儒家提倡的伦理精神。"仁"的伦理精神,具体到经济领域,就是要强调"互利""互惠"。这种"仁"的精神,首先是要"己立""己达",追求自己的利益,又要讲"立人""达人",换句话说,就是在谋取自己利益的同时,也不能无视别人的利益,更不能去损人利己。对"智"的伦理精神,孟子的解释"是非之心,智也"(《孟子·告子上》)。依据孟子的解释,智是一种判断是非的天赋能力。这种能力足以"辅仁",使"仁"有恰当的表现。具体到经济领域来说,是指"通权变"，善于观察时势行情，有灵活处理应付各种变化的能力。具体来说，也就是对何者为商业活动之所宜，何利所当取，何者为不宜，何利为不当取，必须辨别和选择。辨别与选择的作用是求其所宜，所以"智"也是一种德性。"勇"的基本含义是有胆量、敢于决断，该挺身而出的事，就必须勇敢地去做。具体到商业活动，就是看准机会后当机立断，勇于决策，具有进取的精神与冒险的胆略。"强"的基本含义是"勉励"，如《礼记·学记》中说："知困，然后能自强也"。《周易大传》进一步将之概括为是"自强不息"，如《象传》篇曰："天行健，君子以自强不息"。具体到商业经营中，就是经商者需要有坚韧的品质，百折不挠，在日常的商业活动中积极有所作为。孔子称赞积极有为的人生态度说："饱食终日，无所用心，难矣哉？不有博弈者乎？为之，犹贤乎已"（《论语·阳货》）。孔子说自己"为之不厌，诲之不倦"（《论语·述而》），"发愤忘食，乐以忘忧"（《论语·述而》），表现出的就是这种"自强不息"的精神。这一精神成了推动中华民族进步发展的内在动力，同时也是中国古代工商人士所具备的一种优良品德。所以，"仁、智、勇、强"就成了战国商人文化素质、商业素质的理论概括和写照。故白圭强调，"其智不足与权变，勇不足以决断，仁不能以取予，强不能有所守，虽欲学吾术，终不告之矣。""勤俭"的伦理精神也一直为儒家所提倡，成为儒家工作伦理的一个重要德目。如孔子称赞颜回，赞美颜回具有一种节俭、"安贫乐道"的人生态度。孔子还强调说："礼，与其奢也，宁俭"（《论语·八佾》）。在白圭的身上，我们可以看到儒家的伦理已成为战国时期商人工作伦理的主要内容。

儒家伦理对古代商人工作伦理的影响，还包括有"忠信"和"敬"等内容。"忠"即"诚"，故"忠信"即"诚信"，它是儒家所强调的最起码的道德人格。可以说，"忠（诚）信"经商就是在儒家诚信人格论的影响下形成的中国古代商人的传统美德。"忠"就是对人竭心尽力，忠实于他人，如曾子说："为人谋而不忠乎？"（《论语·学而》）孔子说："忠焉能勿诲乎"（《论语·宪问》）。"信"即诚实讲信用，核心精神是要求人们言行一致，反对欺诈行为。孔子认为，一个人要在社会上立足，言而无信是不行的。中国古代商人就是以"诚信"作为经济活动中的取胜之道，"诚招天下客""信纳万家财"，由此形成了诚信的商业伦理传统。"敬"也是儒家一直倡导的商业伦理，早在《尚书·康诰》中就记载周初统治者要求人们"不可不敬德"的训诫。孔子也强调"居敬而行简"（《论语·雍也》），"言忠信，行笃敬"（《论语·卫灵公》）。宋明理学家也强调"人生在勤"的敬业态度："学者工夫惟在居敬穷理二事。此二事互相发，能穷理，则居敬工夫日益进；能居敬，则穷理工夫日益密"（《朱子语类》卷十八）。这一"敬业"精神，对古代商人的进取精神产生了积极的影响。

二、先秦以后商业伦理的发展

儒家的伦理思想在战国以后的社会发展中进一步融于工商人士的日常经济生活之中。如商人出身的吕不韦对于信义与商业利益间的关系,有精辟透彻的论述。他认为:商业利益的大小取决于顾客的数量,顾客人数越多,商人获利也就越多,"利之出于群"(《吕氏春秋·恃君》);讲究商业道德,就能招引更多的顾客,因而商德乃"万利之本"(《吕氏春秋·无义》);经商者应守信重义,有宽广的胸怀和远大的目光,不能光顾眼前的利润,"利虽倍于今,而不便于后,弗为也"(《吕氏春秋·长利》)。

两汉之后的魏晋南北朝时期,由于战乱,商业遭受严重的破坏,达不到两汉的发展水平,社会风尚在玄学影响下出现了放浪形骸、追求物欲刺激的特点,但儒家诚信的商业伦理观在商人的经营行为中仍有闪现。"有从柔买,索绢二十匹,有商人知其贱,与柔三十匹。善明欲取之"。赵柔反对,他说:"与人交易,一言便定,岂可以利动心也?遂与之"。赵柔上市沽卖,强调言必行,诚信第一,已承诺的售价必须兑现,此事"搢绅之流闻而敬服焉"(《魏书·赵柔传》)。同样的案例还能找到一些,如北魏有个叫寇俊的人,家人卖物与人,多要了钱,"利得绢一匹,……俊访主还之"(《北史·寇俊传》),这说明强调诚信经营、"义然后取"的商业伦理观在商人中间仍然发挥着重要的影响。

唐人陆贽在肯定商人追求物质财富的同时,也强调商人必须遵循儒家"以义为本"的思想:"夫理天下者,以义为本,以利为末。以人为本,以财为末。本盛则其末自举,末大则其本必倾。自古及今,德义立而利用不丰,人庶安而财货不给,因以丧邦失位者,未之有也"(《陆宣公奏议集》卷十二《论裴延龄奸蠹书》)。这显示了唐代商人义利结合的思想观念。韩愈《圬者王承福传》引王承福之言曰:"任有小大,惟其所能,若器皿焉。食焉而怠其事,必有天殃,故吾不敢一日舍镘以嬉。夫镘易能,可力焉,又诚有功,取其直,虽劳无愧,吾心安焉。夫力易强而有功也,心难强而有智也,用力者使于人,用心者使人,亦其宜也。"这番话也充分表达了儒家"勤、忠、信、智"的工作伦理精神。又如柳宗元在《梓人传》中说:"其后,京兆尹将饰官署,余往过焉。委群材,会众工。或执斧斤,或执刀锯,皆环立向之。梓人左执引,右执杖而中处焉。量栋宇之任,视木之能,举挥其杖曰:'斧!'彼执斧者奔而右;顾而指曰:'锯!'彼执锯者趋而左。俄而斤者斫,刀者削,皆视其色,俟其言,莫敢自断者。其不胜任者,怒而退之,亦莫敢愠焉。画宫于堵,盈尺而曲尽其制,计其毫厘而构大厦,无进退焉。"这位梓人还曾自言:"食于官府,吾受禄三倍,作于私家,吾收其直太半焉！"这位梓人的工作伦理主要表现为"勇"与"强"。柳宗元《种树郭橐驼传》中转述一位种树者的话："橐驼非能使木寿且孳也，能顺木之天，以致其性焉尔……其莳也若子，其置也若弃，则其天者全而其性得矣。故吾不害其长而已，非有能硕茂之也，……他植者则不然，……则又爱之太恩，忧之太勤，旦视而暮抚，已去而复顾。甚者爪其肤以验其生枯，摇其本以观其疏密，而木一之性日以离矣！虽曰爱之，其实害之；虽曰忧之，其实仇之，故不我若也。吾又何能为哉"郭氏的这段话，体现的正是一个"仁"字。又如，"元时富人陆道原，货甲吴，为甫里书院山长，一时名流咸与之游处。暮年对其治财者二人，以赀历付之"（杨循吉《苏谈》），其伦理作风也可以"仁"概之。

三、明清时期商业伦理的形成

明清时期，工商人士的工作伦理都深受儒家伦理的影响。如吴梅村在《梅村家藏稿》卷四十七中述及太湖洞庭山兼营典当之巨贾席宁侯时说："其于治生也，任时而知物，笼万货之情，权轻重而取弃之，与用事者同苦乐，上下戮力，咸得其任。通都邸阁，远或一二千里，未尝躬自履行，主者奉其赫蹄数字，凛若绳墨，年稽月考，铢发不爽。质库所入，不责倍称之息于人，人争归之。所赢得辄过当，由此，其业数蹶又数起云。临清之破也，悉亡其货，君恐以累故人之寄橐者，将倒皮还之，绝去什一弗复事。闻之感其意，故请乃止，未几尽复其所失，其倍焉。"宛然也是一派白圭作风，而仁义又过之。

明清商人受儒家伦理思想的影响，不少人都能够诚谠忠厚，童叟无欺，提倡中和诚信之道，"诚信"的道德观念在明清商人伦理中占有中心的地位。例如宋儒范仲淹就认为"惟不欺二字，可终身行之"（邵伯温《邵氏闻见录》卷八）。司马光更强调"诚者天之道，思诚者人之道，至臻其道则一也。"而致"诚"之道又在于"不妄语人"，即"不欺"。"诚"和"不欺"上通"天之道"，这便为此世的道德找到了宗教性的超越依据。诚信的观念经过新儒家的提倡，已深深地印刻在明清商人的心中。其表现在商业运作上，是讲究货真价实，礼义经营，即"货之精粗，实告经纪，使彼裁存售卖，若昧而不言，希图侥幸，恐自误也"（程春宇《士商类要》卷二）。又如康海在《扶风耆宾樊翁墓志铭》中记商人樊现（1453～1535年）教育子侄要把守信不欺作为经商的准则时说："谁谓天道难信哉！吾南至北淮，北尽边塞，寇溺之患独不一舆者，天监吾不欺尔！贸易之际，人以欺为计，予以不欺为计，故吾日益而彼日损。谁谓天道难信哉！"（康海《对山集》卷三十九）为什么在商业经营中必须"以诚待人"？歙县商人许宪说过："以诚待人，人自怀服；任术御物，物终不亲"（《新安歙北许氏东支世谱》

卷五)。这就是说,只有以诚待人,人家才信服你,愿意经常和你打交道,否则,只会对你敬而远之。可见天道不欺的观念对明清商人的影响之笃之深。

在儒家"诚信"观念的影响下,明清商人在商业经营中,大都能奉公守法,以诚信礼义为重,往往是"宁奉法而折阅,不饰智以求赢"(《丰南志》第四册《良宦公六十序》)。如婺源商人朱文炽,为人憨厚刚直,在珠江经营茶叶贸易,每当出售的新茶过期后,他总是不听市侩的劝阻,在与人交易的契约上注明"陈茶"两字,以示不欺。他在珠江20余年,虽因此亏蚀本银数万两,但"卒无怨悔"(光绪《婺源县志》卷三三《人物·义行》)。他们在与人合伙经营时,也能遵循一个"诚"字。如张懋仁协助其弟经商于临江清江镇,他"怡怡雅饰,一钱不私……弟亦服其德量,无敢欺翁"(《张氏统宗世谱》卷八《毅斋翁传》)。兄弟两人凭一"诚"字,努力经营,终于"雄产乡邑"。婺源人詹谷,在崇明为江湾某业主主持商务,时值业主年老归家,东南又发生战乱,崇明岛孤悬海外,与大陆交通不便。在这样困难的情况下,他排除万难,艰苦经营,大获厚利。后来,业主之子来到崇明,詹谷将历年出入账簿交还少主,"涓滴无私"(光绪《婺源县志》卷三五《人物·义行》),崇明人无不叹服他的忠诚和正直。又如康熙年间,莱阳商人周继先"以钞二百缗,托转货淮常值佐利二分,后值钞钱偶缺,倍获归,悉付周。周曰:'价有定议,外不敢取'。文升曰:'尔钱获利,何敢以私'"(《康熙莱阳县志》卷八《人物》)。《今古奇观》中有"徐老仆义愤成家"一事,也可证明企业管理人士之"忠诚";汪琬曾述全观涛"凡佐席氏者三十年……席氏不复问其出入,然未尝取一无名钱"(《尧峰文钞》卷十六),亦是一个诚心君子。而业主对这些诚心的"伙计"亦颇为提携,据《归庄集》卷七载:"凡商贾之家贫者,受富者之金而助之经营,谓之伙计。"

在儒家"诚信"观念的影响下,明清商人都十分看重自己的信誉。如古代韩康卖药,以不二价著名于世,明清商人亦普遍遵守。比如温纯于《寿张居士六十序》中有云:"初而翁之卖也,不二价,不欺人,有误增直以易而去,立追还之"(《温恭毅公文集》卷四)。又如洞庭商人王鏊的伯父王公荣经商亳州,"身无择行,口无二价",人称"板王"(《莫厘王氏家谱》卷十三《公荣公墓志铭》)。休宁商人程锁也是以"信"经商的典型。他在经营高利贷业务时,"终岁不过什一,细民称便"(《休宁率东程氏家谱·明故礼官松溪程长公墓表》)。经营粮食贸易时,即便是大饥之年,他也不抬高市价,乘机牟利。又如李光缙"兄伯为人伉而爽,重信义,不轻然诺,好扶人之急,恤人之贫,居家以孝悌为先"(《景壁集》卷三)。清江杨俊之,"贸易吴越闽粤诸地二十余年,虽童叟莫之或欺,遇急难不惜捐货排解,严取予,敦然诺"(《清江杨氏五修族谱》下卷),反映了明清商人具有良好的商业道德水准。

明清商人在商业经营中提倡诚信，讲求礼义。不仅有利于商品的销售，而且也有利于筹集资本，因此其经营能够迅速发展。如程伟，贸易于江浙一带，讲求信义，商界中颇有声誉，故"富商大贾之赀本咸欲委托于公，自是公之财日益丰，公之名亦益著"（《旌阳程氏族谱》卷十三《子原程君传并赞》）。又如黄长寿，"以儒术饰贾事，远近慕悦，不数年货大起"（《潭渡黄氏族谱》卷九）。清鄞县商人孙绪燮，"废学而奋于贾，尝病市道诈伪，曰：'信义人所弃，自我得之，则富贵也'。既而人争爱慕之，交易者不重千金，而重翁一言"（《四明章溪孙氏宗谱》卷七《介庵孙翁传》）。又如歙县商人吴南坡，因遵循"人宁贸诈，吾宁贸信，终不以五尺童子而饰价为欺"的原则，赢得了顾客的信任，以致人们入市买货，"视封识为坡公氏字，辄持去，不视精恶长短"（《古歙岩镇镇东磡头吴氏族谱·吴南坡公行状》）。明代歙县商人许文才，也是因为"市不二价"，以"信义"赢得了名声，以致人们入市购物，"有不愿之他而愿之公者"（《新安歙北许氏东支世谱》卷八《逸庵许公行状》）。这些强调以儒家伦理经营商业的商人，他们虽然没有官商权贵凭借政治上的特权，雄霸商业市场，但以儒家信诚礼义为经商之本、经商之道，也能在商业市场竞争中占据重要地位。

至于"勤俭"，向为中国人所持的美德。到了明清时代，勤俭的习惯更加突出地表现在商人的身上。明程春宇《士商类要》一书，就在一定程度上反映了明代商人的勤俭风格。其谓："富从勤得，贫系懒招，若谓贫富，各有天定，岂有坐可致富，懒可保贫哉。彼大富固有自来，吾衣食丰足，未必不由勤俭而得，"所以"贸易之道，勤俭为先，谨言为本"。顾炎武在《肇域志·山西》篇中也说到山西"民无他嗜，率尚简质，中产之家，犹躬薪水之役，积千金者，宫墙服饰窘若寒素。"又说："新都勤俭甲天下，故富亦甲天下。……青衿士在家闲，走长途而赴京试，则短褐至骭，芒鞋跣足，以一伞自携，而吝舆马之费。闻之则皆千万金家也。徽人四民咸朴茂，其起家以资雄闾里，非数十百万不称富也，有自来矣"。杨循吉于《重建渡水桥记》中记载说："东洞庭座峙太湖中心……居民鳞次……耕田果树，殆无寸地隙，人力作耐勤苦，以俭为事"（《吴都文粹续集》卷二五）。在儒家"勤俭"美德的熏习下，明清商人大都能保持勤俭的作风。据记载，徽商"行贾四方，志浅易盈，务节俭，不即荡淫……时取予，岁收贾息，然其家居务俭啬与贫瘠者等"（《古今图书集成·方舆汇编·职方梁》卷一百九十二《徽州府部》）。清代江右商人瑞昌吴锡畴，以监生涉贾，"起巨万，虽丰于财，犹节俭自处"（《九江府志》卷三十九《善士》）。玉山吴士发兄弟八人，商贾农艺各执一业，家道殷富，然"不趋游荡，凡声色狗马樗蒲之戏，从不入其门"（《玉山县志》卷八中《善士》）。明清商人受"勤俭"美德的影响，不少人还具有与佣保同劳作的优良作风，对自己的商业情况非常熟悉，经常巡视，直接指导。如陕西渭南的大当铺主贺达庭，在关中各县开设当铺 30 余处，分布于渭南、临潼、蓝天、咸宁、长安数百里之间，每月必遍历诸处。"每至一处，察司事者神色，即知库中近日事……司事者不能隐，告以实，公小留为筹画之……人人心中各有一主人翁在。虽公去已远，犹时时劝戒，不知其何时夸户而入也"（《续修陕西通志稿》卷八七《人物志·贺士英》）。

明清商人因勤俭而致富的实例也很多。如明嘉靖时陕西三原温朝凤在四川经商，生活简朴，"忍节嗜欲，串啖粗粝，虽潘澜戈余，莫之弃也。""不数年，息十倍"而致富（李维桢：《大泌山房集》卷七十《温朝凤》）。又如"吴人以织作为业，即士大夫多以纺织求利，其俗勤啬好殖，以故富庶"（于慎行：《谷山笔尘》卷四）。

明清商人对理学甚为尊崇，其道德实践也深受理学价值观的影响。李维桢《大泌山房集》卷七三《胡仁之家传》记歙西商人胡仁之有云："居平耳提面命其子孙曰：吾有生以来惟膺天理二字，五常万善莫不由之……因名其堂曰：'居理'。"民国初年修的《婺源县志》记载一位晚清商人潘鸣铎云："性孝友，幼读四子书，恒不尽得解为憾。静思数日，谓圣学不外一理字，豁然贯通，非关道学之书不阅……方某运茶，不得售，欲投申江自尽。铎照市高价囤其茶，遣归。后寄番售，余息银五百两，仍与方某"（卷四十二《义行》八）。这说明理学家的"天理"观念已深深地根植于商人的心中，成为商人道德实践的准绳。

明清商人之得力于儒家伦理者，主要来自先儒语录及古人格言。这一时期的社会小说等文学作品中也包含通俗化了的儒家道德思想，也构成了商人吸收儒家伦理的一个重要来源。如江苏太湖洞庭山的大商人席本久（1599～1678 年）经商之余，"暇则帘阁据几，手缮写诸大儒语录至数十卷。又尝训释孝经，而尤研精覃思于易"（见汪琬：《尧峰文钞》卷十五《乡饮宾席翁墓志铭》）。其堂侄席启图（1638～1680 年）是洞庭山的大企业家，汪琬在《席舍人墓志铭》中说他"君好读书，贮书累万卷。于是编茸先贤嘉言懿行，条晰部居，共若干卷，名曰：畜德录。晚岁病风痹者数年，益键户著此书。尝题于书尾曰：'吾病濒死，惟以书未成为恨。今幸少瘥，有不强力成书，而敢自惰媮者，没无以见先贤地下。'病不能转侧，至置书床簧上，俛眄之。盖其勤于问学为此。予故考君事行本末，以为得之先贤者居多"（《尧峰文钞》同卷）。徽州绩溪商人章策（1792～1841 年），一方面"精管（仲）、刘（晏）术，所亿辄中，家以日裕"。另一方面在经商时又勤阅"先儒语录，取其益于身心以自励，故其识量有大过人者"（《西关章民族谱》卷二六）。又如安徽歙县商人余兆鼎（1633～1705 年）"少废书，读大学未半。行贾后，益好书，日疏古人格言善事而躬行之"（《方望溪先生全集》卷十一《余君墓志铭》）。对于戏曲小说中儒家伦理思想对商人的影响，刘献廷认为可比之于儒家之"六经":"戏文小说乃明王转移世界之大枢机,圣人复起不能舍此而为治也"(《广阳杂记》卷二)。这说明这一时期的商人都注意用"先儒语录"或"格言"来律己,注意从社会流传的小说戏曲中接受儒家思想的影响。同时也说明这一时期商人的精神资源主要取自通俗文化中流传的儒家伦理,儒家伦理成为商业伦理的主要来源。

明清时期的商人对儒家伦理也有积极的追寻,并非只是被动地接受。据何良俊(1506～1573年)《四友斋丛说》卷四透露:"阳明同时如湛甘泉者,在南太学时讲学,其门生甚多。后为南宗伯,扬州、仪真大盐商亦皆从学,甘泉呼为行窝中门生。"湛甘泉(若水,1466～1560年)在1533年曾升为南京礼部尚书,他在讲学时,从学人中不乏大商人。这说明当时的大商人对儒家伦理有积极追寻的兴趣。我们还可再举出一个例证,泰州学派的弟子中,就有许多是商人身份。余英时先生指出:"商人之所以对儒学发生严肃的兴趣是由于他们相信儒家的道理可以帮助他们经商。"[①] 他举十六世纪的陆树声在《赠中大夫广东布政司右参政近松张公(士毅)暨配陆太淑人合葬墓志铭》中"(士毅)舍儒就商,用儒意以通积著之理"(《陆文定公集》卷七)的话来证明商人已经运用他们所学儒家思想知识来经营他们的商业了。他还举吴伟业(1609～1672年)在《卓海幢墓表》中所介绍的一位浙江瑞安人卓禹的事迹作例证:"公讳禹,姓卓氏……居京师五载,屡试于锁院,辄不利,归而读书武康山中,益探究为性命之学。先是公弱冠便有得于姚江知行合一之旨……公既偕同志崇理学、谈仁义,而好从博山、雪峤诸耆宿请质疑滞。……公之为学,从本达用,多所通涉。诗词书法,无不精诣。即治生之术亦能尽其所长。精强有心计,课役僮隶,各得其宜。岁所入数倍,以高赀称里中"(《梅村家藏稿》卷五)。这说明明清商人中已不乏王学的信徒,他们已能主动地以儒家的伦理精神指导商业经营。

韦伯在《新教伦理与资本主义精神》一书中提出,清教伦理中的"天职"观念有助于资本主义经济的发展。依韦伯的解释,西方资本家全心全意地经营商业的宗教动机不是为了物质的享受,而是为了要用经营的成功来证明自己在尽"天职"方面已"才德兼备"。在中国"成德"的观念在明清商人中发挥着与新教"天职"观念相似的作用。我们知道"成德"是儒家伦理的"要义","成德"的具体内容是成圣成贤,儒者不但要修身见于世,更要泽加于民,"虽终日作买卖,不害其为圣为贤"(王阳明);"其业则商贾,其人则豪杰"(沈垚)。商人经商的成功也是他们"成德""不朽"的一个方面。明清商人认为他们经商的事业也具有一种庄严的意义和客观的价值。如十五世纪时山西商人席铭曾有"丈

[①] 《中国近世宗教伦理与商人精神》,引自余英时:《士与中国文化》,上海人民出版社1987年版,第544页。

夫苟不能立功名于世，抑岂不能树基业于家哉"的豪言壮语。他们已认为商人在商业上的成功与士人治国淑世的事业对国家都具有同样的价值，也足以传之久远。明晚期婺源商人李大祈（1522～1587年）说："丈夫志四方，何者非吾所当为？即不能拾朱紫以显父母，创业立家亦足以垂裕后昆。"① 不但当时的商人有如此想法，士大夫们也有如此观念。如汪道昆《范长君传》载："司马氏曰：儒者以诗书为本业，视货殖辄卑之。藉令服贾而仁义存焉，贾何负也"（《太函集》卷二九）。他们认为自己从事经商，与士人的"成圣成贤"具有相同的价值，并无逊色可言。这说明儒家的"成德"的观点也已成为明清商人经济活动的一种精神动力。

　　明清时期的商人在儒家伦理的浸润下，已形成了一套自己的商业理论，余英时先生将这种商业理论称之为是"贾道"，并在《中国近世宗教伦理与商人精神》一文中以若干篇幅来加以讨论。他认为明清时期的"贾道"大致有以下几项特点：（1）抱负上，要创立属于本身的商业王国，"树基业于家"；（2）价值上，肯定工商的重要性，如王阳明所说，"四民异业而道同""商何负于农"；（3）行为上，以仁义为本，"藉令服商贾而仁义存焉"；（4）自律上，重视"德"与"名"；（5）管理上，建立共荣的伙计制度；（6）操作上，发展商业算术；（7）买卖上，薄利多销；（8）制度上，借用官府组织之形式；（9）经营上，强调自由竞争。② 从这些"贾道"和商人的经济伦理来说，已包含一种类似西方的"理性主义"的精神，它们对明清商业资本和商品经济的活跃无疑发挥着重要的积极作用。毋庸置疑，儒家伦理所提倡的"仁""义""敬"等伦理思想和明清晋徽商的"取财有道""勤奋敬业""以人为本"的商业伦理是相通的，这也是晋徽商成功的深层次原因。

第三节　近现代儒家商业伦理的延续

　　1840年后，在"实业救国"的旗帜下涌现出了一大批民族工商业实业家，银行家陈光甫、状元实业家张謇、民族工商业巨子刘鸿生、航运救国企业家卢作孚、"荣氏家族"创始人荣宗敬、荣德生和化学家范旭东等是其代表性的人物，他们在经营之道上都能凸显儒家的道德观念和人生价值，重视在企业管理中营造和谐的人际关系，重视廉洁自律的个人道德修养。这里以陈光甫和张謇为例，作些论述。

---

① 张海鹏、王廷元主编：《明清徽商资料选编》，黄山书社1985年版，第470页、第1427页。
② 余英时：《士与中国文化》，上海人民出版社1987年版，第562～574页。

一、陈光甫的商业伦理精神

在中国近现代，尤其是在 20 世纪二三十年代的经济发展中，儒家商业伦理所倡导的"自强不息"和"勤""俭"的精神对推动当时工商业的发展发挥了重要作用。陈光甫就是一个典型的案例。我国现代金融业与近代民族工商业的发展十分密切，两者是相互促进的。陈光甫作为这一时期我国民族金融业的代表性人物之一，他的商业精神和经营之道在这一时期的民族金融家和企业家中具有代表性。

陈光甫（1811~1976 年），民国时期上海著名的银行家。辛亥革命后，特别是第一次世界大战期间，我国的民族资本主义商业得到了较大的发展，金融业的银行、钱庄纷纷成立。在这些新成立的银行中，要算陈光甫创办的上海商业储蓄银行（简称上海银行）资力最小、但发展最快。他在 1915 年 6 月创办上海银行时实收资本区区 10 万元，职员 7 人，被讥为"小小银行"，但到了 1936 年已拥有资本 250 万元，跃居著名的"南四行"之一，跻身国内公认的一流银行之列。此后更是获得了飞跃发展，到 1937 年已拥有资本 500 万元，公积金和盈余滚存1004 万元，吸收存款 2 亿元，国内分支机构遍及全国大中城市，另在国外的纽约、旧金山、伦敦、东京、香港等国际金融中心设有代理行，职员达 2000 多人。其进步之速，业务之广，实为中国银行界所罕有。考察陈光甫的创业过程和上海银行的成功，发现很大程度上是得益于儒家商业伦理的精神动力。

陈光甫从小深受儒学的熏陶，推崇儒家伦理"自强不息"精神，曾将儒家经典《中庸》分发员工，嘱其身体力行。《陈光甫先生言论集》中收录有他不断勉励上海银行职工的谈话，强调做事只有靠自己才能自立，"依赖自己，当以心为主体，时常运用其灵敏之脑筋，与其坚卓之能力，智力兼行，无事不可成功，此所谓自强不息也。"他勉励大家做任何事情都不要畏缩不前，应有勇迈之气，"行之失败，亦不过如路人之颠仆，颠仆之后，仍跃然自起再行前进，具此毅力乃有成功之望。……吾人必自奋起，勿为阻力所抗，方可称为特别之精神。"他鼓励大家"大丈夫要当自立，不当求助于人，但能以川流不息之精神，日日图谋振作，又何患无立足之地。"他以山西票号的衰败告诫同仁："亦当依据时代进化之情形，随时研究社会上有无需要本行之处，如何可以革新，如何可供社会之需要，抱定自强不息四字为办事之基本观念。"在另一处谈话中他对"自强不息"精神在当代的运用有着更为具体的阐释："吾人之精神，完全在于改革，更在于继续不断地改革……创办而改革，改革而成功，成功再改革，改革又成功，俾创办、改革、成功三事循环不断，周而复始，一直向上进展，此即所谓自强不息也。"他把经商事业的成功看作人生价值的实现和最大乐趣,常说:"人生在社会有一真正之事,……是树一目标,创一事业,达到目的及获得成功,为最快乐。此种快乐是从艰危困苦中得来,尤为永久,尤为有纪念价值。"① 上海银行问世后,先是饱受钱庄和外资银行的歧视和排挤,处境一度艰难,但陈光甫凭借自强不息精神,坚忍不拔拼搏经营,很快打开了局面。

儒家伦理精神的其他德目在陈光甫身上也都有很好的体现。

先看"仁"。陈光甫一直把"服务社会"当作自己企业的经营宗旨,"服务社会……这四个字,实在是本行生活的要素,第二的生命。……我们的结论,是任何经济组织,不能使大部分国民满意者,必失败无疑。"为此,他倡导以"不辞烦碎""不避劳苦""不图厚利""为人所不屑为""从小处做起""时时想新办法"为服务方法。他说设立银行的目的,"非专为牟利计也,其主要宗旨在为社会服务,凡关于顾客方面有一分便利可图者,无不尽力求之"。他甚至强调:"吾辈本为社会服务,既为社会服务,即无利亦须为之。""银行为社会服务,是辅助社会,……应做到我行是民众需要之银行,有民众即有我行"。陈光甫经常对职员讲,吾人经营斯业,宗旨在辅助工商,服务社会。平时待人接物应谦恭有礼,持躬律己应自强不息,务求顾客之欢心,博社会之好感。上海银行规定不允许职员与顾客发生争吵,否则一定受罚。为了提高服务质量,人事部门设有机动人员,哪里柜台缺人立刻派机动人员顶班,决不让顾客等候。在吸引存款方面,当时的银行和钱庄普遍轻视市民的小额存款,尤其瞧不起银圆存款,开户时需将银圆折合成银两并缴纳手续费。陈光甫则开办一元存款业务,特别规定存户可用银两开户而用银圆出入,均免收手续费。他坚信涓涓细流,可成巨川。这一举措很快博得了小额储户的欢迎,吸引了众多市民前来存款。陈光甫针对社会各阶层的需要,适时开办活期、定期、零存整取、整存零取、子女教育储金、养老储金、礼券储金等业务,方便储户,服务社会。上海银行也因此而成为一家最富于开拓、进取精神的商办银行,从区区 10 万元资本起家发展成为首屈一指的最重要的一家商办银行,并对发展存放款和汇兑业务有着许多的创新。例如:在储蓄业务方面,它首创一元储蓄、教育储蓄、婴孩储蓄等业务,使储蓄业务越来越向纵深发展。上海银行初创时,货币以银两为单位,钱庄和一些银行对银圆存户不给利息,上海银行则给利息,从而争取了银圆存户。1924 年 5 月 1 日,上海银行发行旅行支票,开同业之先河。为了开拓华资银行业的薄弱环节——国内外汇兑业务,上海银行从 1920~1926 年聘德国专家柏卫德为顾问,为上海银行的国内外汇兑业务打开了局面。到了 1931 年,上海银行的国外通汇处已达 29 个国家和

---

① 何品、宣刚编注:《陈光甫日记言论集》,上海远东出版社 2015 年版,第 117~162 页。

地区的 80 多个世界主要工商业大城市。1930 年，其资本增加到 500 万元，公积金 250 万元，1931 年存款总额 1 亿元，成为发展最快的一家商办银行。上海银行的成功发展充分说明儒家"仁"爱精神是中国近现代企业家发奋努力、扩大资本经营的精神动力。对于职员，陈光甫建行初期就提出，"银行是我，我是银行"的口号，给员工工资高于同行，还实行"行员特储"制度，即为每一行员工立一账户，每月存储 1/10 工资，银行赠送同额款项。10 年后提取可得一笔可观款项。1931 年上海银行增资 250 万元时，陈光甫规定其中一半由全体行员认购，价格仅为股票面值的 80%，现金不够可以申请无息贷款，务必"使行员皆成股东，实行劳资合作"[①]。

再看"智"和"勇"。陈光甫创立上海银行能凭借 10 万元资本奠定基业，与他善于抓住时机，敢于冒险密不可分。1914 年第一次世界大战爆发，西方列强互相厮杀，无力顾及对中国的经济扩张，中国民族工商业获得了千载难逢的机遇。此时，陈光甫决定筹建上海银行。朋友们顾虑他赤手空拳、一介书生，难筹巨额资本，多数不支持。但陈光甫认为筹建银行虽需巨额资本，但只要善于把握住天时地利，正确经营，即使自有资本微小也可大有作为。他认为他具有天时地利的优势，即中国的民族资本主义的发展正处于黄金时期，百业兴盛，造成对资金的大量需求，同时还会有大量的社会游资和企业的间歇资金，这为银行吸存和运用资金创造了有利条件，加之上海又是国内外的商品集散地，一定会大有可为。他注意到外资银行气大财粗，向来只注重与政府和外资企业往来，忽视中小企业，这一矛盾在创办实业的热潮中也将会更加突出。面对这一环境背景，他提出了银行宗旨是"服务社会，辅助工商，抵制国际经济侵略"；经营路线是"敬远官僚，亲交商人"；经营方针是"人争近利，我图远功；人嫌细微，我宁繁琐"，在服务社会和中小企业中谋利益、求生存、图发展的策略。具体服务理念有：推广储蓄，存款一元即可开户，以吸引大量小额存户，又创办礼券储蓄、教育储蓄、婴孩储蓄、零存整取等种类，以提倡勤俭节约；首创银圆与银两并用，打破银钱业惯例，废止洋厘及手续费，以便利顾客；提倡对物信用，以转变银钱业对人信用之旧制度，大力经营货栈仓库及抵押放款；致力于拓展国外汇兑，以推动对外贸易；为促进都市与内地之间的物资交流，在内地广设分支机构，又首创同一城市设立分支行；为救济农村、改良农业，倡办农业合作贷；为适应小工商业者及一般市民需要，举办小额信用贷款；对于教育文化事业，在可能经营的范围内，尽力予以协助；为增加本行信誉、推广本行业务，努力创办旅行事业，并设立中国旅行社，作为该银行主要附属事业；为顾客着想，革新柜面支付手

[①] 何品、宜刚编注：《陈光甫日记言论集》，上海远东出版社 2015 年版，第 111 页、第 120 页、第 124 页、第 125 页、第 183 页。

续；为适应机构增多、业务拓展、人员日增的需要，极其重视对本行员工的培养与训练。此外，对于盐业放款、保险、信托等业务，也是不遗余力地加以推进。他强调"凡事须有新办法，有新思想，才能发展"。

关于"忠信"。陈光甫强调"办银行者第一在于信用"，银行要靠信用而生存，这是他几十年来办银行的基本精神。陈光甫支持张公权反对北洋政府停兑中、交两行钞票，维护金融业的信用。上海银行一直恪守为存户保守秘密，定期公布银行资产负债表，宣布银行的董事和经理对储户负无限责任，这些做法也是为了取得社会的信任。他的上述做法，直到 1934 年南京政府公布《储蓄银行法》时才在金融界推行实施。1927 年武汉政府颁布命令停兑纸币，导致汉钞市价仅一折有余，陈光甫下令上海银行汉口分行对停兑前的存款概付现金，确保储户利益。为此上海银行多付 200 余万元，但这一举措大大提高了上海银行在汉口乃至全国的信用声誉。他要求团队成员要有团队精神，巩固团队合作，要"力守忠、诚、廉、让。……忠诚两义明显，为任何团体所必需。廉让两义微妙，却尤为工商界中人所当学。"①

关于"敬"。陈光甫作为一个民族金融家，其成功与他身上所体现出来的敬业精神分不开。他早年创办上海银行时，亲自跑街，拉存款，搞放贷，还亲自培训员工。抗战时在重庆，工作日程总是排得很满：起床后先清理文件信札，然后吃早餐，阅读报纸，晚上还要安排谈话。每星期至少抽 3 个上午请人为他讲中外历史哲学，周六下午安排请人为他讲述国外书刊上的重要经济金融文章。周日也不休息，至少要安排半天时间讨论国际金融问题。他在 19 世纪 40 年代总结说："本行积三十年之经营，一切行动无不与国内外经济动态息息相关，故吾欲求经营技术之改进，必须时刻检讨国内外经济动静、工商金融之趋势，予以不断研究，就研究所得为推进业务之根据。"他称自己是一个闲不住的人，闲下来就会感到"孤寂"，认为只有工作才有乐趣。他也要求员工各尽其力，一心一德，临深履薄，恭敬将事。诚以众志成城，基础定能稳固，人能弘道，业务自可进展。

儒家伦理的"勤俭"精神在近现代中国企业家身上也发挥着积极作用。陈光甫十分推崇儒家伦理的勤俭精神，在 1931 年 7 月的谈话中他强调："余以为《朱子家训》中所言，迫切于今日之实用，其扼要乃就勤俭二字发挥，能勤俭即能克己，能克己即能自治，人能自治，则强毅坚决之精神，无不从自治中来。一粥一饭，当思来处不易，寸丝寸缕，应念物力维艰。此言可供深思。"1931 年 10 月，陈光甫目睹员工的汽车过于华丽，又谆谆告诫："汽车但求其适用坚固，何必求

---

① 何品、宣刚编注：《陈光普日记言论集》，上海远东出版社 2015 年版，第 138 页、第 152 页、第 207～208 页。

其外观之华美。……银行家宜于讲求撙节，养成俭德，万不可提倡奢华，亟宜从根本上思想上处处小心谨慎，务求事事朴实节俭。""不但行用须节俭，个人亦须节俭，决不可稍涉奢侈，或有虚縻，必须量入为出，以求收支合适。"他强调全行职员，都不可耽于安乐，诸事奢糜。陈光甫强调节俭但不吝啬，"即当用用之，与行业务进展有关者，为数虽多，不可吝惜；若用于不当用者，即不浪费，虽一文亦不可支用。""本行每年所用纸张文具，以及一切公用物品，所费颇巨，同人对之宜加爱惜，纸张一项，当用者千万张亦不为多，其可节省者，即用一张亦为浪费，每人日费一张，数固极细，然积若干人若干日之耗费，即为数可观，绳锯木断，水滴石穿，积少成多，虽小处亦应注意。"他生活节俭，有规律，很少吸烟喝酒，喜欢买旧书。"餐时即碗中留饭一粒，亦必检［捡］入口中，不许废弃"①。勤俭精神已成了近现代民族金融家、企业家的精神，它有利于金融家、企业家精打细算，扩充资本，杜绝浪费，减少成本，增加利润，成了中国近现代民族资本主义的精神。

二、张謇的商业伦理精神

儒家伦理在近现代的延续，还可以张謇（1853~1926年）为例。张謇创办大生纱厂，更是经历了千难万险，他就是凭着一种"自强不息"的精神，最终获得成功。

从1895年秋大生纱厂开始筹办，到1899年5月23日工厂正式生产；为了筹集资金，张謇奔走于南通和上海之间，忍辱蒙讥，受尽挫折。困难的时候，张謇甚至需要卖字来赚取往返路费。在上海筹款最无着落之时，他曾哀叹徘徊在黄浦江边，几欲投水自尽。"状元卖字"在中国商业史里已经成为一则励志佳话；但是，对于当时一个已经身处学问名士之巅的人来说，这又是何等的辛酸。

张謇在其《啬翁自订年谱·己亥纪事》中有一段纪事，记叙了他创办企业的艰辛历程："二十五年己亥，四十七岁……三月二十九日，厂纱机装成，试引擎；始有客私语：厂囱虽高，何时出烟？兹复私语：引擎虽动，何时出纱？辞商务局总理……五月……厂终以本绌不史，仅有之棉不足供纺，卖纱买棉，时苦不及。留沪两月，百计俱穷，函电告急于股东者七次，无一答，仍以卖字给旅费；苦语相慰者，眉孙、太夷二人而已。不得已有以厂出租三年之表示，慈溪严某、泾县朱某必欲短折租价，久复辩论。六月四日议订之'草约'，六日恶其无礼不谐；盖商股本止十八万有奇，官机作股二十五万，合四十三万。余谓：'开办以来，

---

① 何品、宣刚编注：《陈光普日记言论集》，上海远东出版社2015年版，第120页、第136页、第139页、第144页、第194页、第206页。

五年度用不及万，以是请照五十万论租。'严、朱云：'可特别重酬，而租不可越四十三万之外。'以为股本实止四十三万，且以余为可贷也，无礼甚恶之。盛某、祝某复欲租，议两日亦不谐。十九日重订严、朱约，列说告江督，取进止，江督不可严说。然款不继，非白手所能进取，而又不可中止，惟有忍气待时，坚志赴事，更无他策。幸纱价日长，时十二支疋销六十五两，零销六十七两。七月，至杭州招股无效。总督属苏、松、常、镇、芜湖、九江、四关道，各督销局，海州分司助募厂股，亦无效；唯正阳关督销沈爱苍瑜庆、海州分司徐星槎绍垣投资二万耳，他人不募而訾其非。纱厂至此，强支已四月……九月，纱厂以售值日起，碾转买棉供纱，得不停辍。至江宁，新宁拱手称庆；对之曰：'棉好，地也；机转，天也；人无与焉。'曰：'是皆君之功。'曰：'事赖众举，一人何功。'曰：'苦则君所受。'对曰：'苦乃自取，孰怨。'曰：'但成，折本亦无妨。'对曰：'成便无折本可言。'曰：'愿闻所持之主意。'曰：'无他，时时存必成之心，时时作可败之计。'曰：'可败何计？'对曰：'先后五年生计，赖书院月俸百金，未支厂一钱；全厂上下内外数十人，除洋工师外，一切俸给食用开支，未满万金耳。'新宁俯首拊掌，嗟叹久之。"① 张謇的大生纱厂，可以说到了山穷水尽的地步：流动资金极为缺乏，而拥资者又无人肯做雪中送炭之举。他自己的旅费也须"卖字"筹得。但他创办大生纱厂，就是凭着一种"自强不息"的精神才获得成功。中国近现代的企业家们，如果没有这种精神，也就不会有中国近现代新式工业、新式运输业、新式金融业的发展。

张謇在经营实业的过程中，也处处体现出一种"仁爱"与"勤俭"的伦理精神。对"仁爱"而言，张謇经商一生，所积财富大多用于家乡的教育和地方建设。在清末的"东南互保"后，他曾起草了一份《变法平议》上奏朝廷，其中提出了42条具体的改革建议，但竟无下文。失望之余，他决心依靠一己之力，改造自己的家乡南通县，具体办法是"父教育，母实业"，把南通建设成一个带有自治性质的模范城市。据史料记载，南通原本是一个偏处一隅的小城，在张謇办实业前，城内人口不足4万，没有任何工业，只有零星的手工作坊，人们按农业社会的节奏过着传统的生活方式。经过张謇的开发，南通发生了极大的变化。南通旧城被濠河所环绕，城内民房矮小密集，街道狭窄，只能通人力车。经过开发，南通新城道路宽广，可通汽车，沿着濠河和新修的模范路，南通师范、图书馆、博物馆、更俗剧场、南通俱乐部、有斐旅馆、桃之花旅馆，以及女工传习所、通海实业银行、锈织局等企业和公共设施比邻而兴，成了一座在当时较现代的城市。关于"勤俭"，张謇生活俭朴，每餐不过一荤一素一汤，饭菜简单。若

---

① 张謇：《张謇全集》，江苏古籍出版社1994年版，第859～860页。

没有重要客人来，一向不杀鸡鸭，时时勤俭自律。他在视察工厂和垦牧公司时，也常常步行或乘小推车，很少坐轿。1903 年，他应日本博览会之邀去日本考察，买的是最便宜的三等舱客票。衣服打满补丁，无可再补时才换新衣。张謇是清末状元，又是毛泽东提到的四个不能忘记的民族实业家之一，他的大生纱厂是中国第一家向外国银行贷款的厂家。论地位、论才学、论金钱实力，他都可以过上豪华生活。他却时时勤俭自律，再一次反映出了儒家伦理观念对中国近现代商业伦理的影响，并逐渐形成了中国近现代的资本主义精神，为促进中国近现代资本主义的发展作出了重要贡献。

第四章 儒家重商思想与晋商激励机制的经济学分析

中国古代商业起源甚早，至少在夏商时期，商业萌芽已显现。西周时期，商业活动得到迅速发展，但主要仍是工商食官，即以官办官营的工商业为主，私人经商十分有限，而且受到官府的严格控制。士人经商更是少见，"士大夫不杂于工商"（《逸周书·程典》）的状况直到春秋战国时才开始发生改变。春秋晚期崛起了一个自由商人阶层，"绛之富商，韦藩木楗以过于朝，唯其功庸少也，而能金玉其车、文错其服，能行诸侯之贿，而无寻尺之禄"（《国语·晋语》）。说明这时的民间商人已十分富有，但没有政治地位（"无寻尺之禄"）。士人经商也同时出现，正如《汉书·货殖传》所云："及周室衰，礼法堕，诸侯刻桷丹楹，大夫山节藻棁，八佾舞于庭，《雍》彻于堂，其流至乎士庶人，莫不离制而弃本，稼穑之民少，商旅之民多，谷不足而货有余。"说明士庶人一类的商人也登上了历史舞台，成为商旅之民的主要来源。如管仲以前是一失魄寒士，因经济情况不佳，也曾和鲍叔牙经商。士人经商，对先秦社会带来重大影响。春秋战国时期，是中国古代由列国争雄最终走向统一的历史时期。在这一重大历史转折过程中，新兴的阶层、新兴的思潮层出不穷，不仅在学术上形成了百家争鸣的局面，而且在商业理论的评述、商业经营理论的总结方面也呈现出百家言商的局面。这充分说明了当时士人在商品经济中占有重要的地位。这些商业理论的形成，实际上是士人经商历史经验的总结和反映。

第一节 先秦儒家的重商思想及影响

一、先秦儒家的重商思想

先秦儒家作为士阶层的重要代表，并不像有些论者所认为的那样，对商业和商人采取鄙视的态度，相反，是对商业和商人表示出相当的尊重。如孔子就对春秋时期自由商业的兴起持肯定的态度，这有两个证据：其一，如当时有名的卫国大商人子贡就是孔子的学生，孔子对他多有称道。《论语·先进》篇记载孔子的话说："回也其庶乎，屡空。赐不受命，而货殖焉，亿则屡中。"他认为自己最得意的弟子颜回品德、学问都很好，可总是受穷，深为其"屡空"而不平。与此相对应，他的另一个学生端木赐（子贡）虽然没有受命于官府，但善经商，成为可与国君分庭抗礼的富商，并对这位高徒的"屡中"表示了嘉许。在子贡与孔子论玉的一段对话中，子贡问美玉是否"求善贾而诸？"孔子回答说："沽之哉，沽之哉！我待贾者也"（《论语·子罕》）。脱口而出接连说了两声"沽之哉"，并把自己比喻成等待善价的商品。孔子能接收子贡这样的门徒，也说明他并不轻视商业和商人。不仅如此，有时他的传道活动和子贡的牟利活动也是紧密联系在一起的。司马迁评价说："夫使孔子名布扬天下者，子贡先后之也。此所谓得势而益彰者乎？"（《史记·货殖列传》）。没有子贡财力的支持，孔子难以带领众多弟子去周游列国，产生那么大的影响。其二，孔子在他一生短暂的执政期间，曾费了一番心思来整顿商业，并使鲁国的市肆为之改观。据《荀子·儒效篇》记载："仲尼将为司寇，沈犹氏不敢朝饮其羊……鲁之粥牛马者不豫贾。"《孔子家语》也有类似记载，并说："卖羔豚者不加饰……四方客至于邑，不求有司，皆如归焉"（《孔子家语·相鲁》）。这些资料证明，鲁国的商业在孔子的治理下，商人的欺诈行为得以制止，商品的正常交换得以进行，市场上的货物都能"布正以待之也"（《新序·杂事一》）。孔子的这一"政绩"，较之当时重视商业的子产也未必逊色。

孔子重视商业，还表现在不违反法律禁令的前提下，赞成给商业经营一定的自由便利。其具体主张一是降低关市之税，二是开放山泽之禁。如《孔子家语·王言解》记载孔子的话说："若乃十一而税，用民之力岁不过三日，入山泽以其时而无征，关讥市廛皆不收赋。此则生财之路而明王节之，何财之费乎？"同书《颜回篇》记载说："颜回问孔子曰：臧文仲、武仲孰贤？孔子曰：武仲贤哉！"颜回又问："夫文仲其身虽殁，而言不朽，恶有未贤？"孔子回答说："身殁言立，所以为文仲也。然犹有不仁者三。……下展禽，置六关，妾织蒲，三不仁也。"这段材料在《左传·宣公三年》中也有记载，因而是可信的。春秋末年，关税已经普遍推行，孔子认为这不合先王之道，并提及臧文仲过去的设六关是不仁，其反对设立关税的态度是十分明确和坚决的。关税减轻甚至不收，山泽无禁也不收税，这对商业经营是有利的。因为减免商税可以降低商人的运销成本，扩大商品的销路，增加商业的利润，也有利于促进商业的繁荣发展。

孔子主张商业经营自由，呼吁关讥不征、山泽无禁的经济思想影响了当时的执政者。如鲁哀公对商人实行宽惠政策，在关市之税和山泽之禁上对商人作出让步，就是接受了孔子的建议："哀公问于孔子曰，寡人欲吾国小而能守，大则攻，其道如何？孔子对曰：使君朝廷有礼，上下相亲，天下百姓皆君之民，将谁攻之？苟违此道，民畔如归，皆君之雠也，将与谁守？公曰：善哉！于是废山泽之禁，弛关市之税，以惠百姓"（《孔子家语·五仪解》）。同样的材料还见于《说苑·指武篇》。这里的民、百姓是指自由民身份的工商业者。孔子主张减免关税、开放山泽的经济主张，除上述材料外，《论语》中也可以找到许多旁证。如《论语·尧曰》篇载，子张问孔子"何谓惠而不费乎？"孔子回答："因民之所利而利之，斯不亦惠而不费乎？"邢氏《疏》解："民居五土，所利不同。山者，利其禽兽；渚者，利其鱼盐；中原，利其五谷。人君因其所利，使各安所居，不易其利，则是惠爱利民，在政且不费于财也。"这意思是说，地理环境不同，所利也不同，利用山泽之利是惠民而"不费于财"的最好办法。所以，为政者应听任民间营取自然之利，因势利导，而不必加以干预，让百姓得到实惠，执政者又没有支付什么成本，这样的好事何乐而不为呢？这一解说是符合孔子原意的。孔子"因民所利而利之"的重要内容之一就是弛山泽之禁，让百姓因地制宜，利用自然资源谋求发展，得到好处。利用山泽之利受惠的人，主要是工商业者。孔子的这些政策主张，有利于商品的流通，有利于商业的发展繁荣。

有迹象表明，孔子和弟子们在周游列国的途中，也进行货物交易的商业活动。据说孔子"厄于陈蔡，从者七日不食，子贡以所赍货，窃犯围而出，告籴于野人，得米一石焉"（《孔子家语·在厄》）。"赍货"二字说明孔子和弟子们也捎带货物在周游列国时做些买卖，其对商税苛重阻碍商品正常自由流通自然有着较深的体会。他主张商业经营自由，故批评臧文仲"不仁"，其思维逻辑完全是一致的。

先秦儒家的另一位代表人物孟子对商业也十分重视，他呼吁国家应实行保商惠商的政策，这从他竭力宣传减轻商税、轻关易道以招徕天下商旅、发展商业的政策主张上可以得到充分的证明。如孟子游齐，齐宣王问他怎样实行"王政"时，孟子的回答是："昔者文王之治岐也，耕者九一，仕者世禄，关市讥而不征，泽梁无禁，罪人不孥"（《孟子·梁惠王下》）。"关市讥而不征"意为关市只检查而不征税，"泽梁无禁"意为向民间开放山泽资源。在宋国大夫戴盈之面前，同样也讲要"去关市之征"，并把重征商税斥之为是偷鸡之类的不义行为（《孟子·滕文公下》）。孟子对他的弟子公孙丑就关市问题说得更具体："市，廛而不征，法而不廛，则天下之商皆悦，而愿藏于其市矣。关，讥而不征，则天下之旅皆悦。而愿出于其路矣"（《孟子·公孙丑上》）。当时一般统治者大都利用关卡对商人横征暴敛，孟子强烈反对，大声疾呼："古之为关也，将以为暴"（《孟子·尽心下》)。在孟子的思想中，不征关市、开放山泽，是他要推行的仁政的重要部分。开放山泽，减轻商税，便利商业的自由经营。

孟子重商思想来自对孔子重商思想的继承。不征关市，不禁山泽，是孔子当年向鲁国国君提出的政策主张。孟子受业于孔子之孙子思之门。子思和孔子一样也重视商业，曾宣传"来百工""柔远人"："来百工则财用足，柔远人则四方归之"（《中庸·襄公》），强调要优待各地方前来的手工业者和商人。孟子对商业的客观职能、商品交换的客观必要性，有较前人更深刻的理解。如孟子在滕国与许行的门徒陈相辩论时，为批判许行否定社会分工的论点，曾以商品交换必须要有社会分工为喻，重点讲述了交换的作用。他指出："以粟易械器者，不为厉（损害）陶冶；陶冶亦以其械器易粟者，岂为厉农夫哉？"耕者"纷纷然与百工交易"是免不了的，交换于工于农都是有利而无害的。如果没有分工，没有交换，"如必自为而后用之，是率天下而路也"（均见《孟子·滕文公上》），这是叫人疲于奔命，是行不通的。孟子对他的弟子彭更也说过："子不通功易事，以羡补不足，则农有余粟，女有余布；子如通之，则梓匠轮舆皆得食于子"（《孟子·滕文公下》）。"通功易事"就是进行交换，互通有无。孟子强调只有通过交换，才能使农民以多余的粮食、妇女以多余的布帛来换取木工、车工的产品，而木工、车工也才能有饭吃有衣穿。以多余的来弥补不足的，正是交换的功能。孟子还认为，各种分工所生产和交换的产品的数量，要有一定的比例，这样社会的生产和消费才能平衡，供给与需求才能协调。如当白圭"欲二十而取一"时，孟子就提出："万室之国，一人陶，则可乎？"来反驳白圭，并指出"陶以寡，且不可以为国，况无君子乎"（《孟子·告子下》）。孟子拿一个人制作陶器不够一万户的国家人口的需求做比喻，表示他已懂得社会产品的生产数量与需求数量必须有适当的比例，才能使社会生活正常地进行下去。如果"陶以寡"，缺乏日常必需的用品，就会影响人们的正常生活，甚至达到"不可为国"的地步。孟子把通过交换，协调生产与消费、供给与需求的比例看得十分重要。而交换的工作又主要是靠商人来完成的。没有商人，就起不到通有无、调余缺、平衡产销的作用。这就充分肯定了工商业在社会经济中的作用，也说明孟子对商业的高度重视，是同他深刻地认识到商品交换的重要作用分不开的。

孟子对商业活动十分熟悉，他说过："轲少贫，在墓间，识葬理事；又徙在市，则知市井之利；又徙在习学所，遂尽识礼仪"（《太平御览》孟子逸文）。《孟母传》也说："乃去舍市傍，其嬉戏为贾人炫卖之事。""孟母三迁"中的第二迁就是迁居在市场之傍，可见孟子在少年时代就已对商业买卖活动十分熟悉了。正因如此，才使他对商业的重要性有十分深刻的认识。

先秦儒家的最后一位大师荀子虽主张限制从事工商业者的人数，认为"工商众则国贫"(《荀子·富国》),但这种限制工商业规模和从业人数的主张与秦晋法家那种"重本抑末""重农抑商"的思想有着重大的区别,即他不是站在维护农业自然经济的立场上敌视工商业的发展,更不是从推行农战政策的需要而以此实现"利出一空",而是在肯定农业同工商业之间的分工、肯定工商业在社会经济中的作用的前提下,主张对工商业的发展进行一定的调节,使它们同农业的发展状况和水平相适应,使两者维持一种合理的经济结构。荀子对商人和商业活动十分重视,他充分肯定了商业在社会经济中的地位,对商业的社会职能和作用有明确的认识。他认为商业能使货物流通,让各行各业的人能获得别人所生产而又为自己所需要的商品,是社会经济中不可缺少的行业。他分析说"王者之法"就包括"通流财物粟米,无有滞留,使相归移也"。由于这样做了,"故泽人足乎木,山人足乎鱼,农夫不斫削、不陶冶而足械用,工贾不耕田而足菽粟"(《荀子·王制》)。这同孟子所说的"通功易事以羡补不足"的意思是一样的。荀子不但看到工、农、山、泽各个生产部门通过商业实行商品交换的必要性,而且对各个地区之间物资交流的意义也有深刻的认识。他说:"北海则有走马、吠犬焉,然而中国得而畜使之。南海则有羽翮、齿革、曾青、丹干焉,然而中国得而财之。东海则有紫紶(指粗细麻布)、鱼、盐焉,然而中国得而衣食之。西海则有皮革、文旄焉,然而中国得而用之"(《荀子·王制》)。依靠商人在各地区之间进行交换的活动,"故虎豹为猛矣,然君子剥而用之。故天之所覆,地之所载,莫不尽其美,致其用"(《荀子·王制》)。如此就可以"上以饰贤良",满足高阶层的人对珍奇物品的物质享受,"下以养百姓而安乐之"(《荀子·王制》),满足一般老百姓的生活需求,使他们过上丰裕的日子。各个地区之间加强物资交流和经济联系,互通有无,还可以使"四海之内若一家。故近者不隐其能,远者不疾其劳。虽幽闲隐僻之国,莫不趋使而安乐之"(《荀子·王制》)。商业的发达,还有利于中国实现统一。荀子把开展地区间的商品交换同促进统一联系起来,这一点为前人所未道,具有时代的特色。荀子注意到商品交换和"下以养百姓而安乐之"的关系,把商业活动与人民百姓维持正常的生活联系在一起,也有积极意义。

　　荀子强调从事商业活动是十分必要的社会分工。他说:"农农、士士、工工、商商,一也"(《荀子·王制》)。社会成员要分为"士农工商"四类人,与"君君、臣臣、父父、子子、兄兄、弟弟"等一样,都是"与万世同久"之"大本"。"农以力尽田,贾以察尽财,百工以巧尽器械"(《荀子·荣辱》),都是不可缺少的。荀子还认为:"相高下、视墝肥、序五种(即五谷),君子不如农人。通财货、相美恶、辨贵贱,君子不如贾人。设规矩、陈绳墨、便备用,君子不如工人。""人积耨耕而为农夫,积斫削而为工匠,积贩货而为商贾。……积靡(摩)使然也"(《荀子·儒效》)。士君子之所以有许多地方不如农人、商人、工人，是因为这些人都各有专长，他们的知识和技能是穷年累月积累的结果。一个人的能力有限，必须专攻一门，经过长期学习，积累不同的经验，形成不同的分工，大家分工协作，各献所长，担负起各自的社会职责。没有分工是不行的，人"未尝有两能而精者也"（《荀子·解蔽》）。"夫工匠农贾未尝不可以相为事也，然而未尝能相为事也"（《荀子·性恶》）。做工、务农、经商，表面上看似乎未尝不可以互换职业，然而实际上一个人是不可能同时把这几项职业都做好的，正"如耳目鼻口之不可以相借官（官能，五官之官）也"（《荀子·解蔽》）。只有"农分田而耕，贾分货而贩，百工分事而劝，士大夫分职而听"，才能治理好天下（《荀子·王霸》）。也只有把职业稳定下来，"人习其事而固"，做到"农精于田，贾精于市，工精于器"（《荀子·君道》），才能使各行各业的人都能各当其任。荀子从社会分工上来论证必须有专业化的商人，较之孟子的分工理论有所深化。

二、先秦儒家重商思想的影响

先秦儒家对商人虽表示出相当尊重，但也要求对商人的经营活动有所规范。如孔子要求商业经营者必须遵守国家的法度和礼制，商人必须讲究伦理道德，以义经商，"义然后取"（《论语·子路》）。孟子也主张以义经商，反对用不正当的垄断方法来"罔市利"，并称这种商人为"贱丈夫"。对投机商、贪贾，他是鄙夷的。因为投机商垄断市场，囤积居奇，哄抬价格，牟取暴利，发的是不义之财。荀子也把是否"以义经商"作为区分"良贾"和"贪贾"的标准。"良贾"的特点是"从道而出"（《荀子·修身》），不牟取不义之利，"皆能以货财让"（《荀子·荣辱》）；"贪贾"就是"奸商"，"为事利，争货财，无辞让，果敢而振（妄动），猛贪而戾（乖张），恈恈然唯利之见，是贾道之勇也"（《荀子·正论》）。"贪贾"的"贾道之勇"是荀子所鄙视的。他提倡"以义经商"，认为这样做了，就能使"政令行，风俗美"（《荀子·王霸》），"则商贾莫不敦悫（老实）而无诈矣，……商贾敦悫无诈，则商旅安，货财通，而国求给矣"（《荀子·王霸》）。由此可见，先秦儒家并不轻商、贱商，只是要求商人把求利的活动规范在道义的前提下。

秦汉以后，受先秦法家"重农抑商"思想影响，商人的地位开始下降。汉初，对商人实行一种歧视性的政策："天下已平，高祖乃令贾人不得衣丝乘车，重租税以困辱之"（《汉书·食货志》）。在"抑商"思想和政策的影响下，商利成了"末利"，经商成了小人之事。商业活动也就备受轻视，士人经商更觉自惭形秽。中国古代的轻商意识就是这样产生的，并成为封建社会一种占据支配地位的价值观念。在这一价值观念的支配下，从事经济活动的商贾贩夫自然也就被列为"九流之末"。社会上对职业座次的排列，也一直是"士农工商"，"商"处末位。但要强调的是，这些观念与先秦儒家的重商思想是不同的。中国古代的轻商意识不是来源于先秦儒家，而是来源于先秦法家。

先秦儒家对商人的态度对唐宋以后儒家重商思想的再度兴起产生了十分积极的影响。

第二节 唐宋之后儒家重商思想再度兴起

一、唐宋重商思想的复苏

随着唐中期商业管制逐渐放宽，歧视工商的政策渐趋废弛，出现了士商不分的社会现象。唐高祖时规定："工商杂类无预士伍"（《新唐书·食货志》），太宗于贞观元年勅曰："五品以上不得入市"（《唐会要》卷86），但唐中期后这一局面有了很大的改变，如唐德宗大历十四年（779年）"诏王公卿士不得与民争利，诸节度观察使于扬州置回贸邸，并罢之"（《唐书》本纪），说明王公卿士已开始经商，并与民争利了。在这一历史背景下，儒家的重要代表人物韩愈便提出了农工商并重的理论，他认为农工商之间是一种社会分工、相辅相成的关系："粟，稼而生者也，若布与帛，必蚕绩而后成也。其他所以养生之具，皆待人力而后完也，吾皆赖之，然人不可遍为，宜乎各致其能以相生也。"（《韩昌黎全集》卷十二《圬者王承福传》）因此，必须鼓励交换贸易，"为之贾以通其有无"（《韩昌黎全集》卷十一《原道》），强调商业是社会经济生活的重要部分。从韩愈为"圬者"立传的行为看，士人乃至官员对于工商业人士已并不排斥，甚至尊敬其中特定的人士。这一方面减缓冲淡了重农抑商的社会压力与风气，另一方面，也为士人儒子经商提供了理论依据。

两宋时期，中央政府顺应了这一趋势，也采取了某些适当的政策，以促进商业的发展，如在税收上实行恤商政策，除了政府规定的商税，各地不能再随意增税，还经常实行一些减免商税的措施。南宋时期还精简或撤销了州县的一些税务机关，这些政策措施都促进了两宋时期的商业繁荣。

两宋时期，随着商业的繁荣，士人儒子经商风气颇盛，不仅一般士人从商，即使一些名士大家及其家人也有以商为业、以商起家的。如北宋文学家曾巩之叔、南丰人曾叔卿，就曾从事"景德镇购瓷，销往淮北"（《建昌府志》卷八）的商业活动。宋代不少士子还从事出版业，刻书印书，开书肆卖书。北宋著名散文家穆修就曾在大相国寺里摆过书摊。南宋在临安开书铺的陈起，也是当时名噪一时的武状元。南宋理学大师陆象山也"世为药肆以养生"（《象山先生全集》卷二十八《宋故陆公墓志铭》），更是一个典型的例子。朱熹和他的学生曾讨论陆象山的社会背景，"问：吾辈之贫者，令不学士弟经营，莫不妨否？曰：止经营衣食亦无甚害，陆家亦作铺买卖"（《朱子语类》卷一百一十三《训门人一》）。也有言陆象山"家素贫，无田业，自为药肆以养生"（《象山先生全集》卷二十八《宋故陆公墓志铭》）的。这说明两宋的士商队伍中，其声望阵容已非前人可比。随着海上贸易的发展，有些甚至还参与了海外的经营活动。有谓："远僻百屋士人，多是占户为商，趋利过海"（《宋会要辑稿·刑法》二之五十七）。特别应当注意的是，在一些正统封建家训中也有不少内容是谈经商营利的。如叶梦得《石林治生家训要录》就托古论证："圣门若原宪贤于子贡，而子贡则货殖焉。然论者不谓原宪贤于子贡，是循其分也。"他介绍经商的经验说："今后生汲于谋利者，方务于东，又驰于西。所谓欲速则不达，见小利则大事不成。人之为此破家者多矣。故必先定吾规模，规模既定，由是朝夕念此，为此必欲得此，久之而势我集、利归我矣。"南宋袁孚《袁氏世范·治家》也云："同居而详藏金宝，此为大患。""用以典质营运，三年而其息一倍。""余见世人有将私财假于众，使之营家，久而止取其本者，其家富厚均及，兄弟子侄，绵绵不断。"即主张把资金投入商业经营中，以使兄弟子侄获益。李元弼《作邑自箴·治家》也云："一户作营运，务安久长取利，岂可便要成立家资。"这都是士人长期从事经商实践的经验总结。

两宋时期的一些儒家学者已开始冲破传统重农轻商观念的束缚，强调农商俱利。如陈亮在《龙川文集》中指出"重商一事""商借农而立，农赖商而行。"农商之间，应该"求以相补，而非求以相病。"即认为农商之间必须互相依赖，互相促进，才能得以发展。其后叶适更是大胆地标榜"功利之学"，认为"古之人未有不善理财而为圣君贤臣者也"（《水心别集·财计上》）。明确提出不能理财，不言功利，就非圣君贤臣之道。他还认为，那种"抑末厚本，非正论也。"（《习学记言》卷十九）批判了传统的轻商抑商的思想，倡导先秦儒家重商的理论观念。两宋时期的这些重商的思想，是先秦儒家重商思想的继承和发展。

二、明代儒家重商思想的崛起

明中后期，随着王学的崛起与兴盛，儒家内部重商思想也发展到了鼎盛的时期。这一思想的特点，是对商人表现出相当尊重，并为商人的经商活动进行公开辩解。如著名思想家丘濬就认为应该给商人一定的社会地位，赋予其充分的商业经营自由，反对政府实行摧抑商业商人的政策，把食货农商视作同等重要。他指出："所谓财者，谷与货而已，谷所以资民食，货所以资民用。有食有用，则民有以为生养之具而聚居托处以相安矣。洪范八政，以食与货为首者，此也"（《大学衍义补》卷一百六十《总论理财之道》），张居正虽然认为对商人需征税限制，但也肯定了商人的作用，指出商农应交相发展，互相促进，其谓："古之为国者，使商通有无，农力本穑。商不得通有无以利农，则农病。农不得力本穑以资商则商病。因商农之势常权衡然，致于病，乃无以济也"（《张文忠公集》卷三十五《看洋户部进呈揭帖疏》），其对商人的地位，也给予恰当评价，认为士农工商只是职业上的分工，不应有贵贱之分。儒学宗师王阳明，对商人的社会价值更给予了明确的肯定。他说："古者四民异业而同道，其尽心焉，一也。士以修治，农以具养，工以利器，商以通货，各就其资之所近，力之所及者而业焉，以求尽其心。其归要在于有益于生人之道，则一而已。士农以其尽心于修治具养者，而利器通货犹其士与农也。工商以其尽心于利器通货者，而修治具养犹其工与农也。故曰：四民异业而同道。……自王道熄而学术乖，人失其心，交鹜于利，以相驱轶，于是始有歆士而卑农，荣宦进而耻工贾"（《阳明全书》卷二五《节庵方公墓表》）。王阳明批判了传统的重士贱商的观点，明确肯定了士、农、工、商在"道"的面前具有完全平等的地位，不应有高下之分。他还认为，学人经商并不是一件坏事。王阳明讲学时，有弟子提到儒者治生之事，"许鲁斋言学者以治生为首务。先生以为误人，何也？岂士之贫，可坐守不经营耶？先生曰：但言学者治生上，尽有工夫则可，若以治生为首务，使学者汲汲营利，断不可也。且天下首务，孰有急于讲学耶？虽治生亦是讲学中事。但不可以之为首务，徒启营利之心。果能于此处调停得心体无累，虽终日做买卖，不害其为圣为贤"（《传习录·拾遗》十四条）。王阳明为方节庵撰写墓表，方节庵就是由士入商的，这也是当时的趋势。如明人曾于《家规》中告诫子孙说："男子要以治生为急，农工商贾之间，务执一业"（张义渠：《课子随笔钞》卷2）。归有光于《白奄程翁八十寿序》云："古者四民异业，至于后世而士与农商常相混。（程氏）子孙繁衍……并以读书为业，君岂非所谓士而商者欤？"（《震川先生集》卷13）。

王阳明的观点到了其后学泰州学派那里，又有了进一步的发展。如泰州学派的何心隐认为："商贾大于农工，士大于商贾。商贾之大，士之大，莫不见之，……农工欲主于自主，而不得不主于商贾。商贾欲主于自主，而不得不主于士。商贾与士之大，莫不见也。……若农工之超而为商贾，若商贾之超而为士者矣"（《何心隐集》卷三《答作主》）。他认为四民的排列应是士、商、农、工，而且四民又可再进一步归纳为两大类：士与商同属于"大"，而农与工则并列于社会的最底层。王学后人中已有人在从事对商业经营理论的研究。如顾宪成《小心斋札记》卷十四载："耿司农择家童四人，人授二百金，令其生殖。其中一人尝从心隐请计。心隐授以六字诀曰：买一分，卖一分。又有四字诀：顿买零卖。

其人遵用之，起家至数万"。

在商品经济的发展和儒家重商思想的影响下，明清之际，社会上已有了士不如商的观念和说法。如归庄（1613～1673 年）在《传砚斋记》中有云："士之子恒为士，商之子恒为商。严氏之先，则士商相杂，舜工又一人而兼之者也。然吾为舜工计，宜专力于商，而戒子孙勿为士。盖今之世，士之贱也，甚矣"（《归庄集》卷六）。这里提及的严舜工是太湖洞庭山地区的一位身兼士商两种身份的人物。归庄劝他"专力于商，而戒子孙勿为士"，反映了当时社会上已存在"士不如商"的价值观念了。又如新安士人汪道昆《明故处士溪阳吴长公墓志铭》也提供了一个例证："古者右儒而左贾，吾郡或右贾而左儒。盖诎者力不足于贾，去而为儒；赢者才不足于儒，则反而归贾"（《太函集》卷四）。他在《蒲江黄公七十寿序》中说："吾乡左儒右贾，喜厚利而薄名高。纤啬之夫，挟一缗而起巨万"（《太函集》卷十八）。汪道昆在《诰赠奉直大夫户部员外郎程公暨赠宜人闵氏合葬墓志铭》又云："大江以南，新都以文物著。其俗不儒则贾，相代若践更。要之，良贾何负闳儒！"（《太函集》卷五十五）。明刊本《汪氏统宗谱》卷一六八也有："古者四民不分，故傅俨鱼盐中，良弼、师保寓焉。贾何后于士哉！世远制殊，不特士贾分也。然士而贾其行，士哉而修好其行，安知贾之不为士也。""良贾何负闳儒""贾何后于士哉！"说明当时的商贾已意识到了自己社会地位的提高，完全可以与士人相抗衡了。

余英时对 16 世纪至 18 世纪中国社会概括为一种"弃儒就贾"的趋势，士人阶层与商人阶层的传统界限变得模糊了，"士多出于商人家庭，以致士与商的界线已不能清楚地划分。……由于商业在中国的比例日益增加，有才智的人便渐渐被商业界吸引了过去。又由于商人拥有财富，许多有关社会公益的事业也逐步从士大夫的手中转移到商人的身上"[①]。当时除由士转商的例子外，也有商转士的例子。在这一历史形势下，思想界开始出现了为儒者经商利国、利民公开辩护的言论。如明末有一个宁波人华夏，就明确提出"儒者可以谋利以为身，国家不可病商以滋弱"的观点，认为商人中有很多豪杰之士，商人经营商业"几于治人之国者"（《过宜言》卷三《惠商论》），从而对知识分子只能走"修身、齐家、治国、平天下"的道路的狭隘偏见提出了挑战。又如信奉王学的陈确，著有《学者以治生为本论》，公开为儒者经商辩护，强调"学者要以治生为本"，他说："学问之道，无他奇异，有国者守其国，有家者守其家，士守其身，如是而已。所谓身，非一身也。凡父母妻子之事，皆身以内事。仰事俯育，决不可责之他人，则勤俭治生洵是学人本事。……确尝以读书、治生为对，谓二者真学人之本事，而治生尤切于读书。……故不能读书、不能治生者，必不可谓之学。而但能读书，

[①] 余英时：《士与中国文化·中国近世宗教伦理与商人精神》，上海人民出版社 1987 年版，第 520～521 页。

不能治生者，亦必不可谓之学。唯真志于学者，则必能读书，必能治生。天下岂有白丁圣贤、败子圣贤哉！岂有学为圣贤之人而父母妻子之弗能养，而待养于人者哉！"（《陈确集》卷五）。唐甄早年主王阳明之学，晚年转而经商，"为牙于吴市"（《潜书》上编下），成为儒商的另一代表人物。他也认为："苟非仕而得禄，及公卿敬礼而周之，其下耕贾而得之，则财无可求之道。求之，必为小人之为矣。我之以贾为生者，人以为辱其身，而不知所以不辱其身也"（《潜书·养重》）。唐甄在这里公然为自己"以贾为生"辩解：以贾为生正是为了保全自己的人格尊严。

　　明清之际像唐甄这样由士入商的儒生众多，不乏其例。明清笔记、方志、宗谱等资料中记载有许多"商而兼士""弃儒业贾"的事例。如《歙事闲谭·歙风俗礼教考》记载说："商居四民之末，徽俗殊不然。歙之业鹾于淮南、北者，多缙绅巨族，其以急公议叙入仕者固多，而读书登第，入词垣，跻朊仕者，更未易仆数。且名贤才士，往往出于其间，则固商而兼士矣。"又据《履园丛话》记载："苏州皋桥西偏有孙春阳南货铺，天下闻名。铺中之物亦贡上用。"即使明末大儒之类的领袖人物中，也有从事商业活动的。如顾炎武"垦田度地，累致千金"（全祖望《鲒埼亭集》卷十二《亭林先生神道表》）；还曾"抱布为商贾""操奇赢于市中"[①]。吕留良也从事于行运和刻书业（见《吕晚村文集》卷二《复姜汝商书》）。朱舜水在日本"亦与诸商贸易往来"（《朱舜水集》卷七《答安东守约书》）。明末清初的大思想家黄宗羲也说过："世人不察，以工商为末，妄议抑之。夫工固圣王之欲来，商又使其愿出于途者，盖皆本也"（《明夷待访录·财计三》），提出了著名的"工商皆本"的论点。这一切都证明明清之际，随着商品经济的发展活跃，儒家内部对商业的发展尤其是对士人经商的肯定越来越强烈。同时，它也从一个侧面印证了儒家重商思想对商品经济发展的积极作用。

第三节　晋商激励机制的经济学分析

　　明中晚期儒家重商思想盛行的结果，促进了明清时期（主要指从明中叶到清乾嘉时）商业的发展与活跃。中国历史上的十大商帮（山西商帮、陕西商帮、宁波商帮、山东商帮、广东商帮、福建商帮、洞庭商帮、江右商帮、龙游商帮徽州商帮）就形成、活跃于这一时期。在这些商帮中，晋商和徽商最为活跃，而晋商又名列首位。据万历时人谢肇淛讲："富室之称雄者，江南则推新安（徽商），

[①] 引自查永玲：《万寿祺〈秋江别思图〉卷》，《文物》卷1991年第10期。《秋江别思图》现藏浙江博物馆，是万寿祺为送别顾炎武而作的，跋中明言顾炎武曾"抱布为商贾"，肯定了他在辛卯（1651）年的秋天从常熟唐市到浦西经营布匹贸易的事实。

江北则推山右（晋商）"（《五杂俎》卷四），晋帮商人的巨额资本已在百万以上。晋商之所以能称霸天下，除资本雄厚外，与其特有的身股制的激励机制密切有关。

一、晋商票号的身股制

身股制又称顶人力股制，源自明代中期的伙计制。明人沈思孝对这一伙计制的特点描述说："其合伙而商者，名曰'伙计'。一人出本，众伙共而商之，虽不誓而无私藏。祖父或以子母息丐贷于人而道亡，贷者业舍之数十年矣，子孙生而有知，更焦劳强作以还其贷。则他大有居积者，争欲得斯人以为伙计，谓其不忘死肯背也。则斯人输少息于前，而获大利于后，故有无本者，咸得以为生。且富者蓄藏不于家，而尽散之为伙计。估人产者，但数其大小伙计若干，则数十百万产可屈指矣。盖是富者不能遽贫，贫者可以立富"（沈思孝：《晋录》）。从沈思孝的描述可知，所谓伙计制，是由出资者选择品行端正之人作伙计，付予资本，由他们去经商。伙计对出资者负责，讲信义的伙计更是受到出资者的欢迎和重视。显然，这是一种出资者出资、伙计出力，出资在前、获利在后，有资本和无资本均可得益的一种较牢固的合作经营形式。

明代的伙计制到晚明清初则发展为身股制。具体而言，其特点是东家出资，经理和员工出力。经理和员工为资本负责，东家允许经理和员工以个人劳动顶身股。"身股"也称人力股，与银股相对。所谓银股，是开设企业时东家投入用以增值的货币资本。股数不变，但每股资本额通过分红倍本逐年增加。身股为职工以自身劳动加入的股份，享有与银股等量的分红权利。具体方式有二：一是东家开办企业时对其聘请的高级管理人员或核心员工事先言定人力股若干，以合约的形式规定下来；二是企业在经营过程中遇账期分红，由经理根据职工的业绩向东家推荐，经东家认可即可登入账册，写明何人何年顶人力股若干，从而成为新顶人力股的职工。顶人力股的份额有很大的差别，体现了优中奖优的分配原则。也就是说，不论是经理人员还是一般员工，都可以根据其表现和对资本贡献的大小顶一定的股份。所顶身股一般限制在 1 股（俗称一俸）为满额，个别最高可达 1.2 股。经理以下根据资历、表现以及对商号的贡献，可顶 1 厘至 1 股（10 厘），优秀者可逐年增加。年终根据每届账期赢利多寡，东家银股与职员身股共同参与红利分配。一般商号较好年景，一个账期每股可分得 2000～3000 两白银或银圆。票号对顶身股人员，每逢 3 年时还要计算一次赏罚。工作较好的酌加顶身股 1 厘，优秀者加 2 厘。表现为劣等者，不但不增加身股，还要降职处分。企业亏损，身股则不负亏损责任。显然，身股是一种有权利分红而不承担风险的股份，应属利润分成的一种激励机制，而与一般意义上的股份制有所不同。

身股制分配利润的另一重要特点，是东家与经理人和高级员工分配利润的比例不断变化。这种变化是在银股股份不变的情况下，随着顶人力股职工人数的增加或每人顶人力股份额的增加而变化。一般情况下，企业早期顶人力股者占比较小，后期占比则超过一半，这意味着企业利润的一半多被顶人力股的职工分去。如以祁县大德通票号为例，大德通资本股20个、乔氏17.5个，秦氏2.5个。资本额由光绪十年（1884年）的10万两，增长为光绪三十四年（1908年）的22万两，但资本股数不变。随着顶人力股伙计的变化，光绪十四年（1888年）分红，银股20个，从业人员23人，顶人力股共9.7股，为银股的48.5%，分配比例为67∶33；到光绪三十四年（1908年）分红，银股20个，顶身股人数增为57人，顶人力股增长为23.95股，为银股的119.75%，该年共盈利银74.3545万两，扣除酒席银665两，用于分红74.288万两，银股和身股共计43.95股，每股分红1.7万两。银股20股，分去34万两，身股比银股多分红6.288万两，分配比例为45∶55。顶人力股的分配比例虽然超过银股，但由于有效激励了员工工作的积极性，资本的回报率仍是相当高的。如乔家在大德通投资的资本最多时不过才192500两，1888~1908年共6次分红（每股850两、3040两、4024两、6850两、17000两），乔家17.5股共分得利润610995两，20年间，利润就相当于原资本金的3.17倍。[①] 山西票号之所以能在明清时期获得迅速发展，正是得益于这种有效的利润分享的激励方法。

表4-1、表4-2是大德通三个账期银人股数和利润分配变化、大德通1888~1908年资本利润率变化统计。

表4-1 　　　　大德通三个账期银人股数和利润分配变化统计

年份	银人股数 银股 股数	银人股数 银股 占银人（%）	银人股数 顶人力股 股数	银人股数 顶人力股 占银人（%）	账期利润每股分红 用于分配的利润（两）	账期利润每股分红 每股分红（两）	资本家分得（两）	顶人力股者分得（两）
1888	20	69.34	9.7	30.66	24700	850	17000	7700
1908	20	45.50	23.95	54.50	742800	17000	340000	402880
1925	17.5	53.51	15.2	46.69	261600	8000	140000	121600

资料来源：黄鉴晖：《明清山西商人研究》，山西经济出版社2002年版，第385页。

[①] 票号的利润与分红，依据《山西票号史料》山西人民出版社1990年版所载资料计算。参见自黄鉴晖著：《明清山西商人研究》山西经济出版社2002年版，第356页；刘建生、刘鹏生等：《晋商研究》，山西人民出版社2002年版，第406~407页、第419~420页。

表 4-2　　　　　大德通 1888~1908 年资本利润率变化统计

年份	资本 金额（两）	股数	每股金额（两）	每股分红（两）	账期利润率（%）	年利润率（%）
1888	100000	20	5000	850	17.00	4.25
1892	130000	20	6500	3040	46.76	11.69
1896	140000	20	7000	3150	45.00	11.25
1900	160000	20	8000	4024	50.30	12.575
1904	180000	20	9000	6850	76.11	19.027
1908	220000	20	11000	17000	154.54	38.635

资料来源：黄鉴晖：《明清山西商人研究》，山西经济出版社 2002 年版，第 386 页。

二、身股制的经济学分析

现代经济学中的产权学派深入地讨论了企业组织中委托—代理关系。他们认为，任何组织都会面临一个如何赋予每个要素所有者以充分的激励，使其按预期的方式促成全体成员的净财富最大化的问题，这样，委托—代理关系便相伴而生。委托—代理关系的定义，是指一个或多个行为主体指定、雇佣另一些行为主体为其服务，与此同时授予后者一定的决策权利，并依据其提供服务的数量和质量支付相应的报酬。授权者是委托人，被授权者是代理人。委托人有权决定支付代理人报酬的规则或方案。从委托人方面看，最关键的问题是如何将代理人的行为限制在符合委托人利益的范围内，为此委托人必须投入一定的资源，这些耗费的资源构成了"代理成本"。委托人解决委托—代理关系的目标是谋求"代理成本"的最小化。为找到解决委托—代理问题的好办法，经济学家们投入了巨大的努力进行探索。他们提出解决这一问题最好的办法是设计一种能加强对代理人行为监督机制、以抑制代理人的机会主义动机的契约。阿尔香和德姆塞茨论证说，赋予监督者一种剩余索取权也就赋予了他最充分的监督激励。巴泽尔进一步发展了这一关于剩余索取权的思想，认为在生产过程中谁对总产品的贡献最难测度，谁就应拥有剩余索取权，处于企业家的位置，雇佣和监督其他成员。[1] 晋商票号中实行身股制的内部激励机制，符合现代经济学中的委托—代理理论，并为解决这一委托—代理问题提供了很好的案例。

现代经济学在分析企业中委托—代理问题时，引入了信息不对称理论。从掌

---

[1] Y. 巴泽尔：《企业家的自我警备的报酬》，载于《经济学探索》1987 年，第 103~116 页。

握信息的情况看，代理人是掌握全面信息的一方，委托人则是信息不足的一方。委托人与代理人之间的信息不对称产生了如何对代理人进行有效激励的问题。这就要研究如何去激励代理人显露私人信息，特别是激励代理人减少或消除不道德行为，使代理人的行为更加符合委托人的利益。从信息不对称的角度，激励的困难在于私人信息和"不能观察投入"。这是因为影响人们经济活动结果的因素除了人的活动和主观努力外，还有自然状态的条件，这两类信息都呈现出不对称分布，是代理人的私人信息，因此代理人工作努力程度即使在事后也是无法准确督察的。比如一家企业亏损了，亏损的原因是经理人员的经营管理问题还是市场环境不好所致？表面上很难分辨出来。从现代经济学分析的角度，解决委托—代理问题最好的办法是设计出一个合理的激励合同，诱使代理人在既定自然状态下选择对委托人最有利的行动，这在经济学上被称为激励相容。在各种层次的激励中，对企业经营管理者的激励最为重要。在管理者和所有者是同一主体时，所有权提供了强烈的内在动力，因而不存在外部激励问题。但随着企业的发展，管理需要专门的人才，所有者与经营管理者的分离在所难免。在这两权分离的经营形式中，股东不直接参加管理，而需聘请专职的管理人员。这时，所有者或股东就成为委托人，经理就成为代理人。委托人与代理人的目标常常不一致，股东或其他形式的所有者关心的是企业的盈利和自己的投资收益，而经理们却可能有其他的目标，如他可能追求企业规模的扩大和自己收益的最大化，等等。因此，在经理人员与股东追求的目标不同时，如何使拥有信息优势的经营者尽可能地努力工作，满足股东的目标就成为激励理论的主体部分。现代经济学在各种激励机制的研究中，认为占有剩余所有权是最好的激励安排。晋商票号中的身股制就是一种占有剩余所有权的激励机制的设计，它对于稳定和激励企业高级管理人员和核心员工发挥了很好的作用，不失为是一种很好的激励相容的管理制度。依据这一办法，每个职工不必出资，只要出力，就可根据其表现和对资本的贡献大小顶一定的股份，到时和银股者平等分红，但股份并不像银股股份固定不变，而是随该员工工作的绩效的变动而增减，显然这是一种有差别的动态的激励机制。

1980 年前后，伦德纳和罗宾斯坦提出了声誉理论。他们使用重复博弈模型证明，如果委托人和代理人之间能保持长期的关系，代理人就不可能以偷懒等损害委托人利益的方式来增加自己的福利。在这里声誉效应起着决定性的作用。因为如果代理人期待着与委托人的第二期合作，他就必须在第一期努力工作，保持良好的业绩，以证明他是委托人值得信赖的合作者；如果代理人希望第三期的合作，他就必须继续努力，以保持良好的声誉。只要代理人期待与委托人之间有长期合作的关系，而不是在一个较短的时期内结束这种关系，代理人就必须以其努力工作及其业绩赢得声誉。晋商票号中身股制的设计就符合这一原理。身股制的一个重要特点就是顶人力股者除自辞外，一般都是终身雇佣制，去世后还可以享受若干账期的分红权利，被称为"故股"。"故股"的设置，既解除了高级员工的后顾之忧，也是东家对为其效劳者死后的一种报答。

经济学激励机制设计面临的一个难题是如何设定代理人业绩评价的标准。如果有了这种标准，委托人就可以据此对代理人进行考核并给予奖励。但由于管理者所从事的工作完全是非标准化的，很难实现定额管理。在这种情况下，往往会以同一代理人过去的业绩作为考核的标准，这种标准和激励方法的缺点在于易产生"棘轮效应"或"鞭打快牛"，代理人越努力，业绩越好，标准也越高。当代理人意识到这种棘轮效应时，他就有可能根据预期来调整降低自己的努力程度，即"调低"工作标准。晋商票号中对总经理的激励机制很好地解决了这一难题。首先，票号已认识到对经理人员选用的合适与否是企业经营成败的关键，为此，他们对经理人员的选用十分谨慎。票号企业对经理的选用可谓一丝不苟，在经理聘用之前，东家要对他进行严格的考察，为了解其德行，东家除参与同仁及知情者的评价外，还要设下种种局情，观察和考验他的品性。一旦选定，东家便以重礼招聘，委以全权，并始终恪守用人不疑、疑人不用的原则，对经理的日常经营活动不予干预，有的甚至还从某些方面限制、约束东家的权利，让其放手经营，静候年终决策报告。如平遥县蔚泰厚的票号合约中就明确规定，"东伙不许在号内借贷"；大德通商号规定，"东家不准向号内推荐人位"，这些都是对东家限制性的条文。这一所有权与经营权高度分离的经营体制，有利于票号的发展和对经营者的激励。其次，身股制使经理人员的薪金和股份收入（剩余收入）远远高于普通员工，对经营者给予了较大力度的企业剩余所有索取权，加大了对经营者的激励。如前所述，票号在东家资股和经营者人力股分配的比例上，是向人力股比例份额倾斜，这有利于调动经营者的积极性。由于经营者在企业所承担的责任重大，他要对企业的各种不确定性因素做出反应和决断，要用自己的智慧和经验进行非程序化的工作，要监督他的工作就需要很大的监督费用，且未必奏效。最好的办法就是让经营者自己监督自己，给予优厚的剩余收入作为报酬，使其努力程度紧密地与其经营好坏联系在一起，由此自然会产生一种约束自己的力量。这一制度设计，合乎现代经济学中的人力资本的产权理论。现代企业理论认为，企业是各种要素所有者达成的一个契约，是一个人力资本与非人力资本共同订立的特殊市场合约。企业利益是所有参与者参与签约各方的共同利益，而不仅是股东的唯一利益。经营者是企业最重要和最有活力的生产要素，在企业的发展中经营者人力资本价值的实现和发挥则显得尤为关键。除此之外，东家每年还要根据经理的业绩，在年终或账期增减其薪金和股份，并通过在公开场合抬举业绩好的经理，制造一种精神鼓励或压力。如有的票号在每届年终各地经理齐集总号汇报工作时,都由东家设宴款待,盈利多者坐上席,东家敬酒上菜热情招待;盈利少或发生亏损者居下席,自酌自饮。如两三年都居下席,用不着东家说话,经理也就只好请辞了。

身股制激励制度的设计还有效地克服了传统家族企业中常见的股权状况不明晰和很少吸纳外部成员加入公司治理结构中决策层等弊端,它与现代企业理论是相通的。实践证明,晋商票号的这一激励制度是成功的。据现有统计资料来看,绝大多数的总经理人选是称职敬业的,其中还不乏享誉至今的商界帅才,如著名的日升票号总经理雷履泰、蔚泰厚票号的李宏龄、大德通票号的高钰、协同庆票号的赵厚田等等,不胜枚举。

总之,身股制的激励机制使管理层乃至多数职工有了顶身股的机会,将管理员工的利益与股东、企业的经营效益紧密联系起来,有效地激励了票号管理层和员工的工作热情,也增强了企业的凝聚力,激励机制的有效性是十分明显的:"这种薪酬制度的确是山西票号的一大发明,也是山西票号高效率的秘密。票号的管理是极严的,分庄老帮在外地一驻就是三年,不得带家眷,更不许养外室或嫖娼,工作辛苦,风餐露宿,责任重大。使他们能坚持下来并做好业务的动力就是盼望身股的增加。而且,身股不能抽走,人去股没,这也使各票号留住了一批有才华的人。即使是从小伙计干起,也有希望熬到些身股。身股制的确是高。"[①]即使在今天,也有企业如浙江方太就成功地借鉴这一激励机制,取得了成功。[②]

晋商票号的兴盛是因为找到了一种有效的激励方式,但在近现代又迅速衰落了。对其中的原因学界有诸种说法,代表性观点有"清亡票号亡论"和"传统文化约束"说。[③] 这些说法都有一定的道理,但不够全面。实际上,导致晋商票号衰落的主要原因是外部经营环境的恶化。这首先表现为外国资本主义的经济侵略,严重打击了晋商票号的生产与销售。如以晋商票号经营长达 200 年之久的中俄恰克图贸易为例,第二次鸦片战争之后,沙俄通过与清政府签订的《天津条约》《北京条约》及《中俄陆路通商章程》等不平等条约,俄商势力开始深入我国各地,直接攫取土产品并推销其工业品。恰克图的边境贸易因此一落千丈,沉重打击了晋商票号中对俄贸易的商帮。俄商还借八国联军进攻津京之机,公然拒付晋商票号的钱款,晋商票号仅此一项就损失折银达 62 万余两之多。外部经营环境的恶化的另一表现是时局的动荡对晋商票号经营的打击,如 1914 年第一次世界大战爆发致使在俄国各地的山西票号落荒逃归,损失折银达数百万两。第二

[①] 梁小民:《探求晋商衰败之谜》,载于《读书》2002 年第 5 期,第 113~114 页。
[②] 周永亮、孙虹钢:《方太儒道》,机械工业出版社 2016 年版,第 26 页、第 152 页。
[③] 前者代表性观点参见黄鉴晖:《明清山西商人研究》,山西经济出版社 2002 年版,第 485 页;后者参见刘建生、刘鹏生等:《晋商研究》,山西人民出版社 2002 年版,第 601 页;梁小民:《探求晋商衰败之谜》,载于《读书》2002 年第 5 期,第 114 页。

次鸦片战争期间，英法联军的侵略致使山西票号在京津、直隶、山东及关外广大地区的商业、金融业被抢被焚，遭受极大损失。又如清末国内爆发的太平天国革命、捻军起义、西北回民和云南苗民起义，都使山西票号遭受了毁灭性的打击。如咸丰九年（1859 年）介休市冀家在北京的商号有 4 家被焚抢，在河北的商号大半被毁，在湖北的商号有十几处皆损失大半，此时比较以前的家资已不及十分之三。[①] 北洋军伐时期，军阀割据，土匪纷起，生意停顿，又使山西票号损失惨重。袁世凯在致冯国璋的电文中也承认："汉口自经鄂变，库尘无损。官军大肆焚掠，商民受害"[②]。如天成亨票号仅在汉口、西安、成都三地就被土匪抢劫白银达 100 多万两，先后共计亏损 200 余万两。日升昌票号仅在四川、陕西各分庄丢失白银 30 余万两，加之许多放款不能收回，总计损失达 300 万两以上[③]。面对外部环境变化，晋商票号的高层管理者未能主动适应外部新环境的变化，也是其走向衰败的原因之一。例如，当官办邮政开办、电报汇兑出现后，晋商票号甚至阻挡电汇的发展，依然通过民信局进行票汇，最后是在政府的强制下才运用官办邮政。面对外国资本和银行的入侵，晋商经营的票号未能及时改组为现代银行。当外资银行和中国通商银行等金融机构普遍采用抵押贷款方式以防止出现金融风险时，而晋商票号依然一味只作信用放款，不做抵押贷款，使其在倒账清理时蒙受巨大损失。晋商票号的改革家李宏龄在当时曾提出过改革的建议，他大声疾呼："山西如不开设银行，后来穷窘甚于昔年岁饥。外国银行夺我全国之利，若不抖起精神与其竞争，那时元气伤尽，再欲设法补救，心有余而力不足矣！"（李宏龄：《山西票商成败记》"成都票帮公启"）。他函劝各帮票号顺应潮流，效仿近代银行组织、经营方法，集股实行票号大联合，创建股份制银行，以革故鼎新。遗憾的是，他的这一创新建议并没有得到其他票号的响应，反遭守旧势力的反对。

---

① 刘建生、刘鹏生等：《晋商研究》，山西人民出版社 2002 年版，第 493～494 页。
② 《中华民国史档案汇编》（第 1 辑），江苏人民出版社 1979 年版，第 207 页。
③ 山西票号的损失情况可参见卫聚贤：《山西票号史》附录《史梦麟事略》，三晋出版社 2017 年版；冀孔瑞：《晋中第一家票号——平遥日昌升》，载于《山西文史资料》2013 年第 10 期。

第五章　传统儒商到现代儒商

"儒商"是比较热的一个话题。但何为儒商？历史上的儒商和现代儒商的产生过程、发展的趋势如何？儒商的经营理念以及在历史上和现代市场经济中又具有怎样的地位和将发挥怎样的作用？这都是需要进一步探讨的问题。

第一节　儒商的界定

一、儒商的概念

何为"儒商"？"儒商"这一概念的形成有一个历史的过程，大体言之，"儒商"这一概念的提出，从先秦到汉初是"儒"与"商"的初步结合，当时称之为"良商""诚贾"和"廉贾"。西汉到明朝中叶，从职业到价值观念，"儒"与"商"都处于相互分离的状态。从明朝中叶至现代，随着市场经济的不断发展和完善，"儒"与"商"的结合才逐渐趋于成熟，在"士贾""儒贾"提法的基础上 20 世纪后半期才明确出现了"儒商"这一概念。就儒商的概念而言，可界定为是"儒"与"商"的结合体，既有儒者的道德和才智，又有商家的财富和成功。新加坡周颖南先生认为："'儒'指文化人。那么，文化人从商，则称儒商。"周先生还认为，中国经济改革开放后，许多文化人改行做生意，这些文人经商或办工厂，都可以称作"儒商"。马来西亚的陈春德先生则认为："所谓儒商，顾名思义，是指一个人既是文人，又是商人。"菲律宾的林健民先生也持相同的见解，认为："'儒商'这两个字，顾名思义，就是学者或读书人，从事商业活动之称谓。换言之，一个有书生本质的人，接受现实生活的需要，变为亦商亦文了。"类似的看法还可以举出许多。如陈公仲先生认为："儒商，可谓亦文亦商者。或商人从文，或文人从商。"周毅先生认为："儒商，即兼有经商与学者之才者，是受到社会敬重之人；亦儒亦商者是，先儒后商或先商后儒者是，商而好儒者亦是。"① 但也有不同意见，这些海外关于儒商概念界定的看法，其核心是认为儒商应是"从文"和"经商"集于一身的人，也即我们所俗称的"从商的文人"或"从文的商人"。这一界定虽然也把握住了儒商的某些特征，如儒商都具有较高的文化素质和修养，经商的同时，都不忘关注或从事社会文化的工作。但笔者认为它并未把握住儒商的核心本质，但不妨把上述界定看作广义的儒商定义。

还有一种儒商的界定要深入一步。如海外潘亚暾先生认为："所谓'儒商'，不能望文生义地简单理解为'有较高的文化素养的商人'。儒商是时代的产物，所谓'儒商'，首先是品格高尚的胆识才能、人文言行一致之士（不一定要拥有高学历或文凭），他们以弘扬中华文化为己任，以义制利，见利思义，乐于为社会做奉献，是文商结合、德才兼备的成功人士。儒商的意义超出了经济范畴，他们把社会变革的经济目标与人们寻求的人文目标合二为一，把时代精神与传统文化冶于一炉。"马来西亚的陈志成先生也认为：儒商"都必须是在商场上冲锋陷阵的人，同时也具有儒者的本色，以及强烈的人文关怀。当他们自己在经济上有了一定的成就时，并且随时愿意挺身而出赞助文化活动者。"② 国内学者黎红雷认为，所谓当代儒商"就是践行儒家商道的当代企业家，其行为包括：尊敬儒家先师孔子、承担儒家历史使命、履行儒家管理理念、秉承儒家经营哲学、弘扬儒家伦理精神、履行儒家社会责任等"，因此，"儒商不是一种身份，而是一种行为；不是一种荣誉，而是一种责任；不是一种境界，而是一种承担。"③ 笔者认同这一看法，认为"儒商"，绝不是一般意义上的商人，而是深受儒家思想的影响，具有商业道德和文化素养的商人。1994年7月在海口市召开的首届国际儒商文研会上对"儒商"提出了三条定义：（1）有较高的文化素养；（2）有良好的品德；（3）对社会有贡献。这一定义不妨称之为狭义的"儒商"定义。笔者在这里所要探讨的"儒商"，是指这种狭义的"儒商"。

二、现代儒商的风范

儒家传统价值观念的核心是仁义道德，强调仁、义、礼、智、信的伦理观念。儒商深受儒家这一思想的影响，强调以德为本，重义守德，仁、义、礼、智、信的伦理观念也就成为他们经营理念的核心。

作为一个儒商，应效法子贡"博济众生，利己利人，生财有道，富而好礼"

---

① 上述海外关于儒商定义见《儒商大趋势——首届儒商文学国际研讨会论文集》，暨南大学出版社1996年版，第27页、第33页、第38页、第58页、第102页。
② 《儒商大趋势——首届儒商文学国际研讨会论文集》，暨南大学出版社1996年版，第2页、第65页。
③ 黎红雷：《儒家商道智慧》人民出版社2017年版，第8页、第12页。

的精神内涵，在企业经营管理理念、作风、手段等方面，都应具有儒商的风范，这种儒商的风范概括起来讲，主要有以下几点：

第一，具有"人本主义"的经营观念。孔子强调"仁者爱人"，就是要以人为本。这种人本主义，表现在商业经营管理上，就是要既遵守市场经济和现代社会的规则，借鉴西方先进的管理方式，又能坚持传统儒家所强调的"以人为本"的人本主义精神，具有仁爱之心，关爱客户，同时又能创造条件满足员工物质上和精神上的需要，在企业中产生一种感情上和精神上的凝聚力，进而激发出生产上的积极性和创造力。强调"善"和"良知"，是儒商的基本理念。不论是在古代和现代，"人本主义"的经营管理观念非常重要。一个企业运作的成功，首先要依靠企业内全体成员的相互信任、合作。如果在企业全体员工中能够建立良好、和谐的人际关系，这个企业必定是一个富有效率的企业。建立良好、和谐的人际关系，又必须从尊重他人开始，凡事都能够互相信任、合作，以诚信相待，不以自己为中心，这样才能尊重他人的意见，集思广益。总之，"人本主义"的观念是儒商所应具备的经营观念。这种以人为中心的经营观念，也是企业的核心价值观念，它是无形的，却是企业经营的原动力。一个企业家有了这种经营观念，公司采取的管理方式或所拟订的福利制度都能为全体员工所接受。

第二，崇尚"见利思义"的商业美德。孔子曰："君子喻于义，小人喻于利"（《论语·里仁》），"见利思义"（《论语·宪问》）。过去很多人认为这是一种根植于落后的自然经济基础上的道德价值观念，与经济的发展不相适应。这种看法不正确。关键在于要搞清孔子所说的"义"和"利"所指的内涵是什么。孔子所说的"利"，指的是一种属于个人的私利；所提倡的"义"，指的是一种符合社会行业公利的道德规范。如此界定"义""利"的内涵，自然"义"要重于"利"。这种价值观念的核心是推崇社会的整体本位，看重道义的原则，主张在个人利益和社会整体利益发生矛盾冲突时，克制个人的私利和物欲，将营利行为限制在社会道德规范允许的范围内，反对那种自私自利、见小利而忘大义、唯利是图的行为。中国古代的商业伦理，中华民族崇尚节操、尊重道义、顾全大局的民族精神，就是由此发展而来的。同时应强调指出，孔子主张义重于利，但不排斥个人对利益的追求。他明确地说过："富与贵，是人之所欲也，不以其道得之，不处也；贫与贱，是人之所恶也，不以其道却之，不去也"（《论语·里仁》）。在孔子看来，追求私利是人的一种普遍欲望，不应否定。但一个人在追求私利的同时还要考虑一下他的这一行为是否有损于社会的公利和道德，即要"义然后取利"（《论语·宪问》）。儒商之所以称之为儒商，就在于他们受儒家这一思想的影响，具有"见利思义"，不取不义之财的商业道德。儒商在处理义利的关系时，强调要取之有道。对那种"见利忘义"的"奸商"行为，儒商是鄙视的。他们认为只有"见利思义",以道义对待顾客,才能赢得顾客的信任而最终获得经营的成功。

第三,强调提升文化的涵养,儒商要具备一定程度的文化知识。儒者,古代的读书人之谓也。现代儒商应具有一定程度的文化涵养,熟悉中国优秀传统文化,具有温文儒雅的风度,在他们的身上能体现出一种深厚的人文气息。菲律宾儒商林健民先生在论及儒商应具备的素养时说:"儒商在经营事业中,不忘自己是一个学者。而作为一个亦商亦文的学者,做事应格外小心与认真,把作业时时检讨,以求日日进步,一切须追随和争取现代化,尤应懂得现代的组织与管理法,不然就会导致失败。特别是在国际贸易上,今日世界上所发生的大事,无论是政治,经济,或国际间的纠纷,或某地区的动乱,你不但要关心,亦要随时随刻研究其后果,是否会影响或牵连到你的事业。一言以蔽之,身为一个儒商,处于今日一切以速度为进步的世界中,应谦虚地无所不学,与无所不知!……一个亦商亦文的人,在数十年之中,每天有了以上这些增进知识的资料来参考与学习,直接间接皆有益于他的事业。起码,他能体会到自己是在跟时代跑,一切不落人后。上述之经验实例,并非本人对一个儒商的过分苛求,而是认真来面对不能避免的现代工商业之自由竞争下,所应急起直追的科技与资讯的种种学习准备。必须清楚认识到,儒商与一个普通贸易者处境不同,前者是对国家社会,有道义上的重要任务,何况,像上面所说的,事业自由竞争的结果是由优胜劣败来决定的。儒商在资格上应胜普通人一筹,不能不格外警诫自己,并格外虚心来面对现实!"[1]

第四,建立服务社会的人生观,追求用户安心。儒商追求的理想目标是成德建业,服务社会,创造价值。"太上有立德,其次有立功,其次有立言"(《左传》襄公二十四年)是儒者的基本信念。儒家强调,成德和立业是联系在一起的,所以孔子强调要"修己以安百姓"(《论语·宪问》),强调要"修身、齐家、治国、平天下"(《大学》)。结合到儒商,就是要建立一种服务社会为目标的人生观,追求用户安心。当方太董事长茅忠群被问及为什么要选择"成为一家伟大的企业"作为方太集团的愿景时,他回答这不是心血来潮,而是和追求的境界有关。他说在德国、日本的企业界,有许多隐形冠军,都是中小企业,但都做得非常卓越,有的甚至可以称得上伟大。他特别提及日本有一家医院,"那家医院,做得多好,我忘记了,但我始终记得一个结果,日本很多人,甚至住处距离医院很远的人都想生一场病,只为了在这家医院住上一段时间。医院做到了这样,真的了不起。所以,我觉得,企业不在大小,而在于是否卓越,卓越就是做到用户

---

[1] 林健民:《现代儒商的任务》,引自《儒商大趋势——首届儒商文学国际研讨会论文集》,暨南大学出版社1996年版,第39~40页。

安心"①。儒商在经营企业的过程中，要明确经营企业的目的不是唯利是图，而是要服务于社会。具体到经营方针上来，就是以顾客至上作为服务的准则，真诚地为社会人群服务，创造价值。盈利之后，不忘回报社会。

除此之外，儒商还应具有开拓创新的追求和迎难而上的进取精神。马来西亚的儒商就视生活如"逆水行舟"，认为生活的过程就是不断的奋斗、永恒的努力；他们的生活态度是"忠孝仁爱""义勇"；他们觉得事业的成功，必须具有勤奋的努力、百折不挠的精神，要有决心和毅力，坚信"有志者事必成"；生活方式节俭、朴素、避免浪费，为人守信用。在马来西亚经商的华裔的行为方式与生活态度中，儒家思想扮演着重要角色。马来西亚的缪进新先生对马来西亚的儒商特点有如下的描述，马来西亚的儒商在于对自己族群利益的照顾、对自己民族文化的热爱，更为重要的是他们所共同受过中华文化的熏陶。②

第二节 传统儒商的特点

一、传统儒商的形成

儒商概念形成的过程，据明代李晋德《商贾一览醒迷》、明代憺漪子《士商要览》和清代吴中孚《商贾要览》所记，先秦文献中只有"儒"与"商"两个概念，没有"儒商"这一概念。春秋末年，随着自由市场和自由商人的活跃，人们把那些讲求信义有德行的商人称为"诚贾"或"良商"，如《管子·乘马》篇中就有"非诚贾不得食于贾"的话，意思是说缺乏诚信的商人是没有资格从事商业活动的。在《战国策·赵策中》也有"夫良商不与人争买卖之贾，而谨司时"的话，意思是说品德高尚的商人不会与人计较买卖价钱，而是善于把握商机。

先秦时期的子贡、范蠡、白圭等则是"诚贾"或"良商"的代表。子贡乃孔子得意门生，经商的同时跟随孔子学习儒学，由于他善于预测市场的供求关系，经商成功成为富商，孔子高度评价他预测行情"亿（同'臆'即推测）则屡中，吾不如也"（《论语·先进》）。子贡不但从事商业活动，还以雄厚的财力帮助孔子宣传儒家学说，司马迁概括说，"子贡结驷连骑，束帛之币以聘享诸侯，所至，国君无不分庭与之抗礼。夫使孔子名布扬于天下者，子贡先后之也"

---

① 周永亮、孙虹纲：《方太儒道》，机械工业出版社 2016 年版，第 XVI 页。
② 缪进新：《儒商——新华人社会的领路人》，引自《儒商大趋势——首届儒商文学国际研讨会论文集》，暨南大学出版社 1996 年版，第 55 页、第 57 页。

(《史记·货殖列传》)。越国大夫范蠡辞官后居陶地，善治生，"十九年之中三致千金，再分散与贫交疏昆弟。此所谓富好行其德者也"(《史记·货殖列传》)。周人白圭"乐观时变"，采取"人弃我取，人取我与"(《史记·货殖列传》)的经营策略，推崇"智""勇""仁""强"的品德，终成一代富商，司马迁为之立传。司马迁还根据先秦商人的品德高下，把商人分成"廉贾"("良贾")与"贪贾"，"廉贾"薄利多销，让利客户；"贪贾"高价出售，牟取暴利。但最终"廉贾"因赢得了客户，占领了市场，"廉贾归富"(《史记·货殖列传》)。西汉之后，因统治者实施"重农抑商"的经济政策，"右儒左贾"也就成为社会上主流的价值观念，商人在世人的眼中是唯利是图、为富不仁的小人，他们与道德高尚、博学多才的"儒"是格格不入的。但随着唐宋以来儒家重商思想的再度兴起，尤其是明中后期王学崛起，人们开始冲破传统的"重农抑商"和"右儒左贾"的思想壁垒，从"重农抑商"的价值观转向了"工商皆本"的价值观，大批士大夫也投身于工商业，社会上出现了"弃儒就商"或"弃农就商"的时代潮流。如明弘治、嘉靖年间黄崇德"习儒，有志于举子业"，他父亲对他说："象山之学，以治生为先"，他便"弃儒从商，挟资贾于齐东"(《歙县竦塘黄氏宗谱》)。又如明成化、嘉靖年间的歙县人许大兴"累世农耕，不事商贾"，但在"弃农就商"潮流的影响下，他认识到"吾郡保界山谷间，即富者无可耕之田，不贾何待？且耕者什一，贾之廉者亦什一，贾何负于耕！古人非病贾也，病不廉耳"(《新安歙北许氏东支世谱》)，遂弃农从商。在这一"弃儒就商"或"弃农就商"的潮流下，最终形成了以徽商、晋商为代表的十大商帮。在这十大商帮中，出现了一大批有职业操守的商人。这些商人深受儒家思想影响，或由儒而贾，或由贾而儒，形成了传统儒商。传统儒商形成的标志，是他们能够自觉地把儒家思想同经商实践相结合，能"用儒意而通积著之理"(《陆文定公集》卷七)，"藉令服商贾而仁义存焉"，使自己成为"商名儒行"(《歙县竦塘黄氏宗谱》卷五)。因此，在明清文献中便出现了许多将"儒"与"商"相结合的提法，诸如"士商""儒贾"等。

随着明清商帮的出现，在商业上出现了前所未有的喧闹局面。他们是驰骋于商界的一支支劲旅，操纵着某些地区和行业的商业贸易。这些商帮中的商人，资本相当雄厚，如其中的徽商，在商界"称雄"于东南半壁。对其拥有的资本情况，明末宋应星说：万历时，在扬州业盐的秦、晋、徽三帮商人，资本总计不下3000万两(《野议·盐政议》)。清人李澄则说：乾隆时，在扬州业盐的山西、徽歙富商共有一百数十家，其资本总额约七八千万两(《淮鹾备要》卷一)。如果此说无误，那么，从万历到乾隆，在扬州的商业资本几乎增加了两倍。清朝在其财力最充沛的乾隆四十六年(1781年)，国库存银不过7000万两，尚不及两淮资本之多。难怪两淮盐商之富，竟使天子为之动容。如乾隆南巡时曾惊叹："富哉商乎，朕不及也！"（《国朝遗事纪闻》第一册）徽商之外，还有晋商也积累起了巨额的商业资本，成了一支财力雄厚、在全国商界具有举足轻重地位的商业集团。这些商帮的出现，促进了商品经济的发展。如这些商人所经营的商品中，虽有一部分是满足统治阶级需要的奢侈品，但更多的则是人们生活的必需品，如盐、米、布、茶、木等。这就有力地促进了工农业产品的商品化，他们所经营的远距离的大宗商品贩运活动，推动了区域之间商品流通的扩大，使原料产地和成品产地之间、商品出产和消费地区之间形成交流，这有利于社会分工的扩大和全国性市场的形成。商人们不辞劳苦，深入偏僻山乡，使更多的农产品和手工业品通过交换实现价值，将各地分散的小商品生产纳入地区乃至全国商品经济的网络之中。同时，这些商帮的商业活动，还促进了城市经济的发展。他们在各地城镇，尤其是江南市镇的活动，为其商品开拓了销路，同时也为城市手工业者提供了生产原料和生活资料，从而也有力地促进了城市经济的发展。商帮在其经营活动中，积累起巨额的资本。凡此一切，充分证明儒家的重商思想对明清商品经济的发展起到了重要的推动作用。

二、传统儒商的经营理念

明清也是宋明理学占据统治地位的时期。宋明理学较先秦儒学具有一个特点，是把伦理提高到了宇宙本体的高度。在宋明理学的影响下，这一时期的商人，有的"贾而好儒"，有的"先儒后贾"，还有的"亦儒亦贾"。这些儒商有一个鲜明的特点，是把儒家伦理既视为立身行事之本，也视为经商之本。戴震说他们"虽为贾者，亦近士风"（《戴震集》上编文集卷十二《戴节妇家传》），也就是说，他们在经商的过程中大都能按儒家的伦理规范来行事。如嘉靖时安徽歙县商人黄长寿"以儒术饰贾事，远近慕悦"（歙县《潭渡黄氏族谱》卷九）。乾隆时休宁程模宽经商于闽，"时人咸谓公有儒者气度"（《旌阳程氏宗谱》卷十三）。以"儒道"经商构成了这一时期儒商的主要特点。

儒商以儒道经商，义利观上坚守"以义为本""以义获利"，非义之财不取。如休宁商人程琼，"虽居市井，而轻财重义"（《见闻纪训》）。绩溪商人江通，因"以义获利，为乡里所重"（绩溪《西关章氏族谱》卷二四《家传》）。明代婺源商人李大昺常常以"财自道生，利缘义取"来开导他的晚辈（见婺源《三田李氏统宗谱·环田明处士李公行状》）。清代的凌晋，更是一个"以义为利"的儒商典型，"虽经营闤阓中，而仁义之气蔼如"（凌应秋：《沙溪集略》卷四）。

儒商经商"以义为本"，经营中讲求"仁心为质""不困人于厄"，更鄙夷乘人之危的牟利。如明正德年间，安庆、桐城一带发生灾荒，粮价暴涨。休宁粮商汪平山则将自己所储蓄的谷粟，"悉贷诸贫，不责其息，远近德之"（休宁《才塘汪氏宗谱·墓志铭》）。宁可自己亏本，也绝不"困人于厄"。又如清代休宁商人吴鹏翔，侨寓汉阳，时至汉阳饥馑，"鹏翔适运米数万石至，计之可获利数倍"，但吴鹏翔"悉减值平粜，民赖以安"（嘉庆《休宁县志》卷十五《人物·乡善》）。又如歙县商人吴銐也是一位"仁心"经商的典型。他"平生仁心为质，视人之急如己，力所可为即默任其劳，事成而人不知其德。其或有形格势阻，辄食为之不宁。"他经常谆谆告诫儿子说："我祖宗七世温饱，惟食此心田之报。今遗汝十二字：存好心，行好事，说好话，亲好人。"又常说："人生学与年俱进，我觉'厚'之一字，一生学不尽亦做不尽也"（《丰南志》第五册《显考嵩堂府君行述》），教导其子孙在经商中要常存仁爱之心、宽厚之德，认为这是经商成功的奥秘所在。

清道光年间黟县商人舒遵刚从经商角度对义利关系有精到的阐述，"生财有大道，以义为利，不以利为利"，并设喻说："钱，泉也，如流泉然，有源斯有流。今者以狡诈生财者，自塞其源也；今之吝惜而不肯用财者，与夫奢侈而滥于财者，皆自竭其流也。……圣人言：'以义为利'。又言：'见义不为，无勇也。'则因义而用财，岂徒不竭其流而已，抑且有以裕其源，即所谓大道也"（《黟县三志》卷十五《舒君遵刚传》）。舒遵刚认为"因义用财"，才能开辟财源，使之流而不竭，得到赚大钱、发大财的结果。这种"义中取利"的思想，代表了儒商的义利观念。

儒商讲究以"儒道"经商，强调"以义为本"，这使他们在商界赢得了信誉，同时也促进了其商业资本的发展。明清儒商以儒术经商所建立起来的商业道德，在当时的历史条件下，对商业的健康发展和商品经济的活跃，都发挥着积极作用。

三、家族主义的经营特色

儒商在经营方式上具有家族主义的特色。家族宗法制是中国古代社会结构的基本细胞，儒家伦理就是这一家族宗法制在文化价值观上的反映。在儒家文化的影响下，儒商的一个明显特点就是商业资本与家族宗法制相结合，儒商往往注重利用家族宗法血缘关系从事商业经营活动。

例如，商人牟利的主要手段是贱买贵卖，商业利润就是同一商品贱买贵卖所造成的价格差额，其利润高低则取决于对市场需求的正确判断和预测，而这种判断和预测所依靠的信息，主要是各地的族人提供的，致使儒商能"征贵贱运，睹若观火"（《肇域志·江南十一·徽州府》）。因此，儒商十分注重对各地族人的联络。联络的手段之一，就是重视修谱。如绩溪商人章必太，"隐于贾，往来吴越间""尝因收宗访谱，……相与刊发知单，遍告四方诸族"（绩溪《西关章氏族谱》卷二四）。从某种意义上来说，宗谱便成了他们行商的联络图，"四方诸族"可以为他们提供各地可靠的商业信息。正是得益于商业信息快速与准确的传递，晚明商人程季公能"座而策之"，指挥族人同时进行多头的贩运贸易，"东吴饶木棉，则用布；淮扬在天下之中，则用盐策；吾郡瘠薄，则用子钱。诸程聚族而从公，惟公所决策。……行之十年，而公加故业数倍，甲长原"（《太函集》卷五二《明故威将军新安卫指挥佥事衡山程季公墓志铭》）。要提高商业利润，还必须加快贩运的周转率，使资本在最短的时间里发挥出最大的效益。这就需要对诸如水路、陆路交通工具的安排、路线的选择等，事先要做出缜密的安排。这一切也有赖于宗族的支持。休宁商人汪副先，"贾盐于江淮间，船至千只，率子弟贸易往来，如履平地，择人任时，恒得上算，用是赀至巨万，……识者谓得致富之道，里人争用其术，率能起家。数十年来，乡人称富者，遂有西门汪氏"（《休宁西门汪氏族谱》卷六《盖府典膳福光公暨配金孺人墓志铭》）。汪副先之所以能够在贩运贸易中大获厚利，与他善于利用宗族子弟为其效力分不开的。由于儒商在从事商业经营时离不开宗族势力的支持，因此对宗族乡人是十分扶植的。如在汉口，婺源商人程栋"颇得利，置产业"，"凡亲友及同乡者，借住数月，不取伙食，仍代觅荐生业"（《婺源县采辑·孝友》）。又如江西吴城镇是一个"徽商辐辏之区"，黟县商人朱承训，对"乡人觅业而来，与失业而贫者""因材推荐"（同治《黟县三志》卷七）。明景泰、弘治间徽商许孟洁在"淮泗通津"的重镇正阳经商20余年，其族人纷纷前来投靠。许"尤睦于亲旧，亲旧每因之起家"（《许氏统宗谱·处士孟洁公行状》）。这就使族人的乡党势力不断发展，从而也为商人从事商业竞争提供了有力的家族支援。

儒商还注意利用宗法制度，以加强内部管理。明清儒商往往经营范围广泛，分设店铺众多。如俞樾《右台仙馆笔记》载歙商许翁有典铺"四十余肆，其人几及二千"，这就需要雇佣众多的伙计，而这些伙计基本上又是由族人乡党担任的。儒商为了加强内部的管理，就充分利用宗法制度来达到这一目的。如嘉庆《黟县志》卷三《风俗》云："徽州聚族居，最重宗法。"徽州商人在经商地，仍保持着聚族而居的习俗。例如，"自前明入国朝，历二百余年，世习禺策"（《丰南志》第五册《皇清例封宜人覃恩诰封太宜人晋封太恭人显妣乔太恭人行状》）的吴氏，移居扬州者甚多，支脉繁衍。吴氏在扬州"内收宗党，外恤闾巷"（《歙事闲谭》第二八册）。《扬州画舫录》也指出，"吴氏为徽州望族，分居西溪南、长桥、北岸、岩镇诸村，其寓居扬州者，即以所居之村为派"（李斗：《扬州画舫录》卷一三）。他们在经商地，建宗祠，祭祖先。如《汪氏谱乘·叙》写道:"吾汪氏支派,散衍天下,其由歙侨于扬,业鹾两淮者则尤甚焉。居扬族人,不能岁返故里,以修榆祀之典,于是建有公祠。凡值春露秋霜之候,令族姓陈俎豆,荐时食,而又每岁分派族人专司其事。数十年来,人物既盛,而礼文器具未尝稍弛。"他们如此重视尊族敬宗,其目的在于收族,即以宗子的身份来管理约束族众,并以血缘亲疏尊卑关系来维护等级森严的管理层级。明末新安士人汪道昆在为徽州商人吴荣让写的墓志铭里,就勾勒出了这种商业主与伙计的宗子与族众的关系。吴荣让16岁时,"从诸宗人贾松江",因善于经营,很快就发展起来,并移居浙江桐庐县的焦山开创新的事业。他在焦山"立宗祠,祠本宗,置田以共祀事如向法""召门内贫子弟,悉授之事而食之。诸子弟若诸舍人,无虑数十百指。"商业伙计均为族人,为加强对他们的控制,吴荣让每逢朔望日召集诸子弟(即伙计),"举《颜氏家训》徇庭中,诸舍人皆著从事衫,待命庭下以为常"(《太函集》卷四七《明故处士吴公孺人陈氏合葬墓志铭》)。

儒商利用宗法制度来加强商业管理,从事商业竞争,达到了预期的目的。如儒商要求族人乡党的伙计们"忠信""无私""铢两不私""绝无染指",伙计们也大都能做到,从而成为商业主得力的助手。例如明嘉靖、万历年间婺源商人李世副,"从诸父贾江宁,握算计画,上佐诸父,下督掌计,而业日隆隆起矣"(婺源《三田李氏统宗谱·环畴东世福公行状》)。又如岩州闵世章"走扬州,赤手为乡人掌计簿,以忠信见倚任"(《歙事闲谭》第二八册)。诸如此类的伙计也非常多,如:"大贾辄数十万,则有副手而助耳目者数人,其人皆铢两不私,故能以身得幸于大贾而无疑。……故大贾,非一人一手之功也"(《肇域志·江南十一·徽州府》)。只要这些伙计们谨于职守,"以身得幸于大贾",他们也就有望得到厚报"分身而自为贾"。例如上面提到的闵世章"以忠信见倚任。久之自致千金,行盐策累巨万"(《歙事闲谭》第二八册)。又如歙商鲍志桐,"少依我大父(鲍)凤占公习鹾业,旋为我父司出纳,有才干,其资倚畀二十余年,未尝易主,家由是渐起"(歙县新馆《鲍氏著存堂祠谱》卷二《例授奉直大夫州同知衔加二级鸣歧再从叔行状》)。又如名重两淮的总商鲍志道就是"至扬州佐人业盐,所佐者得公以起其家,而公亦退自居积,操奇赢,所进常过所期,久之大饶,遂自占商数于淮南,不复佐人"(歙县《棠樾鲍氏宣忠堂支谱》卷二一《中宪大夫肯园鲍公行状》)。即使是店伙,也有"超升管事掌钱财""几多兴家来创业"(徽州《桃源俗语劝世词》)的。

四、"修齐治平"的"儒道"精神

儒商受儒家"修身、齐家、治国、平天下"(《大学》)思想的影响,经商成功后往往都能回报家族和社会。儒商贾儒结合，经商中讲究"儒道"，致富后追求名高。他们的价值观念是："要以利为德于当世，富而仁义附焉"，而"非菫菫于财役"（均见《休宁西门汪氏大公房挥佥公支谱》卷四《明威将军南昌卫指挥佥事新公墓表》）。如歙人汪光晁"以服贾致裕，专务利济，族中劳苦者，计月给粟，设茶汤以代行旅，制棉絮以给无衣，施医药以治病人，设义馆以教无力延师者，岁费凡数百金。又每岁施馆。行之数十年，所费以万计"（《安徽通志》卷一九六《义行》）。婺源商人詹文锡，"奉父命至蜀，重庆界涪合处有险道曰惊梦滩，捐数千金，凿山开之，舟陆称便。当事嘉其行，勒石曰'詹商岭'。"休宁吴鹏翔"汉阳荐饥，鹏翔适运米数万石至，计之可获利数倍，悉减值平粜，民赖以安"（嘉庆《休宁县志》卷十五）。对那些"处异域而忘故乡"，逃避家族责任和社会义务的商人，儒商对其是鄙弃的。儒商的资财，很大一部分作为社会性投资，这主要包括建祠修谱、增置族田族产、救灾赈荒、办学助读、建桥修路等。

明清是中国古代家族制度的发展时期，家族作为社会基层组织的作用也越来越明显，建祠修谱、置族产族田成为每个家族成员尤其是家族中的富户所必须承担的责任和义务。而积累了巨额商业利润的儒商在维系宗族势力方面，历来是慷慨不吝的。如徽商章策客死浙江兰溪，临死之前嘱咐其子耀庚说："吾有遗恨二：吾族贫且众，欲仿古立义田、置义塾为经久计；吾乡多溺女，欲广为倡捐，俾生女者得给费以变其俗。汝无忘父志"（绩溪《西关章氏族谱》卷二六）。经商不仅是为了个人，也有责任买义田、置义塾、救济族中穷人，帮助其子女读书，设置公济金，资助那些生了女孩而又无法养育的人，改变本地溺杀女婴的习俗。如祁门商人胡天禄经商致富，"族人失火焚居，天禄新之。又建宅于城中，与其同祖者居焉。输田三百亩为义田，以备祭祀及族中婚嫁丧葬贫无依者之资"（《安徽通志》卷一百九十六《义行》）。儒商的这类"善举"极多，越是财力雄厚者，出手越是惊人。如歙县大盐商鲍启运捐资购置族产1300余亩，其兄鲍志道妻捐赠义田100亩（鲍琮：《棠樾鲍氏宣忠堂支谱》卷十九《义田》）。侨居杭州的歙县新馆鲍概等8位商人"概捐己资，共成巨万，建立宗祠，并输族产"（《鲍氏著存堂宗祠谱》）。再以江西省为例。据清乾隆二十九年（1764）统计，江西全省由同一族姓合建的总祠达8994处。建祠的同时是修谱，以清江县永泰龚氏为例，自明嘉靖至民国二十五年的400年间，修家谱15次，平均二十几年就修一次。又据宜丰县土改材料，该县族田数量为11530.9亩，占全县田地面积的44.8%（1989年《宜丰县志》卷九），由此可以推测明清时期族田的大致情况。这些建祠修谱、增置族产的资金主要是儒商提供的。如果翻阅以下明清时期的地方史志，不难发现一种富有规律的现象，即如果一个家族经商致富者多，那么，修谱就更加频繁，祠堂也就更加气派，族产也就更加雄厚。

随着商品经济的发展，明清时期各种社会公益活动如救灾赈荒、修路筑桥等也有所增多。这些社会公益活动，也都是儒商投资的主要对象。从明代开始，每遇荒年，儒商都不惜巨资，赈济乡民。如明代歙县商人汪泰护"尝贾毗陵，值岁梫，出谷大赈，后里中饥，输粟六百石"（康熙《徽州府志》卷十五《尚义》）。歙商许芳遇庐州民大饥馑，"即命滋发廪赈贷，人于是感恩刻骨"（歙县《许氏世谱》第五册《明故处士许君德实行状》）。甚至有因赈而致"赀罄"者（见民国《歙县志》卷九《人物·义行》）。因此有不少儒商被冠以"赈施义士""富而好礼"的美名，至有因此而建"义坊"者。在各地方史志及家谱中，对儒商的这些"善行"记述颇多。又如在江西商人的总投资中，这种社会性的投资就占据了很大的比重。如金溪商人陈文楷，某年遇江西大旱。当时陈文楷正从四川贩米万余石到吴城，听说新城、泸溪两县米价尤贵，立即倍道赴之，至则减价出售，米价立落，仅此一项，亏折6000余金。自后岁以为常，当地居民遇饥困则指望陈家米船，并作歌"平粜行"。经商至西北，见居民苦旱灾，创"结泉洒润法"，以机斛水，并投资助建，绘图散发。这之外，仅创与人社、少怀堂、育婴堂、运米救灾四项，花费已达3万金。又如儒商席启图更是自奉节俭，而修整道路，劝兴家乡纺织，在所不惜，"每积所入，悉罄之于施予"（《尧峰文钞》卷一五《席舍人墓志铭》）。

儒商"贾而好儒"，明清时期儒商在兴办义塾、开办书院等资助教育上也是不遗余力。如徽州境内各县，几乎每个村寨都设有私塾或社学，有"识字之村，不废诵读"之称（嘉靖《婺源县志》卷四《风俗》）。徽商不仅积极为本族子弟兴办"书屋""义学"，大力弘扬儒学，而且州县内建置书院、学校的资金，也多半是靠徽商捐助。例如歙县大盐商鲍志道曾捐三千金修建紫阳书院，又捐八千金修建山间书院（见鲍琮：《棠樾鲍氏宣忠堂支谱》卷二《传志》）。曾任两淮总商的徽州大商人汪应庚也曾捐银5万两修建江甘学宫（汪客吟：《汪氏谱乘》）。乾隆年间，徽州商人对徽州最大的书院"紫阳书院"先后捐银达26200两（《歙县志·义举》）。在徽州儒商的大力扶植下，徽属各县书院林立，仅歙县"书院凡数十"（鲍全德：《歙县紫阳书院岁供资用纪》）。凡此种种，儒商在这方面的投资，一定程度上又促进了中国古代教育事业的发展。正因为徽商的大力捐资兴学，使徽州人才辈出，先后涌现出在各个领域独领风骚的"新安学派""新安画派""新安医派"等。

儒商致富后回报家族和社会的特点，对近现代企业家也有深刻的影响，流风延续至今。如近代民族资本家荣德生的父亲荣熙泰常常教育儿子说："治家立身有余，顾族及乡，如有能力，即尽力社会。以一身之余，即顾一家；一家之余，顾一族一乡，推而一县一府，皆所应为。"荣德生"闲时即以父训为守""留心社会经济，而主多立工厂，推至省用国用，而至世界之竞争"（荣德生：《乐岁自订行年纪事》1943）。在中国近代民族资本家身上，同时存在着两种驱动力：一种是经济驱动力，即以"占大利"获取最大利润为目的；另一种是道德驱动力，即办厂赚钱，不只是为了一身一家，也是对宗族、乡里、国家民族应负的责任和义务。"推其有余，实合孔子己立立人、己达达人之旨"（同上）。这充分证明，近代民族资本家的经济活动，同样有着儒家文化传统的精神动力。

第三节　现代儒商

现代儒商包括20世纪40年代以来的海外华人企业家，也包括20世纪80年代以来中国大陆的新型企业家和深受儒家文化影响的东亚商人。这些企业家都同儒家文化有着千丝万缕的联系，是传统儒商在当代的延续和发展。与传统儒商一样，他们秉持着共同的价值观与经营理念，并在现代市场经济中扮演着重要的角色，在国际市场竞争中也取得了举世瞩目的成就。在激烈的市场竞争中，现代儒商既追求高效率又追求合理性，讲道德，尊法规，树立起了良好的商业道德形象。他们学贯中西，勇于探索和实践，努力推进传统文化的现代化发展，注重企业文化和商业文化的建设，强调企业的价值在于员工的幸福和客户的感动，从而使儒商精神更加发扬光大。这些企业家不但从儒家文化中吸取了许多人生智慧和管理之道，而且在他们的个人气质、人格魅力和思维方式上也都不同程度地带有儒家思想的印记，人们将他们成功的秘诀归因于儒家文化，把他们誉之为"儒商"，他们自己也打出"儒商"旗号，"儒商"概念便应运而生。现代儒商是全球华商的典范，展现了东方商业文明独具魅力的高尚境界和人文情怀。现代儒商的价值观也具有普世的价值，是现代企业发展中不可或缺的一种精神动力。

一、现代儒商的构成

现代儒商首先兴起于东南亚的华人地区。在南洋华侨华人的身上，儒和商结合在一起有其历史的原因。

鸦片战争后，在帝国主义铁蹄的蹂躏之下，神州大地满目疮痍，人民生活在水深火热之中。在这种情况下，有许多人为求生存冒险去闯南洋，有的则被当作"猪崽"贩卖到南洋去做苦工。这些华人背井离乡，经过几代人的努力和奋斗，在新的土地上筚路蓝缕，开拓创业。许多人在第二次世界大战后由以前的"猪崽"变为"富豪"，成了大商人或企业家。他们一方面继承了民族传统的儒家文化，另一方面又吸纳西方文化的精华，取长补短，古为今用，洋为中用，形成了自己独特的以仁统法、纳法于仁、讲信用、重道义、在商不唯商、求利不唯利、取之社会用之社会的经营理念和原则。另外，自鸦片战争以来也发生了"数千年未有之变局"，即以农业社会为主逐渐走向工商业为主的市场经济，随着这一变局的到来，中国的士阶层、儒学文化与工商阶层的结合就成为时代的要求。

就现代儒商发展的历程来看，主要由以下几部分构成：

一是华工。19世纪中期鸦片战争后，清朝的门户被帝国主义的炮舰打开，西方殖民主义国家为了解决本国劳动力的不足，开始从中国沿海地区招募大批"契约华工"，分送回国从事奴役性的劳动。这些契约华工的处境与黑奴相仿，故又有"黄奴"的贬称，许多人因虐待、过度劳累和疾病而死亡。契约期满而仍然幸存者，多数被遣送回国，一部分则留在当地务农或从事手工业，后来有些人比较走运，发了财，成为富商。这些华商深受祖国传统文化的影响，发财后十分重视子孙后代的教育，特别希望他们能够接受中华文化的熏陶，永不忘本，并光宗耀祖。这批人就形成了最早的现代儒商。

二是华侨或侨民。华侨这个名称最早出现于19世纪80年代，到了1911年辛亥革命以后，广为流行。在这批华侨之中，有相当一部分是商人。对于在海外事业有所成就的华侨富商，当时的中国政府也十分尊重，称之为"商董""商绅"。20世纪初，中国的改良派（以康有为、梁启超为代表）和革命派（以孙中山为代表）在海外广泛展开活动的结果，使华侨的民族意识大为增强，华侨社团剧增，中文教育迅速发展，造就了一支庞大的受过中文教育的华侨知识分子队伍。抗日战争时期，他们为维护中华民族的尊严和赢得抗战的胜利，做出了很大的贡献。20世纪50年代中期以后，由于中华人民共和国政府放弃血统主义国籍法，鼓励华侨加入当地国籍。这批华侨中有许多是富有的商人或企业家，他们也构成了现代儒商的一部分。

三是华裔和再移民。随着世界各地华人的逐渐增多，华裔在华人人口中的比例越来越大，逐渐构成了华人人口的大多数。随着时间的推移，不少华裔在文化上同祖国的联系逐渐淡薄。为了保持新一代华裔与祖国的联系，台湾当局不遗余力地通过赞助中文学校、举办中文函授班和"空中书院"（电视台、广播电台特别节目）等方式，加强他们与祖国的文化联系。中国政府则采取吸引他们来大陆学习汉语、举办夏令营、提供中文教科书、在个别地方派遣华语教师以加强中文学校的师资力量等方法来加强他们同祖国文化的联系。老一辈的华侨、华人也为了防止自己的子孙"数典忘祖"、淡薄与祖国文化的联系，因而也千方百计地维持中文学校，创办各种奖助学金，鼓励华裔子女学习中文。这些人中有的从事商业和企业经营，也构成了现代儒商的一个组成部分。这些现代儒商的一个鲜明特点,是他们大都受过较高的文化教育。随着华人经济的迅速发展,众多的华人企业家把自己的子女送到了国外去深造。这中间的许多人还获得过大学的学士、硕士和博士学位。他们学成回国后,大都继承了家业,成为华人企业界的中流砥柱。他们具有一定的中文传统的素养,并成为在海外保持和发扬中华文化传统的一支主力军,发挥着越来越重要的作用。

四是大陆儒商群体。随着中国大陆经济改革开放,儒商精神开始从海外回流,影响到了内地商人和企业家,大陆地区的儒商群体开始崛起,并成为现代儒商的主体。大陆儒商的特点,是强调产业报国,为社会服务,与用户和其他社会公众共同发展,自觉地把个人价值与社会价值融为一体。随着大陆传统文化的复兴和国学热的兴起,儒家文化重道德和信用的精神逐渐被大陆商人、企业家所认同。大陆儒商是在国家从计划经济向市场经济转型中出现的,虽然起步较晚,但随着中国经济的快速发展,目前已成为全球儒商的主力军。随着中国传统文化的复兴,许多企业都十分重视企业文化建设,认识到了价值观念在企业发展和经济建设中的作用。他们在盈利之余,捐资文教公益事业。他们从经商的实践中已深深地认识到,要振兴经济,离不开文化,离不开知识。随着大陆经济的迅速发展,大陆儒商正迅速壮大。

五是深受儒家文化影响的东亚商人,这部分商人以日本、韩国、新加坡等地深受儒学影响并自觉以儒学思想作为经营理念的商人为代表。如日本在明治维新时期涩泽荣一就发表了《〈论语〉与算盘》一书,阐述他主张以儒家思想作为工商业者应遵循的经营理念,这一思想对之后日本商人的伦理价值观产生了深远的影响。在日本近现代的发展中,一大批知名企业家如松下幸之助等都深受儒家价值观的影响,成为践行儒家价值观进行经营的楷模并获得巨大成功。民国银行家陈光甫曾自述自己1929年在日内瓦参加国际劳工大会时遇见日本商人的见闻:"鄙人在日内瓦代表吾国资方出席国际劳工大会,遇见日本代表,以同为东亚代表之故,遂时时谈话,继而互相过从,吾见其塌上有华文书数册,偶取视之,则皆《大学》《中庸》《论语》《孟子》之类,吾问君为日本人,亦读中国书乎?彼谓此书甚佳,非但每日必读数页,即临睡及晨起之时,亦必翻阅,觉书味醇醇,获益匪浅云云。嗣后每一相遇,必与余谈《大学》《中庸》《论语》《孟子》之学,惜余幼时虽读四书,而长成以后,几于全数遗忘。……故彼向我高谈阔论,余仅默然敬听,不发一言"[①]。在今天的日本、韩国、新加坡等深受儒家思想影响的国家和地区,无论是社会治理还是企业治理,儒家思想都在熠熠生辉。在他们的企业社训或家训中,都能看到这些东亚商人深受儒学影响,并自觉以儒

---

① 何品、宣刚编注:《陈光甫日记言论集》,上海远东出版社2015年版,第141~142页。

家价值观作为经营的指导思想。这些东亚商人自然也应归入现代儒商的范围。

二、现代儒商的经营理念

现代儒商的经营理念,可用"以道御术"加以概括。明确提炼出这一经营理念的是浙江方太集团。方太集团将中国传统文化与西方现代管理做了成功的结合,逐步形成了"中学明道,西学优术,中西合璧,以道御术"的经营理念。这里的"道"指的是以中国传统的文化铸造企业的核心价值观,这里的"术"指的是吸收现代西方的管理科学技术。这里的"道"可用"爱人者人恒爱之"、讲信用、重道义、经营战略上推崇"有生于无"等方面来加以提炼总结。

现代儒商的经营理念,代表了人类商业文化发展的一个方向。举个事例:在 1978 年一个寒冷的冬日,一位辍学的走街串巷为人补鞋的温州少年,补鞋的锥子扎入手指中,鲜血顿时涌出,他咬牙拔出锥子,用片破纸包上伤口,含泪继续为客人补鞋⋯⋯这位修鞋匠后来成为远近闻名的亿万富豪,他就是浙江正泰集团的总裁南存辉。南存辉总结他的成功得益于年轻时老和尚给他讲的一个"盲人夜行打灯"的故事:老和尚夜间行路,看见一盲人在行路时手里打着一个灯笼。和尚好奇,询问:"你是个盲人,什么也看不见,为什么要提着个灯笼?"盲人回答说:我是个盲人,什么也看不见,夜间行路,最怕的就是被别人撞到。但我提着个灯笼,可以先为别人照亮路,别人就不会撞倒我,我也就更好地保护了自己。老和尚把这个故事讲给了南存辉,深受启发,悟出了自己的经营哲学——"利人才能利己"。之后经商,他一直践行着这一经营理念,并获得了成功。再讲一个故事,有一个人问神仙:天堂是什么样?地狱又是什么样?神仙回答:"天堂地狱,一念之间。"询问的人听不懂,神仙说,我带你去实地考察一下,他们先来到了地狱,地狱中聚集着一群饿鬼,由于常年吃不上饭,情景十分悲惨,但发现在每个饿鬼的面前都放置着一口大锅,里面盛满了食物,只是需要通过使用一个很长的勺子去捞,可是勺子太长了,根本无法送到自己的嘴边。神仙又带他来到了天堂,天堂的各种物质条件和地狱完全一样,唯一的不同是天堂中的诸神是利用长勺取食互相喂养对方,从而都获得了食物的营养,各个面色红润。神仙说:"现在你该明白了吧!"这个故事其实阐述的还是儒学中的"舍得舍得,先舍后得"的道理。这两个故事中所蕴含的就是儒商的经营理念:"爱人者人恒爱之;利人者人恒利之"(《孟子·离娄章句下》)。姜太公《六韬》中也有"同天下之利者则得天下,擅天下之利者则失天下"的名言。儒商经营理念的核心就是强调经营企业就是利人,为客户创造价值,为员工谋取福利。为客户创造价值,才能赢得市场,积累财富;为员工谋取福利,才能提升企业的团队精神和执行力。儒家认为"得人心者得天下",儒商进一步将之发展成为经营企业就是经营人心。

经营人心的秘诀非常简单,就是换一种心智模式去思考问题。西方的经营理念,强调企业家一定要追求利润的最大化,否则企业就无法生存。儒商的经营理念强调舍得,要得先舍,"舍"与"得"之间是一种辩证关系。蒙牛的创始人算过一笔账:一个老板,奉行西方的自我利益最大化原则,一年下来赚了一百万,他自己一定要得多数,即百分之八十(八十万),另外二十万给干部和员工,这个老板可以说是个精明人,但又不能算是一个聪明人。因为这个老板为了赚取自己利益的最大化,员工和干部的心没有经营好,散掉了,经营绩效也一定好不了。另一个老板则反其道而行之,奉行先"舍"后"得"的理念,第一年赚取的一百万,他只取其中的少数二十万,而将其多数八十万奖励给他的员工和干部,员工和干部的人心被他凝聚了起来,把企业当作自己的家,上下齐心协力,企业的团队精神和执行力大大提高,经营绩效也获得了快速提升,几年下来,利润增长到一千万,老板还是只取其中的"少数"(百分之二十),那已经是二百万了,远远大于第一个老板的"多数"——八十万!后者才是一个聪明人。① 后者践行的就是《大学》中所阐述的"财聚人散,财散人聚""有德乃有财"的理念,华为、蒙牛、方太等一大批企业也是因践行这一理念而获得成功的案例。

儒家重"诚"、守"信",以"诚"为"实"。要求人们在相互交往中,待人以"诚",不欺诈,不虚伪。中华民族是重"信"的民族,《诗经》中对"信"已有涉及:"信誓旦旦,不思其反"(《卫风·氓》)。孔子对信更是做了深入和全面的阐述:"与朋友交,言而有信"(《论语·学而》);"信则人任焉"(《论语·阳货》)。孔子毕生致力于"信"的传授,"信"贯穿着孔子的整个思想体系,他推崇的四教:"文、行、忠、信",构成了儒商的基本经营理念。现代儒商充分认识到,诚实信用是人际交往的法则,也是文明经商的要求。"诚招天下客,誉从信中来",这是儒商经商的古训,也是市场经济中契约经济的基本要求,诚实信用就是要言而有信,商业活动涉及各方面的切实利益,不讲信用,就是一个严重的商誉问题,契约、合同规定了双方当事人的权力与义务,要恪守而不能违背,商人的诚信,就是要"去伪除诈"。诚实是儒商所提倡的最基本的道德规范,也是儒商的成功之道。反观今天的市场经济中,获得成功的"名牌""信誉""回头客",没有一个不是依靠"诚信"而获得的。因此,现代儒商都能恪守信义。当商品经济从初级阶段发展为信用经济时,企业的信誉状况,往往成为其生命力的表现。随着信用关系的发展,企业的资产并不像古代商品经济那样,仅仅表现为有形资产,而是由有形资产和无形资产共同组成,在无形资产中,处

---

① 孙先红、张治国:《蒙牛内幕》,北京大学出版社2005年版,第293页。

于核心地位的便是商业的信誉，信誉好的企业在与其他企业打交道时，其崇高的信誉会使其他企业产生心理上的安全感，也就使其在订货、销售等方面拥有很多优惠或便利。因此，许多儒商在经营中，当信义与其利益发生冲突时，他们宁可放弃短期利益，也要维护信义，从某种意义上说，信义本身就蕴含着企业的最大利益，事实上，"诚""信"的儒家传统，已成为现代儒商企业文化的重要内容。与西方企业家重视经营往来中的"契约意识"相比，儒商更重视信义的精神，信义精神是儒商生意兴隆的保证。在儒家这一讲信用精神的孕育下，信誉成了儒商经营的资本。深受儒家思想影响的日本企业之父涩泽荣一先生就强调"美好未来的根本在于信""所谓的商业道德，说到最根本的就是一个字——信。如果没有了诚信，实业界就没有坚实的基础"①。日本著名企业家松下幸之助在《松下企业经营谈》一书中，从战略上也反复阐述"信誉"高于一切的道理，他说：做生意不是一天两天的事，可以说是倾其一生，一定"要赢得社会上的信誉"②。企业靠信誉，才能代代延续下去。把信用作为经营之本的这一精神，对于现代企业更好地处理所面临的各种关系，有着积极的作用。现代儒商经营成功的秘密中，往往有一条共性的东西，即信奉儒学讲信义。许多儒商在谈到自己成功的经营之道时，都要追溯到儒家的诚信原则。香港星光印刷集团主席林光儒先生认为星光集团的成功，全靠"星光精神"即"诚、爱、勤、敏"四字，什么是"诚"？林先生解释说："所谓诚，有两层含义：第一，我们同事之间要坦诚，不能有猜疑嫉妒，搞什么小动作、小集团，我们要求每一个主管对下属要有坦诚的态度，此外，我们对客户也宁可自己吃点亏，也要用最好的原料生产最好的产品，以符合客户的需要"③。

  重道义也是现代儒商经营理念中的一个要义。市场经济是一种法制的经济，但仅靠法制是不够的，必须靠道德良心的主体来加以制约，因此，在市场经济中，伦理道德的作用就非常重要，从这个角度讲，市场经济又是道德的经济，儒家的义利观强调以义取利，实际上也就是以义生利，追求义利的统一。所谓"礼以行义，义而生利，利以平民，政之大节"，将礼、义、利三者统一起来，商业应是互利的行为，利己与利他相统一，市场竞争应合乎道德的规范，其利之所得，应是阳光下的利润。日本企业家稻盛和夫 2015 年 5 月 14 日应邀赴中国上海中欧国际工商学院发表了题为《以利他之心为本的经营：日本航空的重建》的演讲，在演讲开头他就指出："也许大家会以为，归根到底，'利他之心'是伦理道德范畴内的语言，与企业经营没有什么关系，但是我认为，经营者具备'利他

---

  ① 涩泽荣一著，余贝译：《论语与算盘》，九州出版社 2012 年版，第 38 页。
  ② 松下幸之助著，吴思齐、李鸿谷译：《松下经营谈》，重庆出版社 1986 年版，第 79 页。
  ③ 潘亚暾：《儒商论》，引自《儒商大趋势——首届儒商文学国际研讨会论文集》，暨南大学出版社 1995 年版，第 10 页。

之心',与提升企业效益这两者之间,绝不是相互矛盾的,相反,如果想把企业经营得有声有色,那么经营者就必须提高自己的心性,把'利他之心'、把'为社会为世人尽力'这一条,作为企业经营的基础。"他强调,"仅仅依靠利己欲望经营企业的人,他们的成功绝不可能长期持续。……努力以这种利他之心去经营企业,就一定能够引导企业不断成长发展。这是超越行业、超越国界的'真理',对于这一点我深信不疑"①。利他经营就要把客户利益放在第一位,保障员工的利益,让利润不断地在消费者、员工和企业之间进行循环,并在这种良性循环中使大家得到实惠。儒商靠重道义获得经营成功的实例还有许多,如日本的爱华路多株式会社是一个以百货为主的企业,成立于1975年,1996年营业额已达350亿日元。该会社董事长兼总经理五十岚先生在谈到他白手起家的经营思想时,提到企业的经营信条就是:"通过履行公正之商道,以实践向社会做奉献""人生就是奉献,商道即人道"②。他的这一经营思想,就是儒商"重道义"经营思想的体现。

在经营战略上儒商推崇道家的"有生于无"。老子哲学的最高范畴是"道","道"的特点是"无",说得通俗些,就是"道"的本质是"无形","无形"的"道"创造了有形的天下万物:"天下万物生于有,有生于无"(《道德经·四十章》);"道生一,一生二,二生三,三生万物"(《道德经·四十二章》)。"有生于无"其中蕴含企业经营从小变大、从弱变强的大智慧:即通过提升企业的无形资产品牌效应去创造企业的有形资产,通过创新产品、为客户创造新价值去引领世界的产业和消费潮流。儒商受老子哲学的启示,从中获得了成功的经营理念。张瑞敏说海尔的发展壮大就是借鉴了老子的这一"道"的经营智慧:"老子的《道德经》,有一个对企业管理很有影响的概念,'柔弱胜刚强',这个转化的条件是'天下万物生于有,有生于无'的指导思想,这对海尔影响巨大,否则海尔就不可能从当时很弱的小厂发展到今天。"张瑞敏把这个"无"理解为是企业文化的无形资产:"'有生于无',我们先去的部门不是财务部门,而是企业文化中心,因为他们有这么好的设备生产不出好产品来,肯定是观念上不行,因此苏女士和杨总去宣讲企业文化。如果先看财务状况就没法干,但我们从思想上入手,找到问题的根本。"③ 蒙牛的创始人则把老子的这个"无"理解为企业的品牌资产:"老子说:有无相生,长短相形,难易相成。普通企业最容易犯的错误,是舍不得拿出钱在消费者心中'营'得一席之地。事实上,无形资产比有形资产更

---

① 《大师讲堂:稻盛和夫先生谈以利他之心为本的经营之道》,中欧国际工商学院网,2015年5月15日。
② 潘亚暾、汪义生等:《儒商学》,暨南大学出版社1996年版,第111页。
③ 薛旭:《透析海尔模式》,北京通鉴企业管理顾问有限公司2002年版,第274页。

值钱，无形资产可以成倍数地催生有形资产"①。对企业来说，缺少无形资产，就不得不陷入价格战的恶性竞争泥潭，感到赚钱难，更遑论去做大做强的发展！

儒商重"道"，但对于西方现代管理科学技术也积极汲取。从百年前泰勒的科学管理理论开始，西方企业已经形成了丰富完善的管理方法、体系、流程和制度，并在企业经营管理的实践中行之有效。但西方的科学管理理论深受基督教文化的影响，而以儒家为主干的中华文化传统经过几千年的熏陶，已深深渗透到了东亚民族的文化血液之中。东亚民族的价值观念和行为方式明显和西方几千年来深受基督教文化洗礼的民族有所不同，若直接照搬西方的管理方法效果肯定要大打折扣。凡是成功的企业经营者，无一例外地是在本国的文化传统基础上借鉴其他民族优秀的管理技术而获得成功的。"以道御术"就是强调儒商在引进西方管理的同时，一定是在中国"道"的框架内加以运用的，也就是说，不是简单的拿来主义，是要适当改造，使之符合自己的文化传统，形成自己的经营理念。阿里巴巴早在创建之初就提出了"东方的智慧，西方的运作，全世界的大市场"的经营理念，最终成为儒商的典范。海尔也是采用"以道御术"经营理念成功的案例，海尔能获得成功，其内在的文化底蕴是什么？张瑞敏的回答是："我请了三位著名的老师，是他们教我如何成功的。第一位老师是老子，老子教会我战略性的思考；第二位老师是孙子，孙子教会我策略性的思考，是战术；第三位老师是孔子，孔子教会我做人做事的道理。……在管理方法、管理模式和经验上，我们要学习西方，但是发展到一定程度之后呢，我觉得东方智慧显得更重要。在中国两千多年的《周易》当中有个'三易'，就是变易、不易、简易，非常适合市场的原则。'不易'就是市场有一个原则，就是对用户的真诚，这个是永远不变的；'变易'就是市场万变，你应该变到它的前面去；但是'简易'就是所有的管理都应该是最简化的，我们用最简化去应付最复杂的东西。这就是最高的智慧。中国最高的智慧是中庸，应该是找到一种方法，这就是《中庸》当中说的'极高明而道中庸'"②。

第四节 儒商的现代价值

一、西方企业家的精神特质

詹姆士·罗伯逊在其《美国神话美国现实》一书中对现代西方企业家精神做

---

① 孙先红、张治国：《蒙牛内幕》，北京大学出版社 2005 年版，第 193 页。
② 海尔集团官网。

了如下论述:"美国人心目中的'工业'意味着高效率,庞大而复杂的组织,严密的集中控制,这些都是大企业在人们心目中的形象。公司成了神话:这部多产的超级机器,由天才的人创造,由一个不具人格的中心来控制和进行精明的指挥,其触角伸向每一个角落,生产的商品如河流源源不绝、价格更便宜、质量更高、数量更多。""在美国人的这一神话观念中,一个公司就是一个个人,其活动具有全国规模,甚至世界规模,势力强大,冷酷无情,效率高,贪得无厌,野心勃勃。个人是公司活生生的隐喻,而且,在神话特殊的方式作用下,公司已经成为个人的隐喻。""这些庞大的企业组织的创造者们,具有美国神话中出类拔萃的民族英雄的品质,他们一如华盛顿、杰克逊或兰特将军"[①]。通过詹姆士对西方企业的个性和企业家精神的描述,可以对西方企业家的精神特质做如下概括:

第一,以个人主义为其精神的内核。个人主义是西方文化的核心,早在古希腊时期,西方文化就强调个人的平等、自由,强调社会对人的个性的承认和尊重。这种以个人为核心的西方文化,在资本主义发展初期,渗透到经济和企业经营领域,对西方企业家精神产生了深刻的影响,造成了西方企业家在经营中有着十分鲜明的个性、强烈的自信心和权力控制欲望,他们"冷酷无情""野心勃勃",个人大权在握,就能作出影响深远、涉及面广泛的决策,像机器一样的组织则会不折不扣地、绝对地实施这些决策,个人因此获得超乎想象的财富和成功。

第二,富有开拓、创新和冒险精神。古希腊人的航海贸易与海洋文明,孕育了西方人开拓、冒险的精神,美国人长达三个世纪的"西部开发"运动,又使这种冒险精神深入地根植到美国人的精神品质之中。西方文化中的这种开拓创新精神,在西方企业家身上得到了非常鲜明的体现,他们不安于现状,着眼于未来,对未知领域和未来世界充满着神奇和向往,并且有强烈的开拓和征服欲望。

第三,强调经营中的科学和理性精神。西方企业家在经营上强调一定要先建立好制度及标准化的作业流程,一旦有问题,先考虑的是制度问题,然后再考虑人文因素。这种源于泰勒的科学管理模式,今天仍有许多企业家奉为圭臬。这种精神具体表现在以下几个方面:(1)善于把所有的业务数据化,并依据大量数据化的材料做定量分析和决策;(2)任何事情都要严格控制,视员工为生产要素的部分;(3)崇尚经济手段的管理作用,淘汰不理想的员工,认为只要加薪,生产效率就会提高。

西方企业家的这种以技术——经济为单面指向的精神,是在个人主义的文化

[①] 潘亚暾、汪义生等:《儒商学》,暨南大学出版社 1996 年版,第 261~262 页。

传统、崇尚科学与理性精神的环境中孕育而成的。毫无疑问,它极大地推动了自18世纪以来世界范围内科学技术的提高、经济的发展和社会的进步。然而,西方企业家的这种精神,是在当时人类生存所需的生活资料普遍匮乏,人类对自然的利用和征服能力还未受到限制的特定条件下形成的,在这种特定的科技—经济—人文的社会环境中,西方企业家精神如鱼得水,淋漓尽致地发挥了它所具有的价值和作用。

然而,随着社会的变革和这些特定的社会前提的消失,以技术与经济为单面指向的西方企业家精神,容易造成人类发展目标的偏离(即误以为人类存在的意义与价值在于物质的富饶和科技的发展)而使人类生活出现许多的问题,例如工业心理疾病、生活节奏的加快、人际关系的表面化、能源的枯竭、生态平衡的破坏等等,以致一些西方的有识之士如马克斯·韦伯、汤因比、弗洛姆等认为西方发达国家的精神价值已陷入了空前危险的泥沼,如不重建人类的人文精神和道德规范,人类将无法避免因片面追求技术和经济发展而引起的灾难,同时他们也在抨击不断发展的"过分自由主义"、公民道德败坏、不讲价值观、公平交易意识不断削弱等不正之风。他们认为这种个人主义文化最后必将自己毁灭自己。德国人已在痛惜普鲁士商业美德的丧失,英国人认为自己丧失商德的原因在于许多人把自由市场机制的到来理解为允许抛弃应该遵守的规则。

二、儒商精神的现代价值

现代企业已进入了一个非常重要的转型发展阶段,在这个过程中,发展自我、使社会更和谐、更关爱地球之间的相辅相成已经成为现代企业家不可或缺的责任和义务。现代儒商的兴起,东方文化和现代企业精神的有机结合,则有利于纠正上述在西方价值观念的影响下所形成的诸多弊端,同时又为现代全新企业家精神的孕育和形成,开辟了一个新的发展方向。

第一,儒家所倡导的"天人合一"的精神,有益于现代企业家树立正确的经营意识,减少对资源的滥用,有助于解决西方社会因科技发展而带来大量的社会—经济—生态环境的问题,有利于环境的保护。

儒家认为,作为一个人,除了必须和家人、邻居、周围的人群以及民族、国家相联系外,还应将其道德实践行为延伸至人类世界之外,与自然界建立某种联系,强调人是自然的一部分,故人和自然应该和谐相处。儒家的一个基本命题就是"泛爱众生"。如孔子热爱自然,热爱生命,从来都是"不时不食"(《论语·乡党》),即没有成熟的动植物,便不去吃它。他尤为痛恨那种竭泽而渔,覆巢毁卵的残暴行为。他说过:"刳胎杀夭,则麒麟不至郊;竭泽涸渔,则蛟龙不合阴阳；覆巢毁卵，则凤凰不翔其邑"。又云："伐一木，杀一兽，不以其时，非孝也"（《史记·孔子世家》）。即把滥伐林木、任意狩猎视为不道德的行为。孟子也强调"斧斤以时入山林，材木不可胜用也"（《孟子·梁惠王上》）。换言之，儒家把道德关怀扩张到人之外的各种非人的生物身上，力图维护生物的生存权力，把对待生物的态度视为道德问题，强调的都是仁者民胞物与、万物一体的爱心，如天之高明、地之博厚，天无私覆、地无私载。我们说人类对生态环境遭到破坏负有道德责任，是基于我们人类生存和社会发展以及子孙后代利益的关心。在回答人类对待整个生态系统和自然资源应该采取什么态度这一问题时，以及人类在保护自然的和谐中应当扮演什么角色、承担什么责任和义务时，无疑应当确立一种保护生态环境的道德观念，以道德的态度来处理人和自然的关系。孟子和荀子在谈到人与自然环境的关系时，就体现出一种鲜明的崇尚自然的态度。孟子强调"君子之于物也，爱之而弗仁；……仁民而爱物"（《孟子·尽心上》）。荀子也主张："万物各得其合而生，各得其养而成"（《荀子·王制》）。荀子不仅主张将"仁"的概念由爱"人"及"物"，还将保护自然视作是至高无上的"圣王之制"："圣王之制也：草木荣华滋硕之时，则斧斤不入山林，不夭其生，不绝其长也"（《荀子·王制》）。荀子提出了一个重要的环保原则，强调应当调节人对生物的行为，维护生物的生存权力和保护生态的平衡。从人类利益出发，只有依靠人类的主动行为去调整和规范对环境的态度，才能达到促进人类持续生存和健康发展的最终目的。汉代大儒董仲舒对儒家环境道德有新的深化认识："质于爱民，以下至于鸟兽昆虫莫不爱，不爱，奚足谓仁?"（《春秋繁露·仁义法》）。儒家的这些观点，与今天强调保护生态环境的意识十分相近。现代生态学告诉我们，自然界的生态系统一旦趋于成熟，就处于一种相对稳定的动态平衡中，其内部生物种群达到最适量，各物种之间彼此适应、相互制约，种群内进行正常的生长、发育和繁殖，这种平衡一旦形成，系统就趋向于通过排斥外界的自稳机制来保持这一最佳生态平衡状态。在这种生态系统中，各物种在生物群落中都有其特定的时间、空间位置和机能地位，它们之间彼此制约，形成一种有序的生态结构。一旦外界的侵入或人类的干预改变环境，导致这一平衡状态丧失乃至整个系统崩溃，将引发生态危机。古代儒家对此已有所认识。今天，人们在这个问题上已达成共识：人与自然关系是如此密不可分，人类保护自然，也就是保护自己。善待自身所处的环境，就是善待自己。生态危机是人对自然造成破坏的后果。儒家的人文主义哲学是人道和天道相通的，这就是"天人合一"，它表现了人与自然关系中的和谐和顺应。在环境污染和生态平衡遭到严重破坏的今天，儒家的"天人合一"思想可以避免人类在危险的道路上越走越远。

现代儒商强调践行"天人合一"的理念，主张现代企业经营的目的是为了整个社会战胜贫穷，创造财富，使人类的生活更加美好，但又要保护好人类与万物的生存环境，使人与自然和谐相处。苏州固德集团就很好地践行了这一理念："我们的员工会化恶为善，我们的农场内，本来发现一窝野兔，以前会放在餐桌上，现在会悄悄地退出来。我们的草坪每年花一万多块钱管理，现在不用洒水，让真正的本草长出来，因为原来的草坪是杂草，地里真正长出来的才是本草，而且因为是自然生长的，管理本草就不用花钱。国外客户到我们这里来说你们的草坪怎么是这样的，我们解释说这是我们的生态观、美学观，他说我们愿意与你们做生意"①。"天人合一"的精神，有助于纠正那种认为人是主体、自然是客体、人与自然的关系是主体和客体的关系、是征服与被征服的关系的认识误区，从而减少目前世界范围内的能源枯竭、环境污染等问题，因而富有时代的意义。

第二，现代儒商所倡导的情、礼、法相融相生的精神，可弥补西方将人物化管理的弊端。

现代儒商的企业经营管理，务求以"法"为基础，做到任何事情，有章可依，有章可循，有法可依，严格执行规章制度，在此基础上，向上升进，摄法于理，以理定法，使"法"合情合理，最后，纳法于仁，以仁统帅法理。因为无论是法是理，都是为人所定立、为人所执行、为人所控制的。所以，无论如何强调法制，最终还需要人的分析和判断。有"法"无"仁"，制度（法）就会被人们钻空子。因此，企业的经营活动中，企业家要以"修身"为本，严格要求自己，以法为基础，以仁（价值观）为统帅，培养情、礼、法相融相生的精神，使企业的经营既有严格的制度、法规保证，又使员工在情、礼、法相融相生的氛围中得到良好的精神关怀和心理满足。

随着西方企业一味推行物化经营管理而带来的弊端（如庞大的官僚机构，人际关系的疏离与对抗，烦琐的规章制度等），西方学者也越来越认识到儒家所倡导的情、礼、法相融相生精神的重要性，强调管理越能利用社会的传统、价值与信念，则管理的成效越大。如麦格雷戈提出了现代企业经营管理中的"Y理论"，即以性善论为出发点，从"不忍人之心"推出"不忍人之政"，强调发挥个人内在具有的善性，充分发挥每个人的创造性，"人为了达到自己承诺的目标，自然会坚持自我指导与自我实现"②。无论是在东亚和港、澳、台地区，还是在中国大陆，凡是成功的儒商都比较注重情、礼、法相融相生的"人情味经营"。他们根据儒家的"老吾老以及人之老，幼吾幼以及人之幼"的原则，把家庭中的骨肉之情推广于企业内的所有职工，使企业员工之间亲如兄弟，充满人间真情与至爱。如方太文化强调的"两要"就是：以用户为中心，以员工为根本。一切企业

---

① 吴念博："践行儒家商道，建设幸福企业"，《博鳌儒商论坛2016年鉴》内部打印稿，第13页。
② 道格拉斯·麦格雷戈著，韩卉译：《企业的人性面》，中国人民大学出版社2008年版，第46页。

文化的出发点首先是用户，用户必须是中心，用仁爱之心对待用户。以员工为根本就是把员工当家人，创造员工的幸福感。方太为此实行了全员身股份制，不管是扫地的阿姨，还是公司的副总裁，都给予分红股，人人有份，只是数量多少不等。茅忠群强调，在方太的每一个人都产生着价值，每一个人都不应仅仅与企业是雇佣关系，同时实行全员福利制度，使每一个员工都能感受到方太的关爱[①]。中国大陆许多企业家所提倡的以"服务与奉献"为内涵的"一团火"企业精神，以及所实施的情系用户、情系商家、情系同行、情系职工的"情感工程"等，都是儒商注重情感经营管理的具体体现。这种强调亲情，实行情感经营，使企业内充满爱，职工也就会无限忠于企业，乐于献出自己的青春与智慧，形成真正的企业命运共同体。这样的企业在市场竞争中必会无往而不胜。

第三，儒商倡导的服务社会的人生观有助于现代企业精神的提升完善。

日本现代企业评论家伊藤肇先生认为："如把企业的使命只限定于追求利润，势必忘了工作的重要性，忘了人性，只知为赚钱而奔波劳碌。"他主张"生意越好就该卖得越便宜，使利润还原于社会，这才是企业生存的最佳途径"[②]。西方企业家在经营中，是把以利润为核心作为企业经营的最终目标的。尽管目前有不少西方企业家也重视经营中的伦理道德，注重员工的价值关怀和消费者的利益保护等，但这样做的目的不过是为了获取更大利润而已。而现代儒商的基本精神，是从纯企业经营的思维定式中跳出来，把自觉地服务于社会作为企业经营的出发点和最终目的，热心致力于"公益化的经营"，并且在"公益化的经营"中为企业又赢得更多的经济效益。方太董事长茅忠群强调，一个伟大的企业需要有两个核心：创新和良知，而创新最大的源泉就是仁爱之心。企业家如果怀有大爱的思想，有着对顾客的爱、对员工的爱、对社会的爱，自然就会涌现出强烈的创新冲动，这就是人的良知："一个伟大的企业，都应该源于爱；因为爱，人们才能无私的付出；因为爱，人们遇到困难的时候，才能坚持到底；因为爱，人们才能无怨无悔地去承担责任；因为爱，员工在劳动的时候，才不需要他人监管；因为爱，企业创新才有持续的动力；因为爱，企业创新才能真正地为用户、为人类创造价值！有爱，才有家；有家，才有爱"[③]。日本的企业家松下幸之助就强调企业经营的最终目的"不单纯是为了利益，而只是将寄托在我们肩上的大众的希望通过数字表现出来，完成我们对社会的义务"[④]。具体言之，对于松下公司来说，企业的责任就是把大众需要的东西，变得像自来水一样方便和便宜。苏州固锝集团董事长吴念博认为儒商的一个鲜明特点"是企业家本身要知道止，很多企业家

---

① 周永亮、孙虹纲：《方太儒道》，机械工业出版社2016年版，第26页、第152页。
② 伊藤肇著，琪辉编译：《东方人的经营智慧》，光明日报出版社1986年版，第62页、第63页。
③ 周永亮、孙虹纲：《方太儒道》，机械工业出版社2016年版，第V页、第199页。
④ 松下幸之助：《自来水哲学：松下幸之助自传》，南海出版公司2008年版，第77页。

在管理过程当中，止在钱上、止在利润上问题就很大。你止在钱上，员工也会止在钱上，那么重要的一点是到底止在哪里？'大学之道，在明明德，在亲民，止于至善。知止而后有定，定而后能静，静而后能安，安而后能虑，虑而后能得。物有本末，事有始终，知所先后，则近道。'真正的止于至善才能让企业办好"①。对于一个富有社会责任感的现代儒商来说，企业赚钱只是一种手段而不是目的。他们自觉地把企业赚钱与国家兴旺和民族利益联系起来，服从于国家和民族利益这一崇高目的。虽然儒商也追求经营中的利润，以利润为其企业的安身立命之根本，但利润不是儒商经营的唯一目标和最终目标。

三、现代儒商回报社会的典范

试举几例。华侨陈家庚先生就是一位现代儒商服务社会的典范。他生于福建同安县集美社，后南渡星州，随父经商，在20世纪20年代成为南洋著名的华侨实业家。陈家庚在《陈家庚公司分行章程》第一章第一条就对他办公司的宗旨做了如下说明："本公司以挽回利权、推销出品、发展营业、流通经济、利益民生为目的。"他反复强调，"人身之健康在精血，国之富强在实业"，企业家应以振兴中国为己任。就是据于这种精神，他自1893年开始，竭尽公司的最大财力，开始捐资兴学，耗费巨资，不间断地连续办教育68年。陈家庚创办的集美学校，从幼儿园、小学、中学、国专、厦门大学共10多所，形成了一个规模宏大、教育结构完整的体系，令人叹为观止。他创办或补助了福建全省28个县市的73所中小学。陈家庚还在侨居地创办华侨教育，先后创办了华文小学及2所中等专业学校，资助过1所英文小学，赞助过1所大学，还资助了一些华侨学校。他逝世后，国内银行尚留有存款334.2万元，这些钱他一分也没有留给自己的后人，而是按照他的遗嘱将其中的224.2万元给集美学校建筑校舍，50万元用来支付北京华侨博物馆的建筑费，余下的50万元拨作集美社的福利基金。他生前宣布："本人生意即产业逐年所得之利，除花红以外，或留一部分添入资本，其余所剩之额，虽至数百万元，亦以尽数寄归祖国，以充教育费用"②。这种倾其所有回报社会、"教育救国"的精神，就是现代儒商服务社会的最好体现，同时这一精神也培养了员工对企业的忠诚和热爱，增强了企业的自信心和凝聚力，又促使了企业的蓬勃发展。

香港"金利来"集团有限公司董事局主席曾宪梓也是一位经商成功不忘回报社会的典型。10多年来，他每年都要捐赠50万港元帮助家乡，还捐赠了450万

---

① 吴念博："践行儒家商道，建设幸福企业"，《博鳌儒商论坛2016年鉴》内部打印稿，第11页。
② 王增炳、余刚：《陈嘉庚兴学记》，福建教育出版社1981年版，第96页。

元兴建嘉应大学宪梓教学大楼和图书馆,捐建了东山中学教学大楼和图书馆、梅州中学办公楼、学艺中学图书馆、大埔百侯中学科学馆、平远中学、五华中学、扶大中学教学楼、宪梓小学、梅县医院容发住院部大楼、乐育中学教学楼、大礼堂,为白水中学和华侨中学捐建了艺术馆,为嘉应大学和东山中学设立了奖学金,为梅州市华侨新村幼儿园捐建校舍,资助梅州市福利院建立按摩门诊部、设立福利基金、捐赠儿童乐园,为扶大区各乡安装电话、修路架桥,捐赠给家乡县里几十部小汽车,捐赠 350 万港元为中山大学兴建生物大楼,捐资 50 万港元为中山大学香港校友会购置会址,捐资 150 万港元建立中山大学研究基金,捐资 200 万元建设广州医学院图书馆,捐资 1000 万元为梅州市创建一所新型中学,捐资 140 万元建设梅县人民体育场,捐资为家乡临县五华和兴守兴建体育场。1992 年又捐赠 1 亿港元在北京设立"曾宪梓教育基金会",并决定从 1993 年起每年以其利息和金利来集团的经营利润作为奖励优秀教师的资金[①]。

  誉满东南亚的传奇人物、万金油大王胡文虎,东南亚橡胶大王李光前,旅日著名商人吴锦棠,也都是热衷于捐资助学、服务社会的海外儒商。胡文虎原籍福建省永宁县,他常言:钱乃身外之物,"取之社会,用之社会。"他制订过一个庞大的捐资兴教计划,民国时期,曾向当时的国民政府提出捐资 350 万元,计划在全国兴办 1000 所小学,遍及全国各县,每县一所。新中国成立后,胡文虎之子胡仙博士继承父志,继续家父的公益事业,于 1993 年回故乡之时专门成立了"胡文虎基金会"以资助家乡的教育事业。[②] 李光前原籍福建南安,后前往新加坡经商,经过一番拼搏,成为新加坡著名实业家。早在 20 世纪三四十年代,李光前就在福建安芙蓉乡创立了国专小学、国专中学。新中国成立后,他对兴办家乡的教育事业更为热心,1952 年,他又捐资 200 多万元,兴建了梅山学校和著名的国光中学等,1951~1954 年,他先后筹款 600 多万港元用以支持厦门大学的建设。他强调"吾人对国家贡献莫大于教育青年"[③],把振兴教育置于社会发展的首位,把教育年轻一代作为吾辈责任和崇高目标,并身体力行。吴锦棠原籍浙江慈溪县,后东渡日本经商,获得成功,在 20 世纪初成为日本神户与大阪的一位巨商。他从日本现代化进程中注重教育发展、广泛学习西方科学技术的经验出发,1905 年在家乡慈溪创建了锦棠学校,后根据国家发展的需要,改为农业中等学校,从日本引进教育设备、课本,重金聘请日本专家到校任教,优秀毕业生则由他出资送往日本、美国等发达国家进一步深造。中国著名的教育家蔡元培曾把吴锦棠与陈家庚誉为"办学三贤"(另一贤为聂云台)。

---

① 夏萍:《曾宪梓传》,作家出版社 1995 年版,第 331 页。
② 吴尔芬、张侃:《商业巨子胡文虎》,当代中国出版社 2005 年版,第 84 页、第 156 页。
③ 福建省泉州华侨历史学会编:《李光前学术讨论会文集》,中国华侨出版社 1995 年版,第 84 页。

当代致力于华文教育事业的儒商就更多了。比较著名的有电脑科学家、美籍华人王安博士，印度尼西亚商人尤扬祖先生，香港富豪李嘉诚先生、包玉刚先生和香港纽士威国际集团董事长朱伯舜先生等。王安为了加强世界对中国的了解，曾向哈佛大学费尔班克斯东南亚研究中心捐资 100 万美元，专款指定给从事中国研究的学生使用，以促进对中国现代的研究，并资助中国博士级学者和高级专家的科研经费。1978 年以后，海外儒商反哺故土，捐资兴学出现了前所未有的热潮。尤扬祖原籍福建永春，长期在印度尼西亚经商，热心赞助家乡文教事业，几十年如一日，未曾间断。李嘉诚、包玉刚和朱伯舜则先后捐巨资创建了汕头大学、宁波大学和丹阳外语外经贸大学。

下篇　儒家传统与东亚现代市场经济

　　东亚，从地理位置上是指欧亚大陆太平洋沿岸的边缘和半边缘地带，包括亚洲东部的大陆、半岛和海岛。一般而言，东亚有狭义和广义之分：狭义的东亚指中国、日本列岛、朝鲜半岛、新加坡等；广义的东亚是在此基础上加上东南亚联盟七国，约有人口18亿，面积约为1350万平方千米。本篇所论述的"东亚"主要指前者。因为就东亚现代市场经济的崛起而言，主要是指自20世纪50年代到1997年7月亚洲金融危机爆发之前的40多年的时间里，以日本、韩国、新加坡、中国台湾、中国香港为代表的经济高速增长和工业化的快速发展。中国大陆自20世纪70年代末改革开放以来，经济也呈现出高速增长的势头，经济体制的模式正逐渐向现代市场经济体制转轨。东亚既是一个地理概念，又是一个文化概念。从历史文化传统的角度看，东亚是一个带有深刻儒家文化特征的文化圈，各国对汉字、儒学、中国化的佛教以及中国土生土长的道教都有共识和认同，是最终形成东亚文化圈的基础。宋明理学在当时产生了向四周传播的扩张力，如在日本、朝鲜和越南成为其官学的儒学是以朱子学为版本的。儒学在历史上的很长时期内主导着东亚人的基本心理和内心信仰，这种影响即使在现代化的今天仍然存在，并未减弱。在这个地区内的经济体，存在着不同的社会制度、不同的经济发展阶段、不同的民族宗教，但有一个共同的特点，即都属于被一些学者称为"东亚儒学文化圈"，都致力于经济发展，并取得了巨大的成功。那么，东亚现代市场经济的发展与儒家文化传统之间，有着怎样的内在联系？儒家文化传统在东亚的经济发展中扮演了怎样的角色，发挥了什么样的作用？这些问题构成了本篇讨论的主题。

第六章　20世纪中后期东亚经济的崛起

东亚经济的崛起，开端于日本，成势于中国，形成了新的世界经济增长带。第二次世界大战后，日本和亚洲"四小龙"——韩国、新加坡、中国的台湾地区与中国香港地区的经济迅速发展，相继实现了经济的高速增长。

第一节　东亚经济的起飞

东亚经济的起飞是在欧美发达国家和拉美等发展中国家和地区都面临经济减缓甚至停滞的情况下实现的，并显示出旺盛的增长势头，创造了后发国家和地区经济增长的奇迹。众所周知，第二次世界大战后初期和其后的一段时期，东亚是世界上贫困的地区之一，人均收入低得可怜。如1949年，当时在东亚收入最高的日本人均收入也不过是100美元。可是从20世纪50年代末到60年代，日本开始从废墟上起飞，取得了20年持续高速发展，东亚"四小龙"也你追我赶地快速发展。经过30多年的发展，取得了举世瞩目的成就。1993年世界银行发表了一项耗资数百万美元的研究项目报告，按世界银行发展报告的统计，1993年东亚地区的国家人均国民生产总值日本为31490美元，新加坡为19850美元，韩国为7660美元，中国香港和台湾地区人均国民生产总值都超过了1万美元，因此，世界银行将东亚经济的崛起现象称为"东亚奇迹"[1]。从财富的集中看，在1996年7月15日福布斯的资料中，全球亿万富豪有447人，其中亚洲有123人，约占1/4。在亚洲富豪中，日本有41人，中国香港有20人。东亚经济的崛起，大大激发了东亚人民的自豪感和自信心。随后，在世界各国的不同范围和不同层次上召开了许多次国际会议，讨论东亚经验对本国的意义和亚洲经济兴起对21世纪世界经济政治格局的影响。甚至有人提出，从历史的发展来看，19世纪是

---

[1]　世界银行：《东亚奇迹——经济增长与公共政策》，中国财经出版社1995年版，第17页。

欧洲的世纪,20世纪是美洲的世纪,21世纪将是亚洲的世纪。随着中国经济的崛起,又有不少人断言,"世界经济中心将很快地、不可避免地移向大西洋西岸转移",它"亚洲将执21世纪世界经济之牛耳",它"是中国的世纪"①。

一、日本经济的崛起

我们先看日本。日本的面积约为37.8万平方千米,人口约1.26亿人,自然资源匮乏,90%以上的能源需从国外进口。第二次世界大战结束后,日本曾陷入极度困难的境地。作为战败国的日本,受到了严重的破坏。粮食危机,物资奇缺,物价飞涨。1946年的通货膨胀率高达365%,工农业生产急剧下降。人心沮丧,一片悲凉的气氛笼罩着日本列岛。出生于日本、曾任美国驻日大使并在日本生活多年的赖肖尔这样描写战后日本的困境:战争结束时,日本的工业实际上处于停滞状态,甚至农业也因为长期缺少新工具、充足的肥料和劳动力而减产1/3左右。除京都之外,日本所有的大城市以及大部分中小城市在很大程度上毁于战火,城市人口流散到全国各地。大约66.8万平民在空袭中丧生。遭受重创的经济,由于正常的贸易渠道被切断和外国不稳定的统治所造成的混乱,恢复进展极其缓慢,比受到重创的欧洲慢得多。② 就是这样一个国家,其经济在战后却经历了数次繁荣,各次繁荣的名称和繁荣持续的时间如下:"神武景气"(1954年12月~1957年6月)共31个月;"岩户景气"(1958年7月~1961年12月)共42个月;"奥林匹克景气"(1962年11月~1964年10月)共24个月;"伊奘诺景气"(1965年10月~1970年7月)共57个月;"列岛改造景气"(1971年12月~1973年11月)共23个月;"平成景气"(1986年1月~1991年2月),持续时间长达61个月。也就是说,从20世纪50年代末开始,日本进入了经济高速发展的繁荣阶段。

经过数次繁荣,日本经济获得了非凡的资本积累,人均国民生产总值超过了美国、德国、法国、英国等,接近了瑞士、瑞典(这两个国家由于人口少,而且拥有独特的尖端产业及大量旅游收入,所以一直保持着较高的人均国民生产总值)。其实际经济增长率,以工业产值生产计算,1950~1970年的20年间,平均每年以15.2%的增长率增长。人均收入1952年为342美元,1972年达到1709美元,20世纪80年代突破1万美元,1986年超过美国而达到1.7万美元,1987年高达1.9642万美元,仅次于瑞士。在短短的几十年间,成为世界第二大经济大国,仅次于美国,发展迅速令世人瞩目。日本经济国民生产总值占世界生产总

---

① 张磬:《论东亚经济崛起》,载于《国际技术经济研究学报》1997年第1期。
② 埃德温·赖肖尔、马里厄斯·詹森:《当代日本人:传统与变革》(增订本),商务印书馆2016年版,第116页。

值的比例也逐年提高，从 1970 年的 6.4%，1980 年的 9.1%，飞跃到 1990 年的 13.7%。若按国际货币值计算，短短的 20 年中，日本人均国民生产总值便由美国的一半跃升到高出美国 22%。1970 年，世界前十五大银行排行榜中没有日本银行，到 1990 年已有 10 家日本银行名列其中，而且包揽了第一至第六名。在这个仅占世界总面积 0.3% 的国土上，生产出了占世界 1/10 的国民生产总值。1987 年日本的国民资产总值（包括金融资产：股票、存款、保险及实物资产）已高达 43.7 万亿美元，超过美国（美国为 36.2 万亿美元），成为当时世界上头号的资产大国。①

从科技力量上看，日本也是一个举世公认的世界技术大国。在高科技领域，机器人、超大规模的集成电路、光导纤维、碳素纤维、信息网络系统、核聚变技术、粒子加速器等都已进入了世界前列。而日本技术的高超性，体现在它所生产的那些精美产品，诸如汽车、船舶、集成电路、照相机、录像机、机器人、计算器等，均以压倒优势畅销于欧美乃至世界市场，有力地推动了日本经济的发展。除化学加工和航天工程之外，日本几乎在所有高技术领域都与美国不相上下或超过美国。在 1997 年亚洲金融危机爆发前，原来还是国际债务国与贸易赤字国的日本，摇身一变成了世界上最大的净债权国，并享有全球最高贸易顺差。

一个资源如此匮乏的国家，能在这么短的时间内从战争的废墟上建立起举世瞩目的超级经济体，是一个奇迹。

二、亚洲"四小龙"经济起飞

紧随着日本崛起，新加坡、韩国、中国台湾和中国香港"四小龙"的经济起飞。毫无疑问，日本经济发展的模式和经验对"四小龙"经济的发展产生了深刻的影响。但"四小龙"的起步，从自然地理条件和政治经济条件上来说，都比日本更为艰难。与世界大多数国家和地区相比，"四小龙"的土地面积十分狭小，其中最大的是韩国，最小的是中国香港，而且资源奇缺。如韩国矿产资源极为贫乏，原料和燃料大多依靠进口。中国香港和新加坡自然资源贫乏得更是惊人，甚至连居民的饮用水都要依靠进口。在历史上，它们都曾沦为殖民地，长期遭受帝国主义的侵略和掠夺。

就是在这样的历史条件下，亚洲"四小龙"在 20 世纪 60 年代以后，迅速实现了经济的崛起和长时间的持续高速增长。在近 30 年的时间里，它们凭借有利的外在条件，审时度势，不失时机地调整自己的经济发展战略，取得了令人瞩目

---

① 刘予苇：《战后日本经济的复兴》，引自《日本的改革与振兴》，商务印书馆 1993 年版，第 247 页。

的成绩,从而跻身于中等发达国家和地区的行列,成为发展中国家和地区中的佼佼者。例如韩国,在第二次世界大战后经济遭受重创,但在之后短短的 30 多年里,韩国经济奇迹般崛起,成功跨入高收入经济的行列,1996 年底又如愿以偿地成为发达国家俱乐部成员,被人们称之为"汉江奇迹"。

这四个经济体之所以被世界冠以"四小龙"的称号,主要是在以下三个方面有着不凡的表现:

第一,经济增长速度名列前茅。根据世界银行的统计资料,在 20 世纪中后期短短的 30 多年里,亚洲"四小龙"是世界上经济增长最快的国家和地区。世界经济增长速度 20 世纪五六十年代为 4.8%,20 世纪 70 年代为 3.4%,20 世纪 80 年代为 2.9%,而亚洲"四小龙"在 1965~1980 年的国内生产总值平均增长率分别达到 10.1%(新加坡)、9.8%(中国台湾)、9.5%(韩国)和 8.6%(中国香港),大大超过了世界平均水平和发达资本主义国家的平均水平,雄踞世界榜首。1981~1987 年连续以 8.6%(韩国)、7.3%(中国台湾)、5.8%(中国香港)和 5.4%(新加坡)的速度增长,这一速度均居当时世界前 10 名。进入 20 世纪 90 年代以来,"四小龙"的经济增长虽有所下降,但仍以绝对的优势领先于世界。1990 年"四小龙"的平均经济增长率仍为 6%,而世界发展中国家平均为 3%,发达国家仅为 2.4%,可见其速度仍遥遥领先。[①] 以 1991 年和 1996 年为例,这两年世界经济增长率分别为 1% 和 3.8%,而"四小龙"的增长率则高达 7.7% 和 6.5%。也就是说,在 1997 年东南亚金融危机爆发之前的 40 多年里,亚洲"四小龙"是世界上经济增长最快的国家和地区。韩国是落后国家成功发展经济的范例,在 20 世纪 60 年代,韩国推行"政府主导下"市场经济体制,由内向型经济转为外向型经济,经过 6 个五年计划的建设,国民生产总值年平均增长率达 8%,人均国民生产总值从 82 美元增至 6500 美元,30 年走完了西方发达国家 100 年走过的历程。

第二,国民经济规模迅速扩大。"四小龙"的人均国民生产总值的增长也名列前茅。1987 年中国香港达 8070 美元、新加坡达 7940 美元、韩国达 2690 美元,中国台湾地区也接近 5000 美元。到了 1990 年,中国台湾的人均国民生产总值已由 1953 年的近 200 美元提高到 7997 美元,增长了近 40 倍。1991 年,"四小龙"的人均国民生产总值又有了较大幅度的增长,中国香港为 14102 美元,新加坡为 14210 美元,中国台湾和韩国分别为 8685 美元和 6498 美元。中国台湾 1992 年更高达 10196 美元,1996 年实现 14000 美元的目标。这其中,新加坡增长最快,如在 1991 年,新加坡的人均国民生产总值高达 14210 美元,居

[①] 李小满、黄志坚、刘新:《"四小龙"发展启示录》,上海人民出版社 1993 年版,第 66 页。

亚洲"四小龙"之首，甚至高出了某些欧美发达国家的收入水平，跻身于世界高收入地区的行列。1990年，韩国、中国台湾、新加坡、中国香港的国民生产总值分别比1965年经济起飞初期增长78.8倍、54倍、35.7倍、27.8倍，人均国民生产总值分别增加43.2倍、33.9倍、15.7倍和20.4倍。1965~1990年的平均增长速度，中国香港为6.2%，韩国为7.1%，新加坡为6.5%，中国台湾的增长速度也大体如此。国民经济规模以如此速度扩张，这在世界经济史上是罕见的。据统计，如果以人均1000美元作为经济发展战略目标的话，那么世界发达国家从人均国民生产总值250美元的基数开始，达到1000美元所花费的时间，德国用了12年，日本为14年，意大利为15年，而"四小龙"则用了10年时间。① 亚洲"四小龙"成为继日本之后创造"经济奇迹"的四颗明星，令世人刮目相看。

第三，对外贸易数量急剧增加。几十年来，亚洲"四小龙"主要依靠出口导向经济发展战略来取得经济发展，因此，它们的对外贸易尤其是出口贸易得到快速增长。"四小龙"的出口在世界总出口额中所占的比率，1970年为2.2%，1980年为3.8%，1989年为8.0%，为世界第四位。从绝对值来看，"四小龙"的出口贸易值1957年为17.27亿美元，1967年为36.4亿美元，1977年为74亿美元，1987年为1784.8亿美元。1996年在此基础上又翻了一番多。② "四小龙"在当时世界贸易方面已处在举足轻重的地位。

日本与亚洲"四小龙"经济的快速发展受到了世人瞩目，被世界经济合作组织称为"有活力的亚洲经济群体"，反映了人们对东亚经济的乐观预期。"亚洲奇迹"一时还被普遍看作一种在西方基督教资本主义以外最为成功、也是唯一成功的东方模式和典范。

第二节 东亚经济崛起的"世纪之谜"

从20世纪80年代起，整个西方世界笼罩在惨淡的经济阴霾中，唯独亚洲太平洋地区的经贸一枝独秀，欣欣向荣，与发达国家的经济不景气形成了鲜明的对比。目前，东亚地区已经同欧洲、北美一起构成了世界三大经济圈。那么，一向被人们视为东亚落后原因之一的儒家传统文明，与这种经济的崛起之间有着什么样的内在联系？或者换句话说，儒家传统文化与东亚现代化之间是一种什么样的

---

① 国世平主编：《港台澳市场经济体制》，兰州大学出版社1994年版，第146页、第150页、第163页、第206页。

② 李小满、黄志坚、刘新：《四小龙发展启示录》，上海人民出版社1993年版，第69页。

关系？这就是困惑中外学者的"世纪之谜"。

一、东亚经济崛起与儒家文化关系的探索

20世纪初，德国著名社会学家、经济学家马克斯·韦伯（Max Weber. 1864~1920年）发表了他的名著《新教伦理和资本主义精神》与《中国的宗教：儒教和道教》。在这两部著作中，韦伯提出：自西方16世纪文艺复兴之后，理性主义在宗教、科学、法律、政治等各个领域兴起，是西方资本主义产生的根本原因。基督新教强调勤奋工作、禁欲自律、改造俗世的伦理，是促成这一理性资本主义兴起的主要精神因素。从这一意义上说，新教伦理是西方工业资本主义的精神动力。韦伯同时也指出，在中国历史上虽有一些有利于资本主义兴起的有利条件，但在儒家文化影响下所形成的家族制度、家产制国家等结构性因素阻碍了工业资本主义的形成与发展。儒家文化影响下所形成的精神心态只注重对现实世界的肯定与适应，而不倡导个人主义的发展。韦伯的这一论点提出后，影响学术界长达半个多世纪之久，并长期为中外学者所信奉，几成圭臬。人们都深深地相信：儒家文化基本上是与工业现代化格格不入的。

随着20世纪中后期东亚经济的迅速崛起，韦伯的论点受到了质疑。许多学者提出了与韦伯理论相反的论点，他们认为儒家文化的遗产恰恰是东亚经济崛起的原因之一。首倡这一观点的主要有美国学者卡恩和伯杰等。美国著名社会学家、未来学家赫尔曼·卡恩是最先明确以儒家伦理来解释"东亚经济奇迹"的一位学者，并被誉为"本世纪伟大的思想家之一"。他在1979年发表了《1979年及其后的世界经济发展》一书，接着又发表了《日本的挑战》。卡恩认为，上述东亚经济迅速崛起的国家和地区的人民之所以经济获得成功，皆因为他们大多曾受儒家文化的熏陶而具有一些共同的文化特征或价值观念。这些文化特征或价值观念包括四个成分：（1）家庭内社会化过程提倡自制、教育和学习技艺；对待任务、职业、家庭和义务的严肃态度；（2）帮助群体的倾向；（3）重视等级观念并视之为理所当然；（4）重视人际关系的互补性。他还首次提出了日本和东亚"四小龙"是"新儒家国家"的概念。他认为韩国和中国台湾作为"英雄式"发展的典型"拥有较多的道德、信义水平和节俭勤恳的素质"，与几乎所有发达资本主义国家的"萧条"和社会主义国家的"病笃"形成了明显的对比。他认为"儒家文化注重树立献身、有责任感、有学识的个人和提升承担意识、对组织尽忠这两方面，将使所有新儒家社会较之其他文化富有更高的经济效率"。"儒家伦理"的奉献精神、道德精神、诚信精神、敬业精神、秩序精神、纪律精神等在当代社会所面临的公平性及组织与效率问题上，儒家文化要比"新教伦理"强

得多。①

接着，1980年2月前英国国会议员、政治学家、哈佛大学教授罗德里克·麦克法夸尔在伦敦《经济学家》周刊上发表题为《后儒家挑战》的文章，提出了"后期儒家假设"的概念。他认为，西方所面临的真正挑战，并非来自苏联或中东。苏联的挑战基本上是军事上的，中东的挑战主要是经济上的。与此相比，来自东亚的挑战将是全面的，包括经济上的、政治上的和价值观上的。儒家文化对于东亚经济高速增长所起的促进作用可与基督新教对西方资本主义的兴起所起的作用相比拟。儒家思想是一种形成国家内聚力的意识形态，正是这种内聚力使儒教国家和地区（即深深浸润于儒家文化但又为新的因素所改造的工业化或新兴工业化国家和地区）特别使人敬畏。儒家思想使家庭成员都被确定在适当的等级关系中，一家人共同生活在一起。人们认为自己的成功是跟整个社会的进步分不开的，为此他们服从国家、企业和家庭的引导。麦克法夸尔认为，东亚的发展历程表明，自信心、社会内聚力、个人的从属地位、教育的应用性、官僚传统等后儒家特征强有力的结合是推进发展目标的强大动力。在20世纪后期的"后期儒家时代"，儒家的价值观已成为东亚各国人民的"内在准矩"。"如果西方的个人主义适合于工业化的初期发展，儒家的'群体主义'或许更适合于大量工业化的时代。"麦克法夸尔还引用了20世纪六七十年代的韩国总统朴正熙的一段话来论证他的这一观点："正像家庭是一个小的集体组织一样，国家是一个大的共同体……无法期望一个不能保持健康家庭秩序的人能表明对国家的强烈奉献……一个把国家的利益放在个人利益之上的社会比不这样做的社会发展更快。"麦克法夸尔认为，这表明了传统的权威主义儒教家庭形态与发展过程之间一定存在着某种联系②。

之后，美国波士顿大学教授彼得·伯格在1983年提出了"两型现代化"的理论。他认为：今天的世界已经出现了两种类型的现代化，除西方的现代化之外，东亚社会也已经发展出新的、具有特殊性格的现代化。因此，关于现代化问题仅用一种欧洲中心论的透视是不够的。他认为，西方现代化的根源是在基督教，东亚现代化的根源是在儒家思想。具体地说，儒家伦理是东亚社会现代化的重要源头，"即认为从儒家伦理中派生出的自我克制、勤劳、孝敬、健动以及合理化的进取创新精神，共同促进了东亚国家的经济奇迹，儒家伦理，构成了这一地区晚迈起步的现代化进程中的一个重要精神动力。"儒家伦理是一套引发人民向上、勤奋工作、崇尚节俭、恪守纪律的价值观念，具体表现为"对人世间的积

---

① 卡恩：《世界经济发展：1979与未来》，转引自S. G. 雷丁："亚洲新型资本主义中企业家的作用"，见彼得·伯格和萧新煌编：《探索东亚发展模式》，新泽西，1988年版。
② 罗德里克·麦克法夸尔：《后儒家挑战》，载于《经济学家》周刊，伦敦，1980年2月9日。

极态度、讲究纪律和自求多福的生活方式,对权威、节俭的重视,以及对稳定家庭生活的强烈关切等"①。这种价值观念一旦衍化为高生产的工作伦理,则有力地推动了东亚社会成功地由传统制度转化为现代制度,从而也就否定了韦伯的"儒家伦理产生不出资本主义"的论断。伯格提出,东亚的现代化(即东亚的资本主义)与西方的现代化(即西方的资本主义)的不同,在于它具有一些新型的特征。这些特征都同儒家文化相联系,具体表现为:非常强烈的成就取向的工作伦理;高度发达的集体团结意识,一是在家庭中,二是在家庭之外的团体中;教育的极高威望,父母总是使自己的孩子受到最好的教育;浓厚的英才统治准则和体制,在年幼时选拔出精英人才。伯格认为这些社会和文化特征是"东亚模式"的组成部分。伯格相信,东亚各国经济表现的一个关键变项是儒家伦理,这一假设将会得到证明。伯格的理论贡献在于从共时性的角度,打破了现代化即等于西化的一元观,肯定了儒家思想的现代意义。

受欧美学者影响,东亚学者也开始探讨东亚经济起飞与儒家文化之间的内在联系。如1985年6月,西柏林举行了题为"21世纪是亚洲世纪吗"的国际讨论会。会后编辑了《21世纪——亚洲世纪?》一书,主要编辑是柏林大学日本和亚洲经济问题专家朴相祚教授。朴教授在该书的前言以及他所提供的论文《欧洲对亚洲前途的重要性:为共同的技术和经济政策辩护》中,发表了儒家文化对于发展东亚经济有重要意义的见解。他认为,从民族方面来说作为东亚民族主义一种形式的民族共同性是历史上儒学的产物。1987年,日本文部省资助了一项跨学科的大型研究计划:《关于东亚的经济社会发展和现代化的比较研究》,90余名学者参加了这一计划。该研究项目的负责人、东京外国语大学教授中岛岭雄在该研究会的第一次全体会议上做了《为什么提出"儒教文化圈"的理论》的演讲。他提出:"以前的西欧模式的现代化理论、社会主义理论、以罗斯托理论为代表的美国模式的现代化理论以及'从属理论'、'世界系统论'等,都已不能充分说明东亚各国的活力;超越东亚各国的差异,重新对其文化的统一性即'儒教文化圈'的历史意义进行自我确认与限定,已成为十分迫切的课题;'儒教文化圈'的特征,与儒教伦理相结合的团体主义,以汉字为中心的学习国家,传统地保持儒教的伦理行为规范和儒教的实学精神与经验主义等内容应成为研究的课题"。他认为,"应在新的现代化的框架中,重心考虑支持日本人行为方式的儒学近代性因素的有效性"②。参加这一研究计划的日本著名的思想史学者源了园说:"日本的发展,有赖于体制变革之处甚多。但在良好地形成个人与社会的平衡方

---

① 彼得·伯格:《一个东亚发展的模式:战后台湾经验中的文化因素》,引自《现代化:理论与历史经验的再探讨》,上海译文出版社1996年,第426~428页。
② 日本《东亚比较研究》1987年第1期,第6页、第12页。

面，儒教伦理发挥了某种作用"①。

韩国也出现了讨论儒家文化与东亚经济的热潮。《儒教文化圈的秩序和经济》（1984年）和《东亚的经济发展与儒教文化》（1992年）的作者、釜山大学日本研究所长金日坤教授从儒家思想所主张的秩序原理去探讨它对东亚经济腾飞的正面意义。他认为儒教国家经济发展的成功，是由于儒教伦理具有与其经济发展的适应性。如儒教秩序原理表现为政府主导性的经济发展方式，将企业视为命运共同性的认识和重视教育等都对韩国的经济发展有积极重要的作用。韩国人受儒教影响而形成的伦理观念，如热爱国家、重视集体、勤劳朴实、发奋图强、勤奋、诚实、节俭、"相助共生"等精神发挥了类似欧洲古典学派所说的新教资本主义精神的作用。

华人社会对儒家文化与东亚经济崛起之间的关系也有许多的讨论。如曾任香港中文大学校长的金耀基教授通过对香港社会中家族主义传统的存续状况，以及人们对传统价值的工具性和实用性的理解转向的考察，提出传统儒学价值已经完成了适应性的转化，即一种新的价值取向——"理性传统主义"得以形成，正是这种新的价值观成为香港现代化过程中可资利用的资源。美籍华人学者杜维明教授基于对新加坡社会的考察指出，正是通过对西方冲击的创造性回应，儒家文化已经将西方的价值观糅合进其伦理结构之中，"注重自我约束，超越自我中心，积极参与集体的福利、教育、个人的进步、工作伦理和共同的努力"是"新儒家伦理"的典型特征，它催生了一种与西方社会迥异的东亚企业精神，成为工业东亚崛起的重要动力。② 另一位美籍华人学者成中英也认为，中国台湾地区的现代化进程和运动正是接受和采用了儒家的方式，因而取得了经济的巨大飞跃。事实上，韩国、新加坡以及中国香港的经济成就，都应是基于儒家思想的③。换言之，海外新儒家的一些代表性人物试图用儒家伦理来解释东亚经济的成功经验。他们认为儒家注重知识与教育，注重修身、注重自我与他人维持良好人际关系，注重信用及注重家庭的传统美德，以及强调和谐和整体主义等价值观，对于东亚经济的发展起到了十分重要的作用。在中国台湾，《中国论坛》第222期（1984年12月）组织了题为《从台湾经济看世俗转化儒家与资本主义发展》的专题讨论。杜念中、杨君实主编的《儒家伦理与经济发展》（1987年）从哲学理论和中西资本主义发生的史实从两方面探讨了这一问题。台湾大学教授黄光国1988年发表的《儒家思想与东亚现代化》一书，用行为科学的实证研究方法探讨了儒家思想的"实质理性"与"成就动机"的关系，试图解明儒家伦理促进东亚现代化的

---

① 日本《东亚比较研究》1988年第3期，第8页。
② 杜维明：《新加坡的挑战》，生活・读书・新知三联书店1989年版，第104页。
③ 成中英：《文化・伦理与管理》，贵州人民出版社1991年版，第180~181页。

具体机制。大陆学者代表性的研究是罗荣渠的《现代化新论》一书，核心观点是在经济实现持续高速增长的"亚洲伦理工业区"，其"所共有的儒家伦理是：工作勤奋，敬业乐群，和睦人际关系，尊敬长辈，强调配合协调与合作，而不是突出个人或个人利益等。这些'现代儒教伦理'不同于早期新教伦理之处是它提倡个人对组织的忠诚、奉献、责任……这种'新儒教文化'比西方的新教伦理更适合于经济增长"[1]。这些观点都强调了与新教伦理类似，作为东亚共同文化基因的儒家文化构塑着人们的认知方式和行为模式，从而为东亚创造经济奇迹提供了文化的动力。

二、东亚经济崛起得益于儒家文化与市场经济体制结合的探索

在20世纪80年代对儒家传统与东亚现代化的研究成为海内外学术界的一个热门课题的同时，东亚一些国家和地区的官方和半官方的人士也对儒学与东亚发展之间的关系发表了相近的见解，其核心观点认为东亚的崛起得益于儒家文化与市场经济体制的结合。如已故新加坡前总理李光耀曾谈到，新加坡在那些特别困难的日子里，如1959年和1969年之所以能够渡过难关，主要就是得益于新加坡的大多数人受过儒家价值观的熏陶，他说如果没有儒家价值观，"我们是无法克服那些困难和挫折的。"[2] 针对年轻一代奉献与向心趋势的衰退，李光耀在1982年春节集会的重要时刻公开阐述了儒家文化的精义，强调向后辈人灌输亚洲价值观念在现代市场经济中的重要性，并促使了儒学在新加坡的复兴。作为一项国策，时任新加坡第一副总理兼教育部长的吴庆瑞博士随后宣布把"儒家伦理"作为新加坡初级学校的选修课，并邀请一些国外的儒学专家到新加坡指导政府的儒学课程设计。在他就任新加坡总理后，1988年更进一步把儒家的基本价值观升华为国家意识。儒家"国家至上"的价值观有助于新加坡国家导向经济发展战略的推行，儒家所推崇的举贤与能的"君子政府"有助于给新加坡的经济发展提供了有价值的指导和相当灵活的政策。对于儒学价值观在新加坡现代市场经济中的作用和对新加坡社会经济发展的贡献，李光耀在1991年2月新加坡乡总会联合中华总商会主办的"向李光耀致敬新春晚宴会"上发表的演讲中强调："新加坡成功的一个最强有力因素，就是50年代到70年代的那一代人的文化价值观。由于他们的成长背景，他们肯为家庭和社会牺牲，他们也有勤劳俭朴和履行义务的美德。他们的文化价值观帮助我们成功。我本身有这种经验，所以我很重视维护

---

[1] 罗荣渠：《现代化新论》，北京大学出版社1993年版，第220页。
[2] 李光耀：《儒家价值观的熏陶，使新加坡人克服困难和挫折》，载于《联合早报》1994年10月6日。

华族新加坡人的文化价值观"[1]。在中国台湾、中国香港和日本，官方和半官方也有类似的观点和动态。

在对儒家文化与市场经济体制结合的探索中，也有从制度、产业政策方面加以分析的。其中代表性的观点是认为东亚经济的崛起得益于儒学与西方的市场经济体制和受西方影响而形成的民主法制政治的结合，以及国际形势的机遇和适应这种机遇的国内政策等，这才是东亚地区经济出现持续快速增长的主要原因。如大英百科全书主编弗兰克·吉布民在其1982年出版的《日本经济奇迹的奥秘》一书中就提出了"儒家资本主义"说。他认为：日本取得经济成功的真正原因是将儒家伦理与第二次世界大战后美国引入的现代市场经济两者糅合在一起，并加以巧妙运用；日本是东西合璧的"儒家资本主义"[2]；其特征是日本的企业社会是按照儒教的集体伦理观发展起来的，是将古老的中国孔子伦理同美军占领时引入的美国经济民主糅和在一起并且巧妙应用的成果。再加上以人为中心的"人力资本思想""和谐高于一切"的人际关系与"高产乃是善"的劳动观，构成了日本经济发展的不可忽视的因素。《日本名列第一》（1979年）和《日本的成功与美国的复兴》（1984年）的作者、美国哈佛大学教授埃兹拉·沃格尔则认为，由于个人主义造成的"美国病"需用"东方药"治疗，应向日本等东方国家学习团体精神主义。英国学者R.多尔在题为《东亚各国经济发展和儒教文化》的演讲中则强调：儒教的"义理"和"非个人主义"在履行契约和达到目标方面发挥了极大的作用，儒家文化在官吏选拔制度、在学校中进行道德教育以及社会重视教育的传统等特征，都确保了长时期地提供优质劳动力，是东亚经济发展的重要因素。他还从历时性的角度，预言了儒家"群体主义"等文化价值的未来前途和意义。另外，R.多尔在《认真对待日本》（1987年）和瓦德在《驾驭市场》（1990年）中也都强调了"儒家伦理"对日本商业精神的重要作用。20世纪80年代初，美国学者米高邦曾在20多个国家和地区做过一项题为《中国文化的关联》的微观调查，目的在于探讨文化差异对工作行为的影响，以及华人价值观与经济增长的关系。调查结果表明，日本与"四小龙"均属于"儒家工作动力"强、经济增长快的国家和地区；至于工作动力弱的国家，经济增长亦慢，并因此认定儒家伦理具有经济价值。这一调查发现，儒家文化是足以解释东亚经济成功的因素。

1982年在英国伦敦大学任教的日本经济学者森岛通夫发表了《日本为什么"成功"？西方的技术和日本的民族精神》一书，该书是森岛通夫1981年在伦敦

---

[1] 新加坡联合早报编：《李光耀40年政论选》，现代出版社1994年版，第422页。
[2] 弗兰克·吉布民著，吴永顺等译：《日本经济奇迹的奥秘》，科学技术文献出版社1985年版，第11页。

政治经济学院"三得利丰田讲座"和剑桥大学"马歇尔讲座"讲稿的基础上撰写完成的。森岛通夫在该书中明确提出:"新教的传播和资产阶级的兴起是英国近代资本主义建立的先决条件。"而在日本"德川幕府文化政策的一个结果是使儒教在日本人民中间得到广泛而深入的传播。儒教在日本被理解为一种伦理道德制度,而不是一种宗教,它直接地(或者通过武士道和绅士风度间接地)教导日本人民,节俭行为是一种高尚的行为。因此,在明治维新末期,日本已经具备了资本主义的第二个先决条件。""在儒教世界中,个人主义是受到窒息的。然而,由于儒教崇尚理智和理性,它又与近代科学是一致的。"于是在明治维新之后"一种以完全不同于英国资本主义的精神来管理的资本主义经济,一种把日本的精神和西方的技术结合起来的经济在日本建立起来了"[1]。他认为日本的成功就是建立在这一儒家伦理价值观的基础之上的,儒家伦理价值观是日本取得成功的力量源泉,它保证了日本近现代崛起中所需要的生产能力和工作效率。另一位日本经济学家青木昌彦在《日本经济中的信息、激励和谈判》(1989年)中也把日本人的合作敬业精神视作市场经济激励机制的重要因素。实际上,日本的现代化经历了脱亚入欧、自欧返亚、欧亚结合的价值选择与路径探求,最后才走上了一条将儒家伦理与西方工业文明结合起来的道路。具体言之,在日本的现代化过程中,如涩泽荣一《〈论语〉与算盘》一书所表明的,处处呈现出一种二元结构的特点:工业上的小型家庭企业与现代大工业并举,思想上东洋精神与西洋技术并存;将原有的家族本位的利益与效忠精神转化为国家本位的利益与天皇效忠的精神,成为传统儒家伦理与近代资本主义精神结合的典范。

上述观点之外,也有一些不同的声音。如台湾学者萧新煌提出不要渴望在文化领域中找到经济发展的"原因",不过可以在这里寻找发展的"契机"。如果没有其他政治和经济条件的支撑,文化因素是不能单独起作用的。新古典学派就认为,东亚经济的成功乃是让自由市场充分发挥作用的结果。无论是外向性战略、自由贸易制度还是合理价格,最后都归结为自由市场。一句话,自由调节的市场机制导致了东亚的经济成功。因为东亚各国实行了正确的经济政策,比如金光漱和拉里·韦斯特法尔就持这一观点:"各种因素都有助于韩国获得成功的发展,但是,关键作用则来自经济政策,这种政策促进了看来是相当有效、相当合理的工业化进程"[2]。也有的学者则强调国家宏观调控在东亚经济成功中的作用,如帕维兹·黑森在《韩国:高速经济发展中的问题》中提出:"韩国经济很大程度上是依靠在高度集中的政府指导下运行的私人企业。在韩国,政府的作用比仅仅确定总的游戏规则和通过市场力量间接地影响经济要直接得多。事实上,政府似

---

[1] 森岛通夫:《日本为什么"成功"?》,四川人民出版社1986年版,第125~128页。
[2] 贝拉·巴拉萨等:《半工业化经济发展战略》,中国财政经济出版社1988年版,第309页。

乎在几乎所有企业决策中都是一个参与者并且具有决定性的影响"[1]。爱德华·梅森等在一项大规模的研究（这项研究总题为《韩国现代化研究：1945—1975》，由哈佛大学国际发展研究所和韩国开发研究院联合进行。作为这项研究成果，从1979~1981年陆续出版了八部书）中对1945~1975年韩国发展过程的各个方面进行了分析，结论是：韩国自1963年以后的高速增长时期，在各种政策和体制变化的背后存在着一个强有力的政府，其基本目标是推进经济增长。正是这个强大的政府有力地推动了韩国经济的高速发展。韩国、日本等是"发展导向国家"。1990年，英国经济学家罗伯特·韦德罗（1990年）在其《驾驭市场》一书中，强调了东亚经济繁荣的国家和地区取得令人瞩目的经济增长的主要因素是政府通过实施产业政策"驾驭"了市场。这一理论认为，东亚经济发展的成功是政府一系列经济政策的结果。实施奖励、控制和扩大风险的机制，这些政策使政府能够指导或驾驭市场的资源配置过程，以求得与自由市场或模拟自由市场政策下可能出现的不同的生产与投资结果。"发展导向国家"理论和"驾驭市场"理论都强调国家（或政府）在东亚经济发展中的重要角色，都注重经济发展的组织体制前提以及经济政策和执行的政治条件。

　　上述这些探讨并没有能否定儒家文化因素的作用，却恰恰印证了儒家文化的作用，调强政府、国家导向发展战略恰恰是儒家主张的"大一统"协调发展的核心特点。从产业政策、宏观政策方面来探讨东亚崛起的内在原因与从文化角度所进行的探讨并不矛盾，更不互相排斥，它们是互补的，共同构成了东亚经济崛起的内在成因。因为任何一种社会经济体制的建构和产业宏观政策都必须以其传统文化的土壤为根基，任何一个经济行为体所做出的选择都必定要受到文化价值观的制约。我们不妨把制度、政策方面的因素看作东亚经济崛起的"硬件"，将儒家文化的因素看作东亚经济崛起的"软件"。"软硬件"相辅相成，共同作用，一起促成了东亚经济持续快速增长的事实。儒家文化与现代工业文明的合理嫁接与价值整合，既为儒家文化从古代农业社会的治国之道转变为工业社会的经济伦理和社会伦理奠定了基础，实现了一种真正意义上的从传统向现代的伦理转型，又为现代工业文明和经济建设引入了一种源远流长的伦理传统和道德文化精神，使现代化的社会生活和经济建设获得了一种源于民族精神文化智慧的价值和心理认同，从而获得了一种伦理化的特质。也可以说，与东亚经济发展相对应的儒家伦理，是东亚地区在建设现代化的过程中将传统儒家伦理创造性转换与整合后的现代化的儒家伦理。由于儒家的伦理在东亚诸社会中与市场经济和民主法制政治成功地完成了对接，水乳交融，取长补短，合为一体，才为东亚经济的腾飞

---

[1] 帕维兹·黑森：《韩国：高速经济发展中的问题》，引自香港《中国社会科学辑刊》1994年春季号，总第7期。

注入了后劲。在东亚的市场经济模式的社会中，儒家伦理至少表现出五个良好的特征：重责任、重义务的奉献精神；凝聚向心和互助精神；注重品格修养的自律精神；遵纪守法的公纪精神和长幼有序的礼节服从精神。在实践中，儒学的价值观经过改造和融合，已积淀为东亚民族的道德规范和文化心理结构，在东亚国家和地区发生着深刻的影响。

　　东亚经济崛起的成功经验充分地说明，儒家伦理与现代市场经济体制相结合，就能在现代化的经济发展中发挥出重要的积极作用。在儒家思想中，本身就蕴含自由经济思想和国家协调发展的内容，这就为儒家伦理与现代市场经济体制相结合提供了理论的契机与可能。儒家传统与现代市场经济体制的结合，还能弥补现代市场经济所带来的消极影响和不足。众所周知，市场经济模式是富有效率的，但又残酷无情。它既可以创造出惊人的生产力和物质财富，同时也造就了人对自身生活目的的迷茫，产生异化，导致了人们相对于自身未来追求的歪曲。而儒家传统所倡导的价值观念和伦理精神，可以用其伦理温情来调适市场竞争中各方面的关系和制约个人私欲的扩张，从而极富现代的理论意义。

第七章 儒学与东亚民族精神

东亚地区是儒学文化圈，在文化传统上与儒学保持着深厚渊源的联系。诚如法国巴黎大学第五高等研究所教授威德梅修在《亚细亚文化圈时代》（1986）一书所说：儒教为核心内容所形成的"汉字文化圈"的东亚各国具有一种共同的东亚民族精神，这种民族精神主要是基于儒教传统的和平主义和以"仁"为原理的共同体主义等。正是这种精神，为东亚各国取得前所未有的经济成长提供了一种独创的、富有活力的原动力。

儒学作为东亚的民族精神，包括"内化"和"外化"两个方面。所谓"内化"，是指它已积淀为民众心理的情感方式、生活方式、思维方式、行为方式等；所谓"外化"，是指依据它而形成的正式与非正式规范，如政治、法律规范和习俗、信仰等。这二者之中，又以"内化"为主。本章从"内化"的角度，讨论东亚地区与儒家思想的渊源联系和儒学对东亚民族精神的影响。

第一节 东亚地区与儒学的渊源

卢西恩派伊在他的著作《亚洲的势力与政治》中，将亚洲划分成三个宽广的文化区域：儒家与东亚社会、东南亚保护者与被保护者体制和南亚印度教文化。中国、日本、朝鲜、新加坡和中国台湾、中国香港等都属于亚洲儒家文化区域，在历史与文化上都与儒家思想有着深厚的渊源联系，是儒家思想和伦理观念根深蒂固的国家和地区。在历史上，儒家思想与这些国家和地区的传统思想文化相结合，成为其统治思想的有机组成部分，起到了统治理念的作用。从而，也使儒学成为东亚诸国和地区传统思想文化的主流。中国的科举制度、历法等也都对日本、朝鲜等国的社会文化产生了重要的影响。日本是最早学习中国科举制的国家，从公元645年起，日本人通过遣唐使来中国学习唐朝的典章制度，科举制度是其学习模仿的对象之一。朝鲜从958年兴科举，至1894年废科举；越南1075年开始科举考试，1919年废。朝鲜、越南等国都曾使用过中国的历法，日本在相当长的时间内也使用中国历法。

一、日本的儒学渊源

先看日本。日本是亚洲东部太平洋上的群岛国家。由于岛上山峦起伏，火山时发，地震频繁，加上领土狭小（仅占世界面积的 0.3），资源贫乏，因此日本文明发展较晚。大约从新石器时代开始，岛上才有了居民。最早的日本居民是从北方大陆移来的通古斯人、南方大陆移来的中原汉人以及浙闽一带的越人，以后又有从南海渡来的马来人。《史记》上有关秦始皇遣徐福率童男童女数千人东渡瀛洲求长生药一去不复返的记载，透露了当时中国移民泛海东渡的情形。在公元 5 世纪前后，也出现过中国移民迁居日本的高潮。中国移民作为文化传播的媒介，把先进的生产技术、社会组织和精神文化带给了刚刚迈进文明社会门槛的日本民族。

儒家思想是什么时代、经由什么途径传入日本的，至今尚无信史的佐证，但一般研究者根据《日本书记·应神天皇 15 年条》的记载推定为应神天皇 16 年（即公元 285 年）由朝鲜传入日本。这一年朝鲜半岛的百济博士王仁携来了《论语》10 卷和《千字文》1 卷，同来的另一人阿直歧，则为皇子讲授儒学。同时据《日本书记·继体天皇 10 年条》的记述，公元 6 世纪时百济的五经博士陆续地来日本讲学，携来了大量的儒家典籍，如《周易》《周礼》《仪礼》《毛诗》《孝经》《左氏春秋》等。来日本的五经博士，负有宫廷宣讲儒学的任务。据此来看，儒家思想是在 4 世纪时以朝鲜半岛上的百济为桥梁传入日本的。此后，又进一步扩大了与中国的文化交流，如先是仿效朝鲜诸国直接采用汉字，以解决文字符号的需要。日本文字中的平假名、片假名就是在汉字的基础上发展起来的。这样，中国儒家思想借助于汉字的教化，源源不断地输入了日本，深深地影响了日本民族。

从 5 世纪传入日本至平安时代末期（12 世纪末），是日本儒学的早期阶段。自 7 世纪初的大化革新至 12 世纪后期，日本在中央有设在京城的大学寮，地方设有国学（当时日本的地方最高行政单位称"国"），构成了日本传播儒学的学校系统。日本的大学寮相当于唐制的国子监，最初仅设明经道（儒学科）和算道（数学科）。学习儒学的明经道学生最多，定员 400 人，算道学生定员仅 30 人。8 世纪中期又增设文章道（教授诗文、史籍）和明法道（教习法律），新置文章博士和律学博士，但学生定员为 20 人与 10 人。大学寮中仍以修习儒学的明经道学生居多。早期日本儒学是日本儒学发展史上一个不可忽视的重要阶段，其特色是照搬汉、唐经学，没有出现自己系统的儒学理论著作，其儒学思想仅散见于天皇诏书等政治文献、律令、法令条文以及《记》《纪》等历史著作和学者的汉诗文中，但儒学已世代相传于博士学官家，并在中央和地方的各级学校中讲授传习，构成了日本早期儒学的存在形态。在奈良、平安时代的几百年间，有数以万计的日本青年在这些学校中诵读儒学经典，传播儒学。这一时期（公元5~6世纪）的日本，儒学已普及到了日本文化的各个领域，但最重要的影响，是为日本古代天皇制国家提供了政治理念。赖肖尔对儒学对古代日本国家意识形态的影响概括说："古往今来，中国人将政治统一视为文明的核心价值，日本人和其他东亚民族都接受了这种统一的政治制度至高无上的思想。""在天皇制下，日本人借用了中国的中央集权制国家机构，全国区划为郡，由中央政府委派官吏管理，中国的法典几乎只字不差地被照搬过来，日本人还仿效中国在首都建立了一套复杂的官僚机构；不过为了更好地适应日本的实际情况，他们改造了中国的模式，如将中国政府传统的六部改为八省（部），增加了宫内省和中务省，并且设立了代行天皇的宗教职能、与太政官平起平坐的神祇官。""日本人在学习中国的过程中最令人吃惊的方面之一，就是采用中国那套极其复杂的土地所有制和税收制度。按照这种制度，所有土地在理论上都归中央政府所有，其中大部分土地定期平均分配给农户。每个农户需要缴纳统一的人头税，承担农产品税（租）、纺织品税（庸）和劳役（调）三种赋税。""中央集权的政治体制需要一个作为首都的中心城市。从前日本人甚至连城镇都没有，但是，在这个时期，他们却想按照中国首都的模式，建设一座以宏伟的皇宫和官府建筑为中心的都城。"奈良、京都就是这一思想的产物："奈良按照中国都城的棋盘格式建在大和平原。""平安京也模仿中国的棋盘格式，这从京都的街道布局仍然可以窥见一斑；平安京就是后来的京都。"①

7世纪后，由于政治上的原因，儒家思想在社会政治生活中发生的影响更大。鉴于内部矛盾的日益加剧、外部压力的逐渐增大，日本统治者需要向当时正处于繁荣、强盛文明的隋唐封建帝国全面学习。他们不断派遣遣隋使、遣唐使和留学生、留学僧来中国大陆，并通过频繁的民间交流，不失时机地吸收中国的先进文化。隋唐时期是日本学习中国制度、文化热情空前高涨期。在隋朝的37年中，日本共派遣5次遣隋使。在唐朝贞观四年至太和八年（公元630~834年）这204年间，共派遣18次遣唐使，其中16次到达中国。人数也由最初的每次250人增加到500人左右（包括水手）。当时的日本几乎是"全盘唐化"，十分主动地将隋唐帝国的封建生产方式和经济（如均田制、租庸调制）、政治制度，以及法律、律令格式（包括内容与形式）等典章制度以及文学、艺术、宗教等移植

---

① 埃德温·赖肖尔、马里厄斯·詹森：《当代日本人》（增订本），商务印书馆2016年版，第50~53页。

到日本，完成了日本由奴隶制社会向封建社会的飞跃。甚至连衣食住行等生活方式和社会风尚，也无不向中国学习。儒学就是在这样的社会文化背景下，为日本的社会变革提供政治理念并扩大了自身的影响。当时的统治者圣德太子为了加强皇室统治，建立统一的君主世袭的强大国家，他效法中国的政治制度，以儒家思想为纲，制定了《十二阶冠位制》和《十七条宪法》，明确提出以儒家思想为核心的政治理念和准则，采用儒家伦理作为社会秩序的规范。"十二阶冠位"的名称即是以儒家德目命名的，其秩序是德、仁、信、义、智，每个德目又分大小两阶（如大德、小德，大仁、小仁等）。实行冠位十二阶的目的，是用不能世袭、依能力而定的官吏位阶表明身份的高下，目的在于通过实行官僚制度，打击世袭的贵族势力。《十七条宪法》并非法律，而是对官吏的道德训诫，它是当时日本统治者依据中国儒家的政治理念，论证说明新社会秩序下"君"与"国土""人民"的关系以及"君、臣、民"关系的最早的理论尝试。如《十七条宪法》第12条说："国非二君，民无二主，率土兆民，以王为主"，明显来自《诗经·小雅·北山》的"溥天之下，莫非王土。率土之滨，莫非王臣"和《孟子·万章》的"天无二日，民无二主"。《十七条宪法》还十分强调发挥"忠""礼""信"等伦理道德的作用，指出："无忠于君，无仁于民，是大乱之本也。""群卿百寮，以礼为本。其治民之本，要在乎礼。上不礼而下非齐，下无理以必有罪。是以群臣有礼，位次不乱；百姓有礼，国家自治"（《日本书纪》卷22 推古天皇12年条）。这里所倡导的和谐、礼仪、忠诚、仁慈、正直、勤勉、公正等，无一不是儒家的美德，只是多少又赋予了一些新的内涵。40年后的奈良时代又沿袭中国典章制度，实现了有名的大化革新，经过大化革新，日本建立了一套类似中国唐朝那样的中央集权制度，并以儒家思想作为官方意识形态。日本还从公元701年（大宝元年）起，仿效中国开始举行"祭孔"的"释奠"仪式，在祭仪结束后还要举行"殿上论义"，即在天皇面前讨论儒家经典的精义。公元768年，日本又效仿大唐封孔子为"文宣王"之举，亦"敕号"孔子为"文宣王"（《续日本记》桓武天皇应元年条）。这样，儒家思想不仅成为天皇制国家的政治理念，而且连孔子也在天皇宫廷中占有了一席之地受到顶礼膜拜。

大化革新后，随着政治体制的完备，公元701年又编撰了日本历史上颇负盛名的大法典《大宝律令》。这部法典包括刑法、行政法、商法等内容，也主要依据儒家思想制定的，它要求人民对天皇尽忠，对父母尽孝。正像当时的元明女帝（707～715在位）在诏书中强调的那样："人禀五常，仁义斯重；士有百行，孝敬为先。"（《续日本记》元明天皇庆云4年条）此后七年，又编撰了《养老令》，令中规定大学寮的学习课目有《礼记》《春秋左氏传》《毛诗》《周礼》《仪礼》《周易》《尚书》《论语》《孝经》等。据此可见儒家思想对当时日本政治、文化的浸润之深。

这一时期还是日本文化史上发展的一个高峰,历史上的许多典籍、文学作品,都是在这一时期出现的,那里面也深深印有儒家思想的痕迹。例如,8世纪奈良时代编撰的日本现存最早的汉诗集《怀风藻》,在其序文中强调撰集的目的是从儒学的立场出发,"恢开帝业,弘阐皇猷,道格乾坤,功光宇宙",主张"肇制礼义""调风化俗""润德光身",将仁智尤其是仁作为其文学的根本思想,儒学思想的渗透十分强烈。日本用来表达本国语言的两套字母(平假名和片假名)也是分别从汉字的楷体偏旁和草体全形构成的。镰仓时期(1192~1333年)开始出现所谓"和汉混淆文",在日文中杂以大量汉文词汇,最后形成了今天的日语。据统计,日语词汇中一半以上来源于汉语。

儒学的全盛和日本化发生在江户时代的德川幕府时期。日本在战国时期以后,国内上下都希望有一个安定的、有秩序的社会环境,德川幕府的创立者德川家康为了说明他建立新武士政权江户幕府的正当性与合理性,巩固以将军为顶点的封建专制政权和等级制度,也需要一种肯定现世秩序有利于武士阶级政治统治的意识形态,儒学合乎这一时代需要。

德川家康从当时流行于日本的佛教、耶稣教、儒学中的朱子学等中间选择了朱子学作为官学,并大力宣传推广。朱子学以富有思辨的精致理论形态,论证了现世封建秩序的合理性。13世纪初(镰仓时代中期)朱子学已传入日本。1241年,在日本首次复刻了朱熹的《论语集注》。同年,日本禅僧园尔从南宋携回数千卷汉籍中就有朱熹的《大学或问》《中庸或问》《论语精义》等。经过大约400年时间形成了日本朱子学的六大学派:京师朱子学派、海西朱子学派、海南朱子学派、大阪朱子学派、宽政以后的朱子学派和水户朱子学派。这其中以林罗山(1583~1657年)为代表的京师朱子学派影响最大。在朱子学那里,"三纲五常"被纳入"理"的规范,而"理"与"天"又结合起来,这就使"三纲五常"上升到至高无上的"天理"高度,具有绝对、永恒、至上的特性,这对幕藩体制和身份等级制发挥了有效的稳定和保护作用。如京师朱子学派的开创者林罗山就强调说:"有羽者之所以飞翔,有鳞者之所以泳跃,是何故乎?天地之间,道理炳然。故天尊地卑,上下尊位,君君、臣臣、父父、子子,其余亦然。"[1] 其强调的是忠君爱国。朱子学在日本虽早已流传,但这一时期被定为官学,成为江户时代居于统治地位的意识形态,儒学得以日本化。据日本学者统计,自1630年至1871年,在各藩担任教授的1912人中属于朱子学派的有1388人,直接出自林家学塾和林罗山后人执掌昌平坂学问所的就有541人。[2] 幕府的第一代将军

---

[1] 朱谦之:《日本的朱子学》,生活·读书·新知三联书店1958年版,第162页。
[2] 田村园澄等编:《日本思想史基础知识》,日本有斐阁1974年版,第280页。

德川家康曾多次邀请儒家学者为他讲授儒学，并聘请著名的儒学家做他的顾问。此后，历代将军都来效仿，形成了传统。他们标榜文治政治，推行儒家倡导的仁政。在他们所制定的《武家诸法度》中，就将遵守儒家伦理原则作为重要法度。1790 年甚至发布了《宽政异学之禁》，以朱子学为正学，禁止不学正学的人为官任职。这样一来，朱子学不仅成为江户时代居于统治地位的意识形态，也深深地渗透到人民的日常生活中。除幕府外，这一时期天皇朝廷也十分重视朱子学。当时的朱子学学者设坛讲学，传业授徒，可谓是学派林立，学说纷繁。

17 世纪中期以后，阳明学开始在日本思想界盛行。阳明学强调主体能动性和个性解放，成为日本在野学者反对现存体制与既成规范的思想武器。19 世纪五六十年代幕府末期明治维新运动时，一些维新运动的思想家和领导人正是受阳明学的影响投身到社会改革中去的。这一切正如我国近代著名学者章太炎所说："日本维新，亦由王学为其先导"。

明治维新后，在文明开化的口号下大力向西方学习，发展资本主义，儒家伦理仍被确立为日本国民的道德准则。儒家的传统思想，仍是他们谋求现代化发展的精神动力。如早在幕府资本主义胚胎时期，日本的一些儒学家就开始演化儒家的学说，开拓自己的经济观点。如有人通过义利关系的讨论来肯定人欲的正当性，认为商人的牟利行为也是人欲，这和士之求知，农民耕作，都是义而非利。只有贪非分之高利，才是不义的，因而人民的经济活动也是一种合乎天道的正当行为。这一时期日本著名的儒学学者石田梅岩还提出生产天下财富予以流通以资助万民生活的工商业，乃是赞天地化育之圣业。工商业者追求利润，与士之俸禄一样也是合乎天道的行为，因为他们所追求的利润乃是上天所赐予的。这是在为工商业所获利润进行辩护，有利于推动工商业的发展，也与中国明代中晚期儒家内部出现的重商意识非常相近。但同时他们又强调牟利必须有利于万民，还要合理有度。这些思想直接影响了被誉为日本近代资本主义"创业者"的涩泽荣一（1840 ~ 1931 年），为儒家传统与近代资本主义精神寻找到了结合点。涩泽荣一认为，评价谋利行为正当与否的关键，在于其取得富贵的手段是否合乎"道"（即"义"）。如果"以其道得之"，就应该肯定。他进一步解释说，"道"指的是"公共的利益"，即国家的利益。在涩泽荣一看来，个人或企业追逐利润，增殖资本，如果对增强国家的实力有益，就是光荣的，就是符合"大义"的。就这样，涩泽荣一以国家利益为媒介，把道德与经济、"义"和"利"、"士魂"（武士精神）和"商才"（资本主义经营方式）有机地统一了起来，把儒家的"义利观"转变成有利于资本主义工商业发展的伦理观，这一伦理观在本质上强调的是社会本位，而非个人本位，从而有别于西方的资本主义精神，有着浓厚的儒学价值观的烙印。这些思想作为一种精神传统，对后来日本资本主义工商业的经营和经济发展，都产生了重要的积极作用。

近代以来，日本民族孜孜以求的是建立强大的现代化国家，在实现这一目的的过程中，儒学使他们增强了民族凝聚力、爱国情感和献身精神。这正如日本人下出积舆所说，在日本"儒教不单是教养和个人信仰，而是政治理念，政治方策。"[①] 如在第二次世界大战前的初中教育中有四大科目，就是学生必须学习英语、数学、国语（日本文学）、汉语（中国的经书和诗文）。所学汉文的主要内容包括《四书》《史记》、诸子百家、唐宋诗文等。在战后的教育中，汉文的重要性有增无减，学生们喜爱中国传统文化的倾向并未改变，东西方文化的冲突，自然也曾困扰了他们达一个世纪之久，日本的思想家们力图把东西方文化结合起来，建立一种新的日本文化，在这一方面，他们做了种种的探索。战后，日本进行了深入的民主改革，在新的基础上更深入地思考并解决东西方文化的关系与儒学传统与现代化的关系问题，使儒学传统向有利于人文素质和精神面貌提高的方向发展，这有利于综合国力的增强和经济的发展。在这样的情形下，日本人民更加重视儒家传统，并抱着极大的热情研究儒家思想，使之为日本的现代化服务。例如日本《选择》月刊1995年1月号发表的《新价值观冲击欧美》一文就认为"欧美国家正受到发源于2500年前孔子的新价值观浪潮的冲击。这种价值观显现出人与人之间关系的新格局，也许会把欧美国家从文化及产业创造力衰退中拯救出来。"

二、韩国的儒学渊源

朝鲜半岛和中国大陆仅一江之隔，是一个民族单一、具有锦绣江山的半岛。第二次世界大战后，朝鲜半岛被划分为南、北两部分。从考古资料看，古朝鲜的墓葬、青铜器和铁器，与中国当时辽宁、山东地区的考古文化一致，说明从古以来中朝两国人民在文化方面就有着密切的联系。

由于地缘方面的关系，朝鲜半岛受中国传统文化影响极大。相传箕子于商末（公元前11世纪）去朝鲜，被周武王封为朝鲜侯，故历史上有箕子建朝鲜之说。儒学作为一种外来文化也为朝鲜所吸收，成为它们文化体系、价值体系和传统文化的主流。

儒学传入朝鲜半岛的时间，一般认为是在汉初。公元前108年，汉武帝灭卫氏朝鲜后在其地设置了乐浪、玄菟、真番、临屯四郡（今平壤乐浪区土城，乃乐浪郡治遗址），各郡派遣汉太守，四郡与汉通商。随着汉人官吏、商贾、移民的

---

① 下出积舆：《神祇信仰、道教和儒教》，引自《讲座日本的古代信仰，神们的思想》，学生社1980年日文版，第66页。

移入，儒家思想开始传入朝鲜半岛。后来朝鲜半岛分为百济、新罗、高句丽三国，也都全面地大力吸收汉文化。公元 372 年之后，朝鲜半岛三国都先后设置了太学，教授儒家经典，儒学在朝鲜半岛的传播，开始有了文字记载。接着，朝鲜半岛经历了新罗对朝鲜半岛南部的统一和北部的高句丽时代。当时恰逢唐代，他们又大量吸取唐文化。7 世纪时，三国开始派遣贵族子弟赴唐留学。735 年新罗统一三国后，大量向唐王朝派遣留学生。在新罗王朝（668～935 年）和高丽王朝（918～1392 年），其典章制度基本上都是效仿中国，高丽王朝前期沿用唐朝法律，后期杂用元明律，李氏王朝（1392～1910 年）则完全用明律。至公元 837 年，在唐留学生已达 216 人之多，留学生中有不少人还参加了唐朝的科举考试并及第。这些留学生回国后，成为弘扬儒学的一支生力军，为儒学的兴盛奠定了基础。在儒学教育方面，新罗时期就开始设立国学，教学内容主要为儒家经典，教学科目有《论语》《孝经》，专攻科目有《周易》《礼记》《尚书》《春秋左氏传》等。在高丽时期，大学国子监所授课程也仍以儒家经典为主。高丽王还定期到太学祭祀孔子，提倡儒学。高丽王成宗还追封新罗儒学名臣崔致远为太史令，薛聪为弘儒侯，并以祀文庙。高丽王光宗时开设科举，以《五经》诗赋取士。此后，高丽文官逐渐被儒生取代。国家教育体制建立的同时，私人讲学读经之风也很盛行。如不少考取科举功名的高官，退位后首开私人讲学之风，从而培养了不少儒生。这种私人讲学之风也有力地促进了儒学在朝鲜半岛的普及。高丽王朝还极为重视书籍的收藏与刊印，从战国开始诸子百家的书籍，以及后人的注释，高丽时期几乎都无所不包。

从三国到新罗、高丽时代这一千年间，儒学在朝鲜半岛虽有传播和发展，但在思想文化领域还不占据统治地位，居于统治地位的是佛教。进入李朝时代以后，由于政府采取了崇儒抑佛的政策，佛教衰落，儒学进一步繁荣。如在李朝建立伊始，文官即全部起用儒生，收回佛教寺院的土地，以充实国家财政，并在政治上进行正名分、严等级、定法礼、兴儒学的改革。随后儒学便上升为李朝的国教，被称为"儒教""李朝的建国理念"。儒学的国教化是从两个方面展开的：一是上层士大夫对朱子理学的探讨；二是下层庶民对通俗儒学伦理的接受。对庶民百姓儒家伦理道德的教育，又主要是在初等教育机构如学堂、乡校书院等中进行的。在学校之外，政府还大力提倡百姓去做"忠臣孝子，义夫节妇"。如太祖即位书上就强调："忠臣孝子，义夫节妇，关系风俗，在所奖。"[①] 李朝世宗时（1432 年）新编的《三纲行实图》，搜集了古今 110 名孝子、忠臣、烈女的事迹汇集成册，配上图画，逐句作解，作为王朝伦理道德的标准向全国发行。总之，

---

① 朱七星等主编：《中国·朝鲜·日本传统哲学比较研究》，延边人民出版社 1995 年版，第 48 页。

在高丽末期到李朝前期，儒学在朝鲜半岛达到了鼎盛期。李朝统治者依靠新兴儒臣进行改革，上自国家政体、文化教育，下至百姓的道德教养，全盘儒化，使李朝成为一个完全的儒教国家，使儒家思想发展成为李朝五百余年正统文化的主流。因此，可以说在现代化浪潮到来之前，韩国一直笼罩在儒教文化的氛围中，其影响程度之深、之巨，都远较日本甚。从15世纪到16世纪韩国还出现了许多大儒，李退溪就是其中的佼佼者。他的思想从16世纪中期一直到1910年韩国被日本吞并为止都居于统治地位。在今天的韩国还具有许多从事李退溪和儒学研究的机构，如汉城的退溪学研究院、成均馆大学、汉城大学、高丽大学以及东亚大学、中央大学等都有数量不少的研究者在从事中国儒学、日本儒学和韩国儒学的研究。

在朝鲜半岛，汉文长期作为正式文字使用，历代最重要的史书，如《三国史记》《高丽史》《李朝实录》，全部是用汉文写成的，今天仍然使用的拼音文字"谚文"，也是参考中国文字声韵之学制定的。至今朝鲜半岛的一级行政区被称为"道"，还是沿用唐朝的政区名称。

儒学在社会生活的方方面面都对朝鲜民族文化传统发生着影响，主要表现在以下三个方面：

第一，政治体制上的中央集权制。李朝时代，作为一元化思想体系的朱子儒学，几乎控制了文化的所有方面。在李朝建立以前，政治上的中央集权制已有一千二百年的历史，而李朝在朝鲜半岛历代王朝中，建立了最强有力的中央集权制，并维持了五百年之久。作为维护中央集权政治体制的手段，他们仿照中国，建立了两种制度。一是地方官相避制，即地方官绝对不能任用本地出身者。二是地方官任期制，即地方官必须有一定的任期限制。其目的在于通过这两种措施，防止分权倾向。

第二，社会政治思想上强调以"德治"为主。如在朝鲜半岛三国时期，就模仿儒学，提出了"德治""爱民"的社会政治思想。又如高句丽大祖东明王将自己一生的政治思想概括为是"以道治国"。所谓"道"，指的就是儒学的治国理念。后来到太武神王时，朝廷右辅松屋句继承这一思想，进一步提出了"持德者昌，持力者亡"（《三国史志·大武神王》）的观点，使之更为完整。强调德治，也就必须把"仁"即"爱民"作为重要的为政原则。如高句丽王就明确提出过"爱民"的观念（《三国史志·高句丽本纪·故国川王》）。完成三国统一大业的新罗文武王也提出过减轻百姓课税负担、免徭役，使百姓过富足平安生活的主张。

第三，处理人际关系上强调"忠孝一致"的原则。忠孝一致是儒学的社会组织原理，"忠"是儒学在主张实行中央集权制的同时，要求臣民对君主或国家要忠诚、顺服，而历代统治者也把培养臣民们的"效忠"意识置于十分重要的地位，以此作为维护统治秩序的重要手段；"孝"是儒家倡导的对家族中先辈的尊敬与服从。古朝鲜的统治者也推行这一观念，并提出了"君王为君王，臣下为臣下"(《新罗乡歌·安民歌》)和"子孝于父"的孝道思想，并认为"忠孝"是"天之经，地之义，民之行"，以此将"忠孝之道"提高到宇宙的最高原则。忠孝思想在朝鲜提倡的结果，一是强化了家族主义，形成了依靠亲族的生活习俗。在家族中，人们恪守着长幼尊卑的既定秩序，使家族具有强大的凝聚力。二是地缘性部落共同体内部团结也被强化了。其他如科举制，日常生活中冠、婚、葬、祭等礼仪规范也都深受儒家思想的影响。在文字上，朝鲜半岛一直使用的是汉字。到李朝第四代君主世宗（1419～1450年）时，为了克服汉字本身的困难，使一般人都能较容易地掌握读写能力，世宗28年（1468年）创造了朝鲜半岛现行的拼音文字。但一直到近代以来，传统的文人学士仍然推崇并学习汉语，轻视自己本国的文字。由此也足见中国文化的影响之笃、之深了，以至于韩国人认为"在韩中日三国当中，韩国守护儒学的程度为三国之首。"在韩国的"庆北地区，至今还保存着传统的儒学村落"①。又如1995年在北京召开的纪念16世纪韩国朝鲜王朝时代最高儒学家李退溪的第十四次国际学术讨论会会议主题是《儒学、退溪学与未来社会》，1998年11月在韩国安东召开的第15届学术讨论会的主题还是《21世纪儒教与退溪学》，说明韩国学术界强调儒学在21世纪的作用。即使在1998年亚洲金融危机之后，许多韩国学者仍然肯定儒教所倡导的共同意识是构成韩国脱离危机的动力。韩国学者强调："日本和韩国经济发展中，儒教思想的秩序原理起到了'基轴文化'的作用，这里包括儒教君主中心的集权体制、忠孝一致的人际关系、农本主义经济观、平等主义倾向和重视教育等方面。儒教文化圈的经济发展都是通过集权型的儒教秩序以及它在经济发展中所适应的表现，而且又是家族集团主义行动原理的表现。由此看来计划先导型的混合经济体制、出色的社会协调性、基于忠孝的集团管理、民族的共同意识、企业经营中的一体感，健全的劳动观和勤劳意识等就是东亚经济赖以迅速发展的基础"②。

三、新加坡的儒学渊源

追溯新加坡与中国儒家文化的联系，不能不从中国与马来半岛的文化交往谈起。

---

① 郑永仪：《儒学与东亚经济发展》，引自《儒商与二十一世纪》，齐鲁书社2004年版，第17页。
② 李润和：《儒学与21世纪东亚世界》，引自陈启智、张树骅主编：《儒商与二十一世纪》，齐鲁书社2004年版，第59页。

早在公元 1 世纪前后，中国和马来半岛就已发生有贸易关系。当时中国与印度交往必经马来半岛。中、印两国商人常常在此汇合。此后三国孙吴政权、南北朝时代、隋唐时代都曾互派过使节，有过友好往来。到了明代，这种关系空前发展。郑和下西洋时，停泊过几个港口，其中之一称为单马锡的即为今新加坡。

相传从古代起，就有中国人陆续流寓马来半岛。颜斯综在《南洋蠡测》中记载："新忌利坡"（即新加坡）有唐人墓，碑记梁朝年号及宋代咸淳（1265～1274 年），这些大多是泛海经商定居在马来半岛的中国人。19 世纪中叶后，由于资本主义列强的大举入侵，破坏了中国广大农村的自然经济，许多破产的农民不得不另谋生路。同时，英国殖民地向马来半岛的扩张，也需要大量的雇佣劳动者，这就导致破产的中国农民大量流入马来半岛。移民人数骤增，成为马来半岛居民的三大族群（即中国血统、马来血统和印度血统）之一。他们大都定居在马六甲、槟榔屿、新加坡、轰美兰、雪兰莪等地。截至 2010 年，新加坡人口中约 74.1% 为华人。如此众多的华人定居在一个共同的地域里，它给这一地区文化的深远影响是不难预见的。

19 世纪末以前，移居马来半岛的华人大多是男性，他们和当地女子通婚，形成了土生华人社会。为了谋生和交际的需要，他们首先创造了巴巴马来语。巴巴马来语中包含有大量的汉语（主要为闽南方言），作为他们生活和商业用语。后来随着大批移民的到来，他们直接使用汉语，从事各种农业生产和商业活动。由于华人群体中地缘观念的根深蒂固和群帮组织的普遍存在，因此始终保持了一个具有共同语言、共同地域、共同经济生活以及表现了共同文化的心理素质稳定的共同体。在这个共同体中，其物质文化和精神文化方面，都受到儒家文化的影响。在日常生活、风俗习惯和社会风尚等方面都保留了儒家传统文化的特色。至今在新加坡，汉语仍是其官方语言之一。

新加坡政府历来十分重视对儒家"忠、孝、仁、义、廉、耻"道德规范的提倡，并把这些道德规范提高到每一个新加坡公民必须保持和发挥的美德的高度来加以贯彻落实。在新加坡政府已故前总理李光耀的提倡下，新加坡政府大力倡导儒学文化传统和价值观念，确立道德为立国之本。他们强调欲建立正直和谐的社会，就必须弘扬以孔子为代表的儒家文化精神。1982 年 2 月，新加坡政府宣布在中学德育课程中增设"儒家伦理"课程，1985 年教材《儒家伦理》正式出版。之后，历届新加坡政府都有计划地动员海内外学者编撰孔子教材，在全国 144 所中等以上学校每周实施两次儒学伦理学的教育，就连新加坡的小学课本中也都有灌输儒家"仁、义、忠、爱"的教育内容，借以向中小学生们灌输儒家的文化传统和价值观念。在新加坡的一些公园里还树立有诸如孔子、岳飞、文天祥、关云长等儒学名人塑像。新加坡政府还十分重视对儒学的研究。在新加坡国立大学专门设有东方哲学研究所，研究和弘扬以儒学为主体的东方文化和价值观。

四、中国台湾的儒学渊源

台湾是中国具有独特政治、经济、社会和地理环境的一个省，自古以来就是中国领土的一个组成部分，同属儒家文化圈的范围。因此，无论从地缘、血缘、文化等诸方面来看，台湾与大陆都是一个不可分割的整体。

高山族是台湾的土著居民，其先祖被认为生活在中国南方的古越人，大约在秦汉时期迁入台湾岛。

大陆人口的迁入是导致台湾岛人口增加的主要因素。大规模人口入台有三次：第一次是在1661年之后，随郑成功军队入台移民9万人；第二次是在1857年清政府废除汉人入台禁令之后，数年间约有30万大陆居民迁入台湾；第三次是规模最大的一次，包括国民党军队人员在内共入台177万余人。台湾人口以汉族为主，目前人口约2360万，其中98%为来自中国大陆的汉族。

早在三国时期，台湾就作为中国的一个行政区存在，当时，孙权曾派将军卫温等2万将士入海到达今澎湖、台湾，即当时称为"夷州"的地方驻守，隋朝时，隋炀帝曾派使者入台，唐时台湾归岭南节度使管辖，宋时称台湾"流求""琉求"，属澎湖泉州，属福建路，元明相继在澎湖设巡检司管辖台湾，明后期有"台湾"这一名称。明末，郑成功从荷兰殖民者手中收复台湾，清代1684年置台湾府，属福建省，1885年建省。

与大陆居民的交往和汉族人口的迁入，使台湾深受大陆儒家文化的影响。早在公元1665年，台湾地区就已"择地兴建圣庙，设学校"（蒋毓英：《台湾府志》卷九），建孔庙，并规定凡民年及8岁，须入小学，课以经史文章，使儒家思想进一步普及于台湾大众。除官方的学校外，大陆流行的民间私塾也在台湾十分流行，清朝时期，在大陆盛行的书院也移植到了台湾地区，连书院的建筑也取法大陆书院的格式，即中为讲堂，后祀朱子神位，左右两畔各房为生童肄业，教育的内容也同大陆一样，以祀孔孟、尊理学，灌输儒家思想为主，所用教材，也同大陆一样，先从《三字经》入手，教以《论语》《大学》《中庸》《孟子》等，然后再攻读《诗经》《书经》《易经》。通过官方和民间书院的教育，儒家思想深深地扎根于台湾民众之中，如在民俗、风俗上，台湾地区与大陆也基本相同，保存着浓厚的儒家文化特色。台湾地区文化以中华文化为主体，是中华文化的重要组成部分。目前在台湾，仍把以孔子为代表的儒家文化作为中华文化的最高典范而加以提倡、弘扬。

五、中国香港的儒学渊源

香港地处中国华南地区，珠江口以东，南海沿岸，北接广东省深圳市，西接珠江，与澳门特别行政区、珠海市以及中山市隔着珠江口相望，是我国一个高度自治的特别行政区。它自古以来就是中国的领土，约五千年前，中国居民就在此以渔业为生，历史上，秦始皇时期，香港已被纳入其领土，属番禺县管辖。东晋咸和六年（331年）香港隶属东莞郡宝安县，唐朝至德二年（757年），改宝安县为东莞县，香港仍然隶属东莞县，元代海盗曾一度占据香港，但明代即被肃清，明政府重新统治香港，属广州府新安县管辖。清康熙四十三年（1704年），清政府在香港设立水师营，并准许内地人口迁居岛上，香港从此开始兴旺。在英殖民者占领以前，香港居民已达3000人左右，因其地出产的"莞香"曾作为贡品，多从香港集中运往内地和海外，香港也由此而得名。鸦片战争后，英国占领香港达一百年之久，直到1997年7月1日主权回归中国政府。

香港自英国统治后，在社会制度、管理方式、意识形态等方面都与大陆发生了很大的差别，但其文化传统仍属儒家文化圈。居民讲国语（粤语），在道德习俗上仍保留和继承了儒家的文化传统。

综上所述，东亚各国和地区虽然情况各异，但在历史上都与儒家文化有着十分密切的联系，同属儒家文化圈，深深地受着儒家文化的浸润和影响。

第二节 儒学与东亚民族精神

儒学已深深地积淀为东亚民族的精神，对东亚各国和地区的民族产生了深刻的影响。如已故前新加坡总理李光耀就认为，传承的文化就像一个国家的基因。儒家相信社会优先，强调勤勉、节俭、重视教育、信靠乡里、互助等儒家价值，使得中国人家庭团结一致，教养子女，让他们教育良好，斗志高昂，在压力下表现优异。"儒家认为如果所有人以成为君子为目标，社会就得以良好地运作"[①]。新加坡的主要居民是华人，台湾和香港历来是中国的一个组成部分，儒学的影响更是深刻。这里主要以日本和朝鲜民族为例，探讨一下儒学对东亚民族精神与团队精神的影响。

[①] 汤姆·普雷特著，张立德译：《李光耀对话录》，现代出版社2011年版，第191页。

一、儒学对东亚民族精神的影响

赖肖尔在其名著《当代日本人》中概括儒学对日本民族性的影响说:"当代日本人显然不是德川时代他们祖先那种意义上的儒教徒,但是儒教伦理价值观念仍然浸透着他们的思想。儒教可能比其他任何传统的宗教或哲学影响更大。……今天,几乎没有一个日本人自视为儒教徒,但是从某种意义上说,几乎所有日本人都是儒教徒"[1]。"都是儒教徒"的说法或许有些夸张,不过,赖肖尔的上述说法大体上正确地表达了儒学作为文化积淀仍在日本现代生活中发生影响的实态及自古至今对其民族性的深刻影响。

在韩国,儒家思想至今仍广泛地影响着人们的社会生活。儒学对其民族性影响很深。儒家文化在朝鲜半岛盛行了千年,它对朝鲜民族的影响已深深地扎根于朝鲜民族的思想意识之中。朝鲜民族的许多特点,如民族自尊心强、注重教育、注重礼仪道德、尊师敬长、讲究孝道、家族主义、人际关系等都与儒家文化的长期积淀有着直接关系,至今仍广泛影响着朝鲜人民的生活。例如在韩国,家族主义的广泛性和强烈性,是其他文化圈甚至儒教文化圈中的其他国家不能相比的。韩国人对家族的热爱,也正是努力工作的强烈动机和目的。韩国人为了家族甘心劳累,和家族一起分享辛勤劳动的成果,并从中获得深深的幸福感。韩国人不亚于世界上任何民族的成就,其勤勉性也是由此而来。这种成就欲、勤勉性强有力地推动着韩国经济的飞速发展。至今,儒教不仅影响着人们的思想和性格,而且也影响着生活习惯。例如,在当今现代化、西洋化的风潮中,韩国仍然是一个父家长制、血缘主义最强的社会。

二、儒学对东亚团队精神的影响

限于篇幅,这里仅对儒学对日本、新加坡和韩国民族中团队精神的影响做些讨论。

儒学崇尚以社团为本位的价值观念。孔子重视"礼":"为国以礼"(《论语·先进》),强调"克己复礼为仁"(《论语·颜渊》)。这里的"礼"表面看来是指社会的礼制和规范,其实质代表的是社团。孔子认为,当个人的利益、欲望和社团的利益有矛盾冲突时,应克制自己,顺从社团,甚至还要做到"非礼勿视,非礼勿听,非礼勿言,非礼勿动"(《论语·颜渊》)。孔子认为,"克己复礼"的伦理规范既能使人维持社团的利益,又能培养、增强人们的耻辱感:"恭近于礼,

---

[1] 埃德温·赖肖尔、马里厄斯·詹森:《当代日本人》(增订本),商务印书馆2016年版,第238页。

远耻辱也"(《论语·学而》)。孔子还强调"忠孝"的道德观,突显出的仍是一种以社团为本位的价值观念。如"忠"就包括忠于社团。孔子强调"忠君",因为"君"代表了社团。孔子强调以社团为本位,强调个人对社团的顺从,故提倡"和为贵"(《论语·学而》),强调社团内人际关系的和谐。孔子"礼"和"忠孝"的思想中所突显的以社团为本位的价值观念,强调个人只有在团队中才能找到自己的价值和位置。秦汉时期的儒学又进一步把个人的修养与治国平天下的事业联系在一起,如《礼记·大学》开篇便说:"古之欲明明德于天下者,先治其国;欲治其国者,先齐其家;欲齐其家者,先修其身;欲修其身者,先正其心;欲正其心者,先诚其意;欲诚其意者,先致其知,致知在格物。物格而后知至,知至而后意诚,意诚而后心正,心正而后身修,身修而后家齐,家齐而后国治,国治而后天下平。"这段话,把个人修养与国家社团紧密联系在了一起。

儒学把社团的利益看得高于一切。如孔子在评价管仲时说:"管仲相桓公,霸诸侯,一匡天下,民到于今受其赐,微管仲吾其被发左衽矣。岂若匹夫匹妇之为谅也,自经于沟渎而莫之知也"(《论语·宪问》)。他赞扬管仲辅佐齐桓公联合诸侯国打败了北狄,保卫了中原地区的华夏文化,因而对管仲不死公子纠之难,表示谅解。孟子也很重视社团利益,他说:"禹思天下有溺者,由己溺之也;稷思天下有饥者,由己之饥也,是以如是之急也"(《孟子·离娄》)。称颂禹稷公而忘私,以社团利益为重。孔孟宗族乡党的群体意识也相当强烈,在《论语》《孟子》中多有反映。如孔子说:"四海之内,皆兄弟也,君子何患乎无兄弟也"(《论语·先进》)。孟子也说:"老吾老,以及人之老;幼吾幼,以及人之幼,天下可运于掌。《诗》云:'刑于寡妻,至于兄弟,以御于家邦',言举斯心而加诸彼而已。故推恩足以保四海,不推恩不足以保妻子"(《孟子·梁惠王》)。这强调把家庭中的敬老爱幼美德推恩及于社会,成为仁政的动力;把家族群体意识,扩大为国家社团的仁政意识,并运用这种推恩的办法来"保四海",维持社团的稳定。

儒家强调国家社团至高无上,也就肯定了社团内等级秩序的存在。儒学的伦理价值观念,是在适应中国古代宗法血缘氏族社会的基础上发展起来的道德观念。在这种伦理观念中积存有浓厚的宗法血缘的内容。宗法伦理强调氏族内的血缘等级秩序,儒学肯定这种等级秩序的伦理观点即其表现。如孔孟都强调"仁者爱人"(《论语·颜渊》《孟子·离娄下》),但又主张"爱有差等",即先要爱自己的家庭成员,此所谓"亲亲之爱",然后爱自己的亲属家族,再后才推及于全体社会成员,即所谓"泛爱众,而亲仁"(《论语·学而》)。同时要求维护家族内男性家长的权威,即所谓"夫妇有别""长幼有序"(《孟子·滕文公上》)。儒学强调社团为本位,肯定社团内等级秩序的存在,重视社团内人际关系的和谐，故在处理社团内人际关系的规范准则上，提倡"慎言""慎行"。如孔子就经常要人"讷于言而敏于行"（《论语·里仁》），在处理社团内人际关系时要人小心谨慎地行事。甚至在感情的表露上，也要"乐而不淫，哀而不伤"（《论语·八佾》），情感的表达应有所节制。孔子十分讨厌那种"巧言令色"（《论语·学而》）、情感过分外露的人。

儒学的这些思想和观念，深深地影响了日本民族。日本社会所特有的家族式结构，就是在儒学宗法伦理观念的影响下逐渐形成的。对于这一家族式社会结构，日本学者川岛武宜在1947年发表的《日本社会的家族式构成》一书中有详细的析论。他认为整个日本社会就是根据家族式原理组成的，这种日本式的家族既与中国的血缘家族有所联系，但又有所不同，是日本特有国情的变异，其特点表现在它既是经济的共同体，又是社会的共同体，其成员未必都出自同一血统，而是由家长、他的妻女和非血缘成员及其家庭所构成。在家族中，家长与自己的亲生子女是"亲子关系"，与家族中的非血亲成员也构成"亲子关系"，社会的其他组织、团体或人际关系也都模拟这种"亲子关系"。例如在农村，地主和佃农也可称为"亲方"和"子方"，其间的关系就类似亲子关系。在商店和手工作坊中，主人与店员或师傅与徒弟的关系也被视为是"亲子关系"。甚至在近代企业中，也倡导"企业一家"，把资本家与工人的关系说成是"亲子关系"。在官厅、公司、学校中，上下级和师生关系也被比拟为"亲子"。整个日本国家都被说成是以天皇为家长，以百姓为"子民"的家族制国家。

日本人类社会学家中根千枝在其代表作《纵式社会的力学》一书中分析日本的家族式社会构造时，使用了"资格"与"场"两个概念："资格"是指使某个人与他人区别开来的种种属性，如性别、姓氏、年龄、学历、地位、职业等；"场"则是指把一些个人构成为团体的场合，如地域、企业、学校、机关等。中根千枝认为"资格"和"场"分别成为集团构成的基础。以"资格"为"纽带"构成的团体，是同资格的人组成的，如种姓、阶级、等级、同业行会等，其人际关系多是横式关系。而以"场"为纽带由不同资格的人所构成的团体，如"家"、村落、工厂、企业、机关等，其人际关系多是纵式的，如亲子关系、上下关系等。中根千枝认为对于一个日本人来说，他有可能参加以"场"或"资格"为纽带的不同集团，如既是某企业的成员，又是某同窗会或某一爱好者俱乐部的成员，而在这里，他更重视的是企业，更看重的是以"场"为纽带的小团体，其社会构造也形成一种"纵式社会"，在这样的纵式团体中，一个处于上级地位的人和一个居于下属地位的人之间的相对关系，是这一团体结构的基础。而团体就是由两个人纵式联系的总和构成的。日语中的"亲分"（处于父母地位的人）和"子分"的说法很好地体现了这种纵式关系。日本的任何团体，都有处于"亲分"地位的人，"子分"可以获得"亲分"的扶助，如保证就业、晋升、给予指导等，而"子分"则有义务在"亲分"需要时随时效力。在这样的"纵式社会"中，对一个人来说，最重要的是个人与个人之间的纵式关系，如果一个人在团体中找不到类似自己"亲分"的人物并从属于他，或找不到自己的下属，没有自己的"子分"，他就会被视为"孤狼"，从而会受到团体的排斥，难以存身于社会。对于日本人来说，经常在同一工作场所（或生活场所）的小团体才是最重要的。在农村是家，在城市则是企业的车间或科室。对于个人来说，团体始终是第一要义。在处理个人与团体的关系中，日本人表现出强烈的团队精神。这种团队精神表现在处理个人与团体的关系中，不是以个人的幸福、人格尊严和自我为重，而是以团体的目标和利益为重，不是将自我的尊严和成就与团体的利益和规则相对立；不认为个人的尊严和成就首先依靠个人的才智、奋斗和机遇，而是认为自我尊严和成就须经由团体而达成。因此，日本人是十分重视如何处理好团体内的人际关系，注重摆正自己在团队内的位置。在日本的这一"纵式"构成的团体中，人们都十分重视情感联系，如上级对下级要给予保护和温情，而保护则会得到依存的报答，温情将得到忠诚的回报。个人与团体的关系也是如此。中根千枝认为这种纵式的情的联系，不是等价交换，而是由存在于纵式人际关系中的家族式气氛产生的。在儒家伦理的影响下，"事主不二"构成了日本式忠诚的特色，同等程度地忠诚于两个上司或团体是不被允许的，会受到人们的谴责。日本人的这种以社团为中心的传统倾向，团体内的家族氛围，上下级之间或个人与团体之间的情的联系，在现代社会中仍在发挥着积极的作用，它或许可以调剂与化解现代工业文明与西方个人主义带来的孤独感。

在这种家族式社会和国家中，突显的是一种对社团的效忠精神。赖肖尔曾概括儒家忠孝思想对日本的影响："在中国的儒教体系中，对统治者效忠是至关重要的，而对家族的忠诚往往超过对统治者的效忠。在儒教的五种基本伦理关系中，实际上有三种与忠孝有关。在日本，效忠领主是整个体系的核心，凌驾于对家族的忠诚之上，虽然后者也很重要。因此，在日本很早就形成了超家族集团，它比家族本身更重要。所以，在近代早期，日本人比较容易地转向对国家和其他非血缘集团的忠诚。……从封建时代流传至今的强烈的忠诚、尽职、自律和自我牺牲精神塑造了当代日本人的性格"[①]。也正因为如此，在日本人家族式的社团结构中，儒家"和为贵"的道德观念发挥着巨大的作用。直至今日，对日本人来说，"和"仍是至上的美德。日本各种团体领导人最重要的任务，不是制定正确的方针、政策，而是维持团体的"和"。为维持团体成员的一体感，日本人在团

---

① 埃德温·赖肖尔、马里厄斯·詹森：《当代日本人》（增订本），商务印书馆 2016 年版，第 66~67 页。

体内尽力避免公开对抗。例如，在作出重大决定时，不是仅由领导个人提出，而是要经过团体成员的讨论确定，讨论时，人们也都是谨言慎行，尽可能用婉转的语言表达意见，以避免对抗。出现意见分歧时，就多次召开会议，尽可能达成一致。决策方式不是命令服从型，而是理解合作型。为了强化团体成员的一体感，还要尽量增加他们在工作之外的接触以形成一种全人格的接触，甚至浸入到他们的私生活之中。在团体内，任何人的声望不得超过他的上司，功名应属于团体而不能是个人。

与日本人的团队精神相对应，日本人特别重视"守礼"和"知耻"的生活训条。这极大地影响了日本人对其行为方式的确定和对行为结果的预期。"礼"是社会或团体公认的行为规范，"耻"是不符合公认规范的行为所招来的负面效果，是由他人的评价而引致的。被人耻笑，感到耻辱，对日本人来说是最为难堪的事。在日本人中，就发生过因畏惧他人的冷眼而自杀的事。美国著名文化人类学家露丝·本尼迪克认为日本文化的特征就是"耻感文化"，是"靠外部的约束力来行善"[①] 的，故是一种他律性的文化。

儒家把人际关系的稳定和谐作为自己的人生志趣，主张从人伦之乐中得到情感的满足。孔子的志向就是"老者安之，朋友信之，少者怀之"（《论语·公冶长》）。日本人受儒学的影响，也是如此，把人际关系的稳定与和谐作为主要的情感需要。他们期待能在情感与心理上依赖团体的温暖与得到团体成员的爱抚或赞许，以获得情感和心理上的满足。在日本，能满足这种情感需求的团体主要是具有家族式构成的小团体，如企业、机关的科室和学校、研究机关的某个研究室之类。因为只有在这样的小团体内，人们通过频繁的协作和感情交流，来满足他们"娇情"的需求。所以，日本人在感情上和心理上都对团体表现出一种依赖的倾向，他们渴望来自团体的温暖、赞许，并力图以种种方式来取得上司或团体其他成员的娇宠。

日本民族是一个争强好胜的民族，这种争强好胜也是以团体为单位的，是以协同的方式去争取本团体的优先。即使是个人参加竞赛，也认为自己是团体的代表，是背负着团体的使命而争取优胜的。日本人在外向的竞争中，会为本团体的优胜而殚精竭虑，勇猛奋斗，拼命争先。但在内向的人际相处和利益分配中，却又能为维护社团内部的团结与和谐一致而谨慎行事，不露峥嵘。所以，日本民族的优秀性就表现在具有这一团队精神上。"日本第一""世界一流"更是当代日本人的口头禅。正是在这种意识的驱使下，日本才能成为当今世界上的经济强国，并在诸多领域具于领先地位。

---

① 本尼迪克特：《菊花与刀——日本文化的诸模式》（中译本），浙江人民出版社 1987 年版，第 188 页。

赖肖尔对日本人的团队精神在日本经济成功中所扮演的重要作用概括说："日本人比西方人更喜欢集体行为，至少将自己看作是按照集体方式行动的。多数日本人心甘情愿地在衣着举止、生活方式乃至思想意识上顺应集体的准则，而西方人则至少在表面上炫耀独立性和个性。""重视集体意识对日本人的生活方式具有普遍性的影响。日本人喜欢各种各样的集团活动，如学校或公司的田径赛或者团体旅行。……有一个刻薄的评论家将日本人比作一群小鱼，他们秩序井然地沿着一个方向前进，直到一块石头掉入水中打乱这支队伍，使之突然间掉头朝向反方向游动，但是队伍依然是秩序井然的。强调集体的意识影响了日本全部人际关系的风格。""日本人认为最重要的美德是和谐。……他们认为决策不能留给个人去做，而是要通过协商或委员会的工作决定。共识是目标，开会的意义在于达成一个皆大欢喜的普遍性的协定。""日本人通过协调和妥协达成共识，从而避免了公开冲突和诉讼所造成的许多损失和无谓的摩擦，而这些是美国人所热衷的。日本企业的成功极为依赖这种团结，而集体意识是日本民族力量的核心"[1]。日本人在其行为方式中所表现出来的社团第一、不惜牺牲个体而极力追求维护社团内的和谐一致的团队精神，成为日本民族的一大特性。这种社团本位和他律性的行为方式，可以使众多行为主体减少歧异，能在短时期内释放出巨大的行为能量，从而有助于社会的发展和进步。当社团的行为目标和行为方向的选择符合现代化的历史进程时，它能迅速形成"举国一致"的体制和"一心同体"的集团行为，减少社会成员间的摩擦，维护社会的相对稳定，以较快的速度取得现代化的成果。如明治维新后，以富国强兵、殖产兴业、文明开放作为日本社会的共同行为纲领，使日本迅速发展崛起，尤其是在第二次世界大战后，日本民族以经济复兴和建设世界经济强国为日本社会的共同目标，在达成这一目标的过程中，儒学影响下所形成的日本民族的社团本位主义的民族精神发挥了举世公认的社会功能。

新加坡在立国之初和建国之后，都十分重视以儒家思想为根基的国家主义取向的共同价值观建设。新加坡政府认为，新加坡如果没有自己的价值观，就"没法在未来的严重危机考验中生存，即使它已经现代化或富有到一定程度。没有这个支柱，社会将可能崩溃"[2]。为此，从1982年至20世纪90年代初，新加坡政府在中学系统开设了"儒家伦理"课。儒家伦理的核心是"忠孝仁爱礼义廉耻"，政府结合新加坡的国情，赋予这一"八德目"以新的内涵："忠"是忠于国家，效忠新加坡，把国家利益放在首位；"孝"是孝顺父母，形成尊敬老人、

---

[1] 埃德温·赖肖尔、马里厄斯·詹森：《当代日本人》（增订本），商务印书馆2016年版，第146~159页。

[2] 《一个关于"价值观"的辩论》，载于《联合早报》1990年7月26日。

关怀老人的社会风气;"仁爱"是有怜悯同情心,在处理种族、宗教、劳资等关系上坚持"和谐至上";"礼仪"是在待人接物时能以礼相待,守诚信,有公德心;"廉耻"是要公正守法,清正廉洁。经过改造、充实后的儒家"八德目"已成为新加坡的"治国之纲"。新加坡还进一步把重整体、重义务、重责任的儒家伦理进行现代转化,提出了作为国家意识形态的共同价值观。1991年1月,新加坡国会通过了一份《共同价值观白皮书》,提出"国家至上、社会为先;家庭为根,社会为本;关怀扶助,同舟共济;求同存异,协商共识;种族和谐,宗教容忍"五种核心价值观。这五大价值观被称为国家意识形态,其核心精神是通过家庭、种族、宗教之间的和谐以及稳定关系来维系和巩固国家的团结安定与和谐发展。具体地说就是:(1)社会、国家高于个人;(2)家庭是社会组织的基础;(3)社会、国家对个人的尊重;(4)协调而不是抗争才是解决冲突的正常途径;(5)种族和种族、宗教和宗教、语言和语言之间的和谐。新加坡政府意在以此作为新加坡各族人民建立一个共同的价值系统的基础。在这五种核心价值观中,贯彻始终的是以儒家为核心的价值观念,可以说是儒家传统在当代社会的体现。《共同价值观白皮书》中还强调,儒家传统中的许多思想观念,诸如重视家庭结构,人际关系,群体利益,强调政府有责任为人民谋求福利等,都可以通过这一共同价值观而加以发扬。新加坡总理李显龙对这五大价值观解释说:"这五大价值观强调社会在个人之上,即以社会为本。""在我们强调社会为先的同时,我们也强调国家至上,国家利益不只是在个人之上,它也在任何社群利益之上。"①"亚洲价值观"已深深地浸染在新加坡的政治生活之中,比如国民服役制度规定,年满18岁的男青年在高中毕业后都要服兵役一至两年,退役之后进入预备役,每年仍需回军营两周接受军事训练。新加坡政府认为这一制度有助于培育年轻人的国家意识和忠诚意识。20世纪80年代后期以来,政府为保证传统家庭结构不被分裂,不鼓励养老院发展,不对单身生活进行补贴,而是把钱用于补贴尊老携幼、生活和睦的家庭。政府提出至少有一个子女与已经丧偶的父亲或母亲同住,以便侍奉老人。政府还建立了大量半官方、半民间的社团组织,诸如民众联络所、居民委员会和人民协会等,负责把下层群众和社会团体的利益反映到政府的决策中来。

  韩国学者也强调了儒学传统的团队精神将在21世纪发挥的作用:"为了使走向21世纪的东亚世界中儒教文化,发展成为更加现代化的文化思想,必须保存基本的价值体制和伦理意识的同时,注意追求效率性和合理性,重视'经济文化'的科学和技术的进步。为此,应在经济发展和管理的价值取向层面采取如下

---

① 李显龙:《共同价值观并不是教条》,载于《联合早报》1991年1月15日。

应对措施：（1）要继承发扬儒教中原本存在的历史、自然、人与人之间协调的意识；（2）要继承和发扬家族集团主义的秩序和伦理，使机能共同体的企业上升为命运共同体的程度；（3）协调德治主义和经济伦理，通过自身的管理，发扬勤勉、节约、清廉、为民意识；（4）从儒教的集团主义学习家族集团主义、民族意识、发展意识、共同体原理、相互扶助等精神，达到经济文化的社会统一和谐；（5）通过儒教的禁欲伦理和集团伦理，寻找心理的安定和平和，认识到精神上的幸福才是真正的幸福；通过以上几个实践性的目标，逐渐扩大东亚世界相互间的理解，才能为扩大东亚世界地区间的协助和统和性奠定坚实而可靠的思想基础。"[1]

儒学所强调的以和谐与仁爱为特征的团队精神，已历史性地积淀为东亚诸国和地区的民族精神，并成为"亚洲价值观"的核心内容，在当今社会仍发挥着重要的积极作用。

---

[1] 李润和：《儒学与21世纪东亚世界》，引自陈启智、张树骅主编：《儒商与二十一世纪》，齐鲁书社2004年版，第61~62页。

第八章 儒学与"东亚模式"

在儒家文化影响下,东亚经济的发展呈现出一种有别于西方发展道路的特点,这些特点被世界银行在1993年《东亚奇迹——经济增长与公共政策》的研究报告中首次使用"东亚模式"的概念加以概括。"东亚模式"具体包括了政治、经济和文化诸多方面的广泛内容,儒家思想强调的国家本位、重视家庭血缘关系和教育,鼓励自由经营和"藏富于民",提倡"义利合一"和勤俭的价值理念,都是促使东亚地区工业经济高速发展的重要文化因素。对"东亚模式"的特点还有许多其他的概括,例如经济立国、外向型发展战略、产业发展以雁形模式为基本特征、分配收入相对均等、政治上实施威权主义等。也有人将东亚模式称为"模仿性经济",其特点是以大规模技术引进和模仿为支撑点,以出口导向为生命线,以追赶型经济体制为制度保证,以儒家文化为背景,以第二次世界大战后的国际经济环境为生存土壤。不论怎样概括,都认可"东亚模式"具有儒家文化的背景,儒家传统深刻地影响了这一地区的经济发展。

儒家传统在本质上是一种伦理与价值体系,它对东亚诸国和地区经济发展的影响就是通过这种伦理与价值体系影响了市场主体的行为,透过市场主体的行为对东亚诸国和地区的市场经济的模式和发展战略产生影响。总括而言,在儒家伦理和价值观的影响下,新崛起的东亚工业文明具有不同于西方工业文明的种种特征。

第一节 "国家导向"的发展模式

受儒家"大一统"思想影响,东亚国家和地区在其经济崛起阶段的发展战略都是国家导向。例如,世界银行在1993年发布的《东亚奇迹:经济增长和公共政策》中就提出东亚经济发展模式的一个鲜明特点是"和市场相友善",认为东亚经济的高速增长是与政府有效的、但又审慎地加以限定的积极活动相联系的。"和市场相友善"的政策意味着,一方面在市场能有效发挥功能的领域(如生产领域），政府减少干预，充分发挥市场的配置调节作用；另一方面，在市场不能很好地发挥作用的领域（如保证对人力资本有充分投资、为企业提供竞争性环境、开通国际贸易以及提供稳定的宏观经济环境等方面），则充分发挥政府的作用，是一种"官民协调"的发展模式，强调"国家导向"。这一发展模式显然与儒家传统有着历史的渊源。儒家文化崇尚权威，主张在处理国家与社会、国家与个人的关系时以国家为本。如孔子有名言："天下有道，则礼乐征伐自天子出；……天下有道，则政不在大夫"（《论语·季氏》）。在这一"大一统"价值观念的影响下，东亚模式的一个鲜明特点就是强调威权政治下的"强力政府"所推行的"国家导向"战略，而与亚非拉美其他众多国家地区的"软政府"明显不同。

威权政治的产生与东亚的历史传统和现实历史背景密不可分。首先从政治理念上看，来自传统儒家"内圣外王、德政礼治"的政治理想和各种伦理规范，以及东亚历史上的中央集权的专制传统，为东亚威权政治的产生提供了理论资源与历史经验；其次，刚获得民族独立的许多东亚国家不仅需要一个强有力的中心权威来维持社会秩序的稳定，落后的社会经济基础和生产力水平也为形成集中权力来实现赶超式发展提供了合法性。在这一威权政治的基础上，"东亚模式"也可称为"官民协调模式"。这一模式的优点，是国家在市场之外直接协调市场各主体之间的经济行为，弥补市场的不足。如第二次世界大战后日本的通产省以及韩国的经济企划院都扮演了这种角色，他们凭借国家的行政力量来制定经济发展规划，推动产业政策实施，通过灵活地干预来有效地动员各种资源以推动经济的发展。在东亚经济发展的初期，东亚国家和地区都面临着成本高、工业规模小、产业间的互补性、不完全信息等导致资源配置中的市场协调失灵等问题。在解决这些市场协调失灵的过程中，政府都发挥了重要的作用。如在制定、实施产业政策时，都表现出官民合作以增进市场机能的发展特征。政府并没有直接对产业经济进行干预，而是与民间部门互通信息，自由发表各自的意见，共商产业振兴和发展大计。对这种官民协调的市场经济，有学者称为"政府主导型的市场经济"或"计划调节的市场经济"[①]。

一、日本的发展模式

日本自 1868 年明治维新之后，国内市场经济得到了一定的发展，但与同时期的欧美发达国家相比仍十分落后，封建色彩十分浓厚。第二次世界大战结束后，日本国内仍有封建经济的生产关系、土地制度残存。这种落后的经济体制制

[①] 弗兰克·吉布民著，吴永顺等译：《日本经济奇迹的奥秘》，科学技术文献出版社 1985 年版，第 8 页。

约着日本经济的发展。为此，日本政府在 20 世纪 40 年代实施了经济体制改革运动，主要政策措施是农地改革、解散财阀以及劳动立法。这些措施极大地促进了生产要素的流动和释放，在一定程度上促进了日本经济的恢复。但是，由于各产业间的互补性、规模经济以及不完全信息，当时新形成的日本市场经济面临着严重的市场失灵问题。日本狭小的国内市场以及中间投入品的价格过高，导致了各产业的成本高昂，而这也使日本经济恢复和未来发展的支柱行业如重工业等的出口面临巨大的挑战。同时产业之间相互依存的关系十分复杂，涉及范围广，仅仅依靠一个行业或一家企业单独的、自发的行动很难改变这种局面。在这样的背景下，日本政府开始推行国家导向的产业政策。日本国家导向的产业政策最早来源于 1949 年的一项内阁决议，决定成立产业合理化审议会。20 世纪 60 年代初，日本政府逐步建立起"官民协调机制"制度化的"审议会制"，由政府、私人企业以及学术界共同协商制定产业政策。日本政府希望通过产业合理化审议会的运作，研究各产业的合理化策略并依靠协调分会的协调作用，为产业合理化创造必要的条件。

在日本负责推行产业政策的管理机构主要有经济企划厅、通商产业省、大藏省、农林省和建设省。早在第二次世界大战后初期，政府专门设立了负责经济稳定恢复工作的经济安定本部，后改组为经济审议厅，1955 年在经济审议厅的基础上又正式建立了经济企划厅。经济企划厅的职能是制定和推行中长期经济计划，制定每年度的经济基本方针和计划大纲等，内设长官一人，由首相在国务大臣中任命，是首相的主要经济顾问。经济企化厅每周定期举行各种官员会议，分析国内外的经济形势，制定经济方针政策。通商产业省是专门负责管辖工业、商业、对外贸易、对外经济合作、物资能源、中小企业、工业技术、专利权等的政府机构，它成立于 1945 年 5 月。通商产业省是对日本经济有很大影响的政府部门，日本人称它是"指导力强的综合性经济官厅"，是日本"产业界的司令部"，外国人士称它是"日本株式会社的参谋部"，其主要职责是促进国内外贸易事务，管理在国外的外贸机构，加强外贸经济合作，促进商业和工业的合理化，推进矿产品及电力等资源的开发和利用，复兴中小企业等。大藏省是日本主管财政、金融、税收的政府机关，它是在明治维新以后产生的。大藏省的主要职能是负责编制国家预算方案，管理国家税收，保管、支配国库金，统一领导并监督国家金融机关以及造币等事物。大藏省在日本内阁中是一个较大的省，具有重要的地位。农林省是主管农、林、畜及水产业的政府机关，主要职能是促进农业、畜牧业、水产业、食品、油脂等的生产，指导农林业的科学研究，并使之逐步普及。建设省是统一管辖各种基本建设事务的国家机关，它始建于 1948 年，其职能主要有调查、制定国土修建计划和地方建设计划，如河流、航道的疏通，海岸、港口的兴建、维修、铁路等的建设事业，住宅、官厅的建造和修缮等。这些机构被建立起来后，都能各司其职，对各种经济活动的协调颇具有权威性。具体政策行为主要由政府向许多产业支付补助金，并通过日本开发银行、日本输出入银行等政府金融机关，将大量低息国家资金投放于民间重要产业，同时对于将来可能对日本很重要的新兴产业，用高关税和各种非关税方法加以保护扶植。在外汇不足期间，对重要产业优先分配外汇，使之能够进口所需要的物资和技术；还对重要产业实行特别折旧，减轻税金负担。作为日本的独特制度，日本各官厅对各产业的行政指导十分活跃，这种指导有时是通过通知、指示、建议、希望等形式进行的。根据日本法律，各官厅在许多方面拥有许可权、认可权、决定权、监督权。

在日本经济的发展中，政府要制订相应的经济发展计划。如从1955年日本经济企划厅提出的"经济自立五年计划"开始，日本各个时期的经济发展计划都要确定一个实际增长率的预期数字，并公布根据这些计划所要达到的一整套经济质量指标。日本制定经济计划等政策的程序一般是由内阁总理先向经济审议会提出请求，然后由经济审议会完成这个计划的制定。当这个经济计划完成并被内阁总理采纳，就变成了政府协调经济发展的指导方针。制定经济计划的审议会是一个由大约30人组成的咨询委员会，其中大部分的成员都是活跃于公共场合的大型企业的董事长或总经理，约占总人数的56%，准政府机构的官僚约占20.6%，学者、工会领袖和消费者代表约占23.4%。而政府的"经济企划厅"只是审议会的秘书处，主要负责收集必要的情报资料，并与有关省厅协调，准备文件和起草报告。日本的经济计划、产业政策的制定过程实际上是政府、学术界、企业等部门之间的信息交流过程，以及对经济发展的目标进行协调的过程。在第二次世界大战后40多年里，日本的经济发展战略有过多次转变，在不同的发展时期，政府根据经济发展的目标和具体的主客观条件，确定和采取了不同的发展战略，并在经济情况发生变化时及时调整。日本政府所实施的产业政策也经历过很多变化，如20世纪50年代中期日本产业政策是以重化工业（发展钢铁、石油精炼、石油化学、汽车、工业机械等）为主，政府采取了重点扶持的政策。1971年以后，日本的产业政策开始转向鼓励计算机、大规模集成电路产业、机器人等研究开发密集型产业，数控机床、通讯、办公机器等高级装配产业，高级服装、高级家具等流行产业，软件、系统工程等知识性产业。

日本政府对经济的权威性协调，还表现在银行和企业在政府的协调下紧密联合。日本在一片废墟上仅用20余年时间就一跃成为仅次于美国的第二号世界经济强国也依赖于日本独特的主力银行体制。日本著名经济学家青木昌彦对这一银行制度在日本经济发展中发挥的重要作用有很好的分析。主力银行制度又称主银行关系，是银行与企业之间关系的总称。这一制度源于第二次世界大战前，第二次世界大战后日本延续了这一制度，又有所发展。在日本，一个企业从许多银行贷款，其股份也由许多银行共同持有，但一个银行承担监督企业的主要责任，即被称为主力银行。主力银行一般指对于某企业来说在资金筹措和运用方面容量最大的银行，并拥有与企业持股、人员派遣等综合性、长期性、固定性的交易关系。在企业发生财务危机时，主力银行出面组织救援（如允许企业延期还本付息或提供紧急融资等措施）。企业重组时，银行拥有主导权，主力银行往往是企业的最大债权人和股东，以上这些行为与机构的安排总和就构成了日本的主力银行制度。主力银行与企业保持长期的交易关系，在这种交易关系的维系过程中，企业对银行有提供信息的义务，银行对企业有审慎监督的动力，必要时，银行还可以参与企业的治理。"主力银行制度在 20 世纪 50 年代逐渐发展起来。它最初的特征是密切的银企关系，基础在于相互持股及银行是贷款银团中的主要贷款者。形成交叉持股的主要目的是使经理人员摆脱外部接管，确保其新近因缺乏居于支配地位的股东和政府直接干预而获得的事实上的控制权。……在这一治理结构中，在企业的财务状况恶化低于某一界点时，控制权就从内部经理人员转移到主银行。在这一界点之下，主银行或者拯救困境企业，或者通过关闭企业来严惩内部人。这都根据企业的财务失败程度相机决定。这种治理结构为控制班组中的道德风险提供了次优框架。"[①] 这种主力银行制度是在国家干预下形成的，同时也便于国家有效地控制和调节经济的运行。因为每一个大型银行都是一个调控点，银行从资金上支配和控制着企业，国家通过特定的金融政策对数量有限的大型银行发生作用，就可以实现对众多大、中、小型企业的调节，从而实现对经济的有效控制。事实上，利用金融机构来实现对于经济的干预和调节，一直是日本政府发展经济的一个法宝。政府在银企关系上所起的作用十分重要，它使银行和企业长期以来相互支持和促进，共同使日本经济平稳而迅速地向前推进。同时，主力银行制度的实行还保持了整个社会经济的稳定发展。在银企密切融合的体制下，企业受到银行的高度保护，因为银行作为企业的债权人和股东不得不与企业同舟共济。银行由于熟悉企业内情又掌握着企业经营状况及实力变化的信息，能够及早地发现经营中的问题并建议或参与企业制订必要的措施，使企业避免风险。由于银行处于企业集团的中枢地位，还可以使集团内的企业相互取长补短，最大化地利用企业的优势，必要时还可以通过企业联合或合并的办法来加强企业力量。即使企业遇到资金拮据的危机，因为相互持股的关系，主力银行也会给予优先的特殊支援，使企业获得发展的动力。日本金融机构这种强大的控制力，把那些依赖于贷款的巨大企业的经营效益提升到很高的程度，而经营风险则降到较低的程

[①] 青木昌彦、金滢基、奥野－藤原正宽：《政府在东亚经济发展中的作用：比较制度分析》，中国经济出版社 1998 年版，第 274 页、第 278 页。

度，对经济与社会的稳定也提供了强大的保障。日本的主力银行体制作为日本赶超发达国家战略的一种制度安排，在经济发展中发挥了重要的作用。关于日本政府的产业政策协调，学者间有不同的评价，但大都认为这些政策对于日本经济的增长和结构的变化起了不可忽视的积极作用。克鲁格曼的观点就十分具有代表性："日本经济体制优越性的一个要素是政府的管制。在20世纪50~60年代，日本政府，特别是鼎鼎有名的通商产业省和不露声色但更有成效的大藏省，在指导经济发展方面发挥了重大作用。银行贷款和进口配额被分配到优先发展的产业，经济增长中有明显的政府战略规划痕迹。……直到90年代，由中央政府主导的、独特的'大日本公司'独霸世界市场的形象依然铭刻在人们的脑海里。"[①]

二、韩国的发展模式

韩国推行的也是国家导向战略。韩国政府从1962年起就设置了协调经济的常态化机构——经济企划院，它类似于日本的通商产业省，这是最重要的计划部门，是政府主导的"中枢"，负责制定政府的中长期计划、年度计划和经济发展政策。经济企划院的院长又是韩国的副总理，直接向总统负责。经济企划院拥有特殊的权力和责任，如编制发展计划、促进对外合作和投资以及准备五年经济计划等。为了提高成功的概率，很多高级官员的仕途升迁都与计划项目的完成直接联系在一起。在韩国，每个月都要举行一次总统、各经济部门的部长和主要商人参加的国家贸易促进会议。这些会议为各方能够通过非正式的谈判确定各种产品的搭配和政府刺激的强度提供了机会。它们使各公司的发展方向能够得到政府最高层确定并通过。与日本相似，韩国制定经济发展计划的专门机构不仅有政府的职能部门，还有公共部门和私人部门：政府和企业及政府同各界的协商机构。政府通过发放优惠贷款、制定利率、发放执照、纳入五年经济发展计划，选择要支持的企业并指导这些企业走向成功。在这一过程中，经济企划院不仅要与有关部门协商，而且还要鼓励各种公私组织和机构参与。由于这一缘故，韩国企业都能主动地与政府保持着密切的关系。如自20世纪60年代起，经济企划院共实施了七个五年计划，每个五年计划都力求解决当时面临的社会经济问题。政府除了可行的经济计划外，还要求财政、税收、金融等部门的相互配合。经过几个五年计划，韩国从一个以农业为主的落后国家在短短的30多年内就走完了西方发达国家花费一个世纪甚至是几个世纪的工业化道路，创造了"汉江奇迹"。

[①] 保罗·克鲁格曼著，朱文辉、王玉清译：《萧条经济学的回归》，中国人民大学出版社1999年版，第88页。

通过指示性计划和各种贯彻计划机制，韩国政府在没有压制市场机制作用的前提下有效地驾驭着整个经济的发展方向。在韩国，市场像一个情报交换所，政府各部门和企业都从这里了解有关本身的作用或产品的信息以及整个经济乃至世界经济的信息，从而能够不断对自己的工作作出调整。韩国受到政府支持的大企业也受市场机制的支配，具有在世界市场上竞争的能力。在这些政府主导的经济政策的实施中，儒学倡导的合作价值观发挥了不可替代的作用。

在韩国政府的国家导向战略中，国家财政和税收政策也发挥有重要作用。韩国的国家财政包括中央财政和地方财政。自20世纪60年代开始，两级财政在五年经济发展计划的过程中，对产业设备的扩大和产业结构的升级换代以及推动整个经济发展都发挥了很大作用。如"一五"期间，政府的主要目的是扭转国内经济对国外的依赖，发展本国资源型产品，财政投资主要投向了农林水产业和工矿业。当经济进入高速增长时期，财政投资的重点又转向了铁路、公路、港湾以及通信部门等基础设施部门。财政投资倾斜很好地配合了国家"二五""三五"计划大力发展的重化工业和基础设施的目标。韩国的税收体系包括国税和地税，各种税收收入又以财政投资的形式注入企业，为资金缺乏的企业注入了活力，使企业按政府的意图进行生产。为了吸引外资，政府在征收所得税方面提供优惠。为发展出口工业和保护中小企业以及提高企业内部的积累，在法人税上也采用减免措施。为鼓励发展出口加工工业和开拓海外市场，政府还采取减免附加值税等措施。金融机构则承担了各种开发计划和五年计划的金融业务，与政府计划中的"出口第一"和"不均衡发展战略"相适应，金融系统的配合主要表现在对出口支援和对选择性产业企业的倾斜优惠上。韩国政府对利率管制从而控制了社会的融资，促进了企业间合作和协调。政府通过控制融资与企业家结成风险伙伴，促使企业家实施长期经营战略，推动风险企业的建立和企业家精神的发扬。相比较竞争性金融市场下的企业会采取的短期行为，这一政策更有利于经济的稳定和长期发展。政府通过与企业密切合作，主动成为企业发展的风险伙伴，使产业政策成为极其有效的发展手段。这些相关措施大大推动了出口行业的发展，实现了政府发展经济的意图。韩国政府向市场推行了多项产业政策，通过在金融市场领域实施利率改革并监督银行信贷分配，由此产生的租金也成为韩国政府影响企业治理和协调市场失灵问题的主要工具。在韩国，政府能随时干预经济生活，这在很大程度上依赖于它一手操纵了集中化的信贷制度。政府是国内银行的主要股东，具有任命银行经理的权力。同时，政府还控制着国外资金的内流，而这些资金是公司贷款的主要来源。政府还通过韩国银行和财政部，控制着正式银行部门的利息率。这样，如何分配银行贷款就成了政府推行它的经济政策的重要杠杆。如果企业服从政府的政策，就能得到贷款。否则，便不易得到。为了支持石化工业的优先发展，韩国政府还扩张了银行的再贴现规模，通过窗口指导等政策，引入更多的银行信贷。政府由此建立起了一个政府、企业和银行的共同保障机制，为经济起飞发挥了重要作用。

青木昌彦曾详细分析过政府产业政策对发展重化工业所发挥的重要作用。韩国的石化工业发展起步较晚，政府在19世纪70年代初期推行工业现代化技术，并颁布了《石化发展法》，极大地推动了石化工业的迅速发展。在这期间，韩国几乎所有的石化产品的平均年增长率均超过10%。从需要外国的技术和资本才建成第一座石化企业起，韩国在不到20年的时间里就具有了自行设计、建造和运营大型综合的石化联合企业的能力。石化工业所需要的技术非常复杂，在初期韩国并不掌握这些技术，这意味着政府需要引进工业化国家最先进的技术。为此韩国政府在引进国外技术时直接参与了谈判，强调要让本国的工程技术人员参与项目的建设，同时规定了石化产品的生产要遵循"一家企业、一件产品"的原则。通过使用控制市场准入的手段，以帮助经过挑选进入的企业获得更为有利的技术转让条件。又如石化工业投资本身的风险系数过大，加上需要大量的资金，很多企业家不愿进入这一行业。政府则通过对技术引进和市场准入的干预，创造了有价值的经济租金，使进入这一行业变得有利可图。政府还引进国外的技术，通过吸收和改进这些先进的技术，培养本国的技术能力。为了进一步促进企业提高技术创新能力而不是去进行寻租活动，韩国政府实施了相机性进入的政策。在发展的早期阶段，政府在挑选进入的国内生产企业时都会确立明确的规则，这些规则包括进入企业要有能力建设一定经济规模的工厂、拥有达标的研究与开发人员与在基础设计、详细建造和运营方面的经验等，并监督其得到有效的执行。这些相机性进入的政策，使企业为了获得先进的外国技术、进入受保护的市场等而去努力提高其技术研究与开发能力。由于石化行业有着很强的规模报酬递增的特点，韩国政府在技术引进时希望能够建设具有国际竞争力和达到有效率的经济规模的工厂。为此，政府在选择国内的市场进入者时规定了最小的生产规模标准。然而，这样一来又会存在信息问题，政府在确定最小的生产规模时由于政府的有限理性会产生政府协调失灵的现象。为此，政府组建了由政府官员、学术界专家以及企业人员组成的石化业促进委员会，通过该委员会将上下游的相关信息汇聚在一起，政府就能够很好地把握市场对主要石化产品的需求以及满足这些需求所需要的生产能力。石化工业是资本密集型行业，投资办厂需要大量资金，且回收期长，同时韩国石化工业的发展还受到严重短缺的外汇所制约。为此，韩国政府在1966年修改了《外资引进法》，允许国有银行对国内石化部门的国外借款进行担保，以促进更多外国资金的流入。鉴于韩国国内的直接融资渠道落后，金融中介机构只能提供短期资金，难以为石化工业的发展提供长期的金融支持，韩国政府特意设立国民投资基金来解决资金的短缺问题，并在 1974 年颁布《国民投资基金法》，对该基金的设立目的、使用方法等作出明确的规定。总之，韩国政府在发展石化工业时，鼓励企业进行竞争以获得国外先进技术、受保护的国内市场或优惠利率，优惠政策向表现良好的企业倾斜，政府只需要监督企业在进行竞争时的绩效即可。

国家导向的战略对于韩国的经济起飞发挥了不可替代的重要作用。就芯片产业而言，2017 年借着大数据、云计算等需求的"东风"，韩国单凭三星和 SK 海力士两家企业就控制了全球内存芯片的 80% 的市场，三星更是一举夺下了英特尔把持了 25 年市场"老大"地位，成为全球最大的芯片制造商。这得益于韩国政府从 20 世纪 60 年代开始推行的扶植芯片产业的政策，政府甚至为芯片产业的发展还制定了"BK21 人才战略"及强大的产权保护机制，推动"资金 + 技术 + 人才"的高效融合，防止半导体技术泄漏。正是政府与财团企业的合作、共同努力，才成就了今天韩国的芯片产业。

三、东亚其他国家和地区的发展模式

东亚其他国家和地区如新加坡、中国台湾、中国香港在经济发展的过程中能够快速起飞，也都与政府在经济领域中的作用密不可分。东亚地区的经济容易受到国际上动荡不定的经济形势的影响，这些国家和地区之所以能够抓住时机，对变化了的经济形势做出必要的调整以实现经济发展的阶段性跳跃，也是因为实行了国家导向的发展战略。新加坡的一位副总理曾指出"殖民地时代的自由放任政策把新加坡引入了死路，经济增长很慢，失业很多，住房条件很差，教育很不发展。我们一定要采取更积极的干预主义的态度"。新政府不能只承担政府的传统作用——负责国防、法律和秩序以及为私营企业提供基础设施，——而且还应积极参与经济活动和"为私营部门提供它们能够做什么和应该作什么的指南。"[①]政府作用具体表现为加强宏观调控和进行政策调节。宏观调控主要是制订社会和经济发展的目标。例如上述国家和地区在实行宏观调控、制定和实施长期计划上，其形式就有 4 年计划、5 年计划、10 年计划等。政策调节主要表现为在战略措施的实施上，通过制定各种具体经济政策进行干预调节。再例如上述国家和地区在发展出口导向型经济的战略阶段，为鼓励出口，在客观和微观方面都采取了多种政策和措施。在 20 世纪 60 年代，东亚国家和地区因自身资源的匮乏以及市场狭小，政府都推行了外向型经济发展战略。政府借助国外资金、技术与市场需

---

① Goh Keng-Swee, "A Socialist Economy that Works" in Devan C. V. Nair (ed.), Socialism that Works. The Singapore Way, Singapore, Federal Publications, 1976, P. 84.

求，结合自身劳动力资源优势发展面向出口的来料加工、中间产品和零部件装配以及模仿、创造名牌产品，使自身经济迅速纳入国际分工的体系中。以促进出口和利用外资为核心的两个良性循环经济机制在东亚各国和地区人力资源比较优势得以实现的同时，更推动了产业结构的升级，提高了生产力的水平。政府在基本建设方面也发挥了不可替代的重要作用，例如利用政府掌握的资金帮助组建促进基础设施建设的特殊公司，再例如有关住房和高速公路建设的公司、有关电信业的公司、促进旅游和贸易的公司和银行等。这些特殊公司和银行的建立促进了基础设施部门的发展，为经济计划的贯彻铺平了道路。在韩国，政府与私人在基础建设方面合作得一直很好。东亚国家和地区的政府还经常运用财政和金融等经济手段，如货币、信贷、税收等来调节和刺激经济发展。同时根据各个时期经济发展状况和宏观经济管理的需要，制定了一系列的经济法规，将经济活动纳入法律轨道，以维持正常的经济秩序，促进经济的发展。如新加坡虽然在根本上采取自由企业的市场经济体制，但这个体制里包含着广泛的国家干预。为了取得和保持高速经济增长、保证对所有人有更平等的经济机会和创造一个有秩序的社会，国家的作用渗透到了新加坡社会经济生活的各个方面，如人口控制、住房建设、教育、医疗卫生、强制储蓄、产业关系、工资政策和交通管理等等。这些政策能够成功实施，显然与东亚地区受儒家文化的影响有关，其强调维护社会秩序、寻求中央集权的社会组织结构的稳定性。

总之，政府和企业家的这种密切的合作关系对东亚地区经济的快速发展产生了重要影响。这种强调"官民协调"的发展模式，既促进了东亚地区经济的发展，也构成了东亚模式的一个鲜明特征。

第二节 家族主义的经营模式

马克斯·韦伯曾断定：在儒教文化的统治下，由于宗族关系的束缚，不能生长出现代化的城市，从而也就不能发展出相对理性的资本主义。但他没有料到，在他去世半个世纪之后的东亚经济的崛起中，儒家伦理影响下的家族式的亲情关系却扮演了十分重要的角色。与西方个人—社会的二元对立模式不同，东方以"家"作为其构塑价值体系和组织社会架构的核心。台湾学者魏萼指出："儒家资本主义经济区域采取了自由市场经济而获得经济成功。儒家资本主义成功的主要原因是家族集体意识。家族集体一致观是家族作为一个经济单位的观念。家族成员为了家族的利益工作，首先要保护家族的利益，其次是亲友，最后才是整个社会。儒家文化反映了家族在东亚国家内的重要性。"[①]

---

① 魏萼：《台湾迈向市场经济之路》，上海三联书店1993年版，第13页、第14页。

"东亚模式"的另一鲜明特点是在企业经营上采取一种家族主义的经营模式。家族主义的企业经营模式有两种：存在大量的家族性企业；类似于家族式的亲情关系移植到企业经营管理之中。

一、韩国家族式企业

在韩国，家族式企业大量存在，家族资本的影响十分巨大。不仅独资企业为个人或家庭所拥有，而且以股份制形式组织起来的实体也由创办的家庭或个人掌握。不仅中小企业为家庭和个人所拥有，而且许多超大规模的财团也常由某一家族通过事实上的直接占有与间接控制相结合形式对企业实行支配权。许多家族领袖往往身兼董事长和总经理两职。韩国私营企业的所有权掌握在私人或家族手中，使私营企业创造了很高的效率。韩国私人企业的雇佣制度也体现有家族经营的特点，如企业为经理和工人提供就业保障，往往还要提供住房、医疗等社会性服务。在企业管理阶层的聘用中，有家族关系、血缘关系的人仍占有很大比例。例如在20世纪八九十年代韩国最大的20个企业集团中，31%的经理人是由家族成员出任的，29%是从内部各种关系网（诸如同乡、校友或政治上的关系）招聘的，另有40%来自企业外部。另一项研究发现在韩国主要企业中，总裁是其创始人的占26%，是其创始人后代的占19%，由本企业晋升的占21%，社会招聘占35%。尽管50%以上的经理人不是家族成员，但在所有企业中最核心的经理位置却是由家族成员承担的。因此，韩国大多数企业的特征都是各个家族成员占支配地位，他们掌握着企业的财务和管理的控制权。[1] 在韩国经济中发挥重要作用的财阀是由家族通过控股和支配经营管理权而实际掌握的一系列企业的联合体，即企业集团。家族控股是韩国财阀不同于其他国家企业集团的明显特征，也是财阀家族统治的基石。家族资本在韩国财阀企业中的支配地位一般是通过两个渠道实现的：第一，是家族或个人对股权的直接占有。据20世纪80年代对300家上市法人的股权分布情况的调查，韩国多数财阀的主要股东是个人及其家族，属于典型的家族所有型。需要指出的是，财阀是以家族而不是以个人为中心的，因此尽管家族中的个人持股率可能很低，但这并不妨碍整个家族集体对所有权关系的支配。第二，家族或个人对股权的间接占有，家族控制着财阀核心企业的大部分股份，而核心企业又控制着其他企业的主要股份，通过对核心企业股权的直接占有来实现家族对其他企业的间接控制。在这种情况下家族的持股率比较低，从表面看来，家族资本占有比例并不居于支配地位，但家族的垄断统治并没有因

---

[1] 张志超主编：《韩国市场经济体制》，兰州大学出版社1994年版，第56页、第57页。

此而受到削弱。通过家族控股，各财阀家族直接插手所属企业的经营管理。在一般情况下所有者即经营者，企业的经营决策最终均由财阀家族作出。第二次世界大战后，韩国财阀几乎都采取了高度一元化的家族集中控制，所有权与经营权的分离程度很低。例如1982年，在"现代集团"所属的24家企业中，如果加上郑周永家族在"现代建设"中的持股比例，那么郑氏家族持股率达到或超过40%的企业多达11家，如现代精工（60%）、现代钢管（76%）、韩国都市开发（86%）和韩国铺装建设（91%）等等。[①] 这种家族式经营有助于培养人的灵活应变能力以及敢冒风险、坚韧不拔的精神，亦有利于减少管理制度的"交易费用"，从而既有助于发挥规模经济优势的多元化经营，也有助于企业内部的团结及互助互信，从而对推动韩国经济增长和工业化发挥了重要作用。

韩国家族式企业还有一个显著的特征，就是家长式领导。典型的韩国企业的总裁（常常是其创建者）对企业营运的各个方面都承担着个人责任，因此负责进行集中化决策和对企业进行严密的控制。而且，这个领导人通常还对他手下的人的个人利益和福利负有责任。正像上边描述过的家族的作用一样，韩国企业领导者的作用有着浓厚的儒家文化社会的色彩：总裁是一个父亲式的人物，企业里的一切事务都必须服从于他。韩国的一家报纸这样地描述过韩国企业集团总裁和集团内部各企业经理之间的关系："集团经理们的会议经常使各企业的经理产生一种总裁与他们之间的距离就像他们与新招进来的人的距离一样大的感觉……当集团总裁进入会议室时，他们全部必须立正，即使进来的那个总裁可能只有30多岁。"[②]

在亚洲"四小龙"的中国台湾、中国香港和新加坡的企业中，由家族开办和管理的企业也占了很大的比例。这些家族企业的特点是规模不大，一般不向外发行股票，而是家族内部集资，企业管理和重要职位均由家族中人担任。这种家族企业的优点是通过血缘关系使企业的内聚力大大增强，有效地促进了企业的迅速发展。企业主关心工人，工人忠实于企业，层层金字塔式的结构都是儒家拟家族的管理，强调处理人际关系中遵守诚信忠孝，注重整体团结。

二、日本家族式经营

日本企业的家族式经营代表了另一种形式。日本受儒家文化的影响，在封建时代就具有"臣仆忠于主人，武士忠于主人"的传统。近代以来，日本把这种等级集团内部的主从关系移植到了企业经营上，强调企业的雇员必须忠诚自己的企

[①] 渡边利夫：《亚洲：成长与苦恼》，日本NHK市民大学1988年日文版，第113页。
[②] 左大培、裴小革：《现代市场经济的不同类型》，经济科学出版社1996年版，第231页。

业，把血缘家族式的经营变成制度化的"终身雇佣制""年功序列制"，促使雇员忠于企业。

"终身雇佣"是日本独特的雇佣制度。特点是雇员被企业录用后，遵守厂纪厂规，积极为企业效力，企业则尽力为职工提供长期雇佣保障，随着企业的发展逐步提高职工的生活福利待遇。它作为"日本式经营"的核心内容，在日本经济的高速发展中发挥了重要的作用。"终身雇佣制"萌发于江户时代。早在德川时代町人（指江户时代的住在城市的手工业者及商人）的雇佣关系中就已出现了终身雇佣，如在佣人当中，许多人都是代代奉同一主家，故称之为"谱代奉工人"，也有人称他们为"商战的常备军"。在这种町人家长与佣人的关系中，契约关系并不重要，而模拟亲子关系的主从关系却十分突出。一些町人家训将主人与佣人比作父子而屡被提及，甚至视这种关系为"前世姻缘"。明治维新后，町人纷纷投身于近代产业，尽管经营形态从家业变为株式会社，但经营的传统没有发生改变。终身雇佣的习惯经过发展完善，成为近代日本企业雇用关系的核心。"年功序列"是终身雇佣制下的必然产物。所谓"年功序列"，就是在终身雇佣期间，由雇主根据雇员的年龄、学历、进入企业的先后和长年实绩表现来支付工资和晋级的制度。这种"终身雇佣＋年功序列"的经营体制的特点，强化了职工对企业的认同和忠诚，因而有别于欧美那种"劳动契约＋能力待遇"的企业经营特点。日本的终身雇佣制和年功序列制与企业的能力开发、人才培养密切相关，日本企业就是依靠这种制度提高了经济效率。虽说今天它在许多方面发生了变化，但具有经济上、社会上的合理性，作为日本市场经济的一个重要特征保留下来。日本的"终身雇佣＋年功序列"经营体制又是在儒家"忠诚""长幼有序""谦恭礼让"家族伦理观念的影响下形成的。日本企业家认为，"终身雇佣"和"年功序列"是儒家思想"礼"的体现，优点在于能有效地利用经营资源，尤其是人力资源，并能缓和劳资矛盾，建立协调的劳资关系，还可以极大地增强群体内部的凝聚力和整个集团的对外竞争力，因而有助于企业经营，促进经济的发展。

与欧美式企业经营管理体制相比较，家族式经营管理方式使职工与企业之间同命运共利害，结成一条牢固的纽带，形成一个"命运共同体"。在这个命运共同体内，企业培育、关心职工，强调只有职工的创造性、积极性是企业兴旺发达的根本，职工在企业中也会有一种生活安全感。职工不仅对企业依附、信赖，而且还自觉忠于企业和企业主。在这种家族式企业内明显具有以下特点：一是产生强烈依附感的"归属意识"，把自己的一生以及自己的家庭都置于企业的关注之下；二是表现为具有协调一致行动的"集体意识"，公司雇员会为企业着想，怀有为团体效忠的使命感；三是表现为可以不顾个人眼前得失的"长远的、整体效益意识"。公司的上属主管和下属雇员为了企业的群体利益，可将盈余转为增资或投资于更新设备。这就和欧美国家公司主管总是趁在任期间能赚则赚，尽可能提高利润，多分红利的短期行为大不相同。森岛通夫在这一方面对欧美企业和日本企业进行了比较："在英国，如果一个工人认为他把自己的技术出售给另一个公司更有利，他就可以离开自己的公司；而公司对某个工人的技术不满意时，他就可以解雇这个工人。""在日本，不论对公司还是对工人来说，雇佣就像结婚一样，忠诚感和从长远看他对公司可能作出的贡献的潜在能力，远比他当前的劳动生产率和技术重要得多。""当雇员认为自己对公司表示了特殊的忠诚的时候，他就感受到很大的工作上的满足。"这样一种超乎寻常的工作热情的根源就在于"在一个儒家的社会中，每一个人都必须努力证明他对自己所属的那个社会的忠诚。他的忠诚的程度以他准备为这个社会作出牺牲的程度来衡量的。""在一个儒家的社会中，献身于工作不论从道德上还是从实利上讲都是最重要的美德。"[1]赖肖尔也认为日本的终身雇佣制使"雇主和雇员之间维持强烈的相互忠诚意识""这反映了近代以前日本以家庭为基础的企业组织模式和日本民族的集体组织倾向""日本的产业具有一种家长式的色彩和人情味，而这通常是其他国家的大企业所缺乏的。""虽然终身雇佣制和年功序列工资制度是因为公司对劳动力的需求而形成的，但是这与日本人的基本观念及群体意识完全吻合。这种制度产生许多重要的不无益处的副产品，造就了一支以自己的产品为荣、乐于加班的忠诚甚至热诚的劳动大军。许多工作人员，尤其是低级经理人员放弃假期，其目的大概是为了向他人显示自己的忠诚和工作的重要性吧！与多数国家形成鲜明对比的是，日本工人兢兢业业，恪尽职守地检查他们的产品，因此外部的检查是无关紧要的。"[2]

儒家价值观对日本企业员工工作能力和效率的影响无论是在战争中还是在和平发展的战后时期都非常清晰地反映出来，森岛通夫用具体的数据论证了这一点："直到极权主义带来自我毁灭的最后阶段，日本人民仍然在生产活动中表现出惊人的合作态度。从进攻珍珠港以后，直到1945年8月投降的3年零9个月的时间里，日本的造船厂造出了15艘航空母舰、6艘巡洋舰、126艘潜艇、63艘驱逐舰、70艘运舰船、168艘护卫舰，加上其他舰只总数共达682艘军用舰船。此外，还建造了720艘货轮和271艘油轮。同期生产的军用飞机在6000架左右。这种生产水平无法与同时美国的成就相比较，但在当时，它却是一个只被美国一家超过的世界纪录。像美国这样的国家生产大量的飞机当然是不足为奇的，因为

---

[1] 森岛通夫：《日本为什么"成功"？》，四川人民出版社1986年版，第167页、第169页、第170页、第171页。
[2] 埃德温·赖肖尔、马里厄斯·詹森：《当代日本人》（增订本），商务印书馆2016年版，第344页、第350页、第368页。

它的工厂没有遭到轰炸和破坏，在获取原料方面也没有任何麻烦。"① 森岛通夫所列举的造船和汽车仅是日本在近现代工商业方面获得全面成功的有代表性的两个领域。

正是由于这种家族式的感情纽带、精神因素的巨大作用，以日本为代表的家族式企业具有极大的凝聚力。公司员工们为了企业的生存和发展，可以全身心地投入工作，以致被西方人称为"经济动物""工作魔鬼"。东亚其他国家也是如此，如新加坡的工人以其勤奋、守纪、聪明而被美国《商业周刊》连续 11 年推举为"世界最佳工人"。20 世纪的七八十年代，新加坡的罢工事件寥寥无几，劳动日的损失微乎其微。正是在这些"工作魔鬼"的操作下，东亚地区的工业产品的质量优良，售后服务周到，严守交货期限，大力开发新产品，具有很高的生产效率和极强的市场竞争力。对其不可思议的能量，西方人惊叹不已，但又觉得不好理解，感到"高深莫测"。其实，这是深层次的儒家伦理在发挥作用。

因此，一些有识之士都十分重视并提倡这种家族主义的精神。他们认为儒家文化区的社会，是建立在儒家伦理思想深厚的家庭乃至家族之上的。这种家庭向社会散发和谐的气氛，成为社会安定的稳固基础。这种家庭经常鼓励其成员努力向前，奋斗不懈，精进不已，从而成为东亚现代化活力的最大源泉。如台湾学者魏萼提出："儒家资本主义社会是以家庭主体为特征的。全家上下同心协力促进了经济的发展，也为中国人民创造了良好的环境。传统的儒家品质——勤奋、节俭、诚恳、诚实和相互支持——在一个健康的经济环境中得以发扬。"② 已故新加坡前总理李光耀在强调"亚洲价值"时也盛赞儒家传统的特殊贡献，儒家以传统家庭为根基和以社群化价值观为主的哲学和伦理，超越了现代科技和个人中心主义，新加坡的成功就得益于将这两大层面融合在一起。儒学重视秩序与家庭，崇尚节俭，子女对家族的忠孝，尊重知识，这些都是东亚经济腾飞的文化因素，是儒家文化决定了亚洲的发展道路。③ 因此，新加坡政府十分重视对这种家族主义精神的培养。如政府鼓励大家庭的存在，并在政策上予以扶植和倾斜。如在申请公共租屋时，成年子女和父母住在一起，就可以获得优先权。政府的政策考虑，是大家庭不仅是儒家传统的一部分，它亦有助于减少国家用于扶养老人的财政支出。新加坡华人在工作态度上勤奋、认真、吃苦耐劳、锲而不舍，他们这样做的精神根源，就在于实现儒家的"光宗耀祖""衣锦还乡""孝敬父母""荫及子孙"的家族伦理和宗法原则。

---

① 森岛通夫：《日本为什么"成功"?》，四川人民出版社 1986 年版，第 201 页。
② 魏萼：《台湾迈向市场经济之路》，上海三联书店 1993 年版，第 125 页。
③ 汤姆·普雷特著，张立德译：《李光耀对话录》，现代出版社 2011 年版，第 44～45 页。

第三节　自由经营与"藏富于民"

"东亚模式"微观上鼓励企业自由经营，财富分配上主张藏富于民，这都与儒家经济思想的影响有关。儒家的自由经济思想从产生的时间上来说要远早于西方，并对西方亚当·斯密为代表的古典经济学产生有一定的影响。不同的文化传统必然对经济制度的变迁产生不同的影响。

"东亚模式"无疑是向西方学习的产物，但儒家传统影响了这一市场经济制度的建构。"东亚模式"的鲜明特点，在强调宏观上"国家导向"的同时，微观上鼓励企业自由经营，财富分配上主张藏富于民。

一、自由经营政策

东亚经济崛起的国家和地区，第二次世界大战后都普遍实行了鼓励企业自由经营的政策。政府实施了一系列旨在促进市场经济发展的政策，从而更加合理地配置资源。这是构成东亚经济迅速崛起的一个重要因素。

日本早在明治维新时期，就开始了迈向现代市场经济的制度变迁过程，为市场经济体制在日本的确立奠定了基础。第二次世界大战以后，日本痛定思痛，决定把全力发展经济作为自己的基本国策，并进行了大规模的经济变革。变革的中心内容是实行自由经营经济政策。它又具体表现在土地改革、解散财阀和劳资关系民主化三个方面。这三项改革的结果是加速了日本市场经济体制的完善和最后确立。其意义在于：第一，土地改革基本上废除了封建式的佃农制度，实现了耕者有其田，使农民的生产积极性空前提高，不仅促进了日本农业生产的迅速发展，而且为日本现代工业的崛起提供了丰富的劳动力资源和广阔的国内市场。第二，解散财阀，禁止垄断，这就在很大程度上促进了资本所有权与经营权的分离。同时为现代企业制度的建立以及企业参与市场竞争和新领域发展提供了可能，也为富有企业家精神和经营才能的经理阶层登上企业的领导地位创造了条件。自此，激烈的市场竞争成了第二次世界大战后日本社会经济发展的一个重要特征，从而促进了经济的快速发展。第三，劳资关系的民主化使工人应有的权力得到了保障，并使劳资关系的协调有了根本的依据。它既有利于企业经营，又有利于劳资双方依据有关的法律规范来处理两者的关系。经过这一改革，日本的大企业一直把维持和谐的劳资关系放在企业经营的重要地位，并根据日本的国情（即儒家文化传统），建立了富有日本特色的劳资关系和企业管理模式（第九章对此有详细的论述)。上述改革彻底消除了日本经济体制中封建性的消极因素，为市场机制的充分发挥作用开辟了道路。自此，日本市场经济体制最终确立，日本经济也就进入了持续的高速增长时期。

韩国市场经济的发展也经历了一段曲折的探索过程。第二次世界大战结束后，1948年大韩民国政府成立，政府在"宪法"有关发展经济的条款中正式确立了发展自由经营的市场经济的原则，并进行了相应的改革。然而，由于朝鲜战争随后爆发，韩国经济的发展一度中断，并带来极大的破坏。随着1953年7月的停战，韩国开始了迈向现代市场经济的全面探索过程，实行相对自由放任的经济政策，是这一时期的主要特征，其内容首先是废除了旧的统制经济管理的体制。例如，在1953年9月公布的《1954年度经济复兴计划》和1954年3月公布的《韩国经济再建计划》中，政府规定了实行自由企业制度、自由资金原则和自由价格原则。开始注意对国内市场的培育和建设，使价格体系合理化，即能反映有关资源的稀缺程度，反映市场的供求关系。政府在自由经济体制的建构过程中也扮演了重要的角色。首先，继续实行第二次世界大战前所进行的土地改革，废除了旧的租佃关系，实行"耕者有其田"的原则，把土地直接向佃农开放。其具体做法是自耕农的土地限制在一定数内（约45亩），超过部分则由当局购买，然后再出售给无地或少地的农民。农民对分得的土地在偿还完毕地价以后，可自由买卖和转让。这一改革促进了农村商品经济的发展，同时也吸引了农村货币资本转向了城市工商业。经过这一改革，韩国农村已基本上消除了寄生地主制度，农业机构、农村技术和经营方式都开始向大型化、机械化、现代化方向转变。其次，政府设立了作为唯一政策性金融机构的韩国产业银行，由它发行产业复兴国债。同时，以销售美国的无偿援助物资作为主要财源，积极向电力、煤炭等骨干产业部门投资。最后，使财产归属处理走上正轨。截至1958年，92.1%的财产已经转归民间个人。这一方面奠定了财阀发展的基础，另一方面又促进了中小企业的发展。1956年以后韩国对中小企业采取了扶植政策，促使了中小企业的迅速发展。中小企业的存在，构成了韩国竞争性市场体制的基石。经过这一时期自由经济政策的实施，为之后韩国经济进入高速发展时期奠定了基础。进入20世纪80年代以后，韩国又开始了历史性的经济调整和体制改革，其中心内容是使韩国的市场经济体制进一步向"民间主导型"发展。"民间主导型"的市场经济体制要求减少政府对企业的干预，强调企业的自由经营，并充分发挥市场机制的调节作用，让企业在市场竞争中求生存。

再看中国台湾地区，1949年国民党败退台湾后，面临的是民众困苦不堪、财力枯竭、物价飞涨的严峻形势。台湾当局进行了一系列的改革和调整措施，实行了以"自由经营为主"的市场经济原则，对整个经济领域中除少数关键性的经济部门进行设计外，对大部分经济部门则依靠市场调节，使之自由发展。如果说台湾当局在20世纪六七十年代实行的还是有限制的自由经济（如进行外汇管制和进口限制、对粮食的供给和需求也实行控制），那么，到了20世纪80年代以后，台湾当局根据岛内外的经济形势，进一步实行了经营自由化。1984年5月，台湾当局提出了"三化"的口号，即：自由化、国际化和制度化，以全面推进市场体制的建立和完善。所谓"自由化"即"尊重市场价格机能，减少不必要的行政干预，创造公平竞争环境"。所谓"国际化"即"扩大经济活动空间，开放内部市场，促进内外经济、科技、文化交流，增强对外实质关系"。所谓"制度化"即"订定一套合理的法规，用法制调节控制经济运行"。"三化"的核心就是自由化，即建立规范的市场经济制度。有学者主张用"有计划的自由经济"的提法来概括台湾市场经济模式的特点，但需要指出，这种"计划"只是"提示性"的，而不是命令性的，它无法律的效力，只是为私人部门指导可行及发展的方向、目标或步骤，所采取的措施也是"诱导性的"，而不是强制性的。推动经济进步的诱因和动力，主要是个人对自身利益的追求；而公共政策的重心，则在于增进公益和私利，而不是和私人争利。正是在这一自由经营政策的指导下，台湾从1953~1990年，经济增长了16倍，年平均递增7.6%，其中工业增长了87倍，年平均递增12.5%；农业增长了28倍，年平均递增3.6%倍。人均国民生产总值由近200美元提高到7997美元，增长了近40倍，1992年更达到1万美元以上。[①]

中国香港地区的自由市场经济模式在东亚地区最具有代表性。著名经济学家米尔顿·弗里德曼称誉它为"自由经济的橱窗"[②]。长期以来，香港当局奉行自由经营的政策，从而形成了最大限度地利用市场机制进行调节的市场经济管理模式。人民享有最大限度的经营自由，企业可以完全根据市场自行决定自己的一切经营活动，发挥自己的才能进行竞争以求得生存与发展。整个经济都是由自由竞争的"无形之手"加以自动调节，而政府的主要工作，仅是为经济的发展创造一个良好的外部环境，以保证经济的正常运作。只有在市场机制失灵而面临严重的经济危机和需要调整、保证企业和劳工利益的特殊情况下，政府才会采取有限度的干预。这种自由经营的经济政策，使得香港在经济发展中没有重要的政策失误，并有助于香港工业适应能力的增强，同时又能以较少的财政支出而获得较高的社会效益，真正体现了儒家"惠而不费"的经济管理原则。香港经济在20世纪60年代以后能迅速地起飞，就得益于这一自由经济政策的实施。

[①] 国世平、张中华主编：《港台澳市场经济体制》，兰州大学出版社1994年版，第146页。
[②] 米尔顿·弗里德曼：《自由选择》，商务印书馆1982年版，第37页。

二、"藏富于民"政策

儒家"藏富于民"思想有两个理论要点：一是民富先于国富，主张大力发展民营经济，减少国有经营；二是主张减税，为民营经济的发展创造一个良好的发展环境。这一"藏富于民"思想对中国历史上商品经济的发展发挥了重要作用。深受儒家思想影响的东亚诸国和地区，在其经济起飞的过程中也都实行"藏富于民"的政策，大力发展民营经济。这一政策的实施对东亚地区经济的起飞和快速发展发挥了不可低估的作用。例如日本、韩国、中国台湾和香港地区在实行自由经营政策的同时，财富的分配上奉行儒家"藏富于民"的思想，其具体政策措施有二：一是鼓励私有制经济的发展；二是实行低税率。

在日本多元化的所有制结构中，私有经济一直占有主体地位。私有产权的神圣不可侵犯是日本市场经济制度的三大基本原则之一（另两个原则是契约自由和自我负责）。私人企业在法律范围内运行，国家丝毫不加限制。私人企业在整个经济活动中所占据的比例，据统计，1986年为97.1%，国营、公营企业和地方团体的事业合计仅占2.9%。在私人企业中，绝大多数又是中小企业。1991年，资本1亿日元以上的大企业仅占企业总数的1.4%，而资本1亿日元以下的中小企业却占企业总数的98.6%，其中资产不足500万日元的小企业的占比则高达52.6%。[1] 这些由私人经营的为数众多的中小企业，在日本经济的发展中发挥着重要作用。日本政府坚信私有产权制度最能刺激人们追求财富，而这种刺激政策最终能促使社会经济的发展。因此，政府奉行"官不与民争利"的原则，凡是私人能经营好的经济活动，都鼓励由私人去做。20世纪80年代以来，日本国营企业普遍存在经营不善、亏损严重的弊端，因此开始了国营企业民营化的改革。日本国营企业的三大会社（日本专卖公社、日本电信电话公社、日本国有铁道公社）就是在这次改革中民营化的，尤其是日本国有铁道公社转为民营，从此结束了国有铁路115年的历史。

日本还实施低税率的政策。第二次世界大战后，日本的个人赋税和法人赋税在发达国家中都是最低的。这一政策的实施，对日本经济的发展具有重要意义。高税负导致低增长率是世界银行经济学家从统计分析中得出的重要结论。税负轻，意味着国民收入中更大份额归个人和企业支配，从而为个人工作和企业投资带来了更大的刺激。日本国民的高储蓄率和企业的高投资水平也与此有很大的关系。日本政府奉行的低税率政策，财富分配中更多地向民间倾斜，这有助于经济

---

[1] 陈庄：《日本型市场经济——形成、改革与发展》，时事出版社1995年版，第91页。

的增长，也是儒家的"薄税敛"政策在现代经济中的运用。

韩国的所有制结构也充分体现了私有产权为主体的特征。韩国政府从20世纪50年代以来，就一直采取了扶植民营企业的政策。到20世纪60年代初，以私人资本为主体的中小企业的总数已发展到占全部企业总数的99.1%，雇佣工人数占78.1%，生产额占65.2%，销售额占66.4%。财阀的经济实力在政府的扶植下大为扩张。到20世纪70年代末，韩国的十大财阀已拥有国民财富的1/4左右，成为韩国经济的支撑力量。进入20世纪80年代后，韩国政府也推行了国有企业民营化的政策。到1986年，韩国国有企业已由25个部门减至13个，原先作为国有企业核心地位的国铁、炼油、造船等主要行业的企业也已全部民营。韩国政府在对私人垄断进行限制的同时，鼓励私人中小企业的发展。在韩国，民营经济一直是促进经济增长的主要力量和源泉。到1987年，韩国共有100多万家企业，九成以上为民营企业。投资领域也极为广泛，它不仅涉及消费资产的加工部门，而且也包括轻纺工业、重化工业、电子计算机等新兴产业，还涉足于金融、保险等第三产业，其中不少中小企业也逐步由劳动密集型向资本密集型转移。①

中国台湾工业发展的历史就是民营企业发展的历史。台湾当局从经济建设的初期，就奉行"藏富于民"的政策，对民营企业进行奖励和扶植。民营领域在台湾总体经济中的地位日益重要，已成了台湾经济的基础。台湾对民营企业扶植的政策，一是保证其经营的权力，二是积极改善其投资的环境。关于前者，当局的基本原则是：所有宜于民营的新兴工业，都保留给民间投资经营，并予以鼓励；将宜于民营的公营事业转移于民营。例如台湾在经济建设的初期，就采取了公营事业转移于民营的政策。在1953年进行"耕者有其田"的土地改革中，就将台泥、台纸、工矿及农林这四大公营事业转移为民营。将其股票发放给地主，用于对地主超额土地的征购。这四大公司的顺利转移，成功地将民间投入土地及农业的资金转入了工业，即使其资金有了出路，也加速了民营工业的发展，对经济增长起了积极的促进作用。除上述四大公司外，台湾当局还先后将"中国渔业公司""中国纺织公司"、台糖公司凤梨厂及煮板厂、台北纺织厂、中本毛纺厂、雍兴纺织厂和中农化工厂等转移为民营。关于后者，对民营企业投资和经营环境的改善，则主要表现为从技术、资金、市场及税负等多方面予以奖励和扶植。为了促进民营企业的投资，当局于1959年12月成立了专门负责投资事务的机构"工业发展投资研究小组"，从事改善投资环境的工作，并于1960年9月颁布了"奖励投资条例"。其主要内容是减免税收，解决工业用地困难。同时该法规还排除或冻结了14种税捐及土地法规对投资所加的限制与障碍，对民间投资起了极

---

① 张志超主编：《韩国市场经济体制》，兰州大学出版社1994年版，第53~54页。

大的促进作用。1952~1982年，民营事业生产包括制造业和矿业在内共增加了88倍，民营事业生产在整个工业生产的比率由43.9%增至80.2%（而公营事业则相对由56.6%减至19.8%）。20世纪80年代推行的自由化改革进一步刺激了民营企业的发展。20世纪80年代后期，民营企业的产值占工业总产值的比重高达88%，公营企业则降为12%；私人资本占工业总资本比重高达3/4，公营资本仅占1/4。[①] 这表明到20世纪80年代台湾经济中私人企业和资本已占绝对优势，民营资本的逐渐壮大成了台湾经济发展的主要动力。

中国香港的市场经济也充分体现了"藏富于民"的特点。在香港，政府对私人资本的自由发展是鼓励和保护的，并力求能为其发展提供一个大体上机会均等、公平竞争的良好投资环境，尽量减少对私人投资的干预，充分发挥市场机制对投资调节的作用。长期以来，私人投资一直在香港占据着主导地位。从1966~1987年的固定投资情况看，私人投资与政府投资的比例，最高的年份为10：1（1970年），最低的年份也高于4：1。因此，在香港的投资绝大部分都是私人经营的，政府只直接经营港口、机场、道路、邮政和工业公司。香港地区除地下铁路公司、机场、铁路、邮政、道路、水务等基础设施为官办以外，其余电力、煤气、通讯、码头以及交通运输均由私人经营开办。香港地区的税率在世界各国中也是很低的，如收入税一般保持在15%左右，不征收土地价值税，遗产税也十分低，一般仅在10%到18%左右。[②] 这一切都充分体现了"藏富于民"的经济原则。

第四节 "高产乃为善"的经营理念

一、"义利合一"的价值观

儒家"义利合一"的价值观在"东亚模式"上具体表现为推崇"高产乃为善"的经营理念，这在日本和"四小龙"的企业家那里都有很好的体现。例如日本学者伊藤肇指出，在日本的经济发展中，"日本企业家只要稍有水准的，无不熟读《论语》，孔子的教训给他们激励、影响至巨，此种实例多得不胜枚举。"[③] 森岛通夫更是强调"日本在经济起飞过程中，儒家的世俗化和日本的骑士气质起到了最重要作用。"[④] 儒家的"义利合一"的价值观在东亚经济的发展中扮演了

[①②] 国世平、张中华主编：《港台澳市场经济体制》，兰州大学出版社1994年版，第61~62页、第170~172页、第223页。
[③] 伊藤肇：《东方人的经营智慧》，光明日报出版社1987年版，第8页。
[④] 森岛通夫：《日本成功之路》，经济日报出版社1986年版，第15页。

类似于新教伦理在西欧理性资本主义崛起中精神力量的角色。

"义利合一"是儒家的基本价值观。孔子不反对人们牟利,但反对"不义而富且贵"(《论语·述而》),强调"见利思义",主张"义利统一"。这一观念在"东亚模式"中,被创造性地发展为"高产乃为善"(又称"道德与经济合一")。完成这一观念发展的,是被誉为"日本资本主义之父"的涩泽荣一。涩泽荣一自幼熟读儒学和中国古代经典,也熟知日本历史,受到传统思想文化的严格训练。幕府末年,他作为留学生漫游了欧洲七、八个国家,对西方文化又有了较深入的了解。因而,当日本面临着东西方文化的撞击,处于从传统走向现代的重要时刻,他发表了《〈论语〉与算盘》《〈论语〉讲义》等书,阐述了他的儒家资本主义精神。涩泽荣一的贡献在于,他将儒家伦理引入近代工商业领域,为日本资本主义的发展,从传统的儒家伦理中寻找到了精神价值之源和动力,从而完成了儒学传统向现代转化的历史性飞跃。涩泽荣一指出,经营信念就是《论语》与算盘合一,认为企业家要一手握《论语》,一手握算盘。他认为儒家文化可以有效支持现代工商活动,现代企业家要想取得成功,就必须从《论语》中汲取经营理念,并对此从多个层面进行了论述。他引用孔子的话:"富与贵,是人之所欲也,不以其道得之不处也",从中引申出求个人的利益,必须符合"公益""国益"这个"道"。根据涩泽荣一的解释,个人与企业追逐利润,培植资本,对增强国家实力有好处,是有益的事,即符合"义"的。他说:"道德和经济本来是并行不悖的,然而,由于人们常倾向于见利忘义,因此古代圣贤极力纠正这一弊病。一面积极提倡道德,一面又警告非法牟利的人,后来的学者误解了孔夫子的真正思想。……他们忘记了高产乃为善之道。""经济与道德,政治与道德,即所谓义与利,必须加以充分地权衡,才能获得真正的文明和富贵",这是"致富经国之大本"。① 涩泽荣一以国家利益为媒介,把道德与经济、义和利统一了起来,从而把儒家的"义利观"转变为有利于资本主义工商业发展的伦理观。同时,涩泽荣一还躬身力行,他一生创办了 500 多家企业,他把儒家的"五常"(仁义礼智信)和"五德"(智信仁勇严)结合起来,推行于企业的具体经营实践。他自己还常将《论语》置于座右,每当筹建公司、筹划事业时必读《论语》,以《论语》精义为经营的指导方针。他还经常以《论语》作教材,亲自为企业管理人员授课。他特别引用"君子喻于义,小人喻于利"作为企管人员的信条,认为只有从事正当的、道义上的事业,才能实现国家的富强。涩泽荣一在他的一生中,竭力贯彻"仁与富可能也必须并存"的"道德与经济合一说"或"义利两全说",实践了"国益志向"这一"致富经国之大本"的基本观念,为

---

① 涩泽荣一:《〈论语〉与算盘》,九州出版社 2012 年版,第 32 页、第 35 页。

近代日本资本主义企业的发展树立了榜样。

二、"高产乃为善"经营理念的体现

涩泽荣一倡导的"高产乃为善"的儒家资本主义精神与西欧新教伦理所倡导的"为上帝合理地赢利"的拼搏精神十分相似，它们都为合理地发展资本主义经济提供了精神支柱。涩泽荣一提出的"经营必须符合道德"的原则，至今在日本依然具有强有力的影响。时至今日，日本的企业界人士中仍有不少人对涩泽荣一的"《论语》+算盘"的理论推崇备至。1982年，《东洋杂志》曾专题调查日本企业界骨干中的热门书，涩泽荣一的著作依然名列其中。在现代日本，许多企业家受涩泽荣一的影响，都能有意识地借鉴儒家思想来指导其商业经营。如日本新闻界的耆宿曾虚白，创造性地阐述了儒家经典《大学》中"修身、齐家、治国、平天下"的名句，认为"修身"是帮助自己公司发展，"齐家"是帮助卫星工厂，"治国"是充实国内市场，"平天下"则意味着打开外销市场。又如矢野恒太是日本保险业的开山鼻祖，他经营此业的指导思想有一部分就是来自《论语》。他曾编撰过一本注释《论语》的、小型袖珍版的《袖珍论语》，以适宜于员工们每日往返上班时在车上阅读，也便于友人、熟人、年轻的公司职员之间相互赠阅。现代日本的大企业中有不少是从江户时代的老铺房转换而成的，但那些从老铺号时代就确立的"家训""厂训"未变。这些训言都是体现经营者的指导思想、从业人员心得的儒家伦理格言，这是当时的一种时代风尚。保持高尚的伦理精神，从而使这些企业能享有良好的社会信誉。在儒家伦理价值观的影响下，"向钱看"的经营者会遭到舆论的批判，从而失掉社会的信誉，而这样的企业也是不会成功的。在今天的日本企业中，要求职员有较高的中国"古典"文化的素养，用中国"古典"文化来培训职员的做法是相当普遍的。如日本安田火灾海上保险公司是日本保险界中最强大的，也是日本企业中首屈一指的大公司。该公司的总则是"道德至上"，并特别热心于职员的教育。这家公司还设立有专门培训职员的基地。培训的内容除关于保险业务的专门知识、世界经济的动向等外，还有必修的教养课，如《从〈论语〉学做人》《朱子学与阳明学》等。通过儒家经典的学习和教育，旨在培养职员的道德修养与文化素质。

日本的"企业经营之神"松下幸之助先生用100日元创业起步，使松下公司后来成为誉满全球的跨国公司。松下先生总结自己的经营哲学为"自来水哲学"："把大众需要的东西，变得像自来水一样便宜和方便"，而不要刻意去追求利益。有了这样的经营理念，虽不刻意去追求利益，财富却滚滚而来，松下公司赢得了客户和消费者的心，当然也就有了之后的快速发展。松下幸之助下面这段话，也颇能反映出儒家"义利统一"的价值观念对日本企业家经营观念的影响:"企业家的最高使命,是以他卓越的创新精神不断生产出更便宜、更好的产品,以此不断地提高人们的实际生活水平,扩大就业,使工作着的人们树立正确的思想和获得劳动乐趣。首先在日本国内实现之,而后推广到全世界。不断追求自我的利益。企业家的精髓在于宽阔的胸怀,在于站在更高的高度,依据自己的信念去成就自己的事业。"[1] 同时强调企业家的报酬就是一种满足感,为世界广泛的人们做好事而受到欢迎的满足感,绝不是利润,利润只不过是结果而已。松下幸之助对松下电气公司经营确立的七条方针,其首要一条是"产业报国的精神"。

在经历了严重的金融危机后,被誉为日本"经营之圣"的稻盛和夫于 2008 年 7 月 17 日在日本最大的会场——"横滨国际会议场"面对 2555 名日本企业家做了《六项精进》的演讲,六项精进的内容包括:"付出不亚于任何人的努力""要谦虚,不要骄傲""要每天反省""活着,就要感谢""积善行、思利他""不要有感性的烦恼",他认为企业家只要掌握了这"六项精进",包括经济危机在内的任何困难都能克服,成功和幸福的程度将超出自己的能力和现象。稻盛和夫在 51 年的经营生涯中,一手创造了两家世界 500 强企业,却在退休时把个人股份全部捐献给了员工。他认为,人生是提升心智的过程。有了这样的超脱和追求,使得稻盛和夫得以拥有了俯瞰人生的视野。在他看来,公司运营的第一目标,不是为了股东利润,也不是为了客户利益,而是为了公司员工及其家属的幸福。他坚信,一个公司无论规模多么大,只要建立起员工心有所属的平台,就可以释放全体员工的活力,公司就可以持续拥有竞争力了。这体现出一种"高产乃为善"的经营理念。

"高产乃为善"的经营观念不仅仅存在于日本,在"四小龙"经济体中也有鲜明的体现。他们在企业竞争中也奉行义利两全、以义制利的原则,使其成为社会进步、企业发展的动力源泉,并以此号召和驱动国民经济的发展和地区经济的崛起。在亚洲"四小龙",不论是香港李嘉诚的经营理念还是台湾王永庆的经营理念,都能看到儒家价值观对他们经营理念的影响。李嘉诚坦诚自己的成功是从儒家文化中汲取了许多营养和智慧,李嘉诚十分推崇儒家的"以义生利"和勤俭的价值观念。记者提问"如果可以回过头来,给几十年前的自己一句人生忠告,您会对自己说什么?",李嘉诚用孔子的一句话作答:"回头过来都是一句:'不义而富且贵,于我如浮云。'"他概括自己从商经营成功的经验无非是"除勤奋外,还要节俭(只是对自己,不是对别人吝啬),要有良好的信誉和人际关系"。良好的人脉决定了他的成功,良好的人脉又是来自他讲"信用"和对朋友的

---

[1] 松下幸之助:《自来水哲学:松下幸之助自传》,南海出版公司 2008 年版,第 34 页、第 54 页。

"义气":"对人要守信用,对朋友要有义气。今日而言,也许很多人未必相信,但我觉得,'义'字实在是终身用得着的。"① 被业界誉为"经营之神"和"管理之神"的台湾台塑集团的董事长王永庆认为:企业经营成功一定要从儒学中吸取经营管理的智慧。他坦诚:中华文化是推动台塑企业发展壮大的动力。他在总结自己成功的经验时说:"在企业经营上,当然是要致力谋求利益,但是对待客户也必须了解所谓'欲取之,先与之'的道理。""一个人的手再怎么拿,就是这么多;可是一放开,反而全世界都是你的。"王永庆推崇孔子"爱人者人恒爱之,利人者人恒利之"的观念。王永庆生活非常节俭,"有一次王董事长在宴会上看到别人在取菜时有菜掉在转盘上,于是他把它捡起来放在自己的盘子里吃干净。一个产值占台湾 GNP 百分之十几的集团董事长如此节俭,……节俭得有资格,有底气,有雅量。"② 王永庆把"勤劳朴实"和"止于至善"的儒家价值观作为他企业经营的文化理念。通过节俭,台塑可以把成本控制得比竞争对手低 20%,然后将产品降价 10% 让利给下游合作者,使企业经营获得了巨大的成功。在新加坡的企业中也充满了这种强调富民富国的"产业报国"的精神。

第五节 "教育先行"的发展战略

一、"教育先行"的战略思想

"东亚模式"还有一个鲜明特点,就是实施教育先行的发展战略。美国经济学家丹尼森 1967 年对 1950~1962 年美国、英国、法国、西德、意大利、比利时、荷兰、丹麦和挪威九国的真实国民收入增长率进行因素分析。他认为长期影响经济增长变动的因素主要有七类,在这七类因素中,有两类因素是最重要的:一个是知识进展,另一个是劳动力教育年限的延长。早在 20 世纪 50 年代,著名经济学家舒尔茨就开始对经济增长问题的研究。舒尔茨发现教育的作用很重要,提高教育程度可以促进工资的提高,使人们的判断精准,并对新技术的接受和掌握更容易。总之,经济发展对科学技术的依赖越大,教育对经济发展的作用就越显著。教育的普及和发展水平,在很大程度上决定着一个国家和地区经济发展的速度和水平。从世界各国的发展看,凡是经济发展快的国家和地区,其

---

① 陈美华、辛磊:《李嘉诚全传》,中国戏剧出版社 2005 年版,第 311~312 页。
② 黄德海:《筚路蓝缕:王永庆开创石化产业王国之路》,清华大学出版社 2007 年版,"序"、第 29 页、第 300 页。

教育也是发达的；教育不发达的国家和地区，其经济发展也相对落后。

东亚地区经济的快速发展就得益于政府所推行的重视人力资源开发的投资。而这又得益于儒家传统对教育的重视。儒家素有重视教育的优良传统，无论是孔子还是朱熹等儒学代表性人物，他们既是伟大的思想家，又是杰出的教育家。他们热心教育事业，在教育目的、教育对象、教学内容、教学方法、师生关系、求知态度等方面都有突出的历史性贡献。儒家文化圈所形成的尊师重教的优良传统，在很大程度上就得益于这一文化传统。

东亚地区受儒家重视教育思想的影响，素有对教育的偏好。正如美国学者赖肖尔所概括指出的："当代日本重视教育，起源于东亚文明。中国人很早就强调读书识字的重要性，认为统治者的权威源自他们知识渊博和品德高尚。这些观念后来逐渐制度化，形成一套繁缛的考试取士制度。朝鲜人全盘接收这种制度，日本人虽然没有在他们的社会中推行这种制度，但是吸取强烈的尊重知识的精神。"[1] 台湾学者魏萼也指出：重视教育是东亚儒家资本主义的一大特征，"儒家资本主义区域内的人民重视教育，并认为学者及知识分子是上等阶层。因此，儒家资本主义区域内富有人力资源而非自然资源。许多缺乏自然资源的儒家资本主义区域，由于具有大量的人力资源而得以繁荣昌盛。"[2] 第二次世界大战后，当东亚各国和地区致力于经济增长时，其自然资源的条件并不优越。而此时正值第三次科技革命在欧美各国蓬勃兴起之时，科学知识已形成一个庞大的体系。知识的继承、积累、传授和发展越来越要求教育的发展。教育成为智力开发、科技进步的重要基础和经济发展的重要推动力量。东亚各国和地区发挥自己所具有的重视教育的传统优势，顺应世界科技发展的形势，都把大力发展教育作为一项基本国策，通过大规模的投资和制定法规、政策，推动教育的普及和发展。

二、"教育先行"发展战略的实施

先看日本。早在封建社会，日本政府受儒家思想的影响，就把知识、学识作为选拔人才的重要标准，如日本在江户时代德川幕府就大力推行奖励学问、倡导学习的文教政策，学校教育也随之发展起来。为武士提供教育的学校分为幕府直辖学校和藩校。在整个德川时代，幕府共建立了21所直辖学校。各藩也积极创办藩校，致力于藩士子弟的教育。进入明治时期，日本政府大力振兴教育事业，将其作为发展经济、追赶欧美发达国家的一个重要支柱。"19世纪中叶，大约45%的男性和15%的女性知书识字，这个比率与当时最先进的西方国家不相上

---

[1] 埃德温·赖肖尔、马里厄斯·詹森：《当代日本人》（增订本），商务印书馆2016年版，第217页。
[2] 魏萼：《台湾迈向市场经济之路》，上海三联书店1993年版，第14页。

下。因为具有重视正规教育的传统,所以明治政府领导人很容易认识到教育在获取西方技术方面的重要性以及建立现代学校体系对于日本追赶西方先进强国的必要性。1871年,即新政府建立后的第四年,明治政府设置文部省。翌年,文部省制订了一项雄心勃勃的计划,准备以法国模式发展普及教育,建立高度集权的整齐划一的学校制度。"① 在政府的推动下,整个社会对教育事业都十分关注。第二次世界大战后日本经济的发展,教育成为重要的杠杆。无论是战后最困难的时期,还是20世纪六七十年代的高速增长时期,日本政府教育经费的增长速度在世界各国中是最为突出的,发展教育始终是国家的重要战略目标。如1955～1975年日本经济高速增长期间,中央政府和地方政府的教育经费支出从4567亿日元增加到97948亿日元,增长了整整20倍。1961～1980年,日本GNP翻了两番,而教育经费则翻了近三番。② 大量的教育投入,为日本经济的起飞和高速增长奠定了坚实的人力资源基础。与此同时,企业职工培训制度迅速普及,家庭"智力投资"不断增长,重视教育在日本蔚然成风。许多财阀和家族企业也都将教育子孙的内容写进家训之中。这一切,正如曾任日本首相的福田赳夫指出的那样:"资源贫乏的我国,经历诸多考验,得以在短期内建成今天之日本,其原因在于高度的国民教育水平和教育普及程度。"③ 赖肖尔也评价说"日本人是世界上受到最优秀教育的士族,任何国家都无法与之并论。""日本大力兴办教育不足为奇。这不仅符合重视教育的传统观念,而且也是教育在决定个人的社会职业和地位上起关键作用的必然结果。""日本人认为,个人的学业与生活的成就是休戚相关的。日本家庭节衣缩食省吃俭用,让孩子进入幼儿园接受教育,或者请人进行课外辅导。虽然住房拥挤,但是孩子们仍然能够拥有充足的空间做家庭作业。母亲监督他们做作业并完成其他学习任务。"④ 日本的教育在世界上名列前茅,并且在塑造整个社会的过程中发挥了重大作用,这是毫无疑问的。英国学者R·多尔在题为《东亚各国经济发展和儒教文化》的演说中也肯定了日本经济的高速发展与儒家文化重视教育传统之间的联系。他认为:"义理"和"非个人主义"在履行契约和达到目标方面发挥了极大的作用,这些均根源于儒教的官吏选拔制度和在学校中进行道德教育,以及社会重视教育的传统。它确保了长时期地提供优质劳动力,是东亚经济发展的重要因素。⑤ 人力资本投入的加大,促进了劳动力素质的提高,劳动力素质的提高又促进了经济的发展,这一点已为日本经济腾

---

① 埃德温·赖肖尔、马里厄斯·詹森:《当代日本人》(增订本),商务印书馆2016年版,第217～218页、第222页、第223页、第227页。
② 金明善:《现代日本经济》,辽宁大学出版社1983年版,第247～248页。
③ 日本《东京新闻》(晚报),1971年1月31日。
④ 埃德温·赖肖尔、马里厄斯·詹森:《当代日本人》(增订本),商务印书馆2016年版,第222页。
⑤ 日本《每日新闻》,1988年11月24日。

飞的历史所充分证明。据测算，在日本经济高速增长时期（1955年到20世纪70年代），劳动力对经济增长的贡献率平均达29.2%，经济低速增长期（1975~1990年）则高达32.6%。[1]

再看韩国。在第二次世界大战后初期，由于长期的日本殖民统治，韩国教育十分落后，12岁以上的人口中有近80%是文盲。但是，几千年儒家文化使韩国人具有强烈的教育意识，牢记"不知无以知天下"的古训，大力振兴教育。对于发展教育与儒家传统之间的这种内在联系，韩国学者赵利济指出："儒家思想在大多数居民中仍占优势，这些因素以及以汉字为基础的学术传统都有利于迅速发展教育事业。"[2] 韩国政府对教育的重视，首先表现在设置教育发展计划上。20世纪60年中期以来，为适应工业化的需要，韩国政府在文教部以外又建立了教育决策机构和各种类型的教育研究机关。如1968年3月成立了"长期教育审议会"，作为直属总统的教育决策机构。韩国除每个五年建设计划中包括有教育发展计划外，还先后制定了《从1971年到1986年的长期综合教育计划》和《从1979年到1991年的长期综合教育计划》。其次表现在教育经费的增加投入上。30多年来，政府的文教预算在政府的总预算中一直占15%~20%，有的年份还要更高一些，如1988年韩国教育经费占财政预算总支出的21%，1993年则更高达23.4%。在1966~1976年间，韩国教育经费年平均占GNP的8.8%。1971年以前，教育经费的增长率多年超过国民生产总值的增长率。如1969年教育经费增长率为18.48%，而国民生产总值的增长率为13.8%；1971年前者为10.6%，而后者为9.4%。如果以1967年为100，1977年韩国政府预算增加了348%，而文教预算增加了354%。除预算外，政府还通过税收和借贷以增加教育投资。教育的发展使学校和学生人数成倍增加。1978年与1945年相比，小学生人数增加了4倍，中等学校学生人数增加了40多倍，高等学校学生人数增加了50多倍。到1992年，初中入学率为99.6%，高中入学率93.9%，大学为57.2%。1945年以前，韩国仅有一所大学，可是到了1978年，韩国已有各类高等院校213所，其中综合性大学和专科大学73所，初级大学11所，教育大学16所，高等专门学校113所，广播大学1所。在过去的30年里，平均每两个月就新建一所大学。[3] 1992年高等院校在校生由1960年的10万名左右增加到149万多名。经过30多年的发展，韩国人口的文化结构已发生很大变化，在总人口中，在校学生比重由1945的5.7%到1975年上升至28.8%。政府内阁成员中80%以上在国外大学留过学。各大企业各级管理人员中90%以上具有大学以上学历。早在1977

---

[1] 陈庄：《日本型市场经济——形成、改革与发展》，时事出版社1995年版，第129页。
[2] 赵利济、金赢亨：《韩国经济腾飞的政策剖析》，华中理工大学出版社1996年版，第429页。
[3] 李小满、黄志坚、刘新：《"四小龙"经济发展启示录》，上海人民出版社1993年版，第45页。

年韩国拥有技工以上的科学技术人员就达 156.3 万名，占整个就业人员的 12.3%。[1]

中国台湾地区也非常重视人力资源的开发，把发展教育，提高居民文化水平作为一项重要的国策。在台湾的经济发展过程中，当局十分重视发展教育事业，把教育看作对人的一种投资，对于提高生产率具有决定性的意义。20 世纪 50 年代初，台湾开始实施 6 年制小学义务教育，1968 年进一步推行 9 年制国民教育计划。普及了 9 年制义务教育后，于 20 世纪 80 年代中期，开始实行 12 年制义务教育。在大力发展基础教育的同时，积极发展技术职业教育和高等教育。为了保证教育事业的迅速发展，当局每年都要投入大量的教育经费。教育经费支出成倍增加。1952 年教育支出为 3 亿元新台币，到 1986 年增加到 1387 亿新台币，增加了 461 倍，平均每年以 20%的速度递增，比经济增长率 8.8%要高一倍多。教育经费占国民生产总值的比例从 1952 年的 1.78 提高到 1986 年的 5.38%。由于教育事业的发展，大大改善了人口的素质。1952 年，台湾的文盲率达 42.1%，识字率为 57.9%；1988 年，文盲率下降到 7.4%，识字率上升到 92.6%。受过高等教育者占 6 岁以上人口的比例，1952 年为 1.4%，1988 年上升到 10.1%。这就是说，每 10 人中就有一个受过高等教育的。1952 年高等学校只有 8 所，1988 年达到 109 所。在校大学生人数占 6 岁以上人口的比重 1952 年为 0.12%，到 1988 年上升到 2.49%，即 100 个人中就有 2.5 个人在读大学。教育的普及和提高使台湾劳动力获得了较好的教育和培训机会。劳动者的文化素质和生产机能的提高使台湾的劳动生产率不断增长，国际竞争力大大提高。1952～1988 年，农业劳动生产率每年增长 11.2%，而工业劳动生产率年均增长 12.4%。[2] 生产率的大幅增长在很大程度上要归功于劳动力素质的提高，最终要归功于教育水平的提高。

新加坡政府非常重视人力资源在国民经济发展中的作用，认为人力资源甚至比自然资源、物质资本更为重要。因此，政府认为生存发展的唯一出路是发展教育，通过提高国民的素质来增强国家的生存竞争能力。政府对教育的重视主要表现在增加教育开支和高度重视职业技术教育上。据统计，1959 年的教育开支只有 6080 万元，至 1984 年已增加到 19.916 亿元，增加了 31.7 倍。由于政府加大了教育开支，新加坡的学校和在校生的数量迅速增加，人口的素质也迅速得到了改善。1959～1968 年政府兴办的中、小学有 120 所，至 1984 年上半年已上升到 450 所。小学生人数由 1959 年 27.27 万人增至 1968 年 37.93 万人，增加了 39.5

---

[1] 《亚洲经济问题》编辑组编：《亚洲经济问题：亚洲部分国家和地区经济讨论会文集》，中国社会科学出版社 1980 年版，第 46 页。
[2] 国世平、张中华主编：《港台奥市场经济体制》，兰州大学出版社 1994 年版，第 224～245 页。

倍。中学生人数由 1959 年的 4.87 万多人发展到 1983 年的 15 万多人，增加了 2.1 倍。识字率由 1970 年 72% 提高到 1984 年 85%。进入 20 世纪 80 年代以来，新加坡国立大学的学生人数又从 1980 年 8600 人增加到 1983 年 1.3 万人，提高了 51%。早在 20 世纪 60 年代中期，新加坡政府重视职业技术教育，规定凡进入中学的全部男生和 50% 的女生，均需学习规定的工艺科目，以奠定工艺教育的基础。在中等教育方面，政府根据行业发展需要，创办了诸如造船、建筑、电气、商业等专科学校。在高等教育方面，举办工艺学院和高等工艺技术学校。1980 年，新加坡政府又开始"第二次工业革命"，把劳动力密集型工业，转换为技术密集型工业。政府规定，由新加坡工业学校和义安工业学校培养中等科技人才，由新加坡大学和南洋理工学院培养高级科技人才，以促进新加坡工业的快速发展。从 1985 年起又开始有计划地对在职职工加强职业技术培训。据报道，新加坡政府为培训一个技工，花的费用可达 3000 美元。由于政府对教育十分重视，使新加坡的劳动力素质得到了显著的提高。据 1983 年劳动力调查报告书披露，1975 年受初中以上教育的工人，只占总劳动力的 33.48%，1983 年上升为 45.7%。职业人员的结构也随之发生变化，属于专业、经理和技术人员的人数在总劳动力中占比，已有 1980 年的 13.6%，上升为 1984 年的 6.1%。这样一支受过中、高等教育的高级决策者、中层管理员、监督员和在生产线上的班组长所组成的 20 万名生产指挥队伍，以及一支受过严格职业技术教育和培训的工人队伍，保证了现代化生产对人力素质的要求。

许多学者和专家在探讨东亚地区经济发展的原因时，均把教育作为促进经济发展的一个重要因素。早在 1977 年，瑞典记者赫而曼·赫德伯利认为，高度的教育热，优秀的管理能力，勤劳而能够迅速掌握生产技术的民众会使韩国在不久的将来成为一个经济大国。美国哈佛大学教授珀金斯和梅森在谈及韩国经济发展时，也高度评价了韩国政府和民众对教育的重视。前世界银行高级经济学家杨叔进博士在一次国际会议发言中指出："生产要素条件的变化会改变一国经济的相对优势，这将决定一个国家在一定时期处于出口阶梯的那个层次。"而在生产要素中除了资本以外，人力资本和劳动力是最重要的。但是，正如地下未开发的资源无助于生产一样，"未经培训的劳动力也不会具有所需的技能。"[①] 人力资源和资本、自然资源是经济发展的基本条件，其中人力资源的开发具有决定性的意义。世界上有些国家的自然资源虽然丰富，但其经济却并没有因此而得到较快的发展，仍处于较落后的境地；而有的国家自然资源缺乏，但因重视人力资源的开发，其发展是惊人的，日本就是一个最为明显的例证。日本和亚洲"四小龙"之

[①] 李满基：《韩国经济的今天和明天》，韩国虎岩文化社 1983 年版，第 201 页。

所以能不失时机地从劳动密集型产业，转向资本、技术密集型产业，实现"进口替代"转向"出口导向"的战略发展目标在于有一支价廉质高的劳动力大军，使产品在国际上具有强大的竞争力。人们不禁要问：教育是通过什么途径为东亚经济的发展做出了贡献？显然，是通过培养和提高人的各种能力而作用于经济发展的。概括起来说，通过教育，第一，提高了劳动者的科学文化素质，提高他们的生产熟练程度和效率，而这直接关系到生产率的提高；第二，增加劳动力的流动，促进劳动专业化，提高就业率；第三，促进技术革新和新技术的引进及吸收；第四，提高民众对经济变化的适应力，排除阻碍经济发展的各种不利因素；第五，培养优秀的企业家和经营者，科学而有效地组织和发展生产，促进经济发展。

总之，重视教育的儒家传统，促使了东亚地区教育的普及，提高了这些国家和地区全民族的科学文化素质，造就了一大批有为的企业家和生产经营管理者，这又进一步促进了东亚各国经济高速而持续的发展。

第六节 勤俭储蓄的资金积累

"东亚模式"还表现出高储蓄率的特征，这完全得益于儒家勤俭的伦理价值观。儒家伦理历来以勤俭为美德。例如孔子在生活消费方面就主张节俭，他认为节俭是一种美德，称赞颜回"一箪食，一瓢饮，在陋巷，人不堪其忧，回也不改其乐"，并说自己"饭疏食，饮水，曲肱而枕之，乐亦在其中矣"（《论语·述而》）；强调"礼，与其奢也，宁俭"（《论语·八佾》）。儒家所倡导的勤俭价值观，有利于增加储蓄积累资本，这既促进了中国古代商品经济的发展，又是促使当代东亚经济腾飞的一个不可忽视的因素。

儒家伦理强调勤俭，这种道德观是建立在自然经济的基础上的。自给自足的小生产经不起自然界或社会的"风风雨雨"，因此总是强调节衣缩食，积蓄财富以防不测。这种价值观和高储蓄的习惯在东亚国家和地区一直保留至今。在传统观念的影响下，日本人的节俭之风令人惊叹，一个信封，一张白纸，人人都注意节俭使用。日本学者吉田茂也说过："日本国民有着强烈的儒教道德感，……（他们认为）勤俭节约是一种美德，而奢侈是一种罪恶。……促进了人们踊跃储蓄，从而又促进了产业的发展。"[①]

在不少发展经济学家的眼中，资金条件对于一个国家的经济发展，具有决定

[①] 吉田茂：《激荡的百年史：我们的果断措施和奇迹般的转变》，陕西师范大学出版社2005年版，第25页。

性的作用。而在第二次世界大战后初期，东亚地区的资金基础，总体来说都比较差。虽然当时通过各种途径，获得了一些资金，但显然都不足以解决经济发展的巨额资金需求。为了解决经济发展的急需资金，日本和"四小龙"经济体都注意利用儒家传统倡导勤俭的价值观念，不同程度地采取了鼓励高储蓄政策，来加速资金积累。由于民众受儒家文化的影响，本来就具有节俭和储蓄的偏好，加之政府又积极提倡，东亚成为世界上储蓄率较高的国家和地区。例如日本家庭普遍具有储蓄的偏好，在20世纪50年代，日本的年均储蓄率为12.2%，20世纪60年代上升为15.7%，20世纪70年代年均个人储蓄率又提高到20.4%，远高于西方的个人储蓄率。吉布尼在论及日本人的高储蓄对投资的影响时说："在1980年，日本家庭储蓄了他们可以处置的私人收入的22%。美国的相应数字为6%。多年来，日本的国内资本形成总值——公司、私人和政府储蓄的总值——已接近40%，为美国和欧洲的两倍。私营部门实际的基本建设投资约为国民生产总值的20%，也是美国的两倍。……日本的热心的储蓄者的钱通过银行转变为基本建设的投资。投资越多，生产率越高。"[①] 中国台湾地区国民储蓄总额占国民收入的比重也在逐步增加，例如1951～1955年间为10%，1966～1970年增加到29%，定期及储蓄存款由26.95亿元增加到298.65亿元，增加了10.6倍。国民储蓄积累率总额占岛内资本的比重在50年代为60%，1961～1965年为85%，1966～1970年提高到93%。20世纪80年代，台湾地区的年均储蓄率高达33.66%，从而成为世界上少数高储蓄地区之一。新加坡经济的有效运转，亦得益于一套高额强迫储蓄制度——中央公积金（CPF）制度。1965～1972年，新加坡和韩国的储蓄率分别达到28.6%和14.9%；1973～1978年又分别上升到32.8%和24.9%。进入20世纪80年代后仍保持高储蓄率，新加坡曾高达40%以上[②]。东亚地区的高储蓄率一方面使商品市场能够避免因过度消费和由通货膨胀预期心理引起的短期消费行为的冲击，另一方面又为企业部门扩大再生产（即投资率的提高）和大胆利用外资奠定了必要的内部资金基础，同时也为政府部门以财政金融手段为核心的宏观经济调控，提供了庞大的资金保证，从而有利于资本的积累以扩大再生产，也直接或间接地维系了市场交换活动的平稳、有序进行。

[①] 弗兰克·吉布民著，吴永顺等译：《日本经济奇迹的奥秘》，科学技术文献出版社1985年版，第185～186页。
[②] 国世平、张中华主编：《港澳台市场经济体制》，兰州大学出版社1994年版，第165～167页。

第九章 儒学与东方管理模式

儒学还体现在管理思想和管理方式上。以孔子为代表的儒家管理思想与西方相比，更注重人的因素，突出人的地位，强调人与人之间和谐与情感的联系。因此，以人为本，和为贵，倚重于人自我管理的内在控制，也就构成了儒家管理思想的特色所在。深受儒家思想影响的东亚地区，在儒家管理思想的影响下，也就形成了"以人为本""和为贵""内在控制"的东方管理模式。

第一节 "以人为本"

一、儒家"以人为本"的管理思想

儒家管理思想是一个相当庞大的体系，但核心是人。"以人为本"，是儒家管理思想最鲜明、最重要的特色和标志。例如，"天地之性人为贵"（《孝经》）是历代儒家所奉行的基本信念。在《论语·雍也》篇中记载孔子和子贡的一段对话："子贡曰：'如有博施于民而能济众，何如？可谓仁乎？'子曰：'何事于仁！必也圣乎！'"子贡问孔子，如果有人能够广泛地把恩惠给予民众，周济大众，这样的人算得上是"仁人"吧？孔子的回答是肯定的，认为这样的人岂止是"仁人"，一定是"圣人""博施于民而能济众"这八个字充分表述了孔子以人为本的管理思想。孔子之后的儒家人物都继承了"以人为本"的思想。如孟子明确提出了"民为贵，社稷次之，君为轻"（《孟子·尽心下》）的论断，从理论高度论述了人在国家管理中的重要地位。荀子又进一步从宇宙万物演化和人与万物区别的角度，肯定了人在宇宙中的地位："水火有气而无生，草木有生而无知，禽兽有人有生有气有知，亦且有义，故最为天下贵也"（《荀子·王制》）。在荀子看来，人之所以贵于万物，不仅是人具有知识，而且还具有道德理性。

儒家主张"以人为本"，管理上就强调尊重人的价值。孔子在自身的实践中就体现"仁者爱人"的精神。他有一位弟子叫冉伯牛,患有一种名叫麻风病的传染病,不能起床,人们都害怕接触这位病人。但孔子亲自去探望了他,并握着冉伯牛的手说:"亡之,命也夫!"(《论语·雍也》)表示了悲痛之情。孟子进一步发展了孔子"仁者爱人"的思想,创造性地提出了"仁政"的管理模式。孟子在总结历史经验的基础上,得出了"不以仁政,不能平治天下"的结论。他说:"三代之得天下也以仁,其失天下也以不仁。国之所以废兴存亡者亦然。天子不仁,不保四海;诸侯不仁,不保社稷;卿大夫不仁,不保宗庙;士庶人不仁,不保四体"(《孟子·离娄上》)。意思是说,历史上的夏、商、周三个朝代之所以能获得天下是因为实行了仁政;之所以又失去了天下是因为背离了仁政。各诸侯国之所以兴盛衰亡都是这个道理。帝王不仁爱,就不能保有天下;诸侯不仁爱,就不能保有国家;卿大夫不仁爱,就不能保有祖宗的庙宇;官吏百姓不仁爱,就不能保有身家性命。孟子还认为,"民之归仁也,犹水之就下,兽之走圹也"(《孟子·离娄上》)。因此,行仁政就能得民心,得天下:"行仁政而王,莫之能御也"(《孟子·公孙丑上》)。他得出结论:"仁者无敌"(《孟子·梁惠王上》)。

儒家"仁者爱人"的管理思想可以弥补西方管理"见物不见人"的缺陷。西方现代管理从 20 世纪初以来一直奉行泰勒的科学管理思想。在这种管理思想的支配下,被管理者的地位是与"物"类同的,其管理模式的实质是将人当作"物"来管理,缺少对被管理者的尊重和关心。第二次世界大战后兴起的西方管理科学,管理手段现代化了,但管理思想仍是旧的。在管理科学中,尤其是在各种管理数学的模型中,不要说找不到"爱人"的影子,就连管理的核心对象"人"也常常被忽视。西方现代新兴起的行为科学虽说开始强调以人为中心,重视人的价值,注重满足人的需求来调动人的积极性,但其宗旨是利用人,这与儒家"仁者爱人"的管理思想仍有着实质性的区别。

二、儒家"仁者爱人"管理思想的价值

儒家"仁者爱人"的管理思想,今日仍有其价值。首先,爱不是单向的流动,而是双向的。对他人倾注爱的暖流,使他人被感动,从而在内心产生积极的情感和移情体验,彼此发生共鸣,形成爱的交流。也就是说,一方爱人,另一方就会产生爱的反馈,形成对爱人者的爱。结合到管理实践上,就是领导者爱部下,就会赢得部下对领导者的爱,对团队组织的爱。而后者的这种爱,又会具体化为忠心和工作努力。由这种爱所引发的爱的反馈,力量十分巨大,有时可以使反馈者主动牺牲自己的利益,乃至献出生命。这一点,是以前任何其他管理手段所不能比拟的。这样的企业,在激烈的市场竞争中一定能无敌于天下!其次,在管理中体

现仁爱，有助于在职工中树立"爱企业如家"的思想意识。塑造这种意识的目的，在于使职工忠于企业，忠于职守，具有高度的主人翁责任感；还有助于使企业内部成员间保持亲密的感情联系，使其协调、和谐，形成强大的内聚力。而要使职工产生"爱企业如家"的意识，企业就必须像个家。在这样的环境中才有可能使职工萌发并强化其"爱企业如家"的意识。而要塑造企业似家的环境，其重心就在于要使企业内各种人际间的关系像家庭一样可亲、可信、可敬。只有这样才能使职工在企业中感到亲人般的关怀、家庭般的温馨，才有可能对企业产生"家"的感情，用对待"家"的态度来对待企业。而要做到这一点，离开了在管理中充分体现仁爱这一思想是根本不可能的。最后，仁爱的管理思想有利于管理者与被管理者之间的沟通，减少由于等级鸿沟而造成的隔膜。在现代管理实践中，会设置一定的管理机构，划分一定的管理层次。在一个管理实体中，组织成员之间必然区分出等级，并存在日益明显的等级鸿沟。每个人都处于等级森严的关系网中的某一特定位置，这种状态长期持续下来，就会使下级的心理失衡，形成级层之间的隔膜，而不利于积极性的调动和内聚力的形成，甚至会产生一定的对立情绪。而儒家仁爱管理的精神实质是对人的尊重、关心和爱护。因此，它有助于填平人们心理上、情感上的等级鸿沟，使下级失衡的心理恢复正常，以形成融洽的上下级关系。

"以人为本"要求在使用管理人才上推行"贤人管理"。现代经济的竞争，归根到底是人才的竞争，儒家在推行"贤人管理"上的许多论述，不仅在当时是超前的，令人耳目一新，而且在今天看来，也仍有现实的借鉴意义。"舜有臣五人，而天下治。武王曰：'予有乱臣十人'"（《论语·泰伯》）。乱，指治理；乱臣指治国之臣。这段话的大意是说，舜有五位贤臣，天下大治。周武王说，我有十位治理天下的贤臣。尧舜，是儒家心目中的贤圣之君，他们当政时被称为"大同盛世"。尧选择了贤能之才的舜做他的接班人，舜则选择五位贤能之人辅助他治理天下，让大禹去治水，让后稷教百姓种地，让契掌管教育，让皋陶当法官，让益去焚山林、趋猛兽，平治土地。舜得此五位贤臣而天下大治。周武王也是孔子所崇拜的圣人。在他手下，也有十位贤能之才。这些人是周公旦、召公、太公望、毕公、荣公、大颠、闳夭、散宜生、南宫适、邑姜。由于武王有这十位贤能之臣的辅佐，不仅消灭了殷商，取得了天下，而且还达到天下大治。对于举贤的标准，孔子认为一个贤能的管理者必须是"志于道，据于德，依于仁，游于艺"（《论语·述而》）。"志于道"是要求管理者有明确的人生目的、追求，有坚定的信念，具有能为理想而献身的精神；"据于德"是要求管理者能办实事，办好事；"依于仁"是讲作为一个管理人才要能正确对待自己，正确对待他人，正确处理人际关系；"游于艺"中的艺是指古代"六艺"，即礼、乐、射、御、书、数，泛指具体技艺，用现代语言来讲，就是一个管理者要有真才实学，有高超的技艺。这反映出孔子对管理人才技艺的要求是德才兼备的。这一观点将管理人才的品德和技能、思想素质和能力素质有机地结合了起来,为全面考察管理人才提供了一个可供参考的框架。

　　深受儒家管理思想影响的东亚地区的企业家们,根据现代企业管理的需要,将"以人为本"的管理思想运用于企业,把"以人为本"作为企业管理的法则,并取得了成功。日本是成功运用东方管理模式的典范。日本索尼公司董事长盛田昭夫就认为"对于日本最成功的企业来说,根本就不存在什么诀窍和保密的公式。没有一个理论计划或者政府的政策会使一个企业成功,但是,人本身却可以做到这一点。一个日本公司经理最重要的使命,是培养他同雇员之间良好的关系,在公司中创造一种家庭式的情感,即经理人员和所有雇员同甘苦、共命运的情感"①。日本著名企业家松下幸之助提出了"事业成功取决于人""经营基础是人""培育人才必须优于任何事情"②。台湾"经营之神"王永庆在论述台塑成功的奥秘时,指出人的因素是根本:"做事的品质,可以发现其人的品质。……有优良品质的人可以做好事的品质,进而可以创造制品的品质"③。强调人的品质是一切的根本。东亚地区的企业家们都强调企业活力的真正源泉不是物质因素(如先进的科学技术、资源、资金),而是企业员工的积极性、主动性和创造力。他们在儒家"以人为本"思想的启示下,成功地将企业管理的中心从对"物"的管理转向对"人"的管理,从而有别于西方"以物为中心"的管理模式。美国管理学家帕斯卡尔和阿索斯在日本实地考察后,在《日本企业管理艺术》一书中提出日本企业的成功不在于硬性因素,而在于与人有关的软性因素,如管理作风、人事制度、价值观念等。1984年佩格尔斯在《日本与西方管理比较》一书中,再次指出日本的管理模式是以人为本,以文化为核心的"11Z模式",即与人有关的文化、观念、集中、竞争、协作、协商一致、结合、关心、控制、小组、交流沟通等,是日本企业成功的主要因素。在东亚地区,"企业即人"是企业界的流行语。这说明"以人为本"的管理理念已深深地植根于各个层次的管理者的头脑中,成为东方管理模式的核心观念。在"企业即人""事业即人""以人为本"管理思想的指引下,企业在智力投资、能力开发、思想灌输、培训管理方面,都不惜耗费巨资,下大功夫,不断增强企业中人的活力。这具体表现在企业家把人才的开发作为事业发展的重要内容,积极培养决策人才、管理人才。

　　"以人为本"在日本表现为企业家注意研究人的心理行为,他们在统一思想的方式上都是很巧妙的。每逢开会,他们总是事先打好招呼,防止突然袭击,让

---

　　①　盛田昭夫:《盛田昭夫与索尼公司》,吉林大学出版社1989年版,第153页。
　　②　松下幸之助:《经营管理全集22 松下人才活用法》,名人出版社1984年版,第82页、第39页。
　　③　王永庆:《王永庆谈经营管理:经理理念、管理哲学、工业发展》,现代出版社1992年版,第54~55页。

大家畅所欲言。下级对上级提意见，不算失礼。日本企业家对此习以为常，态度温和而有礼貌。日本企业家尊重公司每个职工的人格，并给予关照和体贴。例如，不少企业的经理能叫出公司职工的名字，为职工举办生日酒会，董事长亲自向职工赠送礼品，让一些职工代表参加决定工作条件和重要任务的会议。凡此种种，都做得细致入微。一位考察过日本企业的美国管理人员说："他们用不让人注意的方法去关照体贴职工"。例如"经理有五张多余的棒球比赛票，他不会给管理人员，而是送到车间去问一下，看谁愿意去。"一位在索尼公司工作的美国人说："我感受到企业负责人对我们都很关心，不像美国老板只关心生产定额和指标，日本企业最高领导对工人的关照体贴，并非单纯地为了拉拢私人感情，他们认为凡是经营管理人员应该自觉地做到这些。"[①] 这种以人为本的管理模式是东方管理有别于欧美国家企业管理的根本特征。

相对于以泰罗为代表的西方管理模式，东方管理模式具有很大的优越性。以泰罗为代表人物的"古典管理理论"将人视为被动与消极的因素，将人看作"经济人"，认为经营者或雇工努力工作是为了获得更高的经济利益，因而为提高生产率，必须实行工作定额管理和标准化管理，经科学实验为其确定较高的工作定额，使其掌握标准化的操作方法，运用有差别而带刺激性的计件工资制度，奖勤罚懒。这种管理理论忽视了人的情感、心理因素，将人视为机械的附属物，如同卓别林在《摩登时代》中所扮演的工人。这种理论将管理者与被管理者对立了起来，采取的是"胡萝卜＋大棒"的策略。相反，以儒家人本思想为主导而形成的东方管理模式，强调对人的尊重，经营管理者不能只重视物质因素，还要重视人的情感、心理因素，以创造一种适宜于人们充分发挥其潜力与才能的工作环境与条件。管理者的主要职能不是执行计划、监督、控制，而是吸引工人参与企业决策与管理。这一管理模式有助于形成企业员工归属感和"忠诚"意识，企业全体成员（包括所有者、经营者和职工）的和谐人际关系，也有助于人才的培育和发展，更有助于管理效率的提升。

第二节 "和为贵"

管理即协调，就是处理主体与客体之间的矛盾，以实现组织目标。企业是一个以人为主体的多层次、多因素、多序列、多职能的有机结构。只有把企业内外人与人、组织与组织的关系协调好，使管理处于有序状态，才能保证企业的成

[①] 陈重：《日本企业的经营决策》，企业管理出版社1986年版，第83～84页。

功。法国企业家法约尔把"协调"视作企业管理的五种基本职能之一，认为管理就是实行计划、组织、指挥、协调和控制，协调就是联合、调和所有的活动及力量。美国管理学家古里克把"协调"看作企业的七种管理职能之一（其他六种管理职能分别是：计划、组织、人事、指挥、报告、预算），认为"协调"是为了使企业各部门之间工作和谐，步调一致，共同实现企业的目标。美国管理学家孔茨进一步把"协调"从一般的管理职能提升为"管理的本质"。美国管理学家德鲁克形象地比喻管理者好比交响乐的指挥，通过他的努力、想象和指挥，使单个乐器融合为一幕精彩的音乐演奏。这一切都说明"协调"在管理中的重要作用。

一、儒家"和为贵"的管理思想

儒家管理思想很早就认识到了"协调"在管理中的重要作用。孔子强调"和为贵"（《论语·学而》），认为管理的最高境界是通过协调管理中的各种矛盾因素，以达到最佳的和谐管理状态。孟子在"和为贵"的基础上，又提出了"天时不如地利，地利不如人和"（《孟子·公孙丑下》）的论断，将"人和"置于"天时"和"地利"之上，成为管理中最重要的因素。以后的儒者都继承了这一思想。如荀子认为："上不失天时，下不失地利，中得人和，而百事不废"（《荀子·王霸》）。汉代大儒董仲舒也强调"天地之美莫大于和"（《春秋繁露·天地阴阳》）。宋儒张载也主张"太和所谓道"（《正蒙》）。说明历代儒家都十分重视"和"（协调）在管理中的作用，强调人际关系和谐是管理的重要目标。

"和"在管理中的作用，可以分成两个层次：一是化解人际间的紧张与冲突，有利于企业的稳定；二是企业成员间通过彼此的理解和沟通，实现同心同德，协力合作。这是一种互为目的、互相新生的关系，也是"和"管理的高境界表现。

怎样才能使人际关系达到和谐共处的境界呢？儒家提出两条重要的原则，一是"和而不同"，二是"絜矩之道"。

"和而不同"是孔子在《论语·子路》篇中提出的。孔子说："君子和而不同，小人同而不和。"把"和"与"同"作为两个不同的概念严格加以区别。在孔子看来，"和"是指在承认矛盾、肯定差异基础上的和谐；"同"是指在否定矛盾、抹杀差异基础上的等同。二者有着原则上的不同。

孔子之前，西周末年周太史史伯从矛盾互补层面，对"和"与"同"的概念作过论述。他指责周幽王搞文化专制，认为这是"去和而取同"，接着论述说："夫和实生物，同则不继。以他平他谓之和，故能丰长而物归之。若以同裨同，尽乃弃矣"（《国语·郑语》）。意思是说，只有通过不同事物之间的相互补充，相互配合而构成的和谐整体，才能产生新的事物，故云："和则生物"。那种无差别的绝对等同只是造成相同事物的重复相加，既不能产生新的事物，也难以使旧的事物持续下去，故云："同则不继"。齐国的晏婴又从"相济"和"相成"的角度，补充发展了"和"与"同"概念的内容。他首先用饮食、音乐为例来说明"和"与"同"的区别。他说："和如羹焉，水火醯醢盐梅以烹鱼肉，燀之以薪，宰夫和之，齐之以味，济其不及，以泄其过。君子食之，以平其心。……若以水济水，谁能食之？若琴瑟之专一，谁能听之？同之不可也如是"（《左传·昭公二十年》）。"以水济水"是水和水相煮，这是"同"。这样的"食物""谁能食之？""琴瑟之专一"，是指只用一种乐器，一种音色，一种音高，这也是"同"，这样的"音乐""谁能听之？"菜肴要醋（醯）、酱（醢）、盐、梅各种调味品，和水一起烹鱼肉，且要配合得当才能"食之""以平其心"。这种不同原材料的得当配合，就是"和"。音乐就应该是"八音克谐"（《尚书·舜典》），"八音"指古代金、石、丝、竹、匏、土、革、木八种乐器用不同的音高（旋律、和声）发出的声所奏出的悦耳动听的音乐。这种不同器乐、音程、音色的协调配合，就是"和"。晏子又将"和""同"的概念进一步引申到君臣关系中，认为"君臣亦然。君所谓可而有否焉，臣献其否以成其可。君所谓否而有可焉，臣献其可以去其否。是以政平而不干，民无争心。"这里讨论的核心是可与否的问题。可，指的是正确；否，指的是不正确。他认为君主认为是对的，如果其中有不对的地方，臣子就应该指出不对之处；君主认为不对的，如果其中还有对的地方，臣子也应该指出其对处。在君臣关系上如果能够采取这种"和而不同"的态度，就可以达到政治平稳的安定状态。相反，"君所谓可，据亦曰可；君所谓否，据亦曰否"（《左传·昭公二十年》），唯唯诺诺，唯上是从，将造成君主一言堂，犯了错误而不知，也就没有不失败的。

孔子讲的"和"与"同"，是在史伯和晏子理论的基础上提出的，其思想精神是一脉相承的。孔子主张"君子和而不同""群而不党"（《论语·卫灵公》）、"周而不比"（《论语·为政》），要求君子能合群而不结党营私，讲团结但又不相互勾结。反对那种在处理人际关系上唯唯诺诺，无原则地苟同或同流合污。他强调的"和"是不同事物的相成相济，是在承认矛盾基础上的发展、协调，是多样性的统一。表现在处理人际关系上，是有原则地和睦相处。

"絜矩之道"首见于《礼记·大学》，是在孔子"恕道"思想基础上加以扩展而成的。孔子在《论语·卫灵公》云："子贡问曰：'有一言可以终身行之者乎？'子曰：'其恕乎！己所不欲，勿施于人。'"《论语·公冶长》又曰："我不欲人之加诸我也，吾亦欲无加诸人"。《礼记·大学》在此基础上进一步概括提出："所恶于上，毋以使下；所恶于下，毋以事上；所恶于前，毋以先后；所恶于后，毋以从前；所恶于右，毋以交于左；所恶于左，毋以交于右；此之谓絜矩之道。……民之所好好之，民之所恶恶之，此谓民之父母。"意思是说，你所讨厌上级的行为，不要拿来对待你的下属；你所讨厌下属的行为，不要拿来对待你的上级；你所厌恶前人的行为，不要拿来对待后人；你所厌恶的后人行为，也不要拿来对待前人；你所厌恶的右侧人的行为，不要拿来对待左侧的人；这就是君子为人处事要换位思考的道理。作为一个君子，能爱好民众所喜爱的事，能憎恨民众所憎恨的事，才能做人民的父母。《礼记·大学》篇认为通过推行"絜矩之道"，以求"情得其平"，就可以达到平等待人、和谐共处的目的。清初大儒戴震又进一步提出了"以情絜情"论："凡有所施于人，反躬而静思之：人以此施于我，能受之乎？凡有所责于人，反躬而静思之：人以此责于我，能尽之乎？以我絜之人，则理明。"戴震还认为，如果在人际关系上不能贯彻"以情絜情"的原则，势必会造成"遂己之好恶，忘人之好恶，往往贼人以逞欲"，使"强者胁弱，众者暴寡，智者诈愚，勇者苦怯，疾病不养，老幼孤独不得其所，此大乱之道也"。所以，只有"反躬者，以人之逞其欲，思身受之之情"，努力做到"遂己之欲者，广之能遂人之欲；达己之情者，广之能达人之情"（《孟子字义疏证》卷上《理》），才能达到人际关系和谐的境界。

儒家"絜矩之道"的实质在于把"人"与"我"看作同等的、平等的，即把他人当作自己一样来对待，是人、我之间的一种善意的共存意识。在处理人际关系上是一种"推己及人"的模式。也就是以自己为中心，向上下左右进行推己及人的类比推理。这样一来，原来属于矛盾两极的人、我关系，在类比推理式的认知中，就成了同类、一体，而矛盾对立的双方，在这种认知中也得到了统一。它有利于化解人际矛盾的冲突，有利于组织和谐，更有利于增强凝聚力。从认识论上看，"絜矩之道"类比推理在思维方式上的特点是"换位思考"。主体在认识客观事物的过程中，一般习惯于站在主位立场进行单向思维，难免带有某些片面性和武断性。现在"絜矩之道"要求认识的主体从主位换到客位和旁位进行思考，就能较全面而准确地把握主体与客体两者之间的关系。这种思维方式有助于促使人与人之间的相互理解和同情，进而求得人际关系的和谐。

二、儒家"和为贵"管理思想的实践

儒家所提倡的"和为贵"的管理思想就体现在东亚管理模式中，并具有强大的生命力。日本丰田集团把"人和"作为企业管理的座右铭：丰田纺织公司创始人丰田佐吉摘取《孟子》中"人和"的主旨，把"天、地、人"奉为企业的座右铭；第二代丰田喜一郎在"天、地、人"的基础上，取《中庸》的"好学近乎知，力行近乎仁"，加进了"知、仁"二字，把"天、地、人、知、仁"作为企业的宗旨，开创了丰田的汽车王国，强调一个组织内部必须有良好的风气和人际关系，并注意从管理心理学的角度去改造组织气氛；第三代丰田章一郎在"天、地、人、知、仁"思想的基础上又取《中庸》的"知耻近乎勇"，加进了一个"勇"字，把"天、地、人、知、仁、勇"作为开拓丰田事业的精神支柱。索尼公司董事长盛田昭夫在谈到他自己的成功时有一段经验之谈，他说："在日本，最成功的公司是那些通过努力在所有雇员中建立一种共命运意识的公司。"①在日本的松下公司，为了促使其成员增强这种"共命运"的意识和大家庭的亲切感、凝聚力，每天清晨，全日本数万松下公司的员工，在规定的时间共同高唱厂歌和背诵松下精神的准则。1982年日本住友生命保险公司曾对日本全国3600家企业的社训进行了调查，结果发现以"和"为中心的就有548家，居第一位。以"诚"为中心的有486家，居第二位。以下分别为努力、服务、责任、贡献等。②这一调查表明，大部分日本经营者都力图以制度的和非制度的种种手段，通过培养企业成员的和谐人际关系和对企业的"忠诚意识"来达到提高生产效率的目标。

　　在日本的企业决策中，也处处体现有"和为贵"的精神。如日本企业强调集团主义的经营，主要特点是要求企业在经营管理方面充分发挥集团而不是个人的力量，要保持集团内部的协调和维护集团的整体利益。因此，在日本企业各组织之间，形成了一个统一的整体。在统一的经营目标下，协调地发挥着能动作用。在决策方式中也强调集体决策，吸收各级经营管理人员甚至一般工人参与决策。这就使决策者与下级之间保持着紧密的联系和融洽的协作关系。领导意见不是强加于人，而是在相互理解的基础上求得一致。决策本身也就成为协调各方面关系的过程，同时也为各类人员协调地执行决策奠定了基础。集体决策为组织关系的协调创造了条件，而协调的组织关系又为决策的高效化提供了保证。同时，日本企业家还特别注意培养和爱护下级。这与以美国为代表的西方企业管理方式有明显的不同。日本企业组织中从最高决策者到普通工人之间的差别较美国也小得多。日本企业领导人经常到生产第一线中去，并亲自过问企业成员的诸如"冠、婚、葬、祭"等事情，这是美国经营者无法理解的。日美企业决策者的作风迥然不同，就根源于领导与下属的沟通、联系、理解、协调的方式不同。日本的企业家认为，随着物质生活水平的提高，劳动者的价值观也发生了较大的变化，他们开始更多地注重自我的价值，希望从独立的工作中表现和提高自己的能力，渴望从事创造性的劳动并受到企业的信赖，愿意在集体的合作与奋斗中得到收益和友爱，并为自己属于优秀集体中的成员而感到自豪。因此，管理的任务就是要使职工的这种自豪感最大限度地发挥出来。日本企业家认为，现代企业经营决策的根

---

① 盛田昭夫：《盛田昭夫与索尼公司》，吉林大学出版社1989年版，第153页。
② 陈重：《日本企业的经营决策》，企业管理出版社1986年版，第89页。

本问题是组织和个人融合的问题。这种融合包括三个方面的内容：一是感情的融合，包括创造优美的工作环境，建立彼此信任的关系，爱厂如家的精神，创造能够掌握人心的公司形象等；二是观念的融合，决策者要将公司的经营现状如实向职工说明，同时教育职工共同为一个理想和信念奋斗，据此实现和职工的一体化；三是目标的融合，决策者力求将公司的目标同职工的目标结合在一起，使职工上下一致认识到公司的工作也是自己的工作，自己的工作又是公司的工作，真正调动他们的智慧和创造力。

  日本企业强调"和为贵"，强调"集体决策"，所以在决策管理工作中重视"事先疏通""活络"，提倡人际关系中的"忍让""通达"等。如日本日立制作所把"和为贵"的经营管理思想不仅注入它的经营战略思想中，而且还加以发展，提出了"和、诚与开拓者精神"。所谓"和"，是指广开言路，上下团结一心；"诚"是指信用，生产可以信赖的高质量产品，若出现问题，也要迅速提供无偿服务加以解决；"开拓者精神"是指把尖端领域的技术开发和在国际市场中竞争作为重点。这种三位一体的"日立精神"，不仅给传统思想（"和""诚"）注入了新解，而且把它与现代口号（"开拓者精神"）巧妙地结合了起来。企业内部的人际关系特别是劳资关系，儒家伦理的色彩表现得十分浓厚。企业成员视企业为家庭，其间有长幼尊卑之别，都被一种共同体的意识牢固地维系在一起。成员们对企业忠贞不贰，企业对于成员也是既讲义理，也讲人情。员工一旦加入一个企业，命运便和这个企业联结在一起，同兴衰、共荣辱。企业要求员工作出奉献，同时也不轻易处罚或开除员工。总之，企业主与员工的结合，不纯粹是有价格利益导向的偶然结合，而是依于义而非利的结合。这样的结合就具有了长期的承诺，有一种义务感、责任感，使企业内部的人际关系很和谐。这样的人际关系，使企业结构保持了相对稳定，也能更好地创造出经济效益。

第三节 "内在控制"

  管理的核心是人的问题。人，作为管理对象，与其他管理对象（财、物、信息等）相比，有着根本的区别。这是因为人有个性、情感、意志，有自己特殊需要、兴趣和利益，有自己独特的价值观。但管理又要求其对象有统一的意志、行动。因此，如何把人这一管理对象的意志、行为纳入管理者所期望的统一轨道，使管理有序和有效，也就成为管理者历来所关注并着力解决的重要问题。但就其解决的模式而言，不外乎有"内在控制"（良知德治）与"外在控制"（制度法治）两大类。所谓"内在控制"，即通过提高全体员工的良知觉悟和道德观念，以达到自我管理的目的;所谓"外在控制",即通过外在的各种企业规章制度和法律,以达到强制性管理的目的。一般说来,以儒家文化为背景的东方管理偏重于"内在控制",以西方文化为背景的西方管理(如欧美)偏重于"外在控制"。帕斯卡尔和阿索斯在其合著的《日本企业管理艺术》一书中,以美国国际电话电报公司总裁吉宁和日本松下电器株式会社社长松下幸之助为例,详细地比较了"外在控制"与"内在控制"的区别,认为区别不在于整体战略、短阵式组织结构和各种规章制度上,"真正的区别是在其他要素上,即管理作风、人事政策,以及最重要的精神或价值观上。……指'感动人心'的,以及能够将职工个人和企业目的真正结合在一起的价值观或目标"[①]。具体地说,吉宁领导下的国际电话电报公司,有精心设计的精确目标和控制系统,有数不清的规章制度和无数需要考核的档案。他所推行的是以数字和制度为准则的外在控制。这种专横的、过多的规章和纪律,除了扼杀人的主动性外,还迫使许多员工不得不钻制度上的空子。日本松下幸之助所推行的是以精神力量和道德价值为导向的"内在控制"。在松下看来,维护现代企业的控制,关键不是严密的控制系统和烦琐的规章制度,而是依靠传统文化的内在力量,使全体员工有一套共同奉行的价值观念以及建立在这种价值观念上的为数不多的规章制度,从而启发和调动全体职工的自主性和创造性。这是两种不同的管理手段。

一、儒家"内部控制"的管理思想

东亚地区之所以推崇"内在控制"为主的管理手段,是因为这一地区有着共同的儒家文化背景。儒家"德主刑辅"的管理思想,是这一"内在控制"思想的渊源和理论基础。

儒家强调德治。孔子推崇"为政以德,譬如北辰,居其所,而众星共之"(《论语·为政》)。这里的"为政"就是管理,孔子的意思是说,如果管理者能以德治来进行管理,那么,他就像北极星一样,定居在天的中枢,而其他星辰都围绕着它转动。孔子将德治路线下管理者与被管理者的关系比喻为北极星和众星的关系,极为贴切和生动。在一个组织中,如果组织成员都能自觉地而不是被动地围绕着管理者的目标、宗旨、价值观、道德规范而行动,这个组织的管理必定处于最佳状态。儒家德治的核心是教化,通过教化引导和规范人的行为取向和途径,使人们建立起共同的价值观。具体说来,教化的目的和功能就在于使管理者的目标、宗旨、价值观内化为被管理者自己的目标、宗旨、价值观;随后,由被

---

① 帕斯卡尔、阿索斯著,陈水森译:《日本企业管理艺术》,中国科学技术翻译出版社1984年版,第70~71页。

管理者按被内化成"自己的"目标、宗旨、价值观去控制、规范自己的行为。这样，对被管理者的管理就不再是外加的、强制的，而成为内在的、自觉的。管理者和被管理者的关系，也就不再是对立的，而是一致的、协调的。被管理者也就不再是简单的被动受体，而成为自主管理的管理主体。德治、教化的目的，是统一人们的思想，从而统一人们的行为，并将人们的行为自觉地纳入管理者所期望的轨道，就可以形成强大的内聚力、整体力，其优势在于它可以大大缓解管理者和被管理者之间的矛盾、隔阂，以至冲突、对抗，使上下级的关系走出指令服从、控制被控制的困境，有利于企业组织内部的"人和"，尤其是上下级之间的"人和"。

儒家强调德治的"内在控制"，但也不排斥"外在控制"。孔子在《论语·为政》篇中指出"道之以政，齐之以刑，民免而无耻；道之以德，齐之以礼，有耻且格。"这里的"道"是引导、诱导的意思，"齐"是整齐、约束的意思，"政"是法制禁令，"格"的本义解释不一，杨伯峻《论语译注》中将之解释为"人心归服"。① 孔子这段话的大意是说，如果以法制禁令去教导人民，用刑罚约束人民，这种外在的控制手段管理的效果仅是"民免而无耻"，因为以外在暴力手段只能使被管理者因畏惧惩治而不敢作恶犯法，但在思想深处并没有真正觉悟到为非作恶是可耻的行为；如果管理者奉行以道德价值观念为导向的内在控制，那么被管理者不仅能纠正自己的错误行为，而且还会在思想深处认识到自己行为的可耻，使得人心归服。这也就是孟子说的"以力服人者，非心服也，力不瞻也；以德服人者，中心悦而诚服也"（《孟子·公孙丑》）。在儒家看来，"德治"不仅得民心，而且还可以取得迅速的管理效果。孟子引孔子的话说："德之流行，速于置邮而传命"（《孟子·公孙丑上》）。由此看来，儒家主张"内在控制"，但也不反对"外在控制"，而是主张"德主刑辅""宽猛相济"，把内在控制的道德导向与外在控制的法律约束结合起来。但在"宽猛相济"中，更突出以"德治"为核心的内在控制。在儒家看来，内在控制管理的效果要胜于外在控制，且积极稳妥。

强调内在控制就必须强调管理者自身的修养。管理者只有在管理中树立了自己的崇高权威，取得被管理者的充分信任，才能形成管理内部的巨大凝聚力，保证事业的成功。而怎样才能确定管理者的崇高权威呢？儒家认为这种权威的形成，只有依靠管理者自身的道德修养和实际行动，赢得被管理者的信任与理解，唤起下属的内在驱动力。因此，历代儒家都提倡"正己正人"的理论，由自我管理出发，达到企业全系统的良性管理的目的。

---

① 杨伯峻：《论语译注》，古籍出版社1958年版，第18页。

"正己正人"的理论，孔子首先提出："政者，正也。子帅以正，孰敢不正？"（《论语·颜渊》）。"正"是端正的意思，孔子强调管理成败的关键在于管理者能否"正"，也就是思想正、作风正、行为正，从而实现统一意志、统一步调、统一行动。"正己"是"正人"的前提和基础："其身正，不令而行；其身不正，虽令不从"（《论语·子路》）。"苟正其身矣，于从政乎何有？不能正其身，如正人何？"（《论语·子路》）。这里反复强调的都是"正己"是"正人"的前提和基础，只有管理者首先自身端正，作出了好的表率，被管理者也就会跟着行动起来。否则的话，如果管理者都不能端正自己，他又怎么能去端正别人呢？做好下属的榜样，就是最好的管理。所以，孔子形象地比喻说："君子之德风，小人之德草，草上之风必偃"（《论语·颜渊》）。从正面讲，上善则民善："上好礼，则民莫敢不敬；上好信，则民莫敢不服；上好信，则民莫敢不用情"（《论语·子路》）。从反面讲，上恶则民恶："季康子患盗，问于孔子。孔子对曰：'苟子之不欲，虽赏之不窃'"（《论语·颜渊》），认为鲁国民众多盗，是由于季康子贪欲所致。他由此得出结论："民之离道，必于上之佚道也"（《大戴礼记·子张问入官》）。正，是管理所追求的理想境界。"政者，正也"，是孔子对这一境界的科学表述。而要实现这一理想的管理境界，管理者必须率先正身，也就是必先"正己"。"正己"也就成了孔子"为政以德"管理思想的中心观念。孔子之后，历代儒家都把"正己正人"作为治国之道的重要内容，非常重视管理者的表率作用。孟子依据"天下之本在国，国之本在家，家之本在身"的思想，认为修身是齐家、治国、平天下的根本之道。他说："爱人不亲，反其仁；治人不治，反其智；礼人不答，反其敬——行有不得者皆反求诸己，其身正而天下归之"（《孟子·离娄上》）。这意思是说，你爱护别人但人家不亲近你，就要反省自己的仁爱够不够；你管理人民却管不好，就要反省自己的才智够不够；待人以礼对方不报答，就要反省自己的恭敬够不够。任何行为如果没有取得效果，都要反过来检查一下自己，只要自己本身端正了，天下人民就会归顺你了。所以说，"吾未闻枉己而正人者也"（《孟子·万章》）。这就把"正己"与"正人"有机地统一起来。《荀子·修身》篇中也系统地论证了修身的"正己"是治国根本的观点。他形象地比喻说："君者，仪也；民者，景也。仪正而景正。君者，盘也；民者，水也。盘圆而水圆"（《荀子·君道》）。《礼记·中庸》也论证了"正己正人"的关系："知所以修身，则知所以治人；知所以治人，则知所以治天下国家矣。"就是把道德上的"修身"与管理中的"治人"密切地结合了起来。《大戴礼记·至言》篇则把统治者比作"表"，把被统治者比作"影"，认为"上者，民之表也，表正则何物不正？"所以，"上敬老则下益孝，上顺齿则下益悌，上乐施则下益谅，上亲贤则下择友，上好德则下不隐，上恶贪则下耻争，上强国则下廉耻。"

综上，可以概括儒家"内在控制"的管理模式具有两大思想特征：一是强调管理者自身的道德修养以及它的内在道德感化力，而不看重企业家的外在权威。所谓"为政以德""以德服人"，都具有浓厚的伦理道德色彩。实际上，在管理的实践中，管理者对被管理者的影响力分为权力性影响力和非权力性影响力，前者包括如职位、资历等因素，后者包括如品格、才能、知识和情感等因素。前者是强制性的，后者是非强制性的。一个成功的管理者应兼有这两种影响力，但应以率先垂范为主，才能塑造出可信、可亲、可敬的领导形象；二是强调自律高于他律，要求管理者通过严格的自我管理而达到管理他人的目的，从而把外在的"他律"变成内在的"自律"，也即"自己做自己的管理人"。儒家"内在控制"的管理模式在东亚地区的管理中显得尤为适宜和重要。因为东亚地区在儒家文化的长期浸润下，人们形成了强烈的对家族、对团体的依附性，这种依附性表现在管理与被管理的关系上。被管理者希望自己的管理者是一位德才兼备的人，人们也殷切地希望这样的人带领他们去奋斗并赢得美好的生活。

二、东亚"内在控制"管理方式的特点

东亚地区受儒家管理思想的影响，在接受西方外在控制管理模式的同时，更强调内在控制管理模式的重要性。这表现为在企业管理中多强调价值观的精神导向作用，要求通过管理者自身率先垂范作用，将共同的道德价值观念灌输于全体员工的头脑中，使维系企业生存的价值观念转化为全体职工的内心自觉行为从而激发出他们内在的自觉性和创造性。例如日本著名企业家土光敏夫强调："主管应先管理自己本身。""自己率先垂范，就可以使员工自动自发。"[①] 松下幸之助在自己的企业经营中，也提出上司应"以身作则带动部下"，为企业树立了"不教而学"的典范。他强调说："经营者的任务之一，在于使职员怀着理想，以及指示目标。如果做不到的话，就不是一个称职的经营者。"[②] 他根据自己一生的经营实践，深感领导以身作则的重要。土光敏夫也深谙孔子的"北辰居其所而众星拱之"的道理，认为企业就是同心多圆实体，而企业的负责人就是这个同心多圆的核心。他说："组织的真正机能，用圆形的关系表现出来比较恰当。正中央的圆圈代表最高阶层，中央圆圈的心的周围，有许多小圆圈，分别代表事业部长、工厂厂长……换言之，整个公司的组织结构，是一个'异中心同圆'，公司

[①] 土光敏夫著，葛东莱译：《管理者的行为南针》，中国企业管理发展中心1985年版，第101页、第15页、第177页。

[②] 松下幸之助著，涂翠花译：《谈经营秘诀》，道声出版社1984年版，第6页、第69页。

整体是一个大圆，大圆中含有各个小圆。所有的小圆都对大圆呈'向心性'。而且，所有的圆，不应视作是静止状态，而应视作是'旋转'状态的。"企业的这种组织关系，能够保证企业经营决策核心在内圈，由内圈向外圈传达、辐射、扩散；执行的情况和结果，又迅速地从外向里，将信息反馈到核心层，形成永不停息的双向对流循环，使企业充满生机和活力。日本的企业经营管理中，还十分注重企业价值观念的培植，如土光敏夫强调："全体员工应以共同的价值观结合在一起，这才是被期待的公司形象"①。台湾企业家在建构"中国式管理模式"中，也非常重视"内在控制"，并将之作为企业经营的秘诀之一。他们要求企业家要注重本身人格的感化力，作部属的表率，以德才来服人，而不假权威管人。

"内在控制"还表现为"人情味管理"，即在企业管理中应以"情理法"的模式来处理人际关系，要求管理者不能像对待"机器人"那样来对待有理智、有情感的职工，而要努力做到"以情感人"，而不是以权势压人，更不能动辄以规章制度卡人。在日本的企业管理中具有人情味的家族主义色彩就表现了这一特点。日本社会学家中根千枝说："在日本通常被看作重要的和基本的人类情感的血亲关系，似乎已被工作集团里的人伦关系所取代。这种人伦关系包含了社会生活与经济生活的各重大方面。"② 在日本的公司和企业中，企业就像是一个大家庭。大家都具有"以厂为家"的观念，上司与其下属之间，亲如一家，存在着忠诚孝悌的伦理关系。日本丰田汽车公司提倡一种"丰田精神"，其内容首先是上下一心，忠于公司业务，以实现产业报国的思想；其次是发扬友爱精神，以公司为家庭相亲相爱；最后是感恩图报，体现一种以厂为家、相亲相爱的情感管理。日本企业也十分注意运用非制度的情感纽带，营造家族式的氛围，来增加员工对企业的归属感。例如，日本银行在举行新雇员的培训结业仪式时，往往还邀请新雇员的父母和兄弟姐妹参加。总经理在致辞欢迎新成员加入银行这个大家庭时，还向他们的家长表示，不仅给他们的孩子提供适当的工作，而且还保证其德、智、体三方面得到全面的发展。家长代表也讲话表示感谢银行，并要求孩子们像忠于自己的血缘家族一样，忠于银行这个新家庭。企业对职工福利的周到考虑、上司对下属的全面关切、丰富多彩的集体娱乐活动和频繁的工作之余的聚餐，更使企业与雇员之间、企业的上下级成员之间不仅仅是单一的工作关系，而形成多种纽带结合成的整体关系，产生了亲密、信任和相互了解的全人格接触。在这样企业中，明确的等级指挥和控制，已被"内在控制"与自我指挥和情感管理所替代。著名管理学家威廉·大内对这种内在控制的情感管理十分赞赏，认为"日本

---

① 土光敏夫著，葛东莱译：《管理者的行为南针》，中国企业管理发展中心1985年版，第15页、第22页。
② 中根千枝著，许真、宋峻岭译：《日本社会》，天津人民出版社1982年版，第7页。

人清楚地证明，工业生活中的整体关系是可能的。""现代工业生产和工业生活对合作比对我们所奉行的那种个人主义具有更好的适应性。"①

从这种具有人情味的家族主义的企业管理模式中，日本又发展出了独具特色的"终身雇佣制""年功序列制"等家族主义的企业经营管理制度，在这种家族式经营管理中，就充满了一种情感的联系。在日本的大企业中，企业除实行终身雇佣制外，还对雇员提供近于无所不包的保护，这种保护甚至延及到雇员的家庭。例如，索尼公司为职工提供的福利待遇包括以下七个方面：（1）提供住宅：为单身职工准备宿舍，为成家的职工提供"社宅"，还为欲购买住所的职工发放低息贷款；（2）协助积累财产：每年发放二次高额奖金以增加职工储蓄，提供5%的补助金用于购买公司股票；（3）生活照顾：为职工设置食堂、商店、银行支店、休息室，发放工作服、全额出勤交通费；（4）补助与保险：在职工家中发生婚丧嫁娶之类重大事件或有人患病时发放补助费或慰问金，代职工参加保险，为家属中的适龄儿童入学时举行仪式并由公司首脑赠送书包等文具；（5）文化体育：为职工建立体育设施和疗养院，提供业务教育补助费，财政支持职工俱乐部活动；（6）医疗保健：设立医疗所，为职工和家庭主妇进行定期健康检查，发放家用药箱；（7）出勤与休假：实行弹性出勤制，定期休假。这些都被雇员视为上司或企业给予的"恩情"。作为"报恩"的表现，雇员则专一而笃实地忠诚于企业。日本人也特别重视"报恩"的观念，"所谓'事主不二'的说法，正是日本人全心全意服务的信条。在这种心身一致的情谊关系中，确实也不存在侍奉两个主人的可能性。"② 在 1963 年、1968 年、1973 年、1978 年，日本统计数理研究所曾进行过如下的社会调查，询问调查对象"你最重视的新道德和传统道德是什么？"在这四次调查中，提及"报恩"的分别占调查人数的 43%、45%、43%、47%。在"遵守规则不让加班，但在工作之外也不给予照顾"的课长和"有时不遵守规则让部下加班，但在工作之外善于关怀人"的课长之间，你选择谁做领导？八成以上选择后者③。这说明情感管理在日本的企业中远比西方式的契约与规则管理更重要。在欧美的企业中，雇员与企业的关系是契约关系，上下级的权限与关系有相应的规则确定，非正式的人际关系并无决定性的作用。但在日本的企业中，虽也有现代式的契约和规则，却依然要靠上下级之间的共识与感情联系来维系团体的人际关系。

西方人由于受到社会契约论和个人本位主义思想影响，在管理模式上多强调法治和制度，这是东西方在管理模式上的一个重要区别。西方管理学者也注意到

---

① 威廉·大内著，黄明坚译：《Z 理论》，长河出版社 1982 年版，第 47 页、第 56 页。
② 中根千枝著，许真、宋峻岭译：《日本社会》，天津人民出版社 1982 年版，第 21 页。
③ 汪家骅：《儒家思想与日本的现代化》，浙江人民出版社 1995 年版，第 252 页、第 253 页。

了这一点,如当代美国管理学家米勒在《美国企业精神》一书中说:"美国的企业不可能采用日本的终身雇佣制,……也不能像日本那样,促使员工对公司毫无保留地效忠。我们无法采用这种做法,就像我们无法采用日本国内的生活,也就是大家庭制、父母的权威至上。美国的文化重视个人主义,强调地位平等,与日本的人际关系截然不同。"① 美国学者巴斯卡和雅索士合著的《日本企业管理艺术》中也明确提出日美企业管理是两种不同的模式,美国企业管理是"3S 管理模式",即重视策略、结构、制度,作者把它叫作"硬管理"。日本企业管理是"7S 管理模式",也就是在"3S"的基础上增加了"4S",这"4S"是:人员、技巧、作风、共同的价值观念,作者把这 4 个 S 叫作"软管理",并认为这些"软管理"才是日本"7S 管理模式"中起关键作用的因素。威廉·大内在轰动美国企业界的管理学名著《Z 理论》中回答"美国企业界所面对的关键问题是什么"时,明确强调:"关键问题不会是技术和资金,不会是法令限制或通货膨胀。关键问题将在于我们对一件事的反应——那就是日本人懂得怎样比我们管理得更好。"② 儒家"人情味管理"的模式,不仅在日本发挥着重要作用,而且在东亚其他地区也是如此。"人情味管理"要求管理者要对被管理者付出巨大的感情投资,发挥情感的巨大感化作用,同时也要求职工以忠诚和不懈的努力来完成自己的工作。这种"情感管理"虽是无形的,但它却能释放出巨大的社会能量。在东亚的经济起飞中,这种管理模式发挥了积极的重要作用。

第四节 东方管理模式的总结与创新

一、东西方管理模式的不同点

东西方管理模式的不同首先源于管理思维的不同。万通集团公司董事局主席冯伦讲述过下面一个故事:万通美国公司的秘书是个美国人,他的朋友作为万通美国公司的负责人去美国上任,通知其美国秘书接机。在中国,秘书去接老板极为正常。但出乎意料的是,这位美国秘书断然拒绝了。他只好请朋友帮忙来接机。事后,这位新上任的负责人非常生气,准备把这位秘书辞掉。这位美国秘书说她没有错,与公司签订的雇佣合同里没有规定有接老板的工作,去机场接老板不是她的职责。如果要接也可以,但必须谈清楚每年接机的次数、每次的油费和轮胎

---

① 米勒著,尉腾蛟译:《美国企业精神》,中国友谊出版社 1985 年版,第 126 页。
② 威廉·大内著,黄明坚译:《Z 理论》,长河出版社 1982 年版,第 17 页。

磨损谁来支付。① 这一故事生动形象地反映了中国人和美国人之间管理思维模式和行为习惯的不同。双方都没有错，但错在了双方对对方文化和思维模式缺乏了解。

美国文化的基础是基督教。在基督教的经典《圣经》中人是充满了"原罪的"，在经济学和管理学上，我们称之为"经济人"。经济人的特点是追求自利。所以在西方的管理理论中一直推崇控制人为核心的制度管理：你的行为符合我的组织目标就给予利益，否则就予以处罚，这叫作"强化管理"，再细分为"正强化"和"负强化"。这一文化特点反映在美国社会和日常行为中表现为一种"直线思维"的"契约精神"，其特点是人与人的界限、事与事的界限都要十分清楚，与人沟通更要实话实说——"说出你心中想说的话"。中国文化则与此不同。中国文化体系的核心价值观和思维模式是来自中国古代的一部名著《周易》。我们现在所经常说起的中华民族的精神"自强不息，厚德载物"就是来自《周易》的乾卦和坤卦的卦辞。《周易》的思维模式可用"太极思维"加以概括，其最高境界是追求圆满，"太极图"的外形就是一个"圆"。追求圆满，表现在中国人做人做事的行为习惯上就是追求和谐，各方兼顾式的双赢。做事圆满才能赢得"人脉"，有了"人脉"才能做事，才能获得成功。太极思维追求圆满，所以在处理人与人的关系上就不主张直来直去，说话也要学会委婉含蓄，强调要尊重对方，自己谦虚谨慎；多赞誉别人，多反思检讨自己；人与人的界限、事与事的界限要模糊处理：都是兄弟，不必分得太清楚，否则会伤和气。美国式的管理是"控制别人"，中国式的管理则是"反身而诚，乐莫大焉"：要求别人做到的，先反思一下自己做到了吗？美国式的管理强调制度的强化控制，中国式的管理则强调领导人的人格魅力和员工人心的经营。由于文化传统的不同，导致在中国大多数企业制度管理的约束力弱，感情因素的制衡作用很大。在中国的企业组织结构中员工的积极性和创造力多靠领导人的人格魅力和文化哲学来激发。蒙牛的创始人在总结自己的成功经验和历程时，颇有体会地说了下面这段话："中国式管理的一大特色，就是企业领袖的地位特别突出，讲德治，或者说德治与法治并举。外国企业如果突然失去领导人，企业基本上没有什么感觉；中国企业如果突然失去领导人，往往会发生地震。在中国，引爆员工热情的第一位的通常不是规则，而是企业家的人格魅力与文化哲学。没有正义的企业家往往就没有正义的企业，没有强势的领导往往就没有强势的企业。这是中国传统政治治理结构在企业治理上的折射。"②

如何在激烈的市场竞争中从中国传统的管理理念中汲取有益的经营管理理念，提升企业家的智商修炼水平？如何将中国传统的管理智慧与西方的管理理论

---

① 冯仑：《野蛮生长》，中信出版社2007年版，第83~84页。
② 孙先红、张治国：《蒙牛内幕》，北京大学出版社2005年版，第283页。

做到有机的结合,取长补短,创造自己企业的辉煌?这都是东方管理模式需要研究的问题。一个民族的管理现代化应和其民族传统文化的环境有机、完美地统一起来,其管理模式才是可行的、有效的。东方管理模式的成功就充分证明了这一点。并且,这种管理模式中对人的重视、团结精神的突出、组织和谐的追求、提倡精神激励、情感管理、群众参与、民主管理等内容与20世纪90年代以来企业管理的发展变化趋势也是相吻合的,它代表了未来管理整体化、人本化、韬略化的发展趋势,从而也更能在未来的发展中显示出东方管理模式的无穷魅力。

东方管理模式也需要不断创新。创新就必须学习、借鉴国外先进的管理经验,再结合自己传统文化的特点和管理的具体环境,采用适合实际的形式才能获得成功。美国管理学家西蒙认为,对外国的管理经验"必须针对中国社会的实际情况,加以修改和调整"①。美国管理学教授托马斯·彼得斯在《致中国朋友的信》中也期望:"你们创造出来的成功的解决办法,必将具有中国特色,反映出中国的政治、社会和经济目标及现实情况。"② 我们在进行东方管理模式的创新时,应重视这些忠告,遵循民族化和科学化的原则。因为只有民族化的东西,才能突出东方的特色。所谓东方特色,就是符合中国的文化传统和国情,是从解决东亚地区的实际问题和历史传统中总结出来的管理理论、管理制度和方法。因为它来自东亚国家和地区的管理实践,所以是民族的;因为它是成功的管理实践,所以又是科学的、世界的。

二、东方管理模式的特点

东方管理模式除强调儒家"以人为本""和为贵"与"内在控制"的特点之外,还吸收了道家、兵家和法家等管理理念。

第一,仁爱管理。东方管理强调在管理实践活动中通过对员工的尊重、关心和爱护,达到管理者和被管理者之间的情感交流和沟通,比依靠任何完备严格的规章制度更能激励起员工的积极性和工作热情,从而提高管理绩效。同时,富有人情味的领导人也往往能比那些一味强调严格的纪律和规章制度的"铁血将军"更能创造管理的奇迹。东方管理之所以主张以仁爱来对待管理对象,是因为只有"爱"才有利于缓和管理者和被管理者之间的矛盾,有利于二者之间建立和保持一种比较和谐的关系,在管理内部各成员之间形成亲密的情感联系,能产生强大的内聚力、整体力,从而有助于实现管理的目标。"仁爱"管理的具体表现就是

---

① 西蒙:《管理行为》"前言:为中译本出版而作",北京经济学院出版社1988年版,第4页。
② 托马斯·彼得斯著,朱葆琛等译:《乱中求胜:美国管理革命通鉴》,科学普及出版社1988年版,第v页。

尊重人、满足人的需求。例如孔子为管理者设计了五种行为规范：恭、宽、信、敏、惠。"恭"列第一，就是尊重，"宽"就是宽厚待人。孔子认为，管理者承认每一位被管理者的尊严和价值，尊重被管理者，就一定会赢得被管理者的支持和理解。"爱人"还包括守信用。守信是每一个管理者应具备的品格和修养。因为是否言而有信，既反映了管理者的修养，也体现了对被管理者的是否尊重。"惠"则是从满足人的物质欲望出发，给被管理者带来物质利益，满足他们的生活需求。仁爱管理强调"和而不同"，承认人与人之间的种种差异性与多样性，提倡用包容心来对待团体内的其他成员，用"忠恕之道"来思考问题，处理人际关系。"忠"的内容是"己欲立则立人，己欲达则达人"（《论语·雍也》）；"恕"的内容是"己所不欲，勿施于人"（《论语·颜渊》），其精神实质是把"人"与"我"看成是平等的，即把他人当作自己一样来对待，是人、我之间的一种善意的共存意识。在处理人际关系上具体表现为一种"推己及人"的模式，也就是以自己为中心，向上下左右进行推己及人的类比推理。这种思维方式有助于促使人与人之间的相互理解和同情，进而实现管理效率的提升。

第二，"中道"管理。"中道"即"中庸之道"。"中道"管理强调管理要适当、适度、恰到好处，即讲求合理和适度。"度"的实质就是要注意将"时中"与"权变"——原则性和灵活性结合起来，追求一种适宜的"度"。在现实管理中，客观的"度"会随着时间的变化而变化。因此要使管理工作处处合于"度"，就需要因时因地而异。"中"是原则性，"权"是灵活性。"时中"与"权变"，是原则性与灵活性相结合。现代企业管理，无论是内部条件还是外部环境，都经常处在不断变化之中。所有的管理理论、管理方式，也都处在不断发展更新之中，没有任何理论模式和方法是一成不变的。同时，在现代企业管理中又处处存在着一个"度"的问题，它从决策开始，贯穿于经营管理的全过程。在东方管理中，如何认识、掌握和运用管理的"度"，是一个普遍存在的问题。它对于管理的成败至关重要。

第三，"无为"管理。中国文化儒家和道家都强调管理的最高目标是"无为而治"。管理主体能够做到"无为"必须有一个前提，即管理客体和下属能够"自觉管理自己"。一个企业或组织中的成员都能自发地按照规范和要求办事，力所能及地发挥自己的力量，维护组织的宗旨和荣誉，这就是管理的最高境界。无为管理的优点可以使最高管理者从企业的日常经营管理事物中脱身而出，专门考虑与策划企业的战略与未来。这一管理理论与西方管理理论中经验学派所强调的"目标管理"是相通的。目标管理要求各级管理层次人员都要给自己规定适合自己的目标，例如高层管理人员应把目标定在企业的战略发展上，中层管理人员应把目标定在中级策略上，基层管理人员应把目标定在初级策略上，一般职工应把目标定在自己要完成的任务和完成任务的具体方案上。目标管理的优势在于能使职工发现工作的兴趣和价值，从工作中满足其自我实现的需要，企业的目标也同时实现了。目标管理的特点强调自主管理，即认为目标的制定是上下级协商的结果，上级要为下级创造实现目标的条件，激发下级的积极性和主动性。由于每个成员都参与目标的制定，无疑会产生一种对组织的"贴近感"和"信任感"，从而激发出更大的工作热情，这种激励作用往往要大于经济上的奖励。

第四，"奇正"管理。《孙子兵法》强调"奇正"的用兵原则，即作战中要以正兵交战，以奇兵制胜，不断变化战术，奇正相依，才能立于不败之地。"奇正"原则对于指导现代企业的经营管理也很有意义。从一般意义上来理解，可以把"正"理解为原则性，"奇"理解为灵活性，"奇"是相对于"正"而言的。在商场如战场的现代市场竞争中，要战胜对手，赢得竞争的胜利，除了善于以"正"（常规）来管理企业外，还要善于"以奇用兵"，即运用创造性思维，采取超乎常规的特殊手段，以出人意料的"奇招"去夺取经营的胜利。在今天激烈的市场经济中，为了保证企业在"商战"中取得成功，"奇正"的管理思想为越来越多的现代企业家所采用。他们在市场经济中成功地把"奇正"原则运用于企业竞争，取得了较好的经济效果。奇正的辩证关系在现代经营管理中的应用，要求企业在竞争中依据客观情况和自身的条件，制定正确的经营战略，达到竞争制胜的目的。

第五，制度管理。东方管理也重视制度管理。中国先秦时期的各种管理思想与西方泰罗的科学管理理论最为相近的要属以荀子为代表的儒家礼制思想和以韩非为代表的法家管理思想了，秦汉以后儒法合流，外儒内法成为儒学的新特征。这一管理思想主张建立完善的制度约束和激励是管理成功的关键，并通过深入广泛的教育，使被管理者充分了解制度管理的内容和要求，知其行止，规范自己的行为。这些管理思想中在制度管理的性质、原则、实施等诸多问题上的独到看法，对今天建立现代企业制度具有借鉴意义。企业的制度健全完善是管理的基础，贯彻执行得是否良好，与企业的兴衰成败有着极大的关系。所以，企业要用制度来加强内部管理，用制度来维护企业的权益。法家韩非提出的制度要具有公开性、功利性、公平性、易行性、稳定性、适时性的六原则，也适应于现代企业制度。制度的公开、公平、易知和稳定，有利于企业规章制度的贯彻执行，是实行制度管理的必要条件。功利性是制度的核心，适时性是手段。结合企业管理，就必须从整体上来把握建立每项企业制度的目的、任务与执行情况，尤其是要权衡利弊得失和宏观经济政策将对企业发生怎样的影响，使企业制度的稳定性与适时性并行不悖，相辅相成，避免朝令夕改，削弱制度的权威性，使员工无所适从。

第六,"行为"管理。早在先秦时期,《吕氏春秋》一书就对领导者品质和领导艺术进行了总结,对领导行为的品质与管理成效的关系进行了认真的研讨。《吕氏春秋》汲取儒家要求统治者正己修身的观点,认为领导者自身品德素质的修养是关系管理成败的关键,并在这一认识的基础上对一个成功的高级管理者应具备的品质进行了深入探讨。这些探讨和论述,对于现代企业领导人也是适用的。在领导艺术上,《吕氏春秋》提出了选贤与能、正名审分;强调领导者要善于委任下属,给下属明确的职守,放手放权任其充分发挥个人的才干;领导者要公正公平。这其中有许多内容是与西方的现代管理理论是相通的,有的甚至还可以充实现代的管理理论。

第七,"谋略"管理。这可以《三国演义》为代表,作为一部艺术化的战争小说,它逼真地描绘了我国历史上三国时期那场惊心动魄、千姿百态的战争画面,成功地塑造了一批足智多谋的出色谋略家的形象。这其中所蕴含的文韬武略的谋略智慧,如有关决策的谋略、决策者应具备的品质、竞争的谋略等,都有助于现代企业的经营发展。现代企业家们应该从中汲取经营的谋略智慧。

东方管理的内容这里仅择其要者,并未包罗完备。就上述几大方面而言,它们也是相互统一的,互为表里,如仁爱管理构成了东方管理的灵魂,制度管理构成了东方管理的制度支撑,"中道"管理构成了东方管理的方法,"无为"管理、"奇正"管理、"行为"管理、"谋略"管理则是东方管理在方方面面的应用,它们共同构成了东方管理的丰富内涵。

三、东方管理模式的创新

东方管理模式的创新要从东西方文化特点的比较中去找突破。西方文化追求卓越,追求自我价值的实现,因此在西方形成的是独立人格。在这种独立人格基础上形成的西方社会,是一个契约社会。当社会发展需要把这种契约关系用某种法定形式规范下来时,西方社会就形成了法制社会。它在管理上的表现就是强调制度管理、规范管理和条例管理,即在管理中特别强调注重建立规章制度和条例,严格按规则办事,追求制度效益,从而实现管理的有序化和有效化。这种管理模式不妨称之为"硬性管理"。因此,西方管理理论具有一种十分明显的防范性特点,其缺点则在于对人的情感估计不足。中国文化是人文文化、伦理型文化,它强调人性本善,长于协调人际关系,追求群体的和谐。在这一文化的基础上,东方人具有社会人的特点,对群体关系、群体氛围,人在群体中的地位和作用比较看重,强调个体对群体的义务和贡献。同时,也需要群体对个体进行关照和扶持。由此就决定了东方管理理论是伦理型管理,注重于情感投资,注重于群体本位。和西方的防范性管理不同，东方管理具有引导性的特点，即通过特定的途径，使员工接受企业准则和伦理，接受规则和条例，从而形成自我管理、自觉管理的特点。我们不妨称之为"柔性管理"，即价值准则的管理、企业精神的管理。这一"柔性管理"十分注重向员工灌输一种基本的信条和价值观念，其包含企业的基本宗旨，而后就由这种信条来支配员工的行为，由此达到"价值引导""价值管理"的目的。这一管理的优点在于强调情感的投入，注重被管理者的欲望和动机的满足。在现代管理中，这种以"情"为纽带的"柔性管理"具有极大的优势。其一，它有助于沟通频率的提高而增加内部成员的认同效应。一旦管理者要推行一种新的管理方式，由于其成员间的沟通频率高和认同效应高，这种新的措施会在短期内被其成员接受。其二，表现为组织的整合功能强。由于人的认识达到统一，组织的规范和秩序不仅易于建立，而且易于成为其成员的行为准则，从而使组织的功能达到最大的发挥。由于其内协效应高而导致实现目标的力量集中，从而减少阻力有利于管理目标的实现。其三，有助于降低部门之间的协调成本和费用，并使各部门之间产生互补效应，从而有利于整个公司和企业的整体功能的发挥。总之，以"情"为纽带的东方管理，由于其内部情感交流频繁，成员之间认同效应高，往往易于采取步调一致的行动，大大减少相互协调的成本，提高了管理效益。这种"柔性管理"的最大特点是变制度管理为价值管理，变外在管理为内在管理，营造一种和谐氛围，以达到优化管理的目标。

东方管理模式创新发展的方向，应该是上述东西方管理文化精粹的融合，即将硬性管理与柔性管理有机地结合起来，建立一种以理性精神为准则，纳情于理，移情于法，"情、理、法"相统一的、具有东方民族特色的新管理模式。这一创新后形成的东方管理模式应具备以下几个统一：

第一，追求卓越和追求和谐的统一。西方管理追求卓越，东方管理追求和谐。追求卓越若离开了和谐，就会走向自己的反面。早期资本主义社会的发展始终处于激烈的社会动荡之中，破坏了和谐，也就破坏了追求卓越的社会基础。同时，追求和谐也离不开卓越。否则就会把和谐当成目的本身，就会把凡是偏离和谐的一切发明、创新等要素统统扼杀。只有两者的结合统一，才是最佳的格局。在这一格局中，和谐和卓越互为手段和目的，以和谐力量向外竞争，以求卓越，在卓越的基础上实现更高层次的和谐，追求大同精神和大同世界。

第二，制度管理与柔性管理的统一。西方管理的最大特点是规范化、制度化、逻辑化和程序化，以效益为中心，建立科学的管理秩序。它主要依靠法规、纪律、制度、规章、规则等进行管理，严格照章办事。例如泰罗的科学管理模式就是以工作和效率为中心，认为管理就是计划、组织、指导、监督、控制，强调工作方法的科学化、劳动组织的专业化和作业程序的标准化，这有其科学的成分，即按科学来分析人在劳动中的机械作用，制定最精确的工作方法，实行最完善的统计和监督等。它实际上强调的是理性管理。西方现代管理科学主张应用科学方法特别是数学模型和程序来解决生产和作业管理中计划、组织、决策、控制等职能和过程问题；重视企业决策，特别是发展战略性决策，将决策的思想和方法渗透到企业管理的一切职能活动之中；重视信息和预测，把信息看作企业应变的基本条件，是科学理论和决策的基础，把科学预测看作企业生存发展、立于不败之地的重要保证；在企业管理中重视应用现代科学技术的最新成果，例如运用电子计算机作为管理的工具等等，更是突出了理性管理的特点。其缺点则是导致了管理者与被管理者的对立。东方管理的特点是强调以人为本，一切以人为中心，把人当作主体、当作目的，重视人际关系和人的需要，把重点放在调动人的积极性、主动性上，在确立管理思想、制定管理原则和选择管理方法上，强调向员工灌输一种基本信条，而后就由这一信条和价值观念来支配员工的行为，由此达到"价值引导""价值管理"的目的，亦即柔性管理的目标。在管理中只有将制度管理与柔性管理统一起来，才会真正全面提高管理的绩效。柔性管理容易在企业内部营造一种尊重人、信任人、关心人、激励人的文化氛围，让每个员工都富有热情、富有责任感、更富有审美品位地去创造实践，使外在的管理和职工内心的工作欲望更加和谐、完美地统一起来。这就要求我们把"经济人"中商品竞争观念、"社会人"中的集体归属观念和"道德人"中的社会责任感观念有机地结合为一体，形成独具特色的管理思维。

　　第三，有机弹性的组织结构的统一。有机弹性的组织结构是指企业未来的组织结构应以有机和弹性为基本特征，以适应变化的环境。有机就是有生命力，即该组织机构为学习型组织机构；有弹性说明有伸缩力，即该组织机构可以自我发展与变化。要做到这一点，关键是将民主管理与集中管理结合起来。美国密执安大学社会研究中心利克特教授1961年将企业管理领导方式归结为专权独裁式、温和独裁式、协商式和民主参与式四种管理体制。据利克特调查结果，采取第四种管理体制的企业，生产效率要比一般企业高10%～40%。他认为，独裁式的管理方式永远不能达到民主管理所能达到的生产水平和员工对工作的满意感。所以，有机弹性的组织结构应将民主管理和集中管理统一起来。民主集中制、群众路线，应是东方管理组织管理的原则。

　　第四，在管理文化上，应注意将情、理、法三者结合统一。这就要求在管理过程中，先动之以情，用感情、语言去打动对方。如若不行，则要严肃地晓之以理，向对方把道理说透，再不行则绝不姑息迁就，要毫不留情地依照规章制度加以处理。合情、合理、合法应该成为东方管理创新时的出发点和目标之一。在将情、理、法结合统一的基础上，还应将创造一个和谐一致的人际关系作为企业努力的环境目标。和谐的人际关系会使企业形成一个和谐愉快、归属感强的企业内环境。以"忠""仁""义"为准则处理企业内员工的行为，处理和规范企业的行为，树立优秀企业形象，建立优秀的企业文化，使员工真正感到企业是个大家庭。

第十章 "亚洲价值观"与"东亚模式"

东亚经济在20世纪50年代以来持续维持高速增长，尤其是从20世纪80年代起，在整个西方世界笼罩在一片惨淡滞胀的经济阴霾之中而能一枝独秀，欣欣向荣，"亚洲做到了欧美花了差不多一个世纪才达到的经济腾飞"[1]，就不能不令人刮目相看。1965~1980年，东亚地区的日本、韩国、新加坡和中国香港、中国台湾的经济平均增长率仅比美、德、法、英四国快1倍，而1980~1995年间则快了3倍。1990~1995年，全球经济增长速度放缓，世界经济平均增长率仅为1.8%，而东亚上述国家和地区的平均增长率则高达6.5%，远超过西方发达国家和世界经济的平均发展速度。约翰·奈斯比特在其《亚洲大趋势》中提及：1966年时东亚地区的国民总生产仅占当时世界的4%，30年后的1996年此地区的国民总生产却占了世界的24%。照此速度发展，要不了20年，东亚地区就会成为世界经济的中心，他认为"亚洲的现代化绝非等同于'西化'，它呈现出的是特有的'亚洲模式'，现在，亚洲踏上了富强发展之路，经济复苏使东方人有机会重新审视传统文明的价值。随着技术和科学的引进，亚洲向世界展现了现代化的新型模式，这是一种将东、西方价值观完美结合的模式，一种包容自由、有序、社会关注和个人主义等信念的模式。东方崛起的最大意义是孕育了世界现代化的新模式，亚洲正以亚洲方式完成自己的现代化，它要引导西方一起迈入机遇与挑战并存的21世纪。"[2] 许多人预言，"世界经济中心将很快地、不可避免地向太平洋西岸转移，21世纪将是'亚洲世纪'"[3]。但自1997年7月亚洲金融风暴爆发后，人们在检讨亚洲金融风暴的原因时，也引发了对"亚洲价值观"和"东亚模式"的重新评价。

---

[1] 卡拉姆·亨德森：《亚洲在衰落?》，机械工业出版社1998年版，"前言"。
[2] 约翰·奈斯比特：《亚洲大趋势》，外文出版社1996年版，第275页。
[3] 张馨：《论东亚经济崛起》，载于《国际技术经济研究学报》1997年第1期。

第一节 "亚洲价值观"和"东亚模式"的争论

"亚洲价值观"简要地说是指东亚地区的价值观,包括日本、韩国、新加坡和中国(台湾地区、香港地区)等,这一地区是"儒家文化圈"的主要部分,"亚洲价值观"的特点是继承了儒家传统精神文明的精华,也吸取了西方现代文明的合理因素经过整合而成的一种新价值观,其核心是社会整体主义。"东亚模式"前面已有所述。

一、关于"亚洲价值观"和"东亚模式"的批评

掀起这一争论的是西方媒体。自1997年7月亚洲金融风暴以来,西方一些媒体纷纷就亚洲价值观发表评论,认为亚洲发生金融危机说明了亚洲价值的先天不足。"亚洲价值"昨天还被某些西方人认为是"亚洲奇迹"赖以支撑的支柱,一夜之间又被看成"亚洲金融危机"的成因而受到激烈批评。

早在第二次世界大战后至东亚崛起前,以美国为首的西方世界把输出西方式的价值观念作为其外交政策的重心。经济政策始终被看作西方政府迫使非西方国家接受其价值观念的重要工具。这种做法自然也影响了西方知识界对其他文化价值观的评论和看法。美国哥伦比亚大学教授萨依德一针见血地指出,隐含在西方学术界各种学说背后的是西方人根深蒂固的文化帝国主义观念。亚洲经济未起飞前,有些西方人把亚洲经济落后的原因归结为亚洲文化和价值观念,曾把"儒家文明"批评得一无是处,认为它既是封建帝制的可耻护符,又是小农社会的愚昧象征,因而要求亚洲人放弃自己传统的价值观,转而接受西方的价值观念。曾几何时,在亚洲取得了惊人的经济成就以后,西方的某些学者又开始赞扬东亚的"儒家文明"了,并将之誉为是东亚经济崛起的无可匹敌的文化动力。在这种情况下,一些西方人士又开始宣扬"亚洲威胁论",认为亚洲价值观念对西方构成了威胁。如1980年美国著名学者罗德里克·麦克法夸尔写过《后儒家的挑战》一文,预见在未来世界中,俄国的挑战是军事性的,中东的挑战是经济性的,只有东亚对西方的挑战是全面性的,包括从经济发展的模式直至基本的价值观。

然而,随着亚洲金融风暴的来临,西方媒体又掀起了一轮批评亚洲价值观念的浪潮。他们把造成这次亚洲经济危机的深层次原因归咎为以儒家文化为主体的亚洲价值观念,认为造成亚洲危机的罪魁,正是在亚洲价值观影响下形成的东亚发展模式本身。这个模式强调政府的主导和"家族性经营",令决策层骄傲自大,

任人唯亲以至贪污腐化。由于没有公众监督、制约，政府、商界和银行构成"铁三角"，长年累月地形成暧昧关系，沦落到由私交决定政策的地步，这导致了效率低下和腐化。如果亚洲真的出现过什么奇迹的话，那就是这种发展模式居然能维持这么久。如克鲁格曼就认为正是亚洲价值观的劣根性——人事关系上的"裙带资本主义"是导致危机重要因素之一，"东亚经济的增长没有什么东西令人印象深刻，实乃一种神话，因而也无须为之恐惧。本质上，东亚诸'虎'，只不过是'纸老虎'。"① 克鲁格曼做出这一判断的根据是亚洲新兴工业化国家和地区，如同20世纪50年代的苏联，其发展很大程度上依赖大规模的劳动力和大量资金的投入，而非通过提高全要素生产率（TFP）实现的，即仅仅是数量的驱动，而非创新质量的推动，这种生产增长方式最终必然像苏联一样崩塌。东亚奇迹只是暂时的现象，东亚模式自然无从谈起。如在东亚金融危机发生的当年，国际货币基金的执行主席康德苏就宣布：东亚模式已经过时，并认为东亚模式是导致金融危机的主要原因，他给出的政策建议是抛弃这一模式。更有甚者进而否定"亚洲奇迹"的存在，如美国亚利桑那州参议院卡恩说："过去我们称亚洲的经济成长为奇迹，现在我们知道，这不是什么奇迹……我们也很高兴，亚洲终于面对现实。"② 美国《外交》杂志甚至断言："亚洲金融危机证明美国经济模式正确。"③

某些亚洲人士在这股思潮的影响下亦步亦趋。如韩国《朝鲜日报》1997年12月11日刊载了一篇题为《华尔街得到胜利》以及同年12月12日文章《亚洲价值》，两文的核心观点是：亚洲金融危机的爆发，东亚模式被证明是失败了，美国的经济模式是好的。甚至有韩国学者发表名为《孔子死了国家才得以生存》的著作，认为儒教看重特定的血缘、地缘、学缘关系，判断事理上重视非理性的感情因素，强调上下等级的人际关系，这些因素是导致亚洲经济危机的原因。

国内也有学者持这一看法，提出"东南亚国家政治体制的一大特点是其普遍存在的官僚政治。提到官僚政治，便不得不涉及'亚洲价值观'这个问题，并由此产生一个新的疑问：对亚洲价值的过分推崇是否蕴含着一些令人担忧的因素？而亚洲价值观能否继续为东南亚的发展提供一种成功的模式？建立在东方儒教文化基础上的亚洲价值观在政治上的取向就是带有集权性质的官僚体制。可以说，官僚的政治作为亚洲价值观的一个载体，它的弊端所体现的正是亚洲价值观的消极一面。而又正是这种官僚政治具有的缺陷及其必然导致的政治现象，构成了东南亚金融危机的深层原因。……东南亚金融危机的出现暴露出东南亚经济繁荣背后潜在的、体制上的问题和缺陷。它说明东南亚国家已趋老化的体制已无法支撑

---

① 保罗·克鲁格曼，林颖译，刘文校：《拯救亚洲：应当改弦易辙了》，载于《国际金融研究》1998年第9期。
② 程超泽：《亚洲怎么了?》，上海人民出版社1998年版，第124页。
③ 唐纳德·埃默森：《亚洲美国化了吗?》，载于《外交》1998年第617期。

其经济继续腾飞，如果继续僵守这种体制，那么东南亚经济奇迹将神话不再，而经济危机则还会有酝酿的土壤。因此，如何对现有的体制进行改革，以找到一种更加适应世界经济一体化的开放经济的发展模式，应是东南亚国家在遭遇危机之后所面临的首要任务。这其中包含着一个痛苦而冷酷的抉择：东南亚国家政府和人民是否有勇气和胆识去改革那些根深蒂固的社会政治经济模式，甚至改革一些深入到观念的东西（这些东西或许因被冠以'传统'而难以割舍与超越）？"① 显然，作者认为"亚洲价值观"是造成东南亚金融危机的深层次的原因，东南亚国家和地区要走出危机，就必须抛弃以"亚洲价值观"为基础的"东亚模式"，全面接受西方的价值观念和西方的自由市场经济体制。有的学者则认为由儒家传统营造的东亚国家义务型关系网中经常出现的问题如法制不透明，其结果是形成了"亚洲裙带资本主义"，说明儒家伦理与现代社会存在着许多不相适应的部分。还有人提出，儒家思想所提供的是一个"灭人欲"、无情感、无意向的抽象空洞的人，这样的人不具备市场经济所需要的现代经济人的特点。

也有的论者持论中性，认为亚洲价值观对东亚经济的发展影响具有双重性，作为亚洲价值观核心内涵的儒家文化的团体主义也需要重新审视和评价。与西方个体主义文化强调积极竞争不同，儒家团体导向文化更注重团队精神，这样一种独特的社会组织原理在东亚崛起的过程中的确发挥了重要作用。但对整体需要的过度强调又不可避免地导致个人自主权受到贬抑，且对团体的过度依赖也导致个体竞争精神的缺乏，当经济发展需要由持久竞争带来的效果和活力进行支撑时，这一团体导向的价值理念又会成为了经济发展的内在阻碍。② 比如，作为亚洲价值观主要体现的家族式经营和团队导向"使企业内出现任人唯亲、裙带关系和对团体的盲目依附；压制了个人的自主权，不利于民主权利的行使和发挥；束缚人们追求普遍的平等自由权利和社会公正等，不利于法治秩序的建立。"③ 这一论述一方面承认团体主义作为东亚共同的价值基础对东亚经济发展和社会整合发挥有重要的作用，但在时代背景发生变化时，需要综合东西方价值观去实现对东方传统价值观的超越，以更好地满足时代发展的需要。

二、对于"亚洲价值观"和"东亚模式"批评的质疑

面对这些对"亚洲价值观"和"东亚模式"的批评，不妨提个反问：既然

---

① 刘渝梅：《东南亚金融危机的政治思考》，载于《世界经济与政治》1998 年第 1 期。
② 上述观点参见高敏：《"亚洲价值观"中的儒家伦理》，载于《网络财富》2009 年第 12 期；王瑞生：《儒家思想与东亚的现代化》，载于《中国哲学史》1996 年第 4 期；羊涤生：《世纪之交的儒商》，载于《洛阳大学学报》2001 年第 1 期；郑易平、陈延斌：《亚洲价值观评析》，载于《甘肃社会科学》2004 年第 2 期；顾肃：《对东亚金融危机的文化反思》，载于《中国社会科学》1999 年第 3 期。
③ 崔月琴、李文焕：《儒家文化对东亚经济发展的双重影响》，载于《东北亚论坛》2000 年第 4 期。

可以因亚洲经济危机而质疑亚洲价值观，为什么不可因"华尔街危机"而质疑欧美的价值观呢？这种以偏概全、因地区经济的困境而动辄否定这个地区的价值观，其思考逻辑究竟有多少"逻辑"意义？在现实世界根本找不到十全十美、没有缺陷的经济发展模式，任何发展模式都有其利弊的二重性。东亚模式也是如此。东亚发展模式之所以能形成并对东亚的经济发展创造奇迹，自然有其合理性和必然性。美国著名经济学家弗里德曼和麦吉恩就肯定"亚洲价值观"及"东亚模式"对东亚经济成功的贡献，以事实为例对上述论点加以批驳："在1960年，香港的人均收入仅是英国的28%；到1996年，这个比例飙升到137%。换言之，1960～1996年，香港与英国的人均收入之比从1/4到4/3。陈列这些数据非常容易，但要理解其背后的意义却并非易事。英国是工业革命的发源地，19世纪的工业强国，有'日不落帝国'的美誉，而香港仅是一块弹丸之地，人口过剩，除了劳动力资源外，没有任何资源。两者几乎不可同日而语。然而，在40年间，这块弹丸之地上的居民，把自己的人均收入提高到比宗主还高1/3多。……与日本模式相同，韩国模式也立足于三个支柱之上。其一，政策倾斜于大企业、大集团。官僚们认为这样能够保证规模经济。其二，银行的作用不是评估风险和收益，而是充当政府的政策杠杆。其三，这种资本主义被称为'国家指导型资本主义'。尽管在我这个顽固的自由放任主义者看来，这会造成巨大的资源浪费，但它的确是有效的，因为立足于这种原则之上的国家确实发展了。……克鲁格曼教授说，亚洲奇迹充其量只是巨额外资注入所虚构的泡沫，就像苏联经济在建国初期取得了辉煌成就，但却不能持久一样。这种说法似乎太刻薄了。亚洲人的行为模式的独到之处，主要是信奉勤劳致富，公共部门扶持企业而不投资于个人福利，这些优势应该加以发扬光大。"[1] 世界银行前副行长、诺贝尔经济学奖获得者约瑟夫·斯蒂格利茨也认为对"亚洲价值"和"东亚模式"的"批评和苛责""过火了"，认为东亚过去所取得的卓越经济成功"是不能一概抹煞的。从历史上看，金融危机和经济衰退并非资本主义今日之新现象，而是古已有之；况且亚洲地区中的许多国家和地区，尤其是中国及其台湾地区似乎就已平安度过这场金融风暴。"[2] 他在另一篇《恢复亚洲奇迹》的文章中强调，"'东亚奇迹'是实实在在的。'东亚奇迹'对亚洲经济的改造是历史上最突出的成就之一。""一度成为其他发展中国家样板的东亚国家今天却遭到许多人的谴责。……舆论的这种巨大变化已超出合理的逻辑。"[3] 许多反驳者都强调了亚洲金融风暴

---

[1] 原文载美国《国家评论》杂志总第68卷第25期，中文见弗里德曼、麦吉恩著，潭晓梅译，王新校译：《亚洲价值观：对与错——香港的真正教训》，载于《现代外国哲学社会科学文摘》1999年第4期。
[2] 约瑟夫·斯蒂格利茨：《金融稳健与亚洲的可持续发展》，载于《经济社会体制比较》1998年第3期。
[3] 何方：《"东亚奇迹"幻灭了吗？——东亚金融危机分析之一》，载于《解放日报》1998年3月11日。

和亚洲价值观的不相关性，抨击西方不着边际地把亚洲金融风暴与亚洲价值观硬扯在一起的做法，认为这场风暴彻头彻尾与 20 世纪 80 年代末 90 年代澳大利亚、新西兰、英国及美国所遇到的难题是一模一样的。是否也可以说，西方经济危机也是由他们的西方价值观所引起的呢？经济危机是根源于资本主义经济制度的内在矛盾。在亚洲金融危机爆发之前的几年内，英国、瑞典、法国和意大利的货币也先后遭到国际炒家的突袭而一个接一个地被迫贬值，使这些国家的人民也遭到了令人同情的损失，这能否说也与他们的价值观念有关呢？自从全球经济自由化以来，20 世纪 90 年代每天平均约有价值 12000 亿美元的货币在国际金融市场流动。这个惊人的数目超过了许多国家国民财富的总值。当一些国际炒家集中火力进攻某个国家的货币时，许多银行、货币共有基金和跨国公司也跟踪而上，有的是为了投机赚钱，更多的人则是为了自保。在它们的夹攻之下，世界上没有几个国家能招架得住。这与其所信奉的价值观是根本不相关的。亚洲经济危机和亚洲价值观之间并不存在一种必然的、直接的因果关系，否则无法解释为什么危机要在 1997 年 7 月爆发而不是在更早或更晚一些时候爆发。导致亚洲金融危机的原因应当从金融体制的缺陷中去寻找，如外汇政策的错误和资本市场的过度自由化。有的学者正确指出："中国就是由于经过宏观调控实现了'软着陆'，才限制了危机的'波及效应'。可见，这次危机和'亚洲价值观'并无关系，也并不表明东亚模式的失败或过时，只是经济运行中出了些问题。这也就像西方历史上曾多次发生经济危机，也并不证明是西方价值观的失败。正像小孩生了病，治好就会康复，而不是将孩子扔掉。事实上，东亚模式的重要原则和基本框架仍然具有强大的生命力，要摆脱危机和恢复良性增长，还得靠发挥它的积极作用。例如，高储蓄和适度高投资有什么不好？就是引起西方非议最多的政府干预，只要干预适度，政企分开、增加透明、清除腐败等，是有利于经济发展的。西方特别是一些美国人断言东亚模式已经过时，目的是要用美国模式代替东亚模式。国际货币基金组织提出的一些苛刻条件就是为此目的服务的。《华盛顿邮报》就说，'国际货币基金组织正在利用韩国的金融危机按照美国的形象改造韩国经济，其副作用则是引起严重衰退。'"所以要不要东亚模式，绝不是什么学术争论，而是事关走什么路的问题。"① 亚洲金融危机与"亚洲价值观"是不相关的，西方学者挑起这一论战的目的是要用西方模式否定东亚模式。亚洲经济的崛起，亚太文明的建立和发展，还要仰赖亚洲价值观发挥作用。"亚洲价值观不仅作为一种东亚传统的哲学、宗教的思想而存在，而且也融汇于现代的经济和生活之中，并且对东亚经济奇迹的形成起到了十分重要的推动和凝聚作用。儒学价值观也像其

---

① 何方：《东亚模式过时了吗?》，载于《解放日报》1998 年 1 月 9 日。

他价值观一样有其优点和弱点，我们不能因为亚洲金融危机就怀疑甚至否定东亚价值观。"① 1998 年 4 月 18～19 日在上海举行的"中国海派经济论坛第 6 次高级研讨会"上，"大家认为，东亚模式具有东方文化特色，东亚模式对外开放的融资方式、企业集团的组建对于我国具有直接的借鉴意义。东南亚金融危机是国际经济的综合因素的结果，并不表明东亚模式的失败"②。

还有人提出亚洲金融危机不是"亚洲价值观"的产物，而是西方价值观在亚洲运用不当的产物，是美国人的阴谋和操纵造成的。如《纽约时报》发表美国学者克里斯托夫（N. D. Kristof）关于金融危机的评述文章，标题就是《美国是金融危机的始作俑者》，克氏在另一篇文章中详细对这一判断进行了论证："正是莫斯科和泰国首都曼谷的银行家和投资者对股票和房地产进行狂热的投机，从而形成灾难性的泡沫经济。可是，正式推动金融自由化的美国官员培植了这种动机（即使发展中国家欢迎这种投机）。而且，正是美国的银行家和货币经营者把数十亿美元注入这些新兴市场。接着，当危机爆发后，美国官员又坚持实行注入消减预算和提高利率等严厉措施，而许多经济学家认为，这些措施使情况变得更糟。"③ 他断言，亚洲金融危机是美国银行家的投机活动导致的，美国人发动这一风暴的目的，是为了维持其称霸世界的战略目的："谁在唱反调？谁不听话？谁有可能挑战霸权？什么地方的经济发展势头将威胁到美国的利益？哪一处最有利可图？哪一处最有可能采购军备物质？所有这些都成为后冷战期美国全球战略的重要组成部分。几年前，美国战略的一位谋师、哈佛大学教授亨廷顿就大谈'文化冲突'。他建议美国离间儒家社会和伊斯兰国家的亲近，限制它们的军力发展，并在东南亚维持军事优势。从各个方面衡量，沿太平洋西岸这块正是展示其帝国主义威力、教训、取利的好场所。"④ 明确挑明亚洲金融风暴是西方人出于其文化帝国主义或政治利益而对亚洲发动的一场经济战争。美国挑起"美国模式"和"东亚模式"争论的真正目的，也是为了借机向亚洲金融风暴受害的国家和地区输出"美式经济自由主义"，为西方的价值观念堂而皇之地进入亚洲寻找理论根据。这一论断并非是无中生有，美国联邦储备委员会主席格林斯潘 1998 年 2 月 13 日在出席参议院听证会时就一语道破天机，他指出，亚洲金融危机最大的影响是迫使亚洲各国走向西方资本主义的自由市场，这项戏剧化的转变使资本主义制度成为全球共识。《纽约时报》同日刊文指出，格林斯潘出席参议院听证会时表示，亚洲金融危机最大的影响是使全球共同转向西方的资本主义市场制度，尽管数年前亚洲的模

---

① 黄心川：《亚洲价值观与亚太文明和宗教的发展》，载于《当代亚太》1998 年第 11 期。
② 《中国海派经济论坛召开第 6 次高级研讨会》，载于《解放日报》1998 年 5 月 26 日。
③ 克里斯托夫·怀亚特：《沉没于现金的海洋——漫谈全球金融危机》，载于《现代外国哲学社会科学文摘》1999 年第 5 期。
④ 程超泽：《亚洲怎么了？》，上海人民出版社 1998 年版，第 66 页。

式受到许多国家的推崇，被视为一个相当吸引人的发展模式。

应该清醒地认识到，西方人挑起"亚洲价值观"争论的目的不是学术性的，更不是为了更好地去理解亚洲经济的发展或危机的根源，而是为了促使亚洲国家接受西方的价值观，改变政治经济制度。美国和国际货币基金组织为了拯救亚洲经济而开出的一系列条件已印证了这一点。从长远看，只要存在着亚洲价值和西方价值之分，只要存在如美国学者亨廷顿所说的东西方"文明的冲突"，这样的争论一定还会继续下去。这正如新加坡学者郑永年指出的："把亚洲经济危机归咎于亚洲本身没有民主的观点也并未获得任何经验证据的支持。事实真相是，实行西方民主制度与妥善地管理金融制度风马牛不相及。把亚洲经济危机归咎于亚洲价值观的那些人似乎忘了，新加坡是最热衷于推崇亚洲价值观的国家，但在亚洲经济危机中它所受到的打击程度比多数邻国来得小。如果说，危机是由亚洲价值观的有害影响所直接造成的，那么新加坡经济应该最先垮掉"①。已故新加坡资政李光耀正确指出了导致亚洲金融危机的原因是诸如缺乏银行监督、法律不完善和错误的汇率政策等等，而不能归结为是亚洲价值观的错误，他强调集体利益高于个人利益才是与西方个人主义相对立的亚洲价值观的核心内涵。他认为从长期看，世界经济的中心确实将从大西洋地区向太平洋地区转移。

亚洲金融危机起于泰国，而在日本、新加坡以及中国台湾、中国香港等这些属于亚洲价值观核心区域的国家和地区波及影响较轻，也印证了亚洲金融危机与亚洲价值观的不相关性。也有不少学者的研究指出：亚洲社会具有的勤劳和高储蓄仍是其闪光点，再加上灵活运用人的合作关系这一优势，亚洲社会就会像一只再生的凤凰一样重新腾飞。还有的学者指出，尽管目前发生了金融危机，但并不意味着亚洲时代已经结束，恰恰相反，亚洲时代正在开始。台湾学者魏萼通过对信奉不同宗教国家进行比较研究，发现以儒教文化为背景的国家其经济发展速度要明显快于佛教国家和伊斯兰教国家。儒教文化重视家庭及个人责任感，几乎每个东亚国家的储蓄率都至少达到30%，这有助于资本的积累："儒家文化中的勤劳、节俭、信义、诚实、理性、分工合作、服从权威、家庭观念、廉洁政府、藏富于民等优秀文化"② 在这些国家和地区抵御危机的影响上发挥了重要作用。亚洲的一些政治家也持相同看法，如美国《福布斯》月刊（日文版）6月号曾发表了一篇题为"亚洲的奇迹并没有结束——新加坡内阁资政李光耀对记者的谈话"的文章。李光耀认为，亚洲的经济奇迹并没有结束，"亚洲经济维持8%～10%的增长速度已经有15年的历史了。债务大量增加只是最近3年的事情。亚洲各国的货币如果不实行与美元挂钩的联系汇率制而随机应变的话，就不会发生这次

---

① 程超泽：《亚洲怎么了？》，上海人民出版社1998年版，第206页、第207页。
② 魏萼：《从亚洲价值观看东亚金融危机》，载于《经济学家》1998年第6期。

危机了。再过 2～4 年亚洲经济便会重新繁荣起来。"李光耀还认为，亚洲的儒教价值观过去是推动亚洲经济奇迹创造的精神动力，今后仍是亚洲走出危机、推动经济发展的精神动力："儒家价值观看重家族和朋友，但这只是限于个人交往，而不能把这种价值观应用到公共机关的事务中。营私舞弊与腐败都是违背孔子教导的。如果我们没有亚洲的价值观，亚洲就不会发展得如此迅速。这种价值观有助于亚洲各国的兴起，但是，其前提是政治家必须遵纪守法，取信于民。……勤劳、储蓄率高、投资积极、家族观念强、重视教育等，这种儒家价值观是推动经济高速发展的动力"①。时任香港特首的董建华也持相同看法。美国学者史蒂文·拉德勒特和杰弗里·萨克斯也从宏观角度断言，1997 年亚洲金融危机不是亚洲经济增长的结束，而是随同经济增长而出现的金融形势的波动。他们预言，亚洲很快就可能重新恢复它在世界经济中心的地位。约瑟夫·斯蒂格利茨认为，东亚发展的一些最重要的宏观经济基本因素目前仍存在，这表明东亚经济的前景仍是美好的。实际上，亚洲价值观在韩国减轻金融危机的影响上就发挥了重要的积极作用。在韩国金融危机发生后，普通市民积极响应政府"国民团结共渡难关"的号召，节约度日，22 个市民团体联合起来，以"拯救经济泛国民运动"的形式在全国提倡爱用国货、抵制高档洋货，不少家庭主妇连麦当劳的汉堡包都不买给孩子吃。1998 年春节过后，各地各界搞起了广泛的集金运动，仅两天工夫，就有 13 万人将珍藏的各种黄金首饰 1 万余千克捐献出来，表现了"天下兴亡，匹夫有责"的气概。政府也精简机构，降低工资，企业开展减人增效、勤俭节约等运动，使韩国平稳地度过了金融危机。

亚洲金融危机与亚洲价值观无关，东亚模式符合东亚当时发展经济的要求，适合东亚地区的国情，因此是不能否定的。如何客观分析与评价东亚模式不仅关系到今后对这一地区经济前景的正确估计，而且也关系到整个东亚各国和地区包括中国在内今后的发展道路和发展战略的抉择。2005 年 12 月在北京举行的"儒学与亚洲人文价值"国际学术研讨会，会议对"儒学与亚洲人文价值"的现代意义就从这一视角做了充分的肯定，提出这个"现代意义"可表述为：重视家庭、修身齐家的伦理情怀；服从社会、融入集体的价值取向；自强不息、厚德载物的进取意识；以义取利，戒除腐化的价值思想；吃苦耐劳、勤俭节约的生活态度；"天职"至上、敬业诚信的职业道德；精密求精、缜密认真地工作，等等。儒家所倡导的"和而不同""己欲立而立人，己欲达而达人"的价值观念，不仅应成为人与人交往的原则，而且也应成为处理国家和社会相互关系的准则。②

---

① 《李光耀说亚洲的奇迹并未结束》，载于《参考消息》1998 年 6 月 7 日。
② 刘玉敏：《弘扬儒学现代价值，构建亚洲和谐社会——"儒学与亚洲人文价值"国际学术研讨会综述》，载于《社会科学战线》2006 年第 1 期。

"亚洲价值观"不仅在20世纪五六十年代以来的东亚经济的快速发展中发挥了重要作用,同时也是东亚地区克服金融危机、重振东亚经济的一个积极因素。已有许多学者撰文指出,在儒家文化影响下的东亚经济走出困境,迅速复兴仍有着许多有利的因素,并且这些有利的因素与不利的因素相比,要占据主导地位。比如,(1)二三十年的高速发展打下了牢固的基础,宏观经济状况良好;(2)原有的促进增长的因素依然存在,如人力资源丰富、储蓄率高、人民勤劳节俭、有实行外向型经济的优势等;(3)各国政治和社会长期保持稳定,人民能够齐心协力共渡时艰;(4)区内国家关系良好,经济互补性强,合作发展迅速;(5)国际环境有利,包括总的形势保持缓和与稳定,经济、贸易、投资走势良好,处于上升期的世界经济制约着局部危机,全球化趋势和相互依存的加深使发达国家不能独善其身;(6)危机也带来了新的机遇,除汇率下跌有利于出口等以外,更重要的还是有助于吸取教训、提高认识、推动改革。危机还促进了东亚国家的联合自强,如东盟国家协商用本地货币结算就是一例。有利的历史条件使东亚的再次崛起不可逆转。时任国际货币基金组织总裁康德苏也认为,"过了这个调整时期后,它们(指发生危机的国家)将会变得更加强大"[①]。

第二节 亚洲金融危机及其成因

一、亚洲金融危机

爆发于1997年7月的亚洲金融危机,始于泰国,波及新加坡、日本和韩国等地。危机表现为泰国、印度尼西亚、韩国等国的货币大幅贬值,造成亚洲大部分主要股市的大幅下跌;冲击亚洲各国外贸企业,造成亚洲许多大型企业倒闭,工人失业,社会经济萧条,一些国家的政局出现动荡。泰国,印度尼西亚和韩国是受此金融风暴波及最严重的国家,马来西亚、菲律宾和中国香港等地也被波及。

危机大体经历了三个阶段:第一阶段,始于1997年7月2日泰国宣布放弃固定汇率制,当天泰铢兑换美元的汇率下降了17%,外汇及其他金融市场一片混乱。在泰铢波动影响下菲律宾比索、印度尼西亚盾、马来西亚林吉特相继成为国际炒家的攻击对象。10月下旬,国际炒家移师中国香港,为保卫联系汇率制,香港政府提高港元利率,香港股市暴跌,引发全球股市下跌;11月中旬,韩国

---

① 何方:《"东亚奇迹"幻灭了吗?——东亚金融危机分析之一》,载于《解放日报》1998年3月11日。

放弃保卫韩元措施，韩元大幅度贬值，韩国政府向 IMF 求援以求缓解债务危机。韩元危机冲击了在韩国有大量投资的日本金融业，1997 年下半年日本的一系列银行和证券公司相继破产。东南亚金融风暴演变为亚洲金融危机。第二阶段，1998 年 2 月 16 日，印度尼西亚盾同美元比价跌破 10000∶1，印度尼西亚金融风暴再起，印度尼西亚陷入政治经济的危机。受其影响，东南亚汇市再起波澜，新元、马币、泰铢、菲律宾比索等纷纷下跌。日元汇率也从 1997 年 6 月底的 115 日元兑 1 美元跌至 1998 年 4 月初的 133 日元兑 1 美元；5~6 月，日元汇率一路下跌，一度接近 150 日元兑 1 美元的关口。随着日元的大幅贬值，亚洲金融危机继续恶化。同时日本和一些东南亚国家公布当年第一季度经济出现负增长数字，使金融市场再起波澜，一些国家的股市再创新低。第三阶段，趁日元汇率持续下跌之际，国际炒家对香港发动新一轮进攻，恒生指数跌至 6600 多点。亚洲金融危机也波及俄罗斯，1998 年 9 月 2 日，卢布贬值 70%，使俄罗斯股市、汇市急剧下跌，引发金融危机乃至经济、政治危机。危机也引发美国、西欧股市暴跌持续一个多月，跌幅在 20% 左右，巴西拉美国家也卷入了这场金融危机的漩涡之中。1999 年亚洲金融危机结束。亚洲金融危机对东南亚经济、社会和政治等方面都产生了严重的影响，根据 1998 年 10 月 14 日美国《华尔街日报》引用新加坡一位金融专家的估计，持续 15 个月的东南亚金融危机使这一地区的 1 万亿美元贷款变为不良贷款，2 万亿美元的股票化为乌有，3 万亿美元的国民生产总值消失。货币大幅贬值、股市暴跌，巨额账面财富瞬间消失，发生金融危机的国家都陷入了严重的经济衰退之中，大批企业倒闭，失业率上升，工人收入锐减，有所缓和的贫困化问题又重新恶化。

二、亚洲金融危机的原因

亚洲金融危机首先应从金融体制方面找原因。导致亚洲金融危机的直接因素是亚洲金融体制方面的缺陷。发生金融危机的国家和地区的金融机构内部控制机制的不健全，中央银行对金融机构的监管不力，金融市场的发育不够成熟，金融自由化步伐过快等因素以及现代国际货币体制的缺陷，都是导致亚洲金融危机爆发的直接原因。

一是金融机构内部控制机制的不健全。金融机构内部控制是管理层对内部业务活动所进行的管理和控制，内容包括决策管理机制、人事管理机制、授权和审批制约机制、内部审计机制等。金融机构如能实行有效的内部控制，就能把业务经营过程中的无意差错和有意舞弊的可能性降到最低，以确保经营目标的充分实现。所以说，金融机构内部控制机制的健全是金融机构防范和化解风险、实现稳健发展的关键。从历史上看，国际金融领域中由于金融机构内部控制方面的原因所导致的金融风险事件已层出不穷。与国际发达国家相比，东南亚各国在金融机构的内部控制机制方面存在有很大陷缺。比如，金融机构内部管理和控制比较混乱，内部职责没有分开，对管理人员的权力和责任缺乏必要的监督和制约；执行会计制度也不够严格，财务报表数据有欠准确；有的金融机构内部审计还缺乏独立性和权威性，没有能发挥应有的监督作用。这一切导致了亚洲各国金融机构片面追求高额利润，过多地向非生产部门大量投资。如在此次金融危机爆发前，东南亚各国银行都向房地产业贷款过度。1996 年，泰国给房地产业的贷款占贷款总额的 30%，马来西亚是 28%，印度尼西亚是 20%，菲律宾是 24%，其结果是导致了各国房地产严重供过于求，银行到期贷款无法收回，导致呆账、坏账激增。据相关专家分析，东南亚各国银行的坏账占全体放款的比例在 10%～20%，其中泰国银行的坏账比例最高，将近 20%；印度尼西亚次之，约 17%；韩国居第三，约 16%；马来西亚居第四，约 16%；菲律宾紧接在后，约 14%。比较起来，美国的银行的坏账比例只有 1%[①]。

二是中央银行对金融机构的监管不力。中央银行是"银行的银行"，是全国金融机构的最后融资者与支持者，同时也是金融机构的监督者。金融机构的资产运用是否安全，业务办理是否合理，是否遵循了金融法令和业务程序，都在中央银行监督管理的范围之内。东南亚国家的中央银行没有能很好地尽到这些责任。例如，在经济高速增长的情况下，资金借贷双方都盲目乐观，不注意资金的合理投向与管理。这些国家的银行业在经济景气时期向房地产业过度投资，甚至在毫无抵押的情况下向房地产业贷款，形成了房地产业的泡沫经济。银行的贷款额逐年增加，而贷款损失准备金却在逐年减少，这就为金融危机播下了"种子"。如菲律宾在 1994～1996 年间所有银行的平均贷款增长了 38%，而贷款损失准备金占贷款总额的比例却从原来的 3.3% 减少到 1.3%，对此中央银行无所行动，只是在金融已出现动荡之后才采取了一些调控措施，对商业银行在各个领域的贷款比率发出指导性计划，要求银行增加贷款损失准备金等，但为时已晚。由于房地产业泡沫经济已经产生了巨大的危害，即使减少对其贷款也已于事无补。

三是金融市场发育不够成熟。这主要表现在市场体系不完备，资金不能充分流动；金融管理的法律、法规不够健全，对金融机构和上市公司的监管和约束不够严格，出现内幕交易和操纵市场价格等违规行为；衍生金融工具品种少，交易不规范，都增加了金融市场上的风险；有些规定不合理，如曼谷股票交易中心对投资者收取资本收益税，收取的佣金也较高，不利于吸引投资者，等等。金融市

[①] 齐良书：《东南亚金融危机与泡沫经济》，载于《经济科学》1998 年第 2 期。

场监管不严又是产生泡沫经济的重要因素之一。大量资金流向金融市场，通过违规行为牟取暴利，不但扰乱了金融秩序，而且也推动了证券价格超常规上涨，形成股票市场的泡沫经济。多数国家货币政策失当，在资本市场尚不成熟的条件下将本国货币与美元挂钩，实行固定汇率，使本国货币政策的独立性受到限制，这种机制缺乏弹性，在美元汇率上升时往往使本国货币高估。在缺乏管理金融市场的前提下实行资本项目自由兑换，吸引大量国际游资进入，游资的进出炒作又进一步恶化了这些国家的金融危机。此次东南亚金融危机前，国际投机商通过离岸业务从泰国本地借入泰铢，利用外汇远期、掉期和利率互换交易有预谋地组织了对外汇市场抛泰铢买美元的突然袭击，以至引发了此次的金融危机。如果金融市场规章制度完备，监督管理严格，就能及时作出反应，抵御国际投机客的进攻，化解或减轻此次金融危机的程度。

四是随着经济全球化，亚洲金融自由化步伐过快。经济全球化对亚洲金融危机的影响主要表现在科技革命为资金在全球大规模流动创造了条件，而东亚各国原有的监管标准和措施落后，对于全球规模的资金流动缺乏相应的控制力，东南亚的经济增长又严重依赖外部融资，这使金融危机得以孕育，当国内货币贬值、外部融资对这些国家的经济信心改变时会导致大量资金外流使危机不可避免。东南亚的国家出口导向战略也是经济全球化的产物，这意味着这些国家对世界市场高度依赖，受外部冲击不可避免。伴随着国际金融一体化，当国内爆发货币危机时民众信心不稳就会挤兑美元从而酿成金融信用体系的危机。与此同时，随着经济全球化的到来，20世纪90年代以来东南亚各国都陆续进行了金融自由化的改革，其中尤以泰国速度最快。在关贸总协定关于服务贸易的谈判定案以后，泰国按协议的规定开放了金融市场。泰国金融自由化改革的内容主要包括：实行外汇交易自由化；取消银行存贷款利率的限制；扩大银行的经营范围；放宽组建银行的限制；引入国际清算银行的资金足量标准；优先开展地方业务；建立进出口银行，促进国际贸易的发展等。在金融全球化大量资金流入的情况下，泰国在金融改革中没有对强化金融监管给予足够的重视。这种在缺乏有效金融监管的条件下过快实行自由化的做法有着很大的风险，风险之一是有可能受到来自国际投机客的攻击。在这次东南亚的金融危机中，国际投机客就起了导火索的作用。20世纪中后期以来，随着金融创新带来了许多金融衍生工具，国际投机者完全可以利用这些金融衍生工具在新兴市场上大肆进行投机活动。他们往往对某些新兴市场国家进行冲击，在短期内调进或调出大量资本，足以使这一国家的金融体系受到致命打击。从1996年东南亚经济增速放慢开始，国际投机客就瞄准了这一地区。1996年国际电子产品市场需求停滞，以电子元件为主要出口品的东南亚各国出口受到严重影响，国际收支经常项目出现赤字。如泰国的出口增长率由1995年的 22.5% 骤降至 0.1%，经常项目逆差达到 GDP 的 8.3%。又由于东南亚各国属出口主导型经济，出口不振影响到整个经济的增长速度，同时房地产也出现过剩，金融机构坏账剧增，泡沫经济已经濒临破灭边缘，国际投机商首先选中泰国，除了因为泰铢明显高估之外，还有一个重要的原因是泰国金融市场开放自由度高，非居民可以较自由地参与本地市场的交易活动，而且存在监管不严的弱点，都给了国际投机客以可乘之机。

此外，现代国际货币体制的缺陷也是一个不可忽视的因素。现代国际货币体制的缺陷主要表现在美元停止兑换黄金之后储备货币开始多元化，那些与美元储备货币挂钩的国家不仅要受储备货币国家货币政策的影响，也要受多个国家之间货币政策的影响；从汇率制度上看，牙买加协议使各国有权决定采取何种汇率形式，这种汇率制度的无序会加剧一国外汇市场的风险；在国际收支的调节上，现行体制完全由逆差国家自我调节，制度上无任何约束或设计来促使或帮助逆差国恢复国际收支平衡，当一国外债积累到一定程度时，偿债压力会使原有的国际收支逆差和货币贬值矛盾突然爆发引发金融危机。在这一国际货币体制的缺陷下，西方投机者的活动必然会对金融危机起到推波助澜的作用。

总之，造成亚洲金融危机的原因是复杂的、多方面的，其中有像索罗斯这样的国际投机客的兴风作浪，但更多的是因这些国家和地区的金融体制存在缺陷，经济结构不合理，调控手段和金融监管的不力所形成的泡沫经济的破灭。

第三节 "东亚模式"及其未来

一、"东亚模式"的争议

东亚经济在短短的 30 年时间内，实现了欧美差不多一个世纪才达到的经济腾飞，世界银行据此将东亚的迅速崛起称之为"东亚奇迹"。随着亚洲金融危机的爆发，对"东亚模式"又充满了争议。学界关于"东亚模式"的讨论也相应经历了两个阶段：第一阶段是从 20 世纪 80 年代前后到亚洲金融危机爆发之前，讨论的核心问题是东亚为什么会迅速崛起，着重总结"东亚模式"的特点与内容，包括威权主义政体、外向型经济发展战略以及亚洲价值观等，代表性观点如 2008 年诺贝尔经济学奖得主保罗·克鲁格曼在这一时期对"东亚模式"的如下评论："事实仍然是，所有这些国家（地区）都达到了非凡的增长率。它们还拥有其他特征：极高的储蓄率；较好的基础教育，因而识字率和计数能力也相应较高。由这些共同的特征造成的物质和人力资本的高速积累，又依次成为其经济高速增长的重要因素。为什么这些有着明显差别的国家（地区），会有这么多的共同点呢？最简单的答案是无人知道。有些人，特别是政治理论家如塞缪尔·亨廷顿认为这一地区整体地分享着儒家文化。……马克思·韦伯的著名论点就是用'新教教义'解释了西北欧的经济增长；可能高储蓄和崇尚教育的'儒家思想'就是亚洲经济成功的共同主题。这可能正是李光耀先生讲的'东亚人内在精神'的含义。……无论如何，一些观察家认为，他们在亚洲增长中看到了一些不同的共性：它们采用的'亚洲体制'以日本的成功为范式。在这一体制中，传统西方国家的自由市场经济和自由贸易被搁置一旁，而采用政府积极推动特定行业经营的社会制度，在准备开始出口之前用低息贷款补贴，把它们保护起来，避免与外国的竞争。在这一制度里，国家大体上被用作一个经济发展的工具"[1]；第二阶段以亚洲金融危机的爆发为背景，主流声音是对"东亚模式"进行反思乃至批判。对于"东亚模式"与亚洲金融危机的关系，学术界有两种截然相反的认识。一种观点认为"东亚奇迹"的出现首先是集权政治的结果，本质上是一种后发展经济进程中特有的政治经济过程——政治组织与经济组织之间的制度安排及其变迁。因此，"东亚模式"的本质内涵就是东亚国家和地区形成了致力于经济发展的"强政府"。这种"强政府"以较高的政府强度从两个方面直接推动了经济增长：一是为了克服市场的不发育或残缺的市场弱化压力，有效地实施了"政府替代"，即强制扭曲某些市场价格及其资源配置，培植主导产业及其主要企业的形成与发展。东亚国家在第二次世界大战后普遍存在的威权政治体制对于其迅速恢复国内经济并实现赶超发展提供了政治基础，由此成为"东亚模式"的一个主要特征；二是东亚国家和地区在"强政府"主导下，采取了出口导向型的工业化战略，特征是"依赖性和外向性"，一旦其赖以生存、发展的外部条件发生变化便会发生危机。这两项曾经促使东亚经济创造奇迹的政策或战略，正是导致东亚金融危机的重要根源。因此，亚洲金融危机与"东亚模式"有关，亚洲金融危机就是"东亚模式"的危机，它标志着"东亚模式"的终结。另一种观点则与之相反，认为亚洲金融危机同"东亚模式"无关，"东亚模式"的本质是采取外向型经济战略，不能因某些东亚国家如韩国未能适时调整战略而发生危机便归咎于这一战略本身。持这种观点的学者强调高储蓄、重视教育、重视效率的东亚经济，前景良好，决不能因为发展中出现的一点挫折就否定东亚经济的成功。经过调整后的东亚经济，21世纪仍会是一个充满希望的高增长经济的国家和地区。"东亚模式"与"东亚奇迹"紧密相连，"东亚模式"的那些基本内涵正是促进东亚经

---

[1] 保罗·克鲁格曼著，朱文辉、王玉清译：《萧条经济学的回归》，中国人民大学出版社1999年版，第50~51页。

济腾飞的基本因素。"东亚奇迹"的出现,"东亚模式"功不可没。

东亚经济在 20 世纪 50~90 年代能维持持续的高增长,进入了高收入国家和地区的行列,是后进的经济体中唯一成功实现了经济赶超的地区。这本身已经证明这种模式的优势和合理性,其启示在于经济发展的早期阶段,强政府的作用十分重要,因为在后发国家和地区,由于市场的不完善,政府可以通过一系列政策起到弥补市场缺陷和增进市场发育的作用。环顾世界经济史,东亚在短短的 30 年内,实现了欧美差不多一个世纪才达到的经济腾飞,在亚非拉这些传统的发展经济体中,只有东亚实现了经济上的赶超,却又没有遵循建立在新古典经济学基础上的"华盛顿共识",而是采取了自己独特的发展模式。相反,那些遵循"华盛顿共识"的非洲和拉丁美洲的一些国家却一直没有实现经济发展的超越,而是长期停滞在较低的发展水平上。对于"东亚模式"的特点或发展经验,世界银行 1993 年出版的《东亚奇迹:经济增长和公共政策》一书中进行了专门的讨论,总结这些国家和地区的发展经验如下:(1)坚持宏观调控的重要性,保证稳定的商业环境和低通货膨胀率,鼓励投资,辅之以共享经济发展成果的其他措施;(2)建立强有力的政府管理体系,保证长期经济增长意愿的实现,追求产出与就业的快速增长以及工商业与政府之间的互动;(3)实施政府积极干预的工业化政策,鼓励出口,并采取相应配套的金融、财政、外贸政策来促进出口;(4)政府清楚地表明企业获得政策支持的条件,并在目标不能完成的时候废止这些支持。东亚国家在工业化的初期,由于国内市场狭小,市场机制不完善,经济基础薄弱,选择政府主导下的外向型发展战略,抓住西方经济结构调整的机遇,依靠政府的组织协调功能,有效利用国外的市场,实现经济的腾飞,实属历史的必然。虽然这些国家和地区的状况和所处时期各不相同,但在一定程度上都采用了政府与市场相协调的经济政策,很好地解决了经济发展中的协作问题。政府的协调在很大程度上弥补了这一地区发展过程中的市场失灵问题。报告还强调了东亚国家中存在介于政府和民间部门之间的各种机构,如协商委员会,这些机构在信息不对称、信息不完全等条件下在促进资源有效配置方面发挥着重要作用。

日本学者青木昌彦等在世界银行研究报告的基础上进一步阐述了东亚经济发展过程中政府所起的增进市场的作用,具体讨论了一些微观方面的制度安排是如何解决投资协调失败、获取技术、融资制度安排等方面的问题,总结提出了他的"市场增进论"。该理论重点分析了政府与市场之间的关系,强调政府在促进民间部门协调经济的重要作用,深入分析了政府在增进市场、促进民间部门解决协调失灵问题方面的作用。在青木昌彦看来,作为资源配置的两种基本机制,政府与市场之间并非只是简单的相互替代关系。政府作为市场参与者,在一定的规则下可以促进民间机构的信息交流,并通过"相机性租金"、金融约束等政策来引导和激励其他市场参与者。在市场机制不完善的情况下,政府可以通过对经济的干预,实现对市场机制的培育和促进。"市场增进论"强调政府的作用在于促进民间部门间的协调,并由此解决市场失灵问题,而不是为了替代市场机制。青木昌彦市场增进论的逻辑依据在于:相较于政府部门,民间部门有着自我约束的特征,分散化的民间部门也能够对当地获取的信息作出快速反应,所以,政府政策的目标应定位于增进民间协调能力以解决市场失灵。青木昌彦等强调民间部门在配置资源时有着极大的比较优势,这主要体现在民间部门能够提供恰当的激励、尊重市场价格机制以及快速处理当地信息,但也强调民间部门的能力在经济发展过程中会受到很大的限制。因此,青木昌彦强调政府应在增进民间部门解决经济协调问题的能力方面发挥积极作用,以扩张市场的范围和提高其资源配置的效率。在青木昌彦的市场增进论中,政府被视为参与经济运行并与其他机构相互影响和作用的一个主体,"政府行为代表了整套连贯的机制,而不是一个附着于经济体系之上的、负责解决协调失灵问题的外在的、中立的全能机构。"[①] 青木昌彦的研究突破了以往将市场与政府在实现资源配置方面"非此即彼"的相互替代关系,强调政府的作用并非是对市场机制的替代,政府推行政策应以改善民间部门解决协调失灵问题为目标,增进市场实现资源配置的最优化。青木昌彦还进一步将政府与民间部门的关系细分为权威关系型、规则依存型和关系依存型三种类型。权威关系型的特征是政府高度集权,在经济发展中占据主导地位,而企业对政府的讨价还价能力极小。规则依存型又被称为政企离散型,主要以英美等国家为代表。由于美国和英国都是自由的市场经济国家,经济发达并且市场制度完善,因此规则依存型关系的特征是政府通常处于市场之外,只致力于维护正常的市场秩序,政府主要以法律和经济手段对市场予以规范和指导,不具体涉及某一行业或者企业。关系依存型则是一种政府与民间部门捆绑式的连体关系,在这种关系中,政府机构、经济审议会以及民间部门和企业之间形成了一个官民相互联系、互通信息和利益协调的稳固渠道。青木昌彦认为受儒家思想影响的东亚地区大多属于关系依存型。在东亚地区的经济崛起中,政府与民间部门的关系是依存的,通过与企业建立的长期关系,政府掌握了有关的信息并用于政策决策,突显了政府与民间部门之间协调机制的作用。在青木昌彦看来,市场失灵问题完全可以通过政府与民间部门建立起共同协作的互动机制来得到解决,以增进市场的协调范围和效率。政府发挥战略合作者的作用,通过与民间部门之间的合作,找出产业发展过程中的制约因素,并通过协商排除这种制约因素。官民合作的关系可以使产业政策更好地反映企业的迫切需求,同时也能使产业政策得到更好的推

---

① 青木昌彦、金滢基、奥野-藤原正宽:《政府在东亚经济发展中的作用:比较制度分析》,中国经济出版社1998年版,英文版序言、第2页、第18页。

行。这种市场增进型的产业政策不同于干预主义、自由主义的产业政策，不同之处在于政府的角色不是"计划者"，也不是"守夜人"，而是"战略合作者"。政府通过与民间部门的战略合作，加强了彼此之间信息交流和互动，共同克服产业发展中的障碍。市场增进论强调政府与民间部门的"协作型"关系，这种关系可以对市场进行补充，进而让市场更好地发挥其协调作用。青木昌彦还强调政府是有限理性的，需要通过与民间部门的互动、交流和协商才能掌握决策所需要的全部信息。产业政策的推行本身就是一个不断试验和学习的过程，政府事先并没有制订具体的规则，规则是在与民间部门的合作协商过程中形成的。在政策推进的过程中，各企业之间互相竞争，需要凭借优异的经济绩效才能获得因政府干预而产生的租金，所以产业政策对经济的干预不会影响自由竞争的市场环境。青木昌彦通过对东亚经济崛起中产业政策的总结和概括，强调了政府在推行产业政策时应坚持企业本位原则，即尊重企业的独立自主权利，保证企业作为市场经济主体能够依据市场原则从事生产和经营活动。正是这一市场增进论的产业政策有效地平衡协调了政府和民间部门之间的利益，保证政策制定和实施的有效性和合理性，从而在克服市场失灵、提高资源在产业间的配置效率以及增强企业和产业的竞争力方面发挥了积极和有效的作用，推动了东亚经济的高速增长。青木昌彦的研究表明，从理论上来说，政府的干预行为可以保证市场机制的作用充分发挥。在这个层面上，政府干预可以与市场机制有机地结合起来，现代经济在政府与市场的关系上就达成了一种均衡。青木昌彦的市场增进论就是代表这一均衡的理论产物。

二、"亚洲价值观"是"东亚模式"的文化驱动力

在东亚地区，国家具有高效率地实现某个预定目标的能力。社会对国家政治的要求也有两个方面：一方面是它的权威和能力；另一方面是一般人认为政府要保证全体人民的福祉。因此，社会任何部门出了问题都要找政府解决。而民众则被教化为具有献身精神、服从大局的人。无论是政府官员，还是企业家，都异口同声地强调应具有为国家、为公益牺牲的精神。这样上下一体，通力合作，其组织效率自然优于以个人主义为基础的组织效率。因此，在儒家文化滋养下的东亚，政府和企业不但没有抗衡，而且企业家还常常借助政府的力量进行发展，特别是进行国际竞争。如在日本，通商产业省能有效地控制日本的工商界。它经常给企业以一定的行政指导，如当他们认为产量过高时，就建议某一行业减少生产；当它们认为投资过多时，就建议某些企业对工厂的投资进行调整。由于自明治维新时期以来，企业一直接受政府的指导，因而只要是来自于通商产业省的建

议、要求或通知，企业都会遵照执行。这就形成了政府与民间企业携手合作的有效方式。这种由政府指导、企业通力合作、上下结为一体的模式，其组织效率是很高的。在日本经济的高速发展时期，通商产业省以一句"钢铁就是国家"的口号，全力支援日本的钢铁工业，不久就使日本的钢铁工业称霸世界，并以最低的成本制造出品质最佳的钢铁。后来，通商产业省认为未来经济发展的大势决定于电脑和半导体工业，并出台相应鼓励政策，日本的微电子业就有组织和效率地运转起来，使日本的半导体工业获得了迅速发展。不仅仅是日本，亚洲"四小龙"的其他国家和地区也是如此。如韩国企业在处理与政府的关系问题上，企业家们普遍支持政局的稳定，严格按照政府提出的目标去做，以便能得到政府的广泛支持。进入20世纪后，作为外来文化的民主主义和资本主义经济给了这一地区以巨大的冲击，促使传统的社会秩序走向解体。但是，儒家文化的影响并没有消亡，以"忠孝"为支柱的儒家文化秩序经过长期的体验和教化已形成了一种整体号召机制而保持下来，直接影响了这一地区的经济发展，并形成了强调政府主导的市场模式。

　　19世纪30年代世界性经济危机以后，欧美等一些奉行自由经济的国家也开始采取了类似东亚国家和地区对经济注重宏观调控的干预政策，但由于民众的可接受程度不一样，导致了政府干预的力度不一样。为什么同样的措施会导致不同的效果呢？其深层次的原因就在于两种类型的国家和地区有着不同的文化背景。以新教文化为背景的欧美国家，其社会经济的基本准则是建立在个人主义基础上的自由竞争。这种自由的市场经济把国家和社会文化因素对个人的经济活动自由的约束减少到了最低限度。原则上只是当个人经济活动的自由会损害他人的自由时，国家才通过法律手段限制这种经济活动的自由。美国早在《独立宣言》就首次阐明，人民凌驾于政府之上，政府须经人民的同意，才能取得其正当权力。美国人十分崇尚个人生活的自由，认为像自由这样的思想是永远不可能过时的，故反对对人的权力加以限制。这种崇尚自由的历史文化传统导致了美国人对经济计划的特有反感。按照占统治地位的美国人的观点，国家不应试图指挥国民经济的发展。经济不过是一个私营（和一些公共）企业的集合体，对这些企业管理最好留给市场来配置。政府应该把自己的任务局限于整个经济的政策和规划（例如，货币和财政政策），来修正整个国家私人经济活动的结果。根据这种观点，对具体企业和产业的干预只应限于监督和调节。对企业和产业的生产和投资决策的具体战略干预，以及这些干预在整个经济范围内的协调，都被认为是超出了政府合法的功能范围。当硅谷的微电子业面临着日本强有力的挑战时，硅谷半导体各公司的主管们不是像日本主管那样，渴求得到政府的指导和帮助。相反，硅谷的领袖们却坚持"我们不跟政府机构同进退。"甚至宣布"我们坚持保留失败的权利。"政府和企业界的关系很不和谐。东亚地区由于受儒家文化的影响则与此不同。赖肖尔分析了美国与日本的政府与企业关系的最大不同:"在美国和其他许多国家,政府与企业始终是对手,企业是想方设法逃避税收和政府的控制;但是在日本,产业是在政府热心鼓励下成长和繁荣起来的,因此,企业学会寻求政府的保护和指导。……近几年来政府与企业之间的关系虽然已经大大削弱,但是两者之间仍然维持密切的合作关系。与我们在美国所见的政府与企业的敌对关系相比,日本的政府与企业在本质上依然是伙伴关系。"这种"伙伴关系"就表现在"政府与企业之间的关系并非自始至终是单向性的。大企业,即日本的所谓'财界',与其说是政府的傀儡,毋宁说是政府的伙伴。政府给予财界指导和援助,但是也征询财界的意见。势力雄厚的'经团联'(经济团体联合会)在决定政府的经济政策方面发挥举足轻重的作用,有时甚至决定政府领导人的命运,尤其是在 20 世纪 50 年代和 20 世纪 60 年代初。……从某种意义上说,日本经济是社会主义和资本主义的最优秀的混合物。它接受政府的指导,而没有完全为看不见的市场之手所控制。与此同时,不管政府怎样试图计划和控制整个经济,也不能抑制经济的增长。企业自由和激烈竞争有广阔的天地"①。在儒家思想中,维护社会秩序原理的核心是寻求中央集权的社会组织结构的稳定性,其目的是维护中央集权的政治体制。进入 20 世纪后,以"忠孝"和强调权威和秩序为支柱的儒家文化价值观念,经过长期的体验和教化,逐渐形成为东亚的民族精神,至今影响着这一地区的经济发展。

三、"东亚模式"的未来

世界银行和青木昌彦等对东亚模式的研究也有不足之处,主要表现在讨论的问题是一种静态的分析,而不是一个国家和地区经济发展的不同阶段下最优制度安排的动态选择分析。也就是说,世界银行和青木昌彦等的研究可以解释东亚模式的早期成功,但不能解释亚洲金融危机爆发后的未来趋势。东亚模式有它的合理性和阶段的必然性,但任何经济发展模式都不可能是静态不变的,而必定要随着国际国内市场的变化适时进行调整。如在日本发展的早期阶段,由于民间资本和民间企业家的素质低,法律等显性规则在社会经济生活中的作用薄弱,经济结构往往由少数几个大型企业(财团)控制,金融体系也是少数大银行主导,银行融资在大企业的融资中占有主导地位,在这一经济现实条件面前,为了实现一个更快的发展速度,政府需要承担很大的责任,需要用"有形的手"去组织、动

---

① 埃德温·赖肖尔、马里厄斯·詹森:《当代日本人》(增订本),商务印书馆 2016 年版,第 350~351 页、第 380~381 页、第 385 页。

员、推动那些战略性产业的发展，威权主义的政府也就能通过广泛的产业政策来刺激经济的增长，并确实获得了成功，创造了"日本奇迹"。日本从1950年代末到1980年代的30年间GDP平均增长率保持在8.5%～8.8%就是明证。但随着经济发展和市场的进一步深化，政府涉入市场太深也必然会导致许多弊端。如在第二次世界大战后，日本为了给战略产业、核心产业提供资金支持，政府限定银行长期实行低利率，等于对产业工业和出口企业的长期补贴。政府为了追求高增长和解决就业，还在全国范围内大力推动基础设施建设，实行了"六年计划"，通过进行大型的基本建设工程项目来拉动经济高增长，这导致了政府债务的激增和部分"烂尾工程"的出现。基础建设需要土地，日本土地是私有制，政府只有通过立法征用大批土地，低价买、高价卖来操纵土地市场。这又导致了一系列的恶果：长期人为的压低利率，扭曲性的资产价格结构，国民储蓄长期缩水，经济发展也遭遇瓶颈，民众也开始对政府给一些产业和利益集团补贴进行批评，质疑这种以较高的社会成本和牺牲民众的消费为代价的高速增长。严重扭曲的金融市场和投资市场不能持续，又导致疯狂的房地产炒作，整个大东京区房地产的总值竟然超过了比日本国土面积还大的美国加利福尼亚州，导致房地产泡沫破裂。人为追求高增长的发展战略，又导致高污染的环境代价。政府大力推动基本建设，又出现了政府官员与工程公司之间的权钱交易、官商勾结等腐败现象。这一切又是导致日本经济在20世纪90年代停滞的重要因素。东亚模式中的出口导向战略使其对外界资本和市场高度依赖，弊端和风险也逐渐显露。这些弊端虽然不足以否定"东亚模式"，但也证明它需要调整和完善。随着社会经济的发展，人们在社会价值观方面开始更多地追求公正、平等，也推动了经济的进一步自由化和对威权主义政府向民主与法制的转型。威权型政府的强有力的干预对东亚早期现代化的发展提供了制度支持和资源保障，形成了东亚典型的政府主导的市场经济模式，但长时期的政府对经济的过度干预又不利于公平竞争，也制约了市场体制的健康发展。如政府对大企业集团的扶持，不仅加剧了社会两极分化，抑制了中小企业的发展，助长大企业对政府的依赖，而且还导致了官商勾结的恶性循环。政府干预与市场配置资源二者之间需要把握一个合理的"度"，但这种"度"又不是一成不变的，需要随着内外部条件的变化适时进行调整。具体言之，当市场机制不完善时，政府的干预要多些；随着市场发育的成熟，政府的干预也应相应退出，否则会造成政府与企业、政府与市场的错位，压抑企业的主动创新精神，阻碍市场的进一步发育成熟。外向型发展战略也有二重性：优势在于对外部资源的可借用、可借鉴性，但同时也易产生对国外市场、资金、技术等一系列资源要素的依赖性和不确定性。从历史上现代化的进程看，不存在一种永不过时的发展模式，一个国家和地区在坚持一种独特的发展模式并取得了成功之后，随着国际国内经济形势和市场条件的变化，一些负面的、以往被经济高速增长所掩盖的问题必然会逐渐暴露出来，任何发展模式都不可能是万年常青的，都需要依据时势的变化进行适时调整、与时俱进。任何成功的发展模式都是应对具体社会变迁的产物，其生命力也就在于能够依据时势的变化进行积极完善自身的调整。东亚模式如此，世界上任何在历史上成功的发展模式也是如此。

历史唯物主义揭示，生产力决定生产关系、经济基础决定上层建筑。按照这一基本原理在不同国家和地区经济发展的不同阶段，因其市场缺失和不完善程度不同，其最适宜的政治体制和经济发展战略、模式也应有所不同，国家的作用以及对经济干预介入的程度也应不同，政府与市场以及企业家、民众之间的关系也应不同，会呈现动态的互动。在一个阶段被证明是成功的体制和战略，在下一个阶段可能就是经济发展的桎梏。所以应该从动态发展的过程来审视"东亚模式"。发展中国家与发达国家因为其经济结构不同，也就需要不同的发展模式。经济史学家格申克龙（Gerschenkron）很早就强调过这一点："工业化进程在落后的国家启动的时候，往往表现出与发达国家很大的差别，不仅发展的速度（工业发展的速度）不同，而且在这个进程中工业的生产结构和组织结构也不同。更重要的是，工业发展的速度和特征的差别在很大程度上是运用了成熟的工业国家不具备的制度工具的结果。"[1] 阿西莫格鲁等曾将发展中国家在经济起飞阶段的增长称为"基于投资的增长"，而将处于世界技术可能性边界前沿的发达国家的经济增长称为"基于创新的增长"。[2] 在动态发展的视角下来审视"东亚模式"，其启示是：政府与市场的关系绝不是一成不变的，在发展中国家经济发展的早期阶段，由于市场和法制的不完善，政府必然需要通过一系列的产业政策和国家干预来弥补市场缺陷和增进市场发育；但在经济发展到比较高的水平时，随着市场发育的健全，政府就需要适时逐渐退出干预领域，实现由"强干预"到"适度干预"的转变，把重点放在培育市场的公平竞争上，让市场在资源配置中去发挥决定性的作用，去打造一个法制化的政府，但"东亚模式"的文化驱动力——"亚洲价值观"还会继续在东亚今后的社会经济发展中扮演着不可替代的重要作用。

---

[1] Gerschenkron, Alexander, Economic Backwardness in Historical Perspective, Cambridge: Harvard University Press, 1962.

[2] Acemoglu, Daron, Philippe Aghion and Fabrizio Zilibotti, "Distance to Frontier, Selection, and Economic Crowth", Journal of the European Economic Association, 4 (1), 2006, pp. 37–74.

第十一章　儒家人文精神与中国道路

中国自改革开放以来，经济建设方面取得了举世瞩目的成就，被誉为"中国奇迹"。国家统计局的数据显示，国民生产总值从1978年的3645亿元迅速跃升到2017年的82.7万亿元，增长了226倍，成为全球第二大经济体。中国GDP占世界经济比重从1978年不足2%，增长到2017年的15%左右，稳居世界第二位。可以说，当今中国是一个名副其实的全球性经济大国。改革开放40年来，我国国内生产总值以年均接近两位数的速度增长，先后于1999年和2010年跨入了下中等收入国家和上中等收入国家行列。2010年中国GDP总量超过日本，成为世界第二大经济体，之后仅用了7年时间，2017年GDP总量达到131735.85美元，是日本GDP总量的2倍、美国的2/3。并且，在许多领域的建设和创新都处于世界领先水平。短短40年间，中国经济从低水平发展到总量跃居世界第二、进出口额位居世界第一，人民生活从温饱不足发展到总体小康、7亿多人摆脱了贫困，如此的发展奇迹，人类历史上罕见。

中国经济的高速发展过程中形成了"中国道路"，这其中文化的、政治的和历史的等非经济因素都发挥了重要作用。"中国道路"这一概念的提出始于2004年乔舒亚·雷默发表的《北京共识》。"中国道路"的内涵被界定为中国特色的社会主义道路。对于"中国道路"的特征，学界有各种不同概括，但都注意到了"中国道路"与中华文化的关系，强调"中国特色"就体现为特殊的体制和文化，"中国道路"追求的"和谐社会"就是孔子"和而不同"这一传统中华文化的精华所在。弗朗西斯·福山概括"中国道路"的特点是拥有"一个强大的、中央集权的"负责任政府；国家发展导向："中国的特殊性在于政府的目标是国家发展"以及"出口导向型经济"[①]。"中国道路"可视之为"东亚模式"的升级版，二者在接受儒家文化为核心的"亚洲价值观"上有许多相近之处。但因具体国情不同，"中国道路"在许多方面又有自己的独特之处。本章讨论的核心是：

---

① 弗朗西斯·福山：《中国模式的特征与问题》，载于《社会观察》2011年第1期。

儒家文化传统与"中国道路"是一种怎样的关系？这是一个庞大的学术工程。本章从检讨韦伯理论开始，联系"东亚模式"，做一些思考。

第一节 韦伯理论理解中的一个误区

一、关于韦伯理论的质疑

研究儒家文化与"中国道路"的关系，离不开对韦伯理论的检讨。自韦伯在20世纪初（公元1916年）发表了他的有关中国宗教和经济伦理的著作《中国的宗教：儒教和道教》，提出儒家文化中因缺乏一种类似于新教伦理作为现代化必要的启动力量的论点后，一直被国内外学者奉为圭臬，长达半个世纪之久。韦伯认为在中国传统社会中不乏有利于资本主义产生的因素，但中国之所以没有能发展出西方式理性资本主义的根本原因，在于缺乏一种像西方新教教义那样的精神心态。韦伯上述理论的提出后，一直影响着中西方的学者。人们在理解韦伯的这一论点时，往往还加以演绎，认为韦伯提出儒家文化不仅是中国未能发展出西方理性资本主义的成因，而且也还是影响近代中国乃至东亚受儒教文化影响地区向现代化转型的障碍。但到了20世纪70年代末期，随着东亚地区儒家文化圈工业的崛起和经济的腾飞，导致一些中外学者开始重新思考解释东亚工业成功的现象，在对韦伯理论提出的质疑中，就包含有上述理解。

中国台湾的金耀基是一位持有这种理解的代表性学者。他在1983年8月发表于《联合月刊》25期上的《儒家伦理与经济发展：韦伯学说的重探》一文中提出："由于东亚的这些社会属于中国文化圈，于是用文化（价值与观念）来解释毋宁是很自然的，而中国文化的主导成素是儒家，因此儒家伦理乃是成为解释东亚经济奇迹之谜的深层原因。"金耀基把韦伯的理论运用到东亚社会中来，试图在东亚社会中寻求与"基督新教伦理"相仿的宗教伦理，结果他找到的替代物不是别的，而"是其本有的，特别是为韦伯所拒绝的儒家伦理。"他还进一步探讨了儒家伦理与经济发展的关系，指出，"儒家伦理"是中国文化的基础元素，而"经济发展"亦是现代化的基础元素，不谈"中国文化与现代化"则已，否则便必须正面认真地探讨"儒家伦理"与"经济发展"之间的关系。但要正面探讨这两者之间的关系，便不能不直接面对韦伯在《中国的宗教：儒教与道教》这部著作中所作的论断："就我们所关心的来说，韦伯判定中国传统社会之所以'不发生'资本主义，乃根源于儒家伦理及道家价值系统，即不啻是说中国文化与现代化是不相合的,或中国文化是现代化的阻碍。事实上,韦伯的这个论断不止为学术圈(特别是西方汉学圈或中国研究)奉为范典,也是自五四以来,文化知识界主流的一个普遍接受的信条。诚然,要认真检讨中国文化与现代化的关系,我们不能不从检讨韦伯的'儒家伦理不能发生资本主义'这个论点开始。"金耀基在经过对韦伯《中国的宗教:儒教与道教》一书论点的检讨后,最后指出,"相当可肯定地说,韦伯这个儒教伦理阻碍资本主义的论点是不易站得住脚的了,而对韦伯这个论点最大的挑战不来自理论的新解释,而是来自一个巨大的经验现象。"这个"经验现象"即指东亚社会经济腾飞的优越表现。金耀基认为,这一"巨大经验现象"使我们必须重新检讨韦伯的论断,并对其论点加以修正。他还进一步指出,"在有些学术性与非学术性的讨论中,儒家伦理已被视为是东亚社会经济(成就)的根本动力。"

自金耀基的上述论点发表之后,又引起了海内外人文学术界越来越多地讨论"韦伯理论与儒家伦理",并成为海内外学术界的一个热门课题。这其中,大陆学者杜恂诚也是一位有代表性的人物。他先从日本经济的成功,并从近代中国资本主义发展的角度,批驳了韦伯的理论:"日本是受过中国传统文化深远影响的国家。近年来日本经济有超过美国、独占鳌头的趋势。米切尔·莫里西认为:日本资本主义发展到后期,已完全背离了西方的模式,是一种'国家的、家长制的、反个性的'资本主义形式。更进一步讲,正是'集体主义'才抑制'个性主义',并为日本资本主义上述三个要素提供了社会和文化基础。"接着,他又谈到了近代中国:资本主义输入中国以后,曾经历过一定程度的发展。清末10年和北洋军阀政府时期,是中国资本主义发展相对比较迅速的时期。韦伯1915年写《中国的宗教》,1920年此书出版,书中断言中国资本主义不能兴起,事实上当时正是所谓中国资本主义发展的"黄金时期"。以此为据,他批评韦伯:"无视近代中国资本主义的产生和发展,干脆认为由于中国儒家伦理的关系,中国资本主义产生不了。……虽然他的结论一鸣惊人,他的影响历久不衰,他的思想触动了无数人的学术灵魂,但是我要说:他的结论是错误的。"[1]

从这两位有代表性学者的论述中,可以看出他们对韦伯的质疑有两个层面:一是以东亚经济发展的"巨大经验现象"来重估韦伯的学说;二是以中国近代资本主义的发展来反驳韦伯的理论。显然,在这两位学者论述中,都蕴含着在韦伯的理论中包含有认为儒家文化是东亚地区现代化和中国走向现代化阻碍的看法。也正是在这一理解的基础上,他们才用东亚的经济成就和近代中国资本主义的发展来质疑和批驳韦伯的理论。

---

[1] 杜恂诚:《中国传统伦理与近代资本主义》,上海社会科学院出版社1993年版,第57页、第92页、第190页、第210页。

二、韦伯理论的再认识

笔者认为，在对韦伯理论的理解中存在一个误区。以东亚经济的崛起和中国近代资本主义的发展来批驳韦伯，是一个与韦伯理论不相干的命题。韦伯所要论证的核心，是新教伦理促成了西方理性资本主义经济组织这一独特现象的出现，而不是笼统地谈经济的崛起和发展之类的问题，更没有涉及讨论如何使未开发国家实现现代化的问题。

我们细读韦伯的论著，不难发现，韦伯在《中国的宗教：儒教与道教》一书中对中国社会的论断，是关联着"一个在近代的欧洲文明中成长起来的人，在研究任何有世界历史的问题时，都不免会反躬自问：在西方文明中而且仅仅在西方文明中才显现出来的那些文化现象——这些现象（正如我们常爱认为的那样）存在于一系列具有普遍意义和普遍价值的发展中——究竟应归结为哪些事件的合成作用呢？"[①] 这一韦伯学术生涯主要关切的主题来讨论的。在这一主题中，韦伯所关切的是从 16 世纪以来现代理性资本主义（韦伯在这里所称的资本主义，是指以科技生产为中心的工业资本主义，而不是凭借政治关系以获取商业利益的官僚资本主义）的经济组织，何以只出现在西欧受加尔文教派影响的某些区域。换句话说，韦伯所作的工作，是要对"现代理性资本主义经济组织的兴起"这一世界史上独特的历史现象提出一种新的解释，而不是讨论如何才有资本主义的发展的问题，更谈不到讨论如何使未开发国家实现现代化的问题。在韦伯的这一主题中，现代理性资本主义的经济组织跟各种非理性形式的资本主义有着根本的不同，这种不同表现在这些非理性式的资本主义都缺乏现代理性资本主义的决定性特征，即"自由劳动的组织"以及把"家务和生产经营分开"。正是为了突显"现代理性资本主义经济组织的兴起"只有在西欧出现的"独特性"，韦伯才透过广泛的比较研究，探究了中国、印度等社会何以没有"从本身之内"产生出"以自由劳动组织为特征的理性资本主义经济组织"的问题。

韦伯在去世那年为其《宗教社会学论文集》所写的《导论》中写道："获利的欲望、对营利、金钱的追求，这本身与资本主义并不相关。这样的欲望存在于并且一直存在于所有的人身上，侍者、车夫、艺术家、贪官、士兵、贵族、十字军战士、赌徒、乞丐均不例外。可以说，尘世中一切国家、一切时代的所有的人，不管其实现这种欲望的客观可能性如何，全都具有这种欲望。在学习文化史的入门课中就应当告诉人们，对资本主义的这种朴素看法必须扔得一干二净。对

---

① 这是韦伯晚年为其《宗教社会学论文集》所写的《导论》中的开头一句，见马克斯·韦伯著，韩水法编：《韦伯文集》，中国广播电视出版社 2000 年版，第 233 页。

财富的贪欲，根本就不等同于资本主义，更不是资本主义的精神。"① 可见，韦伯所要讨论的主题是"现代资本主义精神"及与"现代资本主义的兴起"，而不是笼统地谈经济崛起和发展问题。韦伯还明白地指出，世界历史上所有文明国家（包括中国）都存在过、发展过资本主义，如向权力政治求机会的政治资本主义，向不合理投机求机会的商业资本主义等。韦伯要讨论的，是在西方、也只有在西方出现的一种具有重要意义的资本主义，那就是不向权力政治或不合理投机求机会，而向商品市场求营利，具有自由劳动的理性资本主义的经济组织。这种理性资本主义经济组织的出现，又跟家务和生产经营的分离、理性的簿记、可计算的技术、法律与行政上的理性结构等因素相关。韦伯指出，在这一切情况中，问题的中心是西方文化特有而独具的理性主义。韦伯的论旨就是要说明，具有自由劳动的理性资本主义经济组织的出现，与当时的宗教改革，即基督教新教加尔文教的出现有着一定的"因果关联"。他认为这种理性资本主义经济组织出现的原动力就是加尔文教义。

韦伯提出，在西方新教的教义中，有两个最重要的概念，即 Beruf——职业（使命）和 Askese——制欲（苦行）。韦伯认为，这两个概念是促使西方理性资本主义兴起的重要因素。

关于"职业"一词的内涵，韦伯解释说："在德语的 Beruf（职业、天职）一词中，以及或许更明确地在英语的 calling（职业、神召）一词中，至少含有一个宗教的概念：上帝安排的任务——这一点不会被人误解。越是在具体情况下强调这个词，这一概念就越明确。而如果我们考察一下这个词在文明语言中的历史，那就会发现，无论是在以信仰天主教为主的诸民族的语言中，都没有任何表示与我们所知的'职业'（就其是一种终生的任务，一种确定的工作领域这种意义而言）相似的概念的词，而在所有信奉新教的主要民族中，这个词却一直沿用至今。我们还可以进一步看到，它并非源于有关语言的伦理特点，例如，这个词并不是什么德意志精神的产物，相反，它现在的意思来自《圣经》的译文，它体现的不是《圣经》原文，而是译者自己的精神。在路德翻译的《圣经》里，这个词的近代含义最先出现在 J. 西拉著《智慧书》（第十一章、第二十和二十一节）。此后，在所有新教民族的日常语言中，这个词都迅速地带上了它目前所具有的含义，而在此之前，在世俗作品、甚至宗教著作中，连这一含义的暗示都不曾有过。就我所知，这一含义仅在德国的一位神秘主义者的著述中有过，而他对路德的影响是众所周知的。同这个词的含义一样，这种观念也是新的，是宗教改革的结果。这可能是一般的常识。职业概念中包含了对人们日常活动的肯定评

---

① 马克斯·韦伯著，韩水法编：《韦伯文集》，中国广播电视出版社 2000 年版，第 237 页。

价,这种肯定评价的某些暗示早在中世纪、甚至在古希腊晚期就已存在,这的确也是真实的。这一点我们以后再谈。但是,至少有一点无疑是新的:个人道德活动所能采取的最高形式,应是对其履行世俗活动具有了宗教意义,并在此基础上首次提出了职业的思想。这样,职业思想便引出了所有新教教派的核心教理:上帝应许的唯一生存方式,不是要人们以苦修的禁欲主义超越世俗道德,而是要人完成个人在现实世界中所处地位赋予他的责任和义务。这是他的天职"[①]。接着,他又强调说:"在任何情况、任何条件下,履行世俗义务是上帝应许的唯一生存方式的论述却保留了下来,越来越受到高度的重视。这种方式而且唯有这种方式是上帝的意愿。因此,每一种正统的职业在上帝那里都具有完全等同的价值"[②]。把"职业"(使命)彻底转向世俗的意义,是路德宗教改革的成果,将之发扬的是加尔文教。加尔文教的这一观念远离了天主教把"拯救灵魂"作为人的最高使命的教义,而把世俗的生活作为自己的天职职责。

再看制欲。关于制欲的精神,韦伯认为新教徒的制欲生活是宗教改革后的产物。在此以前,天主教徒中也曾有一些人过着一种非常制欲的生活,但加尔文教徒更是把制欲生活发展为整个教派的信条。加尔文教徒信仰"神恩选择"之说,觉得自己已是一个被上帝选择有福进入天堂的信徒,因而为了对上帝表示特别的尊敬,就须更加努力。韦伯描述说:"圣徒的永恒安息是在彼岸世界,而在尘世世界里,人为了确保他蒙承神恩的殊遇,他必得'完成主所指派于他的工作,直至白昼隐退'。按照主之意志的明确昭示,唯有劳作而非悠闲享乐方可增益上帝的荣耀"[③]。这种制欲精神的宗旨,就是强调人应该过一种清醒的、自觉的、秩序井然的生活,克服无节制的享受。或者说,制欲主义者的生活,是立足于上帝的意志,把自己的生活进行合理安排。韦伯认为,新教徒的职业和制欲概念再加上宗教改革以后产生的加尔文教的"神恩选择"的信条,就构成了现代资本主义发展的一种重要精神推动力。按照"神恩选择"的信条,加尔文教徒必须过一种制欲的生活,以便他们能够知道,自己已被上帝恩择。从这种制欲生活中又发展出"合理性"的思想。"合理性"也是现代资本主义发展必不可少的因素。概括地说,职业、制欲、神恩选择,就构成了现代理性资本主义产生的精神动力。这表现在新教徒们从制欲生活中积累了资本,职业观和神恩选择又加速了以组织化的劳动为形式的现代资本主义的兴起。

我们不妨再作进一步的展开。

韦伯认为,加尔文那种极端的宗教教义所造成的心理焦虑,使教徒因向往来世而仰仗上帝的意志在俗世内将日常生活理性化,并且由于渴望救恩与上帝意旨

[①②] 马克斯·韦伯著,韩水法编:《韦伯文集》,中国广播电视出版社2000年版,第288~297页。
[③] 马克斯·韦伯著,韩水法编:《韦伯文集》,中国广播电视出版社2000年版,第314页。

的不可知之间所形成的伦理紧张,使这种在俗世内将生活理性化的伦理要求系统化,并渗透到一切的社会意识中,因而促成"以职业观念"为基础的理性的生活态度"这一现代资本主义精神"的形成。

环绕着这种以职业观念为基础的理性的生活态度,社会生活的经济、技术、科学、教育、法律、行政等各方面都朝向目的理性化前进,终于导致现代理性资本主义经济组织的庞大秩序——当然包括资本主义经济关系的法律规范及以之为中心的现代理性法、政治制度——的建立这一历史性的突破。而自相矛盾的是,一旦这种秩序建立后,由于它奠基在理性计算的机械基础上,它便从其伦理动机基础上分离出来,成为自律或自我安定的行为领域。这整个过程就犹如韦伯在其《新教伦理与资本主义精神》一书结尾,以冷静而悲怆的语调所说的:"当禁欲主义从修道院的斗室被带入日常生活,并开始统治世俗道德时,它在形成庞大的近代经济秩序的宇宙的过程中就应发挥应有的作用。而这种经济秩序现在却深受机器生产的技术和经济条件的制约。今天这些条件正以不可抗拒的力量决定着降生于这一机制之中的每一个人的生活。"① 正是为了突显"现代理性资本主义的经济组织的兴起"只有在西欧出现的"独特性",韦伯才透过广泛的比较研究,探究了中国、印度等社会何以没有"从本身之内"产生出"理性资本主义的经济组织"。韦伯对中国社会的论断只说中国因缺少像基督教新教伦理那种俗世内的制欲精神,因而在历史上没有"从本身之内"产生理性资本主义的经济组织。在韦伯的这个论点所蕴涵脉络中,演绎不出(而韦伯也从未这样说过)一旦西欧产生了理性的资本主义经济组织以后,这种理性形态的经济组织也无法传播到缺少宗教制欲的经济伦理的地区,这些地区若要有这种经济组织,也必须经历相同的突破过程。韦伯还指出过理性的资本主义一经产生,因为奠基在了工业机械的基础之上,已经不再需要制欲精神的支撑了。换句话说,当基督新教伦理那种俗世内的制欲精神促成了以职业观念为基础的理性的生活态度这一现代资本主义精神、促成了现代理性资本主义经济组织庞大秩序的建立后,现代理性资本主义经济组织的庞大秩序就"与机器生产之技术及经济条件相结合"发展起来,就不再需要制欲的基督教新教教义提供动机了。也就是说,韦伯所关切的是现代理性资本主义在欧洲的最初发展,而不是在其他地方后来的举措。同时,韦伯还提到,希腊数学和罗马法的形式主义和公理主义、近代实验科学的人为控制和系统设计、中世纪寺院经济的合理计划等也都体现了西方文化的理性因素,正是这些理性因素(包括宗教理性)的综合促成了西方资本主义的理性化。为了说明资本主义在西方是一个文化现象而不只是一种经济行为,他曾举过一个例子:在中国叔

---

① 韦伯著,于晓、陈纬钢译:《新教伦理与资本主义精神》,生活·读书·新知三联书店1987年版,第142页。

叔买了侄子的房产，当侄子穷困潦倒、要求无偿借助时，叔叔可能会屈从强大的亲情伦理而难以拒绝，"资本主义无法在这样构成的一种法律基础上运行，它所需要的是像机器一样靠得住的法律。"①

那些以"东亚经济的成功"和"中国近代资本主义的发展"来质疑或驳斥韦伯的论者，在对韦伯理论的理解上明显存在有误解。韦伯确实判定具有自由劳动的现代理性资本主义经济组织在中国历史上没有"从本身之内"发展出来，是由于在中国儒家伦理中缺乏这种有利于理性资本主义产生的精神因素。但这个判定本身并不蕴涵中国社会无法从"本身之外"采借现代理性资本主义经济组织而跨出现代化的脚步，也不蕴涵在中国儒家伦理的影响下不能发展出其他类型经济的可能。在韦伯论点蕴涵的脉络中，很明显倒是可以推演出理性资本主义的经济组织一旦突破发展出来以后，其他地区并不需要特殊的宗教伦理的支撑而重复同一突破发展的过程即可采借运用这种经济组织。事实上，在韦伯的时代，日本明治维新的历史脚步已显示了这种"自外采借"而跨出现代化脚步的可能性。由于东亚社会的经济发展和"中国近代资本主义的发展"是采借了西欧现代理性资本主义的经济组织而不是"从自身内"发展出来的，是"衍生型"的而不是"原生型"的，所以，以东亚经济的崛起和中国近代资本主义的发展为例证来驳难韦伯在逻辑上是不成立的。这是因为上述经验现象跟韦伯的论点具有不相关性，既不能证明韦伯的论点，也不能否认韦伯的论点。用"东亚经济的发展"和"中国近代资本主义的发展"这一经验现象来构成对韦伯理论的挑战的说法，从逻辑上看，是混淆了韦伯的"儒家伦理导致不出现代西方理性资本主义的产生"与"儒家伦理能否促使经济的发展"这两个不同的命题，因而存在着范畴混淆的错误。

东亚经济的崛起和中国近代资本主义的发展都是"自外采借"、向西方学习的结果。确切地说，它是自19世纪以来"西方扩张"所带来的冲击而导致东亚社会结构变迁的结果。尤其是日本和亚洲"四小龙"的经济腾飞，更是西方资本主义扩张过程中被整编到世界经济体系中的过程。只是在这一"自外采借"、被整编到世界经济体系的过程中，受传统儒家文化的影响，又形成了一种有别于西方式"资本主义"的新模式（"东亚模式"）而已。如果我们要谈东亚的经济崛起与现代化，或"儒家伦理是否是东亚经济发展之动力"等问题时，也就只能在这样的坐标上来谈论"东亚地区在现代化的过程中形成了怎样的特殊性"或"儒家伦理在东亚的经济成功中扮演了怎样积极的角色"之类的问题。

附带说明一下，韦伯也并不否定经济对社会发展的重要作用，他对世界各大宗教所作的比较研究，只是试图分析能影响经济发展过程的多元因素。如韦伯在

---

① 韦伯：《世界经济通史》，上海译文出版社1981年版，第291页。

自己的著作《经济通史》中，就否认了人们普遍持有的一种观点，即认为他的研究仅是推翻马克思关于在社会变化过程中应优先考虑经济力量的因素这一观点，从而把宗教观念变成社会发展因素的提法。① 又如他在《新教伦理与资本主义精神》一书的结尾中还写道："这里我们仅仅尝试性地探究了新教的禁欲主义对其他因素产生过影响这一事实和方向；尽管这是非常重要的一点，但我们也应当而且有必要探究新教的禁欲主义在其发展中及其特征上又怎样反过来受到整个社会条件特别是经济条件的影响"②。

韦伯思想的深刻之处，在于他首先阐发了市场经济的产生和发展需要一种"文化力"的配合与启动的思想。韦伯的理论贡献，就在于他触及了一个发人深省的命题：在任何一项事业的背后，必然存在着一种无形的精神力量的驱动；在一定的条件下，这种精神力量决定着该项事业的成败。韦伯的学术贡献也就在于他对这一问题进行了深入的研究和独到的说明。韦伯的思路给了后人以很好的启示，他的思想在世界很多地方都受到了重视。越来越多的学者认为，东亚的经济发展的成功，东亚模式的特殊之处，就在于它也有着自己的精神动力。这一动力的来源就是以儒家思想为核心的"亚洲价值观"。因而有的学者主张用"儒家资本主义"来概括"东亚模式"，认为在东亚，强调"忠""孝"的儒家文化所推崇的家族集体主义的团队精神，在东亚各国、各地区的社会经济发展中发挥了积极的重要作用。它不仅使"国家导向"的经济发展战略得以顺利实施，也使以家族经营为特征的现代企业得以迅速形成和壮大，并在一定时期内为经济增长和工业化作出了突出贡献。越来越多的研究者认为，儒家文化中的家族、礼义和高级官僚制度思想发展成为今天的"共同体主义""礼义主义"和"机能主义"，再加上儒家文化中对教育的重视和对"节俭美德"的提倡，都对东亚的经济发展起到了至关重要乃至决定性的推动作用。

第二节　儒家传统：中国道路发展的内在文化驱动力

从上述韦伯的讨论中，明确了任何一种市场经济模式的发展都需要文化精神的支撑。"东亚模式"如此，中国道路的发展也是如此，都需要从中国的历史文化传统中去汲取精神的驱动力。

---

① 斯温杰伍德：《宗教和社会行为：资本主义与基督教伦理——对韦伯的评析》，载于《文摘》1988年第1期。
② 韦伯著，于晓、陈维纲译：《新教伦理与资本主义精神》，生活·读书·新知三联书店1987年版，第143~144页。

一、儒家文化对经济发展的积极作用

新制度经济学从经济学的视角分析了文化传统与经济发展模式间的关系。新制度经济学认为,经济理论仅有三大传统柱石——天赋要素、技术和偏好是解释不了复杂的经济活动的,因此还须有第四大支柱——制度。有了制度安排,才能使决策者了解他们的立场正确与否及其行为的结果。土地、劳动和资本这些生产要素,有了制度约束和激励才能得以发挥功能。新制度经济学在讨论制度变迁时强调文化传统的重要作用,文化传统属于非正式约束的范围,它是人们在长期的交往中形成的,具有持久的生命力。从历史来看,在正式约束(即人们有意识创造的一系列政策法则)设立之前,人们之间的关系主要是靠作为非正式约束的文化传统来维持的,即使在现代社会,文化传统在维持人们的关系上仍然发挥着极大的作用。作为文化传统核心的意识形态影响着国家的产权法律安排,不同的产权法律安排决定了不同的经济发展模式。从制度的可移植性看,正式约束尤其是那些具有国际惯例性质的正式规则从一个国家移植到另一个国家时,只有在与这个国家的文化传统相容的情况下才能发挥作用,并可以大大降低正式制度创新与变迁的成本。所以,国外再好的制度设计若偏离了本土的文化传统,也一定是"好看但不中用"。新制度经济学的代表性人物之一道格拉斯·诺斯在分析制度变迁的路径依赖时强调:"我们的社会演化到今天,我们的文化传统,我们的信仰体系,这一切都是根本性的制约因素。我们必须仍然考虑这些制约因素,即我们必须非常敏感地注意到这一点:你过去是怎么走过来的,你的过渡是怎么进行的。我们必须非常了解这一切。这样,才能很清楚未来面对的制约因素,选择我们有哪些机会。"① 新制度经济学强调在制度引进扩大制度选择集合时必须考虑不同文化传统的制约因素。文化传统与经济发展的关系是双向的,不是单向的。对于后发展国家而言,决定经济发展的重要因素之一是政府提供的"正式约束"如产权法律及其实施机制,但作为"非正式约束"的文化传统必然影响着产权安排和政府的行为,必然对市场模式和经济的发展有重要作用。也就是说,我们的社会演化到今天,我们的文化传统,我们的信仰体系,这一切都是根本性的制约因素,经济学研究必须充分考虑这些因素。

综观近代以来世界现代化的进程,可以发现一个民族的文化传统对其经济发展的关系是相当密切的,其促进作用是十分巨大的,因为文化传统可以直接影响到经济的运行机制。这主要表现在:(1)文化传统可以影响群体经济的行为。文

---

① 卢现祥:《西方新制度经济学》,中国发展出版社1996年版,第84页。

化传统引导着人们的价值追求，构成人们经济行为的准则，如义利之争、公私之辩，表面上是文化观念的交锋，实质上却深刻地影响着人们的经济活动；（2）文化传统影响着社会财富的积累、消费和使用，如勤俭节欲的文化取向和奢侈浪费的文化取向对社会财富的影响肯定是不同的；（3）文化传统会影响生产组织的方式。在个人主义和自由主义文化的背景下，生产组织方式通常是把劳动者看作工具和机器，逼迫其进行生产；而在集体主义、爱国主义文化背景下，生产组织方式则通常追求雇员与雇主之间的相互合作、敬业乐群，强调人际关系的宽松自然；（4）文化传统影响所有制的形式。虽然西方自柏拉图至欧文关于公有制的思想绵延其久，并且产生了马克思的共产主义学说，但由于西方文化传统的主流是崇尚个性自由，追求个人价值的实现，以个人主义的价值观为核心，因而难以产生共产主义的生产资料所有制；而包括中国在内的东方国家，由于崇尚群体聚合，注重团体利益，以集体主义价值观为核心，因而很早就产生了"大同"思想和国家所有制。儒家思想对中国道路发展的影响有两点值得关注，一是它的人文精神——高扬道德理性主义的旗帜，为中国社会经济的发展提供了一种精神驱动力；二是它的理想目标——和谐社会。这两点既是儒家文化的基本内涵，也是"亚洲价值"的基本内涵。这两大基本内涵，决定了在中国现代化的经济发展中必然是驱动中国道路前进的一种精神动力。儒家文化所具有的制衡和调适的作用，如善加运用，可以协调经济、社会发展中的各种关系。

二、儒家文化成为中国道路发展的内在驱动力

在中国经历了改革开放以后，越来越多的人认识到，经济的发展必须要有一种人文精神作为支柱和动力，这种人文精神对经济的发展具有规范和推动的作用。丧失了人文精神的支撑，财富的追求欲望就必定会沦丧为纯利欲的冲动，就会导致人们动物性的膨胀、人性的泯灭、社会秩序的混乱和财富的浪费。因此，中国道路的发展必然要从儒家的人文精神中去寻找支撑社会主义市场经济的精神动力。但为什么说又要经过现代的转化呢？这是因为儒家文化传统在历史过程中的作用是多方面的，其面孔也是多维度的。杜维明在《新加坡的挑战》一书中就曾提到儒家文化至少有两幅面孔，一幅是作为政治意识形态的面孔，另一幅是作为伦理生活方式的面孔。或者又可分为政治化的儒家与伦理化的儒家。前者的思想实质是国家权力高于社会，政治高于经济，官僚政治压制个人的创造性，对这种政治意识形态的儒学必须予以批判，才能释放出一个国家的活力。在 1949 年以前的中国历史上，这幅政治面孔几乎是唯一的，原本是一种道德生活的方式，却不幸沦为一种压迫性的政治文化，成为剥夺人们的自由权力、扼杀人的创造精

神、摧残人性、侍奉暴政的工具。从这一角度讲，作为文化遗产的儒学成为中国近代实现现代化的包袱和羁绊。而后者作为一种生活方式，实质上是注重自我的约束，超越自我中心，积极参与集体福利，注重教育、个人进步和工作伦理等。我们所说的儒家人文精神可以作为社会主义市场经济的精神驱动力，也就是指后者而言。换句话说，儒家文化要实现与中国特色社会主义市场经济的成功对接，也就必须抛弃其政治化的意识形态，而仅吸取其作为现代生活中的一种伦理生活方式的形态。而要做到这一点，又不能指望儒家文化自身去实现，而必须借助于外在的力量，即社会主义市场经济体制的制度创新。当这种温情脉脉的伦理文化在与新的社会主义的市场经济体制完成对接、融为一体时，儒家人文精神的积极作用也就突显出来了。

儒家学说中的两个基本的范畴是"忠"和"孝"。"忠"和"孝"又依次由"仁""义""礼""智""信"五德来支撑维系。从其世俗化的社会行为来看，主要可归结为"亲亲为大"的家族集体主义。这种家族集体主义比一般劳动生产组织对社会的影响要大。儒家文化与西方文化相比，其特点就在于把个人看作联系社会的力量，强调自我的尊严不是在孤立的自我中而是在人类的关系网络中才有意义，认为只有通过人类相互交往和相互关系的某种形式（如家族、亲缘关系等）才能实现。这种尊重家庭或推崇社会群体价值的文化传统，虽不利于建立在追求自我独立的个人主义文化基础上的早期资本主义的形成与发展，却能很好地适应社会经济的后发展进程，有助于以追赶为目标的后发型工业国家的兴起和发展。这其中，强烈的义务感、自我约束、修身、敬业乐群、善于取得一致与调和的中庸精神、注重社区和政府的领导、高度重视教育和礼义等文化传统，在社会的经济发展中都能发挥非常重要的作用。这种文化传统，与后发型工业化国家在发展进程中因短期内增大资本积累所导致的提高"政府强度"的需求，保持了高度的适应和一致，从而适宜于"国家威权主义"政体的形成与发展。这其中，儒家文化传统所培育的民众对政府的依赖或认同感，必将发挥有重要的作用。因此，儒家传统中所包含的人文精神，在经过现代的转化以后，完全可以成为建设和发展社会主义市场经济的一种内在精神驱动力。

"东亚模式"的成功也印证了这一点。在东亚儒家文化圈中，正是儒家伦理与现代市场经济体制和民主法治有机地相结合，才为东亚社会的现代化建设铺平了平坦大道。因此，儒家人文精神要与民主法治政治和现代市场经济制度融为一体并发挥其积极的作用，要完成其从传统向现代的转化，其关键就在于要摈弃其政治意识的形态，保留并发展其伦理生活的形态。也就是说，儒家传统在今天表现出的作用是哪些方面，主要取决于与其制度相结合的背景如何。因此，我们在现代化的进程中，在制度层面，必须借鉴参考东亚成功的经验，建立并完善社会主义的市场经济体制和法制，创造一个良好的制度背景；在文化方面，坚持历史唯物主义世界观的主导和对西方文化有选择的吸收，坚持对儒家文化的承优剔劣，努力引导其成为一种社会主义市场经济体制中的伦理生活样态。在完成了儒家传统的这一现代转化之后，儒家的人文精神便可以成为社会主义市场经济的一种内在的精神驱动力，为中国的现代化事业作出积极的贡献。例如儒家所阐释的"仁道"中就蕴涵有强旺的工作动机，其"行仁政"思想可以转换为一种国家导向的发展主义。西方政治思想的基本命题是"管理的最少的政府是最好的政府"，儒家的政治思想的基本命题则是"以民为本""爱民如子""爱民如子"的政府才是最好的政府。国家"行仁政"的经济内涵在新时代可转换为"满足人民美好生活"的内涵，形成自上而下的民族团结和进取精神，它有助于形成一种由国家调节的公私合作。这较之于单纯市场经济导向的国家具有更强的凝聚力，能承受社会转型的巨大压力。儒家的生命观也是一种集体主义的生命观，它以一种"断言律令"的方式，一方面鼓励个人努力工作，节俭储蓄，获取各种社会资源，以满足家人的需要；另一方面又期许个人勤勉好学、追求成就，以增添本身和自己所属团体的荣耀。它还要求知识分子具备"以道自仁"的精神，希望他们能够"以道济世"，用他们所认同的知识体系从事有益于社会群体的工作。儒家人文精神中所包含的重责任、重义务的奉献精神，凝聚向心和互相协作的精神，注重品格修养的自律精神，遵纪守法的公纪精神和长幼有序的礼节服从精神，都可以成为中国特色的社会主义市场经济文化的有机组成部分。另外，儒家人文精神中的"以义统利"的价值观念有利于市场经济的有序化和健康发展，"天人合一"的思想有利于处理好经济发展和生态环境保护的关系，勤俭节约的消费观有助于储蓄的提高和资本的积累，"藏富于民"的思想有利于民间经济发展，激活各类市场主体的活力，重视教育和机会均等的思想有利于人才的开发、培育和科技立国，从而促进经济的腾飞。儒家的管理之道更是博大精深，有利于具有中国特色的中国管理模式的建构。儒家的人文精神中所包含的集体主义、重视秩序、自律和教育等的价值观念，在经过现代的转化之后，无疑有助于中国现代化经济未来的发展，成为社会主义市场经济体制的文化基础。

  经济伦理是一种契约化的行为约束机制。人类如果没有偷懒和损害行为，每个人都知道自己应该做什么，而且自觉地对自己的行为负责，契约将是多余的，早期的启蒙思想家们也想不到要去追索"契约精神"。然而，这个现实的世界从来都是残缺不全的，损人利己的行为随时都可能发生。所以，人们才崇尚和追求契约精神和契约社会。契约有两种，一种是成文的，另一种是不成文的。成文的契约可称作显性契约，不成文契约可称作隐性契约。诸如公司法之类的成文法属于显形契约，经济伦理应属于隐性契约。隐性契约也是市场行为的约束激励机制。正是针对这一点，马克斯·韦伯将反映清教徒精神的"新教伦理"理解为促进资本主义经济发展的一种精神动力。那么，儒家伦理作为一种"隐性契约"能为当代的经济伦理建设提供些什么呢？

儒家伦理的一个核心内容是强调"诚信"。中国自古就是一个推崇诚信的国家。这是因为在古代中国，由于自然经济条件下经济交往关系的不发达和法制的不健全，社会信用制度极不发达。为了协调和保障人们经济交往中的正常信用关系，儒家主张通过发生经济交往的双方之间的道德信任、道德默契来缔结和处理经济往来关系。在他们看来，只要人们确立了"诚信"的道德信念，依靠这种无字无据的"君子协定"也能使发生经济关系的双方自觉履行其经济义务。所以，儒家十分强调在经济交往中要确立"诚信"的道德信念："唯天下至诚，为能经纶天下之大经，立天下之大本，知天地之化育"（《四书章句集注·中庸》）。儒家认为，有了至诚的心灵，才有可能去经纬天下的大纲。管理国家如此，从事经济活动亦如此。不能想象失去了诚信的人能经天纬地，纵横商海，为世人所仰。在经济全球化的今天，发展经济只有恪守诚信，才能在世界经济中有立锥之地。

儒家伦理的另一核心内容是强调"生财有道""取予有度"。儒家是极重视社会产品的生产与分配的，"生财有道"是儒家用来指导人们生产行为的基本道德规范。儒家在经济生产上主张社会分工，如在《周礼》中提出了"九职任万民"的社会分工主张，"九职之民"是指农、园圃、虞衡、薮牧、百工、商贾、嫔妇、臣妾、闲民，认为社会分工可以提高生产的效率，主张从事各种职业的民众应在各自职业的范围内"生财"，每一职业都须严守职业规范，遵守正当的生财途径而不可苟且谋利。取予有度是有关分配的基本道德规范。所谓取予有度，是要求人们在社会产品的占有和分配中，必须度之以礼，即合乎社会的制度规范，不去谋取不义之财。孔子说自己也喜欢谋取财富，"富而可求也，虽执鞭之士，吾亦为之。如不可求，从吾所好。"（《论语·述而》）如果谋取财富有悖于社会的伦理规范，孔子甘愿去过清贫的生活。儒家强调人们对于物质财力之取予必须严守社会的伦理规范而不可贪得无厌，反对"非其有而取之"和"非所取而取之"的苟取行为，认为"非其有而取之，非义也"（《孟子·尽心下》），"非所取而取之，谓之盗"（《谷梁传·哀公三年》）。儒家之所以主张取予有度，是因为如果人们的取予不遵守一定的社会规范，大家都急功近利，势必会相互侵吞争夺起来，导致社会的混乱。亚当·斯密在其名著《国富论》中提出，这个世界不会去尊敬一个没有竭尽全力追求财富的人，只要他不是借助于卑劣行为和不公正就能获得财富的话。显然，儒家的"生财有道"和"取予有度"的经济伦理观与亚当·斯密的经济伦理观是完全一致的。

儒家的伦理观除上述基本内容外，还有强调社会整体和谐、以人为本、循环发展、中庸守常、重公益、重均平、重利他、重礼让等内容。这些内容，都可以经过批判性扬弃后为今天的经济伦理所吸收，发挥其应有的现实意义。

还有一点应引起高度关注，即从西方经济伦理价值观的变化趋势来看，20世纪中期以后出现了与儒家伦理趋同的趋势。在西方早期的工业化过程中，由于把"人"视为价值增值的工具和手段，使人的价值失落，从而造成了经济发展与人的价值实现之间的冲突。而在今天的西方，"人"的价值，"人"在经济发展中的地位，"人"是经济发展的目的还是手段等问题被重新提了出来，如以加尔布雷斯为代表的新制度经济学家对正统经济学的价值标准最先提出了怀疑，他认为从亚当·斯密到凯恩斯的经济学都只注意经济价值而忽略经济以外的其他价值。以经济价值观为例，传统经济学无不以"产品越多越好"作为信条，以国民生产总值作为进步与落后、发达与不发达的标志。对此，加尔布雷斯提出疑问：经济增值究竟是增进了人们的幸福呢，还是增进了人们的痛苦和烦恼？在加尔布雷斯看来，经济增长不仅不与生活质量的提高成比例，而且还给后工业化社会造成了一系列社会经济问题，如环境污染严重，生态失衡，国内资源浪费，城市管理腐败，收入分配不均加剧，社会危机严重，等等。因此，加尔布雷斯要求重定经济政策的目标，不要把国民生产总值和产品的增加作为判断社会进步与否、发达与否、人们幸福与否的标准，不要以经济增长本身作为经济政策的目标。这就必然使人们联想到儒家伦理中以人为本的价值观。另外，随着第二次世界大战后西方经济的快速发展和福利国家的出现，在西方发达国家中人们关注的眼光已逐渐从重效率转向重公平。如以庇古为代表的福利经济学和以新制度经济学家为代表的新福利经济学都主张"平等优先"，强调把"收入均等化"放在首位。这些变化也同样可以引发我们对儒家重均平伦理观的重新审视和思考。西方在近代资本主义的发展中由于过分强调个人主义和利己主义，导致了许多消极影响，为了解决这一功利主义经济发展所带来的人情冷漠和信念危机，西方也出现了由重金钱、重利益向重感情、重道德的新价值观的转向。而这种转向也与儒家的伦理观相近。西方经济伦理观的新发展也为儒家伦理融合到中国当代经济伦理中提供了现实的借鉴和思考的新视角。

第三节 "和谐社会"：中国道路的追求

儒家推崇"礼之用，和为贵。先王之道，斯为美"（《论语·学而》），追求一种和谐的社会。这表现在经济上就是追求从"小康"到"大同"。《礼记·礼运》篇对"小康"社会和"大同"社会进行了描绘，确定划分"小康"和"大同"的标准有二：从政治和社会关系来说，"大同"是"天下为公"，不独亲其亲，子其子，选贤与能，是一个和平、幸福至善完美的社会；"小康"是以"天下为家"，各亲其亲，子其子，是讲信、义、仁、让，有礼、有秩序、治平和睦的社会；从经济生活关系来看，大同社会是"使老有所终，壮有所用，幼有所长，矜、寡、孤、独、废疾者皆有所养。男有分，女有归。货恶其弃于地也，不必藏于己，力恶其不出于身也，不必为己。是故谋闭而不兴，盗窃乱贼而不作，故外户而不闭，是谓大同"（《礼记·礼运》）。郑玄注："大同"之同，"犹和也"，也就是说，大同社会即和平的、幸福的社会。小康社会如孟子所说，是人们拥有"五亩之宅，树之以桑，五十者可以衣帛矣。鸡豚狗彘之畜，无失其时，七十者可以食肉矣。百亩之田，勿夺其时，八口之家，可以无饥矣。谨庠序之教，申之以孝悌之义，颁白者不负戴于道路矣。老者衣帛食肉，黎民不饥不寒，然而不王者，未之有也"（《孟子·梁惠王上》），具体描述了在"仁政"治理下的"小康"社会中经济文化和教育状况。"小康"首先是温饱，然后是教育。把教育作为"小康"社会的指标。"小康"向"大同"社会迈进，是儒家社会治平的价值目标和基础。儒家的和谐社会对中国道路的发展具有重要的启示意义。

一、儒家"和谐"社会对中国道路发展的启示

（一）启示一："王者富民"

儒家主张"富民"优先。儒经《大学》有言："财聚则民散，财散则民聚。"儒经《尚书·周书·武成》篇载：武王伐纣灭殷，"散鹿台之财，发钜桥之粟，大赉于四海，而万姓悦服。"这两段记载，论证了财富聚散与国家治亡之间的辩证关系。从历史上看，凡是违背儒家这一政策思想的统治者无不落个亡国的结局。"富民"自然要鼓励民营经济的发展。宋儒苏辙明确提出："州县之间，随其大小，皆有富民，此势理之所必至……然州县赖之以为强，国家持之以为固……天下定矣"（《栾城集》三集卷八《诗病三事》）。清初唐甄说得更直截了当："立国之道无他，惟在于富……国家五十年以来，为政者无一人以富民为事，上言者无一人以富民为言，至于为家，则营田亩，计子孙，莫不求富而忧贫。何其明于家而昧于国也"（《潜书》下篇上《村言》）。其强调的核心还是国家应以富民为中心来制定经济政策，而要实现富民，就必然要扶持、鼓励民间经济的发展。这一"富民"思想对中国道路的借鉴意义就体现在大力巩固、发展、提高国有经济的同时，要坚定不移地大力支持、鼓励、引导民营经济的发展，让民营经济在社会主义市场经济中发挥不可或缺的重要作用。民营经济的优越性在于它产权清晰，

经营灵活，决策迅速，面向市场，动力机制较强，有硬性约束，重视技术进步。中国经济改革40多年的实践充分证明，凡是民营经济发展快的地区，经济发展就快，人民生活就有较大的提高。改革开放40年以来之所以中国经济社会面貌能发生翻天覆地的变化，民营经济功不可没。随着民营经济的发展，中国的市场主体结构、就业、投资增长、制造业与工业发展、消费品供给、商品服务、对外经济贸易、科技创新、税收贡献等一系列方面的格局都发生了重大的改变。2019年4月全国工商联马君用了"56789"的提法来概括民营经济对我国经济社会发展做出的突出贡献：民营经济对国家财政收入的贡献占比超过50%；GDP和固定资产投资、对外直接投资占比均超过60%；企业技术创新和新产品占比超过70%；城镇就业占比超过了80%；这两年特别是2017年对新增就业的占比贡献超过90%，民营经济对稳定增长、促进创新、增加就业、改善民生等方面都做出了突出贡献。[1]

民营经济对我国市场经济发展的贡献主要体现在三个方面：一是民营经济发展并参与国有企业改革促进了整个经济总量的扩大，不仅接替了不少国有经济退出的位置，为国营经济的调整布局、优化结构提供了条件，而且也创造了市场需求，拉动了国民经济的增长。截至2017年私营企业法人占全国企业法人已达85%以上，民营企业提供了全国80%的日用消费品、60%以上的中高档消费品；二是在吸纳劳动力的就业方面发挥不可替代的重要作用，截至2017年中国城镇从业人员超过4亿人，其中3亿多劳动者在民营企业就业，这保证了社会的稳定，同时为国有经济的改革、调整创造了条件；三是民营经济日益成为提供财政收入、银行储蓄、出口创汇的重要力量，如2017年全国税收增加额为15235亿元，其中民营经济税收增加额为10228亿元，占全国税收增量的67.1%，为国家创造了1/2以上的税收总量和2/3以上的税收增量，成为国家财力增长的最大贡献者。在对外经贸方面，民营企业占全国出口的近一半，占中国海外投资存量的1/3，已经成为中国外贸顺差和外汇储备的最大贡献者。一批民营企业在进入民企500强的同时，也进入了中国企业500强，且占比日益提高，有的民企还进入了世界500强企业，在世界500强中的数量与位次日益提升。除此之外，民营企业还提供了中国专利的80%、发明专利的60%、新产品的70%[2]。中国经济的高速增长，很大一部分就是来自民营经济发展的推动。因此，中国道路的发展必须毫不动摇发展民营经济，支持民营企业走规模化、公司化和集团化道路，向科技型、外向型方向发展。随着中国民营经济的发展壮大，中国经济的发展将会持

---

[1] 马君：《中国民营经济发展呈现"56789"的特征》，中国财经网，2019-04-24，http：//finance.China.com.cn/news/special/dzjydyl/20190424/4962968.shtml。
[2] 陈永杰：《民营经济改变中国——四十年快速发展、二十个根本变化》，https：//www.sohu.com/a/282796995_658762.2018-12-17。

续进入高质量的发展阶段。

（二）启示二："不患寡而患不均"

儒家主张财富分配的均平。不过，儒家的"均平"不同于农民起义中所提出的"均平"：农民起义中所提出的均平是要求实现对社会产品的绝对平均分配，而儒家的均平则是一种和谐的财富均衡。儒家的均平思想始自孔子，孔子明确提出治国者必须采取一定的措施调节财富分配的公平，如"有国有家者，不患寡而患不均，不患贫而患不安。盖均无贫，和无寡，安无倾。"（《论语·季氏》）孔子这里的"患不均"与"均无贫"强调的就是财富的公平分配，不可使富者太富、贫者太贫，这会导致社会的动荡。《礼记·孔子坊记》篇记有孔子如下的话："故圣人之制富贵也，使民富不足以骄，贫不至于约，贵不慊上，故乱益亡。"显然，孔子这里的"患不均"强调的就是对于贫富利益均衡关系的调整。先秦儒家有关均平的说法，大都与财富利益的公平均衡有关。孔子强调"中庸"的方法论，提倡"执其两端而用其中"，反对"过犹不及"，因此在财富的分配上也必然主张"中道""合度""各得其分"。明儒吕坤对孔子均平思想本意的理解颇为透彻，他说："圣王治天下，不说均，就是平。天下所望于圣人，只是个安字。圣人所以安天下，只是个平字。平则安，不平则不安矣。"但又明确指出，"平之一字，极有意味。所以至治之世，只说个天下平。或言水无高下，一经流注，无不得平。曰：此是一味平了。世间千种人，万般物，百样事，各有分量，容有差等，只各安其位而无一毫拂戾不安之意，这便是太平。"（《呻吟语》卷五《治道》）吕坤解读孔子的"平"绝非是"一味平了"，而是"各有分量，容有差等"的一种均衡式的公平，强调不能悬殊太大，否则不平则鸣。

先秦时期，人们对孔子"患不均"命题的内涵已有了两种理解：一是经济范畴如财富分配之类的公平与否；二是引申为政治范畴的施政公平与否。在孟子、荀子所说的"均"中，都涵盖了这两层内涵。如《孟子·滕文公》曰："夫仁政必自经界始。经界不正，井地不均，谷禄不平"，强调了土地占有的均平是仁政的基础。孟子又多次讲到与治天下有关的"平"，如《离娄上》曰："尧舜之道，不以仁政不能平治天下"；《尽心下》曰："君子之守，修其身而天下平"；《离娄下》曰："君子平其政。"这里的"平"显然又是指施政的公平。荀子在论证他的等级名分制度时提出建立一种"维齐非齐"的社会经济关系，认为唯此方能实现"天下莫不平均、莫不治辨"（《荀子·王霸》）的仁政理想。荀子还明确指出，为人君者应"以利分施，均遍而不偏"（《荀子·君道》），这里的"平"也是指施政的公平。汉儒孔安国在对孔子"患不均"这段话的注解中也明确地指出："国，诸侯；家，卿大夫。不患土地人民之寡少，忧政理之不均平，忧不能安民耳。民安则国富"，也把"均"明确注解为是施政之公平。

历史上，受儒家"均平观"的影响，儒家学者对贫富两极分化的现象多持一种批判的态度。自汉代开始，由于以土地占有不均为代表的社会财富分化现象越来越严重，因此带来的赋役负担不均和社会不安定状况有增无减，施政者在关注施政"均平"的同时，也更多地以经济问题即如何使土地占有和赋役负担相对"均平"为焦点，提出相应的政策建议。如在汉初的盐铁会议上，贤良文学之士就指出当时的贫富分化导致了严重的社会问题，"今欲损有余补不足。富者益富，贫者益贫矣，严法任刑，欲以禁暴止奸，而奸犹不止。"（《盐铁论·轻重》）董仲舒也认为土地兼并使"富者田连阡陌，贫者无立锥之地"，造成了"富者奢侈羡溢，贫者穷急愁苦，穷急愁苦而上不救，则民不乐生"（《汉书·董仲舒传》）的严重局面。他们都强调治国者必须善于调节经济利益的均衡，通过国家行政手段来实现这一目的。这里所说的国家行政手段包括均田、均赋税、均力役，通过这些行政手段来抑制和克服那些违礼犯份的上援下侵现象，以及由此而引发的贫富两极分化趋势。"均田均赋"乃至"均田免赋"也就成了中国历史上处理农民问题的政策核心。

儒家之所以主张"均平"的财富分配，是因为他们认识到了两极分化不利于生产力的发展，还会使财富日益集中在既不劳动又不经营的寄生性阶层的手中，农民失地后除了作佃农或乞丐外别无出路。同时，社会的稳定也要求把社会各阶层的财产差异限定在一定的合理范围之内，要求社会各阶层在财富的占有和分配上保持一定的比例关系。这是因为社会财富的日趋集中和由此引发的贫富两极分化势必会使社会各阶层之间的利益均衡受到破坏，从而破坏了社会稳定赖以存在的条件，最终导致社会的动乱。董仲舒在《春秋繁露》中就分析指出过此点："孔子曰：'不患贫而患不均。'故有所积重，则有所空虚矣。大富则骄，大贫则忧。忧则为盗，骄则为暴，此众人之情也。圣者则于众人之情，见乱之所从生，故其制人道而差上下也。使富者足以示贵而不至于骄，贫者足以养生而不至于忧。以此为度而调均之，是以财不匮而上下相安，故易治也。"从董仲舒的论述中，不难看出儒家的"调均"是倡导财富的均衡公平，而非绝对平均。儒家的均平思想对汉唐时期及其之后的中国社会都产生有深远的影响。为了避免出现社会危机，历代都有人提倡均田、均赋、均力役，他们所依据的理论根据就是儒家"均无贫""安无倾"等"政均则民无怨"的财富分配原则。

儒家的"均平"观在历史上对当时的经济政策也都产生了积极的影响，对抑制社会财富的分化也有一定的作用。试举两例。例一：建安九年（204年）曹操平定河北后发布《收田租令》内称："'有国有家者，不患寡而患不均，不患贫而患不安。'袁氏之治也，使豪强擅恣，亲戚兼并；下民百姓，代出租赋，衒鬻家财,不足应命。审配宗族,至乃藏匿罪人,为逋逃主。欲望甲兵强盛,岂可得邪!其收田租亩四升,户出绢二匹、绵二斤而已,他不得擅兴发。郡国守相明检察之,无令强民有所隐藏,而弱民兼赋也"(《三国志》卷一《魏书·武帝纪一》注引《魏书》)。曹操下令要求地方长官在征收赋税时要"平赀",即评估家产贫富状况再确定各户具体的赋税负担,贯彻的核心精神就是儒家"调均贫富"的"均平"的主张,避免出现"强民有所隐藏,而弱民兼赋"的现象。例二:西魏苏绰在辅佐宇文泰治国时提出的作为治国大政方针的"六条诏书"中有一条为"均赋役",这条诏文首先对孔子的"均无贫"作出解释:"夫平均者,不舍豪强而征贫弱,不纵奸巧而困愚拙,此之谓均也。故圣人曰:'盖均无贫'。"诏文接着说:"租税之时,虽有大式,至于斟酌贫富,差次先后,皆事起于正长,系于守令。若斟酌得所,则政和而民悦;若检理无方,则吏奸而民怨。又差发徭役,多不存意。致令贫弱者或重徭而远戍,富强者或轻使而近防。守令用怀如此,不存恤民之心,皆王政之罪人也"(《周书》卷二三《苏绰传》)。由此可知,当时的赋役制度("大式")中已有了根据贫富状况确定缴纳赋税先后和赋役的轻重远近等"均平"的规定。

二、儒家"均平观"与现代经济学的相通性及其现代意义

儒家均平观的核心思想是认为财富分配悬殊不利于社会的稳定,更不利于经济的发展。这与现代经济学中关于收入分配与经济增长研究的某些成果是相通的。

在现代经济学的早期研究中,主张"均平"的收入分配不利于经济增长的主要有库兹涅茨和刘易斯。库兹涅茨在20世纪中期提出了倒"U"形的收入分配假说。他根据从几个工业化国家收集到的不多的经验数据,提出收入差别和经济发展水平之间呈现倒U形的关系。也就是说,分配不均的现象在经济发展的起步阶段不断加剧,这有利于经济的发展和效率的提高。只有当经济发展到中等收入水平阶段时,才会缓和下来,在经济进入高收入水平阶段,分配不公的现象才会得到进一步缓解。刘易斯随后通过假设农村对城市的劳动供给是有限的,提出了一个支持库兹涅兹假说的理论。他认为由于农村部门存在剩余劳动力,城市部门的工资水平提高时不会影响到农村部门。随着劳动力从农村向工资水平较高的城市部门缓慢移动,收入不均开始出现。收入差距的扩大在农村的剩余劳动力被城市部门的资本全部吸纳之后就会停止。劳动力成为一种稀缺的生产要素。对劳动力的进一步需求会使农村和城市部门的工资都得到提高,从而通过提高两个部门中劳动力的工资,缩小了收入分配的差距。在刘易斯的模型中,不仅增长对分配起作用,而且收入分配也影响经济增长。既然储蓄是增长的推动力,高收入阶层

的储蓄倾向又比较强烈，那么在经济发展的初期，严重的收入差距对经济增长会产生正面效应；而收入差距较小会减缓经济增长，因为这意味着把有限的收入（或者说资本品）分摊在众多的人口中，从而减少了国民储蓄。这一结论可以用一个众所周知的"典型事实"来很好说明，即无论在发达国家还是在发展中国家，高收入的家庭比低收入的家庭确实更倾向于把收入中更多的部分用于储蓄。刘易斯理论揭示的这种增长和公平分配的替代关系隐含的政策含义是：任何试图在富人和穷人间进行收入再分配的努力，都可能将因为抑制经济增长和减少就业机会而对穷人造成更大的损害。因此，发展经济和帮助穷人的最好战略首先是帮助富人，鼓励他们储蓄和进行明智的投资。这就是所谓的利益扩散理论。

在很长一段时期内，上述理论被认为是经济发展理论中无可辩驳的经典观点。但随着现代经济学研究的深化修正了这一论点。在20世纪最后20年，收入分配与经济增长关系的研究进入了一个新的阶段，相继出现了若干新理论来描述收入分配和经济增长之间的相互作用机制。这主要包括有梅尔策和理查德（Meltzer & Richado，1988）的政治经济机制论，佩罗蒂（Perotti，1996）、戴宁格尔和斯夸尔（Deininger & Squire，1996）提出的教育—生育机制论，墨菲等（Murphy et al.，1989）的市场规模机制论以及亚历西娜（Alesina）等提出的社会稳定机制论，另外，佩尔松和塔贝利尼（Persson & Tabellini，1994）、亚历西娜和罗德里克（Alesina & Rodrik，1994）也提出了自己的实证研究成果。这些研究成果大都认为收入分配不均和经济增长呈负相关，收入分配差距的上升会带来经济增长的减缓甚至停滞。这些新的实证研究表明在许多国家收入分配并不存在倒"U"形的变化趋势。如保克特（Paukert，1973）和阿卢瓦利亚（Ahluwalia，1976）所作的一些支持"U"形假说的早期实证研究中，由于对人均收入的错误测算或者在衡量收入差距时选择了不可靠的指标而存在着缺陷（Ram，1988）。混乱的经验证据不仅使人对库兹涅茨假说本身产生怀疑，而且对经济发展的思考慢慢地从以增长为主要目标转向兼顾公平的增长。值得一提的还有1995年戴宁格尔和斯夸尔编辑出版的《国际不平等数据库》，戴宁格尔和斯夸尔在该数据库中运用108个国家和地区682份有关基尼系数和五等分法在内的高质量的数据资料分析表明，"以单个国家或地区为基础进行检验时，我们的数据分析对表达收入和不平等的倒'U'形关系理论仅仅提供了非常微不足道的支持；而且大约90%的被调查国家或地区是不存在倒'U'形曲线这种关系。"[①] 近年来对收入分配和经济增长进行的理论和实证研究，则提供了更多的证据来支持公平的收入分配对经济增长有正向作用的观点。

[①] 汤敏、茅于轼主编：《现代经济学前沿专题》（第三集），商务印书馆1999年版，第126页。

梅尔策和理查德（1988）研究的主要结论是：在民主社会中，大多数选民根据他们自身的收入（即收入的中位值）相对于平均收入的差距来评估公共支出，再以此决定政府支出水平。平均收入和中位收入的差距表明了收入不均的程度。两者的差距越大，大多数选民就会投票赞成收入再分配的提案。但是高额政府支出会减少物质资本和人力资本的税后收益，从而阻碍了私人资本的积累。结果分配不均通过诱使大多数投票者投票赞成增加政府支出而对经济增长产生负面影响。

佩罗蒂（Perotti，1992）发现分配不均和经济增长的关系取决于收入水平。假定存在不同的收入阶层，并且教育的费用固定，他的结论是分配不均是否会对经济增长产生负面作用取决于人均收入水平和教育费用的相对比较：如果像在大部分发展中国家那样，教育费用很高，收入高度集中在高收入阶层手中将使他们能够先接受教育，从而引致经济增长。如果教育费用相对于平均收入来说比较低，较小的收入差距将对经济增长有益。这是因为较小的收入差距将使大多数人能够接受教育。佩罗蒂的理论既同利益扩散理论一致，也同增长与公平分配之间存在正向联系的理论一致，这取决于一个国家的具体情况，例如人均收入水平、收入分配状况以及教育费用。戴宁格尔和斯夸尔（1996）认为如果在发展中国家，收入和财产分配方面的较小差距将使人口中的大部分能够接受教育，参与到基础广泛的经济增长中去。教育和促进劳动密集型产业发展的政策可以在经济增长和公平之间产生一系列的良性循环。

罗伯托·佩罗蒂（Roberto. Perotti）尤其关注教育和人力资本投资，在1992年、1993年及1996年相继发表文章进行了阐述。1992年和1993年他的实证结论基本支持了关于分配不均和经济增长的负相关性观点，发现提高中间收入阶层（Middle–quintile）的收入比例与经济增长呈显著正相关。特别是佩罗蒂根据回归结果指出影响经济增长的不仅是中间收入阶层的收入比例，还包括该阶层收入比例与其他阶层收入比例的差距，前者的投票结果所导致的税率会影响后者对教育的投资；其次，中间收入层收入比例与经济增长之间的关系还取决于不同的人均收入水平，尤其是取决于收入水平与教育成本的比值。他研究发现，一般而言，在贫穷国家教育成本高于平均收入水平，收入不均使富人有机会投资教育，再通过储蓄投资带动经济增长，最终"利益扩散"到其他阶层；而在富裕国家，教育成本低于平均收入水平，这样更小的收入差距有利于使更多人获得教育，提升整体人力资本，从而迅速推动经济增长。通过对人力资本和出生率及经济增长的进一步研究，佩罗蒂指出在教育决策方面，富有的家庭人力资本投资较高，贫穷家庭人力资本投资较低。而生育决策是父母对其人力资本的机会成本和抚养小孩的直接成本权衡的结果。人力资本高的父母抚养子女的机会成本大，其子女的教育成本也大，从而对子女数量的需求小；人力资本低的父母抚养子女的机会成本小，子女的教育成本也小，其对子女数量的需求大。因此不平等的经济体中穷人比例大，人力资本投资低，经济中人口出生率高。这样则收入分配不平等与人口出生率正相关、与人力资本投资和经济增长负相关。佩罗蒂检验了这些命题，他发现中产阶层的收入比例越大，人口出生率就越低，经济增长率就越高，而且这一计量分析结论在统计上十分显著。

墨菲（Murphy，1989）等提出的市场规模机制也很有代表性，他们注意到农业国在工业化进程中需求结构的变化，富人们倾向于购买国外的奢侈品，而穷人又缺乏对国内工业品的购买力，而工业化的规模效应扩张又须以足够大的国内市场为前提，故而这样的收入分配不均等会制约国内市场规模的扩大，从而阻碍经济增长。佩尔森和塔贝利尼（Persson & Tabellini，1994）、亚历西娜和罗德里克（Alesina & Rodrik，1994）的结论也支持收入分配不均与经济增长的反向联系，他们分别认为收入分配越不平等（初始禀赋分布不平等），转移支付率越高，经济增长率越低；以及收入分配不平等（中产阶层财富越少），资本税率越高，经济增长率越低。两类观点中收入分配对经济增长的传导机制都是分配不均使投票人影响政府政策，再由政策影响经济增长。

亚历西娜和佩罗蒂（Alesina & Perotti，1996）、威尼斯和古尔塔（Venieris & Gulta，1986）以及本哈比和鲁斯蒂奇尼（Benhabib & Rustichini，1996）提出的社会稳定机制也获得了理论和经验数据上较多的支持。收入分配不均，两极分化会带来不稳定的政治环境，甚至直接导致正常交易和生产的中断，原有的商业循环被迫停滞，新的循环由于不稳定而难以开展及扩大，最终导致经济增长受阻。例如许多收入分配严重不均的发展中国家的政治局面很不稳定，从而严重影响到经济的发展。亚历西娜和佩罗蒂（1996）以71个国家和地区1960~1985年的数据为样本，试图找到证据来验证上述传导机制：分配不均加剧会带来社会不稳定；政治动荡会减少投资规模。亚历西娜和佩罗蒂构造社会不稳定指标作为解释变量，其构成要素包括刺杀、动荡中的死亡人数、政变次数以及国家的民主程度等。回归结果表明"政治不稳定""社会不安全"与收入分配不平等呈一致显著的正相关关系；而政治动乱、产权保护缺乏与投资和经济增长呈一致显著的负相关关系。

库兹涅茨和刘易斯所处的时代是一个投资短缺的时代，那个时代的经济学家强调把经济增长作为经济学的研究中心是合情合理的。但随着投资的增加，尤其是今天这样一个投资过剩的时代，财富能否公平分配已严重制约着经济增长和社会的健康发展，因此，财富的公平分配理应受到当代经济学研究的更多关注。法国经济学家托马斯·皮凯蒂在21世纪初出版的《21世纪资本论》使这一研究有了进一步的深化。在该书中对国民收入分配研究的贡献是揭示了资本主义社会中收入分配的一个基本规律，即 $r>g$，即资本的收益率（r）超过了经济增长率（g）。皮凯蒂的研究揭示了一个浅显但重要的事实：储蓄较多而增长缓慢的国家将在长期中积累起更大数量的资本，巨额资本反过来会对社会财富分配产生重要影响，这种影响就表现为资本带来的收入会越来越多地集中在少数富人的手里，富人储蓄多，投资机会就多。一个依靠工资生活的工薪阶层其工资增长的速度和其劳动生产率（人均产出）同步增长，由于经济增长包括劳动生产率的增长和人口的增长两部分，这就就意味着工资的增长速度要低于经济增长率。皮凯蒂的这一研究否定了"库兹涅兹曲线"的结论，发现库兹涅茨的结论是短暂的：18世纪末至20世纪初收入与财富的不平等逐步增加，1913～1948年间美国的收入不平等的确有显著下降，但在20世纪70年代中期以后收入不平等又恢复到了1913年的水平，2010年以来这一不平等又有所加剧。皮凯蒂计算，在19世纪和20世纪初期欧洲的资本对收入比值约为6～7倍，之后因受第一次世界大战的影响资本对收入比值开始下降，到了20世纪50年代之后又开始回升，到了2000年，欧洲的资本对收入比值已经上升到5～6倍，并呈现出继续上升的趋势。皮凯蒂估计，全球范围内的资本对收入比值到21世纪末将达到6.5倍。皮凯蒂认为美国不平等程度的扩大就助推了2008年的金融危机，"在我看来，毫无疑问，美国收入不平等的扩大在一定程度上会引发国家的金融不稳定"①。为纾解世界财富两极分化的不公平现象，皮凯蒂提出应加强全球国际合作，各国政府亟须强化其承担的社会职能，从征收年度累进税上入手，共同制约财富的分化。为了防止富人避税，皮凯蒂建议各国政府应联合实施一种全球统一的"全球资本税"。这一思路与中国传统儒家的"大同"社会理想理论上有着异曲同工之妙。在中国传统经济思想中，儒家主张通过调节收入分配以实现"谋闭而不兴，盗窃乱贼而不作，故外户而不闭，是谓大同"（《礼记·礼运》）的理想社会，认为公平的收入分配有利于经济的健康发展，现代经济学的研究的上述成果也深刻地揭示了财富的公平分配更有利于全球的经济增长，支持了皮凯蒂的政策主张。很多评论者认为皮凯蒂的这一政策建议是乌托邦式的幻想，不可能实施。但笔者认为，评论一个学者的贡献，不在于他所提出的政策能否马上在当代就得到实施，而在于是否对解决目前的问题提供了有意义的思路或政策启示。从这一视角看，皮凯蒂的政策建议应该给予肯定，他的方案不失为一种遏制财富过度集中到少数富人手中、避免社会动荡出现的有效方案。

虽然儒家与现代经济学中关于收入分配和经济增长关系研究的时代背景大为不同，因而在许多方面存在着不可比性，但二者的基本结论是相近的。孔子曾提出过"庶之""富之""教之"的三部曲："子适卫，冉有仆。子曰：庶矣哉！冉

---

① 皮凯蒂著，巴曙松译：《21世纪资本论》，中信出版社2014年版，第16页。

有曰：既庶矣，又何加焉！曰：富之。曰：既富矣，又何加焉？曰：教之"（《论语·子路》）。儒家"均平"财富分配观与经济发展二者间的关系缺乏现代经济学计量统计的实证分析，但也明确提出从长期看随着经济的发展和社会教育的进步，"均平"的收入分配（"富之"）扩大了中产阶层，更有利于社会经济的发展。反之，如果不调节收入分配，两极分化的加剧会严重影响社会的稳定，当然也必然会影响到经济发展。重新认识儒家"均平"分配观，对中国道路的健康发展，无疑具有理论价值和现实意义。

参 考 文 献

[1] 田汝康、金重远编:《现代西方史学流派文选》,上海人民出版社1982年版。

[2] 卡尔·雅斯贝尔斯著,魏楚雄、俞新天译:《历史的起源与目标》,华夏出版社1989年版。

[3] 韦伯著,于晓、陈维钢译:《新教伦理与资本主义精神》,生活·读书·新知三联书店1987年版。

[4] 世界银行:《东亚奇迹——经济增长与公共政策》,中国财政经济出版社1995年版。

[5] 埃德温·赖肖尔、马里厄斯·詹森著,陈文寿译:《当代日本人:传统与变革》(增订本),商务印书馆2016年版。

[6] 弗兰克·吉布民著,吴永顺等译:《日本经济奇迹的奥秘》,科学技术文献出版社1985年版。

[7] 森岛通夫著,胡国成译:《日本为什么"成功"?》,四川人民出版社1986年版。

[8] 费正清等编著,黎鸣等译:《东亚文明:传统与变革》,天津人民出版社1992年版。

[9] 汤姆·普雷特著,张立德译:《李光耀对话录》,现代出版社2011年版。

[10] 本尼迪克特著,孙志民等译:《菊花与刀——日本文化的诸模式》,浙江人民出版社1987年版。

[11] 弗兰克·吉布民著,吴永顺等译:《日本经济奇迹的奥秘》,科学技术文献出版社1985年版。

[12] 青木昌彦、金滢基、奥野-藤原正宽:《政府在东亚经济发展中的作用:比较制度分析》,中国经济出版社1998年版。

[13] 保罗·克鲁格曼著,朱文辉、王玉清译:《萧条经济学的回归》,中国人民大学出版社1999年版。

[14] 巴拉萨等主编,王振中译:《"亚洲四小龙"的经济起飞》,光明日报

出版社1988年版。

[15] 米尔顿·弗里德曼著，胡骑等译：《自由选择》，商务印书馆1982年版。

[16] 新加坡联合早报编：《李光耀40年政论选》，现代出版社1994年版。

[17] 涩泽荣一著，余贝译：《论语与算盘》，九州出版社2012年版。

[18] 畠山芳雄著，金柏松等译：《日本五家大公司的成功之路》，中国人民大学出版社1988年版。

[19] 松下幸之助：《自来水哲学：松下幸之助自传》，南海出版公司2008年版。

[20] 松下幸之助：《经营管理全集22 松下人才活用法》，名人出版社1984年版。

[21] 松下幸之助著，涂翠花译：《谈经营秘诀》，道声出版社1984年版。

[22] 稻盛和夫著，曹岫云译：《在萧条中飞跃的大智慧——日本"经营之圣"谈危机下的生存之道》，中国人民大学出版社2009年版。

[23] 盛田昭夫著，薛惠英等译：《盛田昭夫与索尼公司》，吉林大学出版社1989年版。

[24] 帕斯卡尔、阿索斯著，陈水淼译：《日本企业管理艺术》，中国科学技术翻译出版社1984年版。

[25] 土光敏夫著，葛东莱译：《管理者的行为南针》，中国企业管理发展中心1985年版。

[26] 中根千枝著，许真、宋峻岭译：《日本社会》，天津人民出版社1982年版。

[27] 威廉·大内著，黄明坚译：《Z理论》，长河出版社1982年版。

[28] 米勒著，尉腾蛟译：《美国企业精神》，中国友谊出版社1985年版。

[29] 西蒙著，杨等译：《管理行为》，北京经济学院出版社1988年版。

[30] 托马斯·彼得斯著，朱葆琛等译：《乱中求胜：美国管理革命通鉴》，科学普及出版社1988年版。

[31] 卡拉姆·亨德森著，朱宝宪等译：《亚洲在衰落？》，机械工业出版社1998年版。

[32] 约翰·奈斯比特著，蔚文译：《亚洲大趋势》，外文出版社1996年版。

[33] 韦伯著，姚曾廙译：《世界经济通史》，上海译文出版社1981年版。

[34] 彼得·伯格：《一个东亚发展的模式：战后台湾经验中的文化因素》，引自《现代化：理论与历史经验的再探讨》，上海译文出版社1996年版。

[35] 杜维明：《新加坡的挑战》，生活·读书·新知三联书店1989年版。

[36] 杜维明：《现代精神与儒家传统》，生活·读书·新知三联书店 1997 年版。

[37] 成中英：《文化·伦理与管理》，贵州人民出版社 1991 年版。

[38] 恩拉恩·埃格特森著，吴经邦等译：《新制度经济学》，商务印书馆 1996 年版。

[39] 陆威仪著，张晓东、冯世明译：《世界性的帝国·唐朝》，中信出版社 2016 年版。

[40] 傅筑夫：《中国古代经济史概论》，中国社会科学出版社 1981 年版。

[41] 傅筑夫：《中国经济史论丛》（下），生活·读书·新知三联书店 1980 年版。

[42] 朱伯康、施正康：《中国经济史》（上卷），复旦大学出版社 2005 年版。

[43] 龙登高：《中国传统市场发展史》，人民出版社 1997 年版。

[44] 董书城：《中国商品经济史》，安徽教育出版社 1990 年版。

[45] 郑寿彭：《宋代开封府研究》中华丛书，台北："国立编译馆" 1980 年版。

[46] 张海鹏：《明清徽商资料选编》，黄山书社 1985 年版。

[47] 张海鹏、张海瀛主编：《中国十大商帮》，黄山书社 1993 年版。

[48] 余英时：《士与中国文化》，上海人民出版社 1987 年版。

[49] 何品、宣刚编注：《陈光甫日记言论集》，上海远东出版社 2015 年版。

[50] 吴晓波：《跌荡一百年：中国企业 1780—1977（上）》，中信出版社 2009 年版。

[51] 赵靖主编：《中国经济思想通史》，北京大学出版社 1991 年版。

[52] 潘亚暾、汪义生等：《儒商学》，暨南大学出版社 1996 年版。

[53] 刘建生、刘鹏生等：《晋商研究》，山西人民出版社 2002 年版。

[54] 黄鉴晖：《明清山西商人研究》，山西经济出版社 2002 年版。

[55] 周永亮、孙虹纲：《方太儒道》，机械工业出版社 2016 年版。

[56] 国世平主编：《港台澳市场经济体制》，兰州大学出版社 1994 年版。

[57] 黄光国：《儒家思想与东亚现代化》，台湾巨流图书公司 1988 年版。

[58] 陈启智、张树骅主编：《儒商与二十一世纪》，齐鲁书社 2004 年版。

[59] 金耀基：《中国社会与文化》，牛津大学出版社 2013 年版。

[60] 罗荣渠：《现代化新论》，北京大学出版社 1993 年版。

[61] 萧新煌：《东亚的发展模式：经验性的探索》，上海译文出版社 1993 年版。

[62] 李卓：《"儒教国家"日本的实像》，北京大学出版社2013年版。

[63] 费正清等：《东亚文明：传统与变革》，天津人民出版社1992年版。

[64] 朱谦之：《日本的朱子学》，生活·读书·新知三联书店1958年版。

[65] 朱七星等主编：《中国·朝鲜·日本传统哲学比较研究》，延边人民出版社1995年版。

[66] 王家骅：《儒家思想与日本的现代化》，浙江人民出版社1995年版。

[67] 魏萼：《台湾迈向市场经济之路》，生活·读书·新知三联书店1993年版。

[68] 张志超主编：《韩国市场经济体制》，兰州大学出版社1994年版。

[69] 左大培、裴小革：《现代市场经济的不同类型》，经济科学出版社1996年版。

[70] 谈敏：《法国重农学派学说的中国渊源》，上海人民出版社2014年版。

[71] 陈庄：《日本型市场经济——形成、改革与发展》，时事出版社1995年版。

[72] 左中海主编：《日本市场经济体制》，兰州大学出版社1993年版。

[73] 陈美华、辛磊：《李嘉诚全传》，中国戏剧出版社2005年版。

[74] 黄德海：《筚路蓝缕：王永庆开创石化产业王国之路》，清华大学出版社2007年版。

[75] 赵利济、金赢亨：《韩国经济腾飞的政策剖析》，华中理工大学出版社1996年版。

[76] 李小满、黄志坚、刘新：《"四小龙"经济发展启示录》，上海人民出版社1993年版。

[77] 郭言主编：《"四小龙"腾飞之谜》，改革出版社1993年版。

[78] 王永庆：《王永庆谈经营管理：经理理念、管理哲学、工业发展》，现代出版社1992年版。

[79] 陈重：《日本企业的经营决策》，企业管理出版社1986年版。

[80] 冯仑：《野蛮生长》，中信出版社2007年版。

[81] 《儒商大趋势——首届儒商文学国际研讨会论文集》，暨南大学出版社1996年版。

[82] 黎红雷：《儒家商道智慧》，人民出版社2017年版。

[83] 葛荣晋：《儒学精髓与现代文明》，中国人民大学出版社2014年版。

[84] 夏萍：《曾宪梓传》，作家出版社1995年版。

[85] 吴尔芬、张侃：《商业巨子胡文虎》，当代中国出版社2005年版。

[86] 福建省泉州华侨历史学会编：《李光前学术讨论会文集》，中国华侨出

版社 1995 年版。

[87] 程超泽：《亚洲怎么了?》，上海人民出版社 1998 年版。

[88] 陈启智、张树骅主编：《儒商与二十一世纪》，齐鲁书社 2004 年版。

[89] 杜恂诚：《中国传统伦理与近代资本主义》，上海社会科学院出版社 1993 年版。

[90] 卢现祥：《西方新制度经济学》，中国发展出版社 1996 年版。

[91] 保罗·克鲁格曼著，林颖译，刘文校：《拯救亚洲：应当改弦易辙了》，载于《国际金融研究》1998 年第 9 期。

[92] E. 富鲁普顿和 S. 佩杰维奇：《产权与经济理论：近期文献概览》，载于《经济社会体制比较》1992 年第 1 期。

[93] 弗里德曼、麦吉恩著，潭晓梅译，王新校译：《亚洲价值观：对与错——香港的真正教训》，载于《现代外国哲学社会科学文摘》1999 年第 4 期。

[94] 斯温杰伍德：《宗教和社会行为：资本主义与基督教伦理——对韦伯的评析》，载于《文摘》1988 年第 1 期。

[95] 约瑟夫·斯蒂格利茨：《金融稳健与亚洲的可持续发展》，载于《经济社会体制比较》1998 年第 3 期。

[96] 克里斯托夫·怀亚特：《沉没于现金的海洋——漫谈全球金融危机》，载于《现代外国哲学社会科学文摘》1999 年第 5 期。

[97] 李光耀：《儒家价值观的熏陶，使新加坡人克服困难和挫折》，载于《联合早报》1994 年 10 月 6 日。

[98] 金耀基：《儒家伦理与经济发展：韦伯学说的重探》，载于《联合月刊》第 25 期，1983 年 8 月。

[99] 盛邦和：《"亚洲价值观"与儒家文化的现代评析》，载于《中州学刊》2013 年第 1 期。

[100] 贾大泉：《宋代赋税结构初探》，载于《社会科学研究》1981 年第 3 期。

[101] 梁小民：《探求晋商衰败之谜》，载于《读书》2002 年第 5 期。

[102] 张磬：《论东亚经济崛起》，载于《国际技术经济研究学报》1997 年第 1 期。

[103] 刘予苇：《战后日本经济的复兴》，引自《日本的改革与振兴》，商务印书馆 1993 年版。

[104] 韩大成：《明代权贵经营的工商业》，引自《明代社会经济初探》，人民出版社 1986 年版。

[105] 任晓：《经济·文化·政治：东亚经济成功的三种解释》，载于《中

国社会科学辑刊》（香港）1994年春季号总第7期。

[106] 赵平：《东亚金融危机与"东亚经济模式"研讨会综述》，载于《国外社会科学情况》1998年第3期。

[107] 苏东水：《弘扬东方管理文化建立中国管理体系》，载于《复旦学报》1992年第2期。

[108] 刘渝梅：《东南亚金融危机的政治思考》，载于《世界经济与政治》1998年第1期。

[109] 高敏：《"亚洲价值观"中的儒家伦理》，载于《网络财富》2009年第12期。

[110] 王瑞生：《儒家思想与东亚的现代化》，载于《中国哲学史》1996年第4期。

[111] 羊涤生：《世纪之交的儒商》，载于《洛阳大学学报》2001年第1期。

[112] 郑易平、陈延斌：《亚洲价值观评析》，载于《甘肃社会科学》2004年第2期。

[113] 顾肃：《对东亚金融危机的文化反思》，载于《中国社会科学》1999年第3期。

[114] 崔月琴、李文焕：《儒家文化对东亚经济发展的双重影响》，载于《东北亚论坛》2000年第4期。

[115] 何方：《东亚模式过时了吗?》，载于《解放日报》1998年1月9日。

[116] 黄心川：《亚洲价值观与亚太文明和宗教的发展》，载于《当代亚太》1998年第11期。

[117] 魏萼：《从亚洲价值观看东亚金融危机》，载于《经济学家》1998年第6期。

[118] 高成兴：《"东亚奇迹"并非"神话"，也没有终结》，载于《世界经济与模式》1998年第5期。

[119] 王建刚：《东亚金融风波的深层思考》，载于《解放日报》1998年1月20日。

[120] 王永钦：《发展的政治经济学：一个东亚模式的理论框架》，载于《学术月刊》2015年第4期。

[121] 张锦芳：《看韩国民众义纾"国难"》，载于《瞭望》1998年第3期。

[122] 刘玉敏：《弘扬儒学现代价值，构建亚洲和谐社会——"儒学与亚洲人文价值"国际学术研讨会综述》，载于《社会科学战线》2006年第1期。

[123] 齐良书：《东南亚金融危机与泡沫经济》，载于《经济科学》1998年第2期。

［124］明琪：《经济全球化对国际货币体制的缺陷与东南亚经济危机》，载于《毛泽东邓小平理论研究》1998年第2期。

［125］桑红：《东亚金融危机问题研究综述》，载于《高校社科信息》1999年第4期。

［126］魏燕慎：《东南亚金融危机的启示、影响与前瞻》，载于《当代亚太》1998年第1期。

［127］周力、石杰：《对东南亚国家货币危机的思考》，载于《世界经济与政治》1997年第10期。

［128］程岗：《从韩国经济的剖析透视东南亚金融危机的深层次原因》，载于《世界经济研究》1998年第2期。

［129］梁志明：《东亚危机纵谈》，载于《当代亚太》1998年第1期。

［130］田毅鹏、夏可恒：《作为发展参照的东亚——"东亚模式"研究40年》，载于《学术研究》2018年第10期。

［131］李晓：《关于东亚金融危机的深层次思考》，载于《世界经济与政治》1998年第6期。

［132］陈炳才：《韩国会成为第二个泰国吗？——兼谈东亚经济模式的危机》，载于《经济日报》1997年11月19日。

［133］世功：《韩金融危机与发展模式无关》，载于《经济日报》1997年11月27日。

［134］高成兴：《"东亚奇迹"并非"神话"，也没有终结——略论"东亚模式"和"东亚奇迹"》，载于《世界经济与政治》1998年第5期。

［135］丁学良、马国川：《政府涉入市场太深将导致经济停滞："日本病"的警示》，载于《南方周末》2010年10月7日。

［136］梁雪峰：《收入不均如何影响经济增长》，引自汤敏、茅于轼主编：《现代经济学前沿专题》（第三集），商务印书馆1999年版。

［137］陈明光：《"调均贫富"与"斟酌贫富"》，载于《历史研究》1999年第2期。

［138］Paul Krugman: the Myth of Miracle, Foreign Affairs, 1994（10/11）.

［139］Goh Keng-Swee, "A Socialist Economy that Works" in Devan C. V. Nair（ed.）, Socialism that Works. The Singapore Way, Singapore, Federal Publications, 1976, P. 84.

［140］Fallows Jarnes, Looking at the Sun: the Rive of East Asian Economuc and political System, Pantheon, 1994.

［141］Gerschenkron, Alexander, Economic Backwardness in Historical Perspective, Cambridge: Harvard University Press, 1962.

[142] Acemoglu, Daron, Philippe Aghion and Fabrizio Zilibotti, "Distance to Frontier, Selection, and Economic Crowth", Journal of the European Economic Association, 4 (1), 2006, pp. 37 – 74.

后　　记

奉献给读者的这部成果，是我在 1996 年初至 1997 年底在复旦大学经济学院从事博士后研究的课题，该课题是中国博士后科学基金（1996 年）资助项目。1998 年初，我承担了上海市教委青年基金项目《文化传统与社会主义市场经济体制的建构》，部分的研究成果也收入了本书的下篇中。

这一选题计划首先得到了导师叶世昌教授的支持，他提出了十分宝贵的指导性意见。在开题报告会上，伍柏麟教授、尹伯成教授、吴申元教授和石磊教授都提出了很好的建议。

初稿完成后，叶世昌教授作了仔细的批阅。部分章节经他逐字逐句修改过。在他的指导下，又作了进一步的修改。在本书的付梓之际，叶先生百忙之中又欣然作序。叶先生高度负责、一丝不苟的认真求实的精神，令我感动，终身难忘。

开题报告，在复旦大学经济学博士后理论经济学流动站站长伍柏麟教授的推荐下，刊发在《复旦发展研究院简报》1996 年第 4 期上。课题成果的出版，也得到了伍柏麟教授的帮助。

复旦大学哲学系的潘富恩教授，是我攻读博士学位时的导师。他也仔细审阅了全部书稿，对我的研究给予了肯定。

复旦大学经济系系主任李慧中教授、石磊教授、李洁明老师，多年来一直关注着我的学术研究，在他们的安排下，本课题的研究内容曾在经济系教师的例会上作过一次简要的汇报。

国家体改委经济体制与管理研究所的邹东涛教授为本课题的研究提供了一些参考资料。

复旦大学研究生院博士后办公室的顾美绢老师，在我两年的博士后研究生涯中，给了许多的关心和帮助。

复旦大学出版社的徐惠平同志，对本书的出版给予了大力的支持，并付出了辛勤的劳动。

值此之际，谨向以上各位师长和朋友表示最诚挚的感谢。

马涛
1999 年 10 月

再 版 后 记

本书由复旦大学出版社 2000 年 3 月出版后，至今已过去 20 个年头了，书也早已售罄并绝版。出版后，荣获了中华人民共和国教育部《第三届中国高校人文社会科学研究优秀成果奖》（2003）。本书研究的内容至今并未过时，随着中国经济的崛起和中国道路越来越引发全世界的关注，不断有读者来信或致电询问或索要本书。在新冠疫情肆虐的今天，经济全球化也面临着严重的挑战。本书研究的内容以及所提出的观点，也许对今后中国道路的发展如何守住中国历史文化的根基有着一定的借鉴参考意义。为此，结合目前的新形势、新资料，我对本书进行了较大幅度的修订，改写了导言和第十一章"儒家人文精神与社会主义市场经济"，其他各章节内容上也都有所修改和完善，改由经济科学出版社出版，以飨读者。上海财经大学出版社前总编曹均伟研究员对本书的修订提出了十分宝贵的意见，这些意见已被吸纳在本书中。博士生王玲强为本书的引文进行了部分校对工作，这里一并致谢。

马涛

2020 年 7 月